前　言

2021年恰逢中国共产党建党100周年，为迎接这庄严而神圣的时刻，监狱史学专业委员会在年初制定了2021年度理论研究主题——中国共产党在监狱（劳改）工作中的引领作用，以此回顾百年奋斗的光辉历程，展望监狱工作发展的前景。

截至2021年6月30日，全国23个省区市的监狱工作协（学）会、新疆生产建设兵团监狱工作协会、中央司法警官学院分会等单位共报送课题论文（征文）81篇，经监狱史学专业委员会匿名评审和研究决定，共评出优秀课题论文（征文）61篇。按照计划，我们从优秀课题论文（征文）中选取31篇文章刊成《我所知道的新中国监狱工作》（第七辑）。

《我所知道的新中国监狱工作》（第七辑）分为综合研究、方针政策、体制变革、发展变迁、法制沿革、教育改造、政治建设七个部分，全书约35万字。这些文章有的是作者亲历回忆，有的是采访手记，有的是借助史料去梳理和论证，角度各异，维度不同，但都是围绕主题展开，比较全面地反映了中国共产党在监狱（劳改）工作中的引领作用。

习近平总书记在《在庆祝中国共产党成立100周年大会上的讲话》中指出："以史为鉴，可以知兴替。我们要用历史映照现实、远观未来，从中国共产党的百年奋斗中看清楚过去我们为什么能够成功、弄明白未来我们怎样才能继续成功，从而在新的征程上更加坚定、更加自觉地牢记初心使命、开创美好未来。"通过对主题的研究和探讨，我们更清楚地看到中国特色社会主义监狱工作的成就是如何取得的，更清楚地知道我们在未来如何正确地开展监狱工作，并且更加坚定和自信。

在编辑过程中，监狱史学专业委员会秘书处与入选文章的作者逐一沟通，大到文章架构，小到引文脚注，分别讨论、一一核实，作者根据修改建议，及时对文章进行调整，付出了诸多努力。由于时间紧张，水平有限，本书难免存在纰漏，望各位读者不吝赐教。

疫情之下，社会方方面面受到冲击，监狱系统展现出了无与伦比的坚韧和担当，课题研究的组织者和参与者付出了难以想象的努力，在此献上我们崇高的敬意！此书的出版得到上海社会科学院出版社的大力支持，在此表示衷心的感谢！

上海市监狱学会会长 吴琦

2022 年 8 月

目录

前言 …………………………………………………………………… 吴　琦(1)

综合研究

一宗铭记终身的历史事件
——纪念青海省塘格木地震30周年……………………………… 王明迪(3)
西藏监狱工作采访记 …………………………………………………… 李　宁(9)
中华苏维埃共和国劳动感化院研究
——纪念司法人民委员部梁柏台部长…… 张　倩　黄康轩　辛　帅(14)
青海监狱史研究……………………………… 魏　峰　殷耀斌　邱平祥(23)
寻找历史中的贵州省第二监狱…………………… 胡仕荣　吴玉进(34)
广东女犯改造70年红色印记 ………………………………… 姚　敏(42)

方针政策

论中国共产党对监狱工作的引领
——以20世纪中共对监狱工作大政方针的制定为历史视角
……………………………………………………… 周立功　朱福正(59)
浅析党在监狱工作发展历程中的领导作用
——以监狱(劳改)工作方针的演进为视角………… 应　霆　王杭莉(73)
从中国监狱工作方针的历史变化看党对监狱工作的领导………… 全红伟(81)
“三个转移”指导方针在监狱农场发展史上的指引作用
…………………………………………………………… 宋小建　刘文臣(91)

体制变革

劳动改造制度的形成与演进 …………………… 青海省监狱管理局课题组(101)
试论中国共产党在监狱体制改革中的引领作用 ………………… 张宇翔(113)
中国共产党在监狱(劳改)工作中的引领作用
——以我国监狱(劳改)体制改革为研究视角 ……………… 秦心福(122)
中国共产党领导下的监狱体制改革 ………………………… 史 琳 李轶皎(134)

发展变迁

1940年后苏北解放区监所发展史记 ……………………………… 陶新胜(145)
新中国监狱的"以人为本" ………………………………………… 丁祖胜(156)
浅谈中国共产党引领监狱改革与发展 ……………… 李进志 戴智国(166)
新中国罪犯劳动改造发展历程研究 ……………………………… 侯 国(176)

法制沿革

中国共产党引领的监狱法制史百年沿革 …………… 宋秋英 杨一帆(187)
习近平法治思想的人民性引领浙江率先建设法治监狱的思考
………………………………………… 浙江省第二监狱课题组(198)
《劳动感化院章程》与《监狱法》比较分析 ……………………… 刘德金(207)
从建党百年视域看监狱法治规律、成就与启示 ………………… 杨龙胜(217)

教育改造

中国共产党对日本战犯改造历史经验与当代启示
……………………………… 杨习梅 于北辉 张润生 李浩源(233)

中国共产党领导下的监狱教育矫治工作发展变迁与创新
…………………………………… 河南司法警官职业学院课题组(245)
新中国监狱罪犯刑释安置帮教工作政策的发展与启示
………………………………………… 葛礼斌　曹　慧　赵双骏(253)
中国共产党在监狱工作中的教育矫治引领作用 ………………… 李　新(267)
中国共产党成立初期对监狱教育刑理念的实践与创新 ………… 戴正乔(276)
浅析党的领导对监狱政治改造的引领作用 …………… 张虹伟　张竞赛(285)

政治建设

“党代表”制度在上海监狱系统的传承与发展 …………………… 冯立章(295)
监狱基层党支部工作效能及对策研究 ……… 王志成　张　森　王　康(305)
我国监狱政治工作沿革及当代思考 ……………………………… 孙双华(312)

综合研究

一宗铭记终身的历史事件

——纪念青海省塘格木地震30周年

王明迪*

前不久，青海省监狱法学研究会的同志给我寄来《纪念塘河大地震三十周年》专刊。粗略浏览后，深感专刊内容丰富，图文并茂，情深意厚，既有真实可信的史料价值，又有发人深思的教育意义。抚今追昔，30年，10 950天，仍恍若昨日，当年抗震救灾的日日夜夜，实地调研的点点滴滴，一一涌上心头，不禁有一股写些东西的冲动，这不是出于怀旧而发思古之幽情，根本目的在于通过这段历史的回顾与思索，深化对中国特色社会主义监狱工作的理解与感悟。

一

可以说，我是司法部劳改局乃至整个司法部最早知道塘格木地震的人，当时我住在公安部大院，家中有一部公安部内线电话。1990年4月26日晚9时许，公安部有位熟人告诉我，总值班室接到青海省公安厅电话，地处海南州共和县的塘格木劳改农场发生强烈地震，伤亡严重，听说还跑了不少犯人。

我立即打电话给青海省劳改局，有关同志回答，据省公安厅电告，塘格木确实发生了地震，但电话、电台均已中断，与农场联系不上，情况不明。我只得将此情况向司法部蔡诚部长作了简要汇报。27日中午，青海省劳改局电话告我，26日当晚，青海省委、省政府及劳改局均派工作组连夜赶到灾区。27日凌晨2时30分，电台恢复通讯，初步查明，地震发生在26日下午6时37分，震中就在塘格木农场场部及周围的家属区，所有房舍瞬间被夷为平地，人员伤亡严重。地震发生后，谢有容场长和纪委书记何开银立即组建农场抗震救灾指挥部，驻场武警部队紧急加强警戒，州、县武警部队也随后赶到农场，协同加强防控。

由于监舍是国家拨款修建的砖瓦房，墙体虽然开裂但没有倒塌，犯人没有

---

* 王明迪，司法部监狱管理局原局长。

伤亡，也没有逃跑。干警从一大队抽调数十名表现较好的犯人赶赴废墟抢救伤员，挖掘死难者遗体，抗震救灾正紧张有序地进行。听到这些，我终于松了口气，并立即向蔡部长和正在广西出差的金鉴副部长作了汇报。

党中央、国务院对青海省发生的地震十分关心。4月28日清晨，国务院秘书长罗干打电话给青海省领导同志，转达江泽民总书记、李鹏总理的慰问；午后，国务院又发电对抗震救灾作出具体部署。当日下午，国务院办公厅召集有关部门研究青海省的抗震救灾工作，主持会议的李昌安副秘书长听了我的汇报后说："当时最担心的是怕犯人出问题，实际情况是一个没跑，劳改工作能做到这一步，真了不起啊！"会议决定，立即派出中央慰问团赴灾区慰问，由民政部副部长范宝俊任团长，国家机关15个部委派人参加，司法部劳改局副局级巡视员王湘作为中央慰问团成员一同前往。

青海省委、省政府于4月26日当晚紧急成立抗震救灾领导小组，23时，省委副书记田成平、副省长吴承志带队赶赴现场，坐镇指挥。在省委的正确领导下，省司法厅、劳改局主要领导同志夜以继日地紧张工作。27日凌晨，电台恢复通讯，经抢修后供电也得以恢复，省局紧急抢运一批救灾物资、食品，农场将182名犯人疏散到三、四大队关押；28日，3 000余名灾民全部住进帐篷，司法部和司法部劳改局发来慰问电；29日，将伤病员分别转送海南州医院和省劳改局中心医院，为遇难者举行葬礼并掩埋了他们的遗体，从海南州、海北州六个农场调来建筑队，协同抢修并为下一步复建施工做准备，蔡部长和金副部长分别来电慰问并做工作指示；30日，青海省委书记尹克升赴地震现场视察灾情，范宝俊率领的中央慰问团到农场进行慰问。中央慰问团返程时，王湘同志留在西宁与省劳改局商议农场灾后复建事宜。五个不眠的日日夜夜，青海省厅、省局和农场的同志做了大量工作，很仔细，很扎实，基本扭转了地震造成的混乱局面。

二

5月2日，金副部长从广西赶回北京，3日，我随他飞兰州，甘肃省副省长兼公安厅厅长王金堂安排专车把我们送到西宁。青海省委书记尹克升、副书记田成平接待了我们。他们两位都刚从灾区回来，田成平同志原在北京工作，同金副部长比较熟悉。听了他们对塘格木情况的介绍，金副部长对省委、省政府所采取的措施表示认同和感谢。

6 日上午，省劳改局副局长秦福应陪同我们到达恰卜恰镇，刚入住招待所，房屋突然晃动，我们急忙跑到室外空地上。午后，我们驱车直奔塘格木。一到遍地瓦砾的现场，我们十分震撼，哪里还有什么场部机关、家属区？除了三层砖砌的地基，让人感到这里曾有过房屋，留下的只是满目疮痍和废墟！我们在帐篷里见到了青海省司法厅副厅长兼劳改局局长张致福同志，他是 27 日清晨从海西州赶到塘格木的，在这里已连续战斗了 10 天，他满眼血丝，一脸疲惫地向我们汇报了情况：遇难者 109 人，其中干警、职工 22 人，其余都是家属、学生和 30 名幼儿，他们的遗体均已下葬；从废墟中救出 108 人，已将他们全部转送州、省两级医院；5 月 2 日起，农副业生产先后恢复。汇报时，拖拉机正在田间轰鸣，各项工作均在正常进行。金副部长代表部里对省局和农场的同志表示感谢。他动情地说：在大灾大难面前，你们处变不惊，临危不惧，公而忘私，舍己为人，革命精神没有垮，指挥系统没有散，监管秩序没有乱，春耕生产没有停，充分表现出一种令人敬佩的大无畏精神。部领导充满激情的讲话，极大地鼓舞了基层同志的斗志，他们奔走相告，我们的“娘家人”来看大家了！在这种气氛感染下，我们夜以继日、马不停蹄地吊唁逝者，安抚遗属，看望伤员，慰问职工，表彰先进，教育犯人，很紧张，也很充实。

现在回想起来，我们到塘格木已是震后第 10 天，抗震的善后工作基本告一段落，我们的主要任务已不是检查、指挥、推动抗震救灾，而是深入现场切身感受塘格木人抗震救灾的顽强斗志，深刻领悟塘格木人应对灾害的精神境界。我们从何开银同志身上体验到公而忘私的坚强意志，从秦文碧烈士身上领悟到舍生忘死的英雄气概，也真切体会到与秦文碧烈士一起遇难的 7 位孩子的家长坚决要求让自己孩子继续陪同秦阿姨安眠地下所体现的人文情怀，更从与犯人们深入交谈中进一步体验到塘格木广大干警的人格魅力。我曾直截了当地问一些犯人：当时现场那么乱，你们有没有想到过逃跑？他们几乎异口同声地回答：地震后不久，天完全黑了，伸手不见五指，照明、通信中断，加上余震不断，可以说是一片混乱！我们要想逃跑，一点问题都没有。但干警们把我们带去废墟救人时，我们看到场部办公区、干警住宅区什么房子都没有了，对比我们住的是新建的砖瓦房，一间都没有倒，感到十分震惊。再就是，干警没有带我们去他们自己的家里抢救亲人、挖掘财物，而是首先到学校、幼儿园、医院和场部机关去抢险救人，在这种情况下，如果我们逃跑，就真不是人生父母养的了！听到那些发自内心的回答，我深刻体会到党的方针、政策所体现的精神力量，也真切感受到我们基层干警公而忘私的人格力量。感谢塘格木的同志们，你们既注意在日常活动中对犯人的言教，更注重在关键时刻对犯人的身教，从而以自己的崇高品德完美地彰显了党和国家的光辉形象。时隔 30 年，每当回想起当年情景，内心仍久久不能平静。

这期间，还有一件事情引发了我的思考。有位干警坦率地对我说：你们领导常说犯人也是人，这我们完全赞同。国家拨款给犯人盖房子，让他们安心改造，也是完全应该的。但是，我们干警也是人哪，国家是不是也应当关心我们的人身安全，对我们给予必要的帮助？这些话引起了我的反思和不安。说实在话，我们确实没有认真想过这件事。事后，我与国家计委、财政部有关同志探讨这个问题，他们都表示理解和同情，但又认为拨专款有困难，考虑能否通过给政策加以解决。之后，国家不断加大对监狱的政策扶持力度，先是对边远地区试行中央适当补贴，财政转移支付；再是规定干警"吃皇粮"的政策原则，直至确立国家对监狱的财政保障体制；不久又通过增值税先征后返、监狱布局调整，逐步地解决这一历史遗留问题。

我们在农场活动了三天。由于金副部长是第一次来青海，回到西宁后，除与省里继续协调安排救灾的后续事宜外，我们又在西宁看了些单位。我于 1979 年被调回北京后，也是第一次来青海，每到晚上，我都应邀到南滩看望一些老相识、老朋友。金副部长问我白天黑夜连续活动累不累，我说，我在青海待了 20 年，一直把它看成是自己的第二故乡，再忙也不觉得累啊！

三

震后，塘格木农场开展了一系列后续工作。一是 5 月 23 日，青海省司法机关在塘格木农场场部召开犯人表彰大会。海南州中级人民法院依法对 113 名犯人予以减刑，其中 53 人减去余刑当场释放；还有 2 名犯人获假释。塘格木农场对 169 名犯人分别予以记功、表扬、记优的奖励，及时兑现了党的政策。二是 7 月 5 日，司法部在塘格木农场召开表彰大会，蔡诚部长和金基鹏省长亲临大会并讲话。司法部庄重宣布，对塘格木农场一大队荣记一等功，授予纪委书记何开银二级英模称号。青海省司法厅、劳改局和农场党委分别对 13 个先进集体、341 名先进个人予以记功和通报表扬。三是大力开展灾后重建。在中央主管部门拨付，兄弟省区、各界群众、海外侨胞、国际友人捐赠，乃至一些犯人捐献共计 3 800 余万元基础上，加上地方自筹，塘格木农场在省劳改局支持和兄弟单位帮助下，奋战 5 个月，修建了场部办公楼、中心监狱监舍、家属住宅、学校、医院及其他附属设施共 7.7 万平方米。9 月 29 日，在场部隆重举行“青海省塘格木农场地震后新居落成典礼”。青海省委、省政法委主要领导和副省长喇秉礼剪彩并讲话。当年秋后，农场克服自然灾害侵袭，夺得粮、油总产 750 万公斤的好收成；同时，农场东线人畜饮水工程通水，为塘格木人送来从未享用过的自来水。经历了大灾大难的塘格木人，通过艰辛奋斗迎来了二次创业的初步胜利，以崭新姿态自豪地庆祝 10 月 25 日建场 35 周年。

四

1992 年，鉴于西方敌对势力以迫害政治犯、酷刑和劳改产品出口等为借口，不断攻击我国监狱工作，中央决定，由国务院新闻办公室会同司法部撰写专门介绍中国改造罪犯工作的白皮书，作为国新办于 1991 年发表的《中国的人权状况》的后续文件。经国新办与司法部有关领导商定，由司法部劳改局负责收集案例、汇总数据、草拟初稿等基础性工作，国新办一局参与协调、审议等事宜。经几个月的连续工作，最后由国新办主任朱穆之、副主任曾建徽审核定稿，报中央批准，于 1992 年 8 月 10 日正式发表《中国改造罪犯的状况》。白皮书共 1.6 万字，除前言外，分 8 个部分，以大量的数据和实例，以很强的针对性阐述了中国政府保障服刑罪犯这一特殊群体人权的指导思想和基本政策，具体列举了罪犯享有的各项权利，以及实现这些权利的条件、措施和监督机制，全面、系统、准确地向国际社会介绍了中国改造罪犯的工作情况。在研究材料过程中，我提到了塘格木抗震救灾的情况，引起了朱穆之、曾建徽等领导同志的高度重视和极大兴趣，力主把这件最生动、最形象、最富有说服力的实例写入白皮书。于是在白皮书第五部分“对罪犯的感化”中写道：“1990 年 4 月 26 日 18 时，6.9 级的强烈地震将青海省第十三劳改支队的建筑物瞬间震为废墟。因监房建筑牢固，罪犯中无一人死亡或重伤。在余震不断、没有照明的情况下，罪犯没有一人逃跑，而是积极投入到紧张的抢险救灾中，共救出职工、家属 108 人。事后 115 名罪犯受到依法减刑、假释的宽大处理，169 名罪犯受到记功、表扬。”

当年我曾将这部白皮书概括为“两个第一”，即：新中国成立以来，以政府白皮书形式向国内外做专题介绍，是监狱工作历史上的第一次；在众多政府部门和专业工作中，由政府通过白皮书做专门介绍，监狱工作部门是第一家。这“两个第一”充分说明监狱工作在国家政治生活和国际政治斗争中的地位。而在白皮书中留下这段浓墨重彩文字的，正是可敬可爱的塘格木人。

震后重建时，谢有容同志提出在地震中心建立一座塘格木抗震救灾的纪念碑。经省劳改局批准后，农场党委委托青海省工艺美术厂承担纪念碑的设计和人物造型事宜。1993 年 7 月，江泽民总书记来青海视察工作，20 日到达海南州，谢有容找到陪同江泽民总书记视察的尹克升书记，恳请江泽民总书记为纪念碑题词。尹克升书记答应由他负责向总书记请示，力争办成此事。回到西宁后，江泽民总书记挥毫书写了两幅“四二六抗震救灾纪念碑”10 个大字，尹克升书记也题了词。省劳改局办公室主任霍金声协同农场同志拟就碑文，组织工匠在墨玉大理石上精雕细刻，高耸巍峨的纪念碑终于傲然矗立在共和县铁盖广场上，向后人诉说着塘格木人抗震救灾的英雄业绩。

五

岁月荏苒，世事沧桑。在监狱布局调整中，2004 年塘格木农场移交地方，原有的塘格木监狱已不复存在。但国家的政府文告已把塘格木的抗震救灾载入史册并昭告于天下，江泽民总书记亲笔题词的纪念碑仍然耸立在海南州共和县的大地上。获此殊荣的塘格木，在全国监狱系统是独一无二的，不可能也不应该湮没在历史的尘埃中。在寄送专刊后，青海的同志还提供了一些信息：规模达 6 000 平方米的青海省监狱历史博物馆新馆已经开工建设，共和县政府也正筹划在塘河地区打造红色旅游基地。青海同志发来的视频还显示，“四二六”抗震救灾纪念碑已于 2015 年由省监狱局加以修缮，“塘河大地震罹难者公墓”也得到整修，且修建了围墙。

塘格木抗震救灾这笔精神财富，不仅属于青海监狱系统，也应属于全国监狱系统。我将建议司法部监狱管理局对青海省的筹建活动给予必要的关心、指导和帮助，使之早日得到落实。纪念馆建成以后，部监狱局应当向各地积极推荐，加强宣传，并开启远程网络视频，对全国监狱系统开展传统教育，使塘格木抗震救灾的伟大精神不断发扬光大。

西藏监狱工作采访记

李　宁*

不久前，笔者来到了祖国最西南部边陲的西藏，采访西藏自治区的两座监狱，回到北京之后，那一幅幅深深难忘的画面，在脑海里久久挥之不去。现将所见所闻所感述之笔端，献给那些雪域高原的监狱人民警察。

一

那是一个星期日的上午，清风宜人，艳阳高照。走进西藏自治区监狱的大门，首先映入眼帘的是一行醒目的大字：对可耻行为的忏悔是对生命的拯救。

在女分监区的操场上，随着一声声威严的口令，走来了一列整齐的方队。她们身着统一的囚服，神情严肃，步调一致。这是新入监的女犯按照《罪犯改造行为规范》的要求，正在进行规定的队列训练。女犯中藏族犯人占70%以上，文化程度以文盲、半文盲居多，且无业人员占绝大多数。如何使这些犯罪者在接受思想改造和灵魂重塑的同时，矫治多年以来形成的懒散的生活习性，全方位地提高综合素质和审美情趣，是监狱干警们一直深深思考并致力于改造工作实践的一个重要课题。从入监犯人的队列训练和行为养成入手，使她们以饱满的精神面貌和良好的心理状态迎接改造生活，已是经实践证明的行之有效的方法。走进女监舍，那整齐划一的床铺、棱角分明的被子、整洁规范的内务，使人耳目一新。笔者特别注意到，在每个女犯的床头，都挂着几件手工编织的色彩鲜艳的工艺挎包、毛衣及小饰物，这便是她们悉心劳动的成果。用美好的事物陶冶情操，净化灵魂，启迪良知，这是富有人情和人道的改造。当她们在不久的将来以普通公民的身份回归社会之后，应该是一个全新意义上的新人。因为，她们在这里不仅得到了灵魂的再造和精神的洗礼，而且得到了行为的矫治和美育的熏陶！

---

*　李宁，法治日报社纪委书记。

在西藏自治区监狱某分监区，笔者翻阅了在押犯人的档案，不禁为如下数字感到惊诧：176名押犯中，文化程度小学以下者占39%，文盲、半文盲达50%。

西藏监狱系统早在20世纪80年代初就在所属三所监狱开办了特殊学校，重点开展扫盲和小学义务教育，以讲授藏语文为主，同时开设数学和汉文等课程，有条件的进行初中、高中课程的学习。监狱还鼓励文化水平较高的一部分犯人参加社会上各种文化、技术专业院校的考试和函授、刊授学习。据统计，90%以上的犯人参加了文化学习，考试及格率达95%以上；获各类文化证书累计达1170人次；参加各类刊大、函授自学考试的234人次，其中已获得毕业、结业证书的70多人次。犯人刑满释放时，达到初中文化的占40%，达到小学文化的占53%。许多入监时一个汉字不识的犯人，几年后已经学会用汉字写家信、看报纸。他们把刑期当学期，在重塑心灵、矫治恶习的同时，还甩掉了文盲、半文盲的帽子，全面提高自身的素质。

走进拉萨监狱，如果忽略了高墙电网的存在，那么我们完全有理由相信这是置身于一座绿草茵茵、花木繁盛的校园。那光线充足、四壁雪白的监舍，宽敞明亮、设施齐备的教学楼，以及落成不久、即将启用的接见室，无不向世人展示着拉萨监狱的崭新面貌。在新接见室的二楼，笔者成为刚刚布展完毕的“服刑人员在拉萨监狱”图片展览的首批参观者。该展览以图文并茂的形式，浓缩了拉萨监狱从改革开放以来，尤其是《监狱法》颁布实施以来在教育改造罪犯方面取得的丰硕成果。展览的“前言”以充满激情的语言表达了全体监狱干警的共同心声：“让我们携起手来，用真诚和爱心唤回服刑人员的良知，温暖那已经冷却的心灵，为社会多一份安宁、多一个守法公民而共同努力!”通过那一幅幅生动感人的图片，我们看到服刑人员在“惩罚与改造相结合，以改造人为宗旨”的监狱工作方针的感召激励下，在被誉为“特殊园丁”的监狱干警的教育挽救下，正在追悔与愧疚中重塑灵魂。他们学政治，学文化，学技术；他们认罪服法，痛改前非；他们用劳动的汗水荡涤灵魂的污垢；他们热泪纵流，敞开心扉，与前来接见的亲人畅叙思念之苦，离别之情；他们用悠扬的乐曲、欢乐的舞蹈和响亮的歌喉表达着对美好明天的无限憧憬和向往。

二

他们是身穿橄榄绿的监狱人民警察。在气候寒冷、空气稀薄、海拔 3 750 米的雪域高原上，他们以对党的监狱事业的无限忠诚，恪尽职责，不辱使命，以苦为乐，无怨无悔。他们是那样朴实而平凡，正是在那朴实和平凡之中，蕴含着一种极为可贵的精神，这就是爱岗敬业与默默奉献。

在西藏自治区监狱，笔者见到了一位年近六旬的藏族干警阿伍。岁月的年轮在他那黝黑、粗糙的脸膛上刻下了一道道深深的皱纹，无言而真实地记录着这位老干警与这所监狱风雨同舟、荣辱与共的日日月月。1958 年，西藏和平解放前夕，这位年仅 15 岁贫苦出身的牧民娃毅然投入解放军筑路大军的行列，支援部队修建公路，不怕苦、不怕累、不怕险。1959 年 7 月，他被选送到中央政法干校（现中国人民公安大学）学习，四年之后开始了狱警生涯。从收押改造西藏叛乱分子到教育转化普通刑事罪犯，他亲历了监狱翻天覆地的历史巨变，他的全部情感也倾注在了这份让他奔波忙碌了一生的事业之中。他在基层中队担任中队长、指导员长达 27 年之久，他为每一个犯人认罪悔过、走向新生而感到由衷的喜悦，为以自己的绵薄之力为西藏的政治稳定和社会安定作出一份贡献而欣慰自豪。1997 年，年届花甲之年的阿伍服从领导的安排，退出管教一线，担任监狱的内看守工作。他不仅没有任何松一口气的感觉，反而以更加百倍的警惕和常备不懈的斗志严守监狱大门。干警职工进出，犯人家属接见，都无一例外要经过他的严格检查。每天晚上巡监，任何蛛丝马迹都逃不过他犀利警觉的眼睛。监狱领导说：有阿伍为监狱把大门，我们放心。多年来，他多次被评为优秀党员和优秀公务员，是人们公认的“老黄牛”。不善言谈的阿伍说：“党和政府把这些犯了罪的人交给我们改造，我们的任务既光荣又艰巨。我们对共产党的深厚感情，只有用踏踏实实做好本职工作来回报。”

“老黄牛”式的干部，他们的勤勉敬业，脚踏实地，不求索取，永远是我们这个时代所倡导和弘扬的精神和品格。

见到边巴普赤之前，笔者已经从全国监狱系统个别教育能手的名单上读到了她的名字。作为一个女人、一个母亲，她在这个岗位上所付出的或许更多。

10 年前丈夫病逝，三个年幼的孩子靠她一个人抚养，生活的重负压在她柔弱的肩头，她几乎不能承受。然而，多年来她所品尝的不仅仅是生活的艰辛，更有来自工作的巨大压力。那一年，一个女犯因病正常死亡，其家属借机到她家里无理取闹，口出秽言，哄抢东西。她忍着莫大的委屈，始终骂不还口，打不还手。当时，她的善良淳朴的母亲虽气得浑身发抖，却深明大义，仍含着眼泪对那些人做耐心的解释工作，从而避免了事态的进一步恶化。那件事虽然过去了很久，但在她的心灵上留下的创痛是难以愈合的，她觉得自己欠家里人太多太多。参加工作近 30 年，她不知道自己在岗位上度过了多少个不眠之夜，她和她的战友们已经将自己的喜怒哀愁与女犯的改造生活融为了一体。她们每一个细小的情绪变化，每一个惴惴不安的眼神，都逃不过她的双眼。过年过节阖家团聚，她撇下一家老小，陪女犯们一起度过。有的女犯家里无人接见，她拿出自己的钱为她们买内衣和生活用品。她为她们在改造道路上取得的每一点成绩而感到莫大欣慰，她真诚地希望她们从这里走出去之后能够自尊自爱自强自立，从此做一个令人尊敬的好女人。在女分监区，她是干警们的排头兵，是犯人们的主心骨。她多次被评为自治区司法行政系统的先进个人，还被授予全国监狱系统的个别教育能手的称号。

有一年的五一前夕，在司法部领导为出席全国劳模和先进工作者表彰大会的司法行政系统代表在部机关举行的欢迎座谈会上，来自西藏自治区的代表祥尼日嘎给笔者留下很深的印象。此番前来拉萨，笔者的心愿之一就是能对他进行采访。可不巧的是，他奉命到外地参加活动，不在拉萨。然而，笔者在祥尼日嘎的家里，见到了他的妻子泽旺卓玛和他们身患小儿麻痹后遗症的女儿。泽旺卓玛也是一名监狱干警，也许正因为如此，谈起丈夫她没有责怪，没有抱怨，有的只是理解体贴和一往情深。在她的心目当中，这么多年来丈夫舍小家，顾大家，不愧为党的好干部，监狱的好带头人。她记得，丈夫在监狱工作了 35 年，总共只休过一次假期；她记得，遇到犯人脱逃，丈夫与其他干警一道执行追捕任务，一连几个晚上不能合眼；她记得，丈夫一有空就深入群众，走家串户，询问干警职工的生活疾苦。为给一位因公死亡干警的遗孤解决户口问题，两年之中他多次找有关部门反映情况，终于告慰了这位干警的在天之灵。她还记得，丈夫以身作则，廉洁奉公，不谋私利，一次次将礼品、红包拒之门外。她更记得，那一年，5 岁的女儿和 2 岁的儿子先后患了小儿麻痹症，多日高烧不退。丈夫心里牵挂着监狱的工作，没能抽出更多的时间为孩子求医问药，以致延误了治疗时间，导致一双儿女留下了严重的后遗症：女儿脊柱弯曲，双腿萎缩变形，只能靠拐杖行走，生活不能自理；儿子的一条腿至今也明显地留有残疾。然而，她并没有过多地责怨丈夫，而是自责。当笔者看到他们的女儿拄着拐杖，蓦然间涌上心头的是一种压抑与沉重相交织的苦涩和酸楚：祥尼日嘎，尽管是一位有口皆碑的好干部和好领导，却不是一个“称职”的好父亲。因为，他是他们的父亲，他与儿女之间，有着一种无法改变和难以割舍的血浓于水的骨肉亲情！

飞离了辽阔圣洁的雪域高原，在笔者的眼前，依然可见一簇熊熊燃烧的圣火，它是那样耀眼夺目，熠熠生辉。是的，我难以忘怀，在天边，有一簇圣火。

中华苏维埃共和国劳动感化院研究
——纪念司法人民委员部梁柏台部长

张　倩　黄康轩　辛　帅*

2021年是党的百年华诞，全党都在开展党史学习教育活动。党领导下的司法行政史作为党史的重要部分是党史学习教育必不可少的内容。而中国共产党领导下的司法行政发展史中有一位绕不开的人物——梁柏台。梁柏台是中华苏维埃共和国的领导人之一，曾在苏维埃红色政权任司法人民委员。中华苏维埃共和国劳动感化院便是由梁柏台提议创办的。《中华苏维埃共和国劳动感化院暂行章程》也是由梁柏台负责起稿的。对梁柏台领导创办的中华苏维埃共和国劳动感化院（简称“劳动感化院”）进行深入的研究不仅对党史学习具有重要意义，而且可以对现如今我国监狱法治化建设、制度建设及劳动改造罪犯手段的发展完善提供参考。

一、劳动感化院创建的历史借鉴

虽然就当前来看，我们不能从哪一史料上可以得出中国共产党领导下的劳动感化院建设具体借鉴了历史上或者同时期的哪一制度、哪一具体法令，但是我们从历史的视角出发，从苏联及共产国际对于中国共产党的影响来看，从梁柏台部长学习生活的经历来看，可以得出历史上和同时期南京国民政府组织犯人①进行劳动的制度、苏联的劳动改造制度对于中华苏维埃共和国劳动感化院的创建有着借鉴价值。

1. 纵向借鉴：中国历史上犯人的劳动

劳役在我国商朝就已经出现，商王武丁时期就有组织犯人进行劳役的情况。《尚书》中也记载，商纣王时期的箕子就被剥夺自由并强制其劳役。在秦朝

---

* 张倩，中央司法警官学院硕士研究生导师，《中国监狱学刊》编辑部编审，博士在读；黄康轩，中央司法警官学院2020级法律硕士研究生；辛帅，中央司法警官学院2020级法律硕士研究生。

① 不同朝代、不同时期对于罪犯称谓有所差异，在新中国成立之前一般称为犯人。

时设立了大量的劳役监狱，并安排刑徒从事繁重的劳役，阿房宫、始皇陵、长城等工程的建设就离不开大量刑徒的参与。西汉时废除了肉刑，徒刑的数量和劳役监的规模不断扩大。劳役监的形式在汉代法律上也得到确认。除此之外唐朝的居作制度、宋朝的配隶制度、明代充军刑的增加和以役代刑范围的扩大都是我国封建社会历史上所采取的劳役刑的体现。我国奴隶社会和封建社会对于犯人采取劳役的方式更为注重的是对犯人的惩罚，随着朝代的更替和社会的发展，统治阶级对于劳役制度的作用也有新的认识，统治阶级也在试图用劳役制度来展现仁政治国思想和改变犯人的恶习。

清朝末年，随着国外狱政思想传入中国，统治者对于监狱的作用有了新的认识。赵尔巽所提请设置罪犯习艺所一事于光绪二十九年(1903 年)被批准施行。罪犯习艺所不仅关注对犯人的劳动改造，而且还注重对其进行教诲和感化。清末的习艺制度就是将对犯人的惩罚和习艺相结合的制度，罪犯习艺所的设置推动了劳役刑转变为近代意义上自由刑的进程。之后，伴随着监狱管理思想的进一步发展和罪犯习艺所自身存在的问题显现，清朝开始建立模范监狱。

民国成立之后，袁世凯政府把劳役视为对犯人实行感化教育的三大要素之一。[①]监狱作业制度就是要求犯人在监狱服刑期间从事监狱劳动。民国对于监狱中犯人的劳动相当重视，北洋政府出台了《监狱规则》，对监狱作业制度加以规定。至南京国民政府时期更是采取众多立法举措来推行监狱作业制度，1928 年制定的《旧监狱作业法》要求监狱犯人全部服劳役，同年颁布的《监狱规则》也对监狱犯人服劳役进行规定。在 1932 年南京国民政府拟定的《监狱改良方案》中更是明确肯定了监狱作业对于改造犯人和补充国家收入的重要作用。

2. 横向参考：苏联的劳动改造制度

由于苏联政治体制的缘故，本文所提到的苏联劳动改造制度很大一部分是由作为苏联加盟共和国之一的俄罗斯苏维埃联邦社会主义共和国(下文简称"苏维埃俄国")制定，被苏联其他加盟共和国借鉴或在全苏联推行而统一建立起来的制度，但是也有部分只是苏维埃俄国在其管辖领域内颁布的法令，而且本文中所提到的劳动改造制度包括了在十月革命后、苏联成立前由社会主义各级政权及苏维埃俄国颁布的相关法令，但是本文概以苏联劳动改造制度说之。

十月革命废除了旧有的国家制度和机器，建立起了社会主义政权。监狱作

---

① 冯大庆：《民国时期湖北司法研究(1912—1937)》，武汉大学 2004 年硕士学位论文，第 25 页。

为社会主义国家机器在政权中完善和建立起来。列宁在此过程中反复强调："社会主义国家监禁的场所应当有改造被判刑人的目的。"[①]为了达到改造犯人的目的，新生政权首先对于原有监狱进行了改组并且成立了相应的国家管理机关。1917年10月28日，彼得格勒革命军事委员会通过了关于向维堡地区监狱委派政委的决定，这是新生政权第一项关于完善监狱的法令。在1917年12月12日司法人民委员部成立了监狱管理局[②]，之后在1918年1月6日成立了狱政委员会，目的是管理监狱生活和制定改革狱政机关的基本原则。新生政权同时也在探索对监狱关押的犯人实施新的感化方法。1918年1月24日，司法人民委员部做出"关于监狱工人分队"的决定，把参加对社会有益的劳动作为教育犯人的手段。1918年5月25日，西伯利亚、乌拉尔、土尔克斯坦的司法政委代表大会通过将西伯利亚、乌拉尔两地的监狱全部改为劳改营的决议。1918年7月23日司法人民委员部颁布《关于作为惩罚措施的剥夺自由和服刑程序的决定》(也称临时指令)。该法令对于制定劳动教育方法作了规定，构成了苏维埃俄国劳动改造法律规范的基本形式。1920年11月15日，司法人民委员部批准了《俄罗斯苏维埃社会主义共和国监狱条例》，强调了劳动教育改造的意义及其必要性。1921年苏维埃俄国人民委员会颁布法令也强调了作为教育犯人手段的对社会有益劳动的作用。与此同时，管理关押场所的机构也在发展，在1921年成立了过渡感化院，过渡感化院对于犯人的管束措施不太严格。在1922年苏维埃俄国的监狱管理体制发生了一个大的变化就是，全国所有的关押场所都由内务人民委员部领导，在内务人民委员部下设监狱管理总局统一领导苏维埃俄国境内的全部关押场所。

在苏联成立之后的几年时间内，劳动改造机关的工作虽然没有被集中到全苏联的统一机构里，但是却采取了一系列奠定劳动改造机关在全苏联范围内划一活动基础的措施。[③]苏维埃俄国作为加盟共和国也在不断推进劳动改造政策和立法。1924年苏维埃俄国中央执行委员会批准通过了《劳动改造法典》，其规定，剥夺自由和强制劳动改造型的惩罚必须同劳动感化结合起来，不应当丢掉劳动改造的目的。除此之外，法典还严格遵循人道主义的精神规定了禁止对

---

① [苏]斯特鲁奇科夫、特卡切夫斯基主编：《苏联劳动改造法》，刘本森等译，群众出版社1986年版，第23页。

② 后来被司法人民委员部惩罚局所取代，后又改为中央惩罚局。

③ 劳改专业教材编辑部翻译组：《苏联劳动改造法教程》，法律出版社1983年版，第32页。

犯人采取体罚或侮辱人格的行为。《劳动改造法典》颁布之后，苏联各加盟共和国纷纷效仿学习并颁布各自的劳动改造法典。1927 年，苏维埃俄国对于关押场所进行了调查，显示内务人民委员部基本正确执行了国家对犯人采取劳动改造感化措施的相关政策。1933 年，苏维埃俄国批准通过的第二部《劳动改造法典》又一次强调了劳动作为教育犯人基础的作用及其意义，并且确定了政治教育和劳动改造相结合，奖励与惩戒相结合的刑事执行原则。以上立法措施和具体举措完全符合列宁提出的用教育机构来代替监狱的想法。

二、中国共产党领导下的劳动感化院

1. 中华苏维埃共和国劳动感化院的创建

关于中国共产党领导下的劳动感化院首次创建的时间，在当前学界有一定的争议。以浙江省监狱工作研究所原所长马卫国为代表的学者主张劳动感化院是由梁柏台在 1932 年提议创办的，梁柏台是中国劳动改造感化教育制度的创始人。也有一部分学者主张中国共产党领导下第一所劳动感化院是方志敏在赣东北革命根据地创办，其中黄新明主张第一所劳动感化院是方志敏同志 1929 年在赣东北革命根据地葛源所创建。汪娟在其硕士论文《中华苏维埃共和国监所制度探究》中依据弋阳文史资料，认为第一所劳动感化院是由方志敏在 1928 年 5 月创建。这在一定程度上说明了我国学界在革命根据地史、中国共产党领导下的司法行政史上的研究还需要深入，对于一些基本的史实还需要确定。不过关于劳动感化院首次创办的时间、地点的争论归争论，但是梁柏台在中华苏维埃共和国劳动感化院的创办、制度立法和实践中的作用大家还是一致的。

我们认可马卫国的主张，根据史料，1932 年 2 月 19 日在中央人民委员会第七次常会中，梁柏台提议创办劳动感化院，之后劳动感化院便在中央苏区开始建设；同年 6 月，颁布法律规定，县省两级裁判部，除设看守所外，还须设立劳动感化院；8 月又颁布了《中华苏维埃共和国劳动感化院暂行章程》，它是党领导政权历史上第一部监狱制度立法，自此劳动感化院的具体运转与设立有了法律上的保障。

2. 中华苏维埃共和国劳动感化院的运转

根据《地方苏维埃政府的暂行组织条例》《中华苏维埃共和国裁判部的暂行组织及裁判条例》《中华苏维埃共和国劳动感化院暂行章程》等法律规定，中华苏维埃共和国劳动感化院的管理在中央层面由司法人民委员部指导，在地方上则隶属于各级裁判部。除地方裁判部所属劳动感化院外，司法人民委员部还有其直属管理的劳动感化院。中华苏维埃共和国时期的劳动感化院具体的管理体制如图 1 所示：

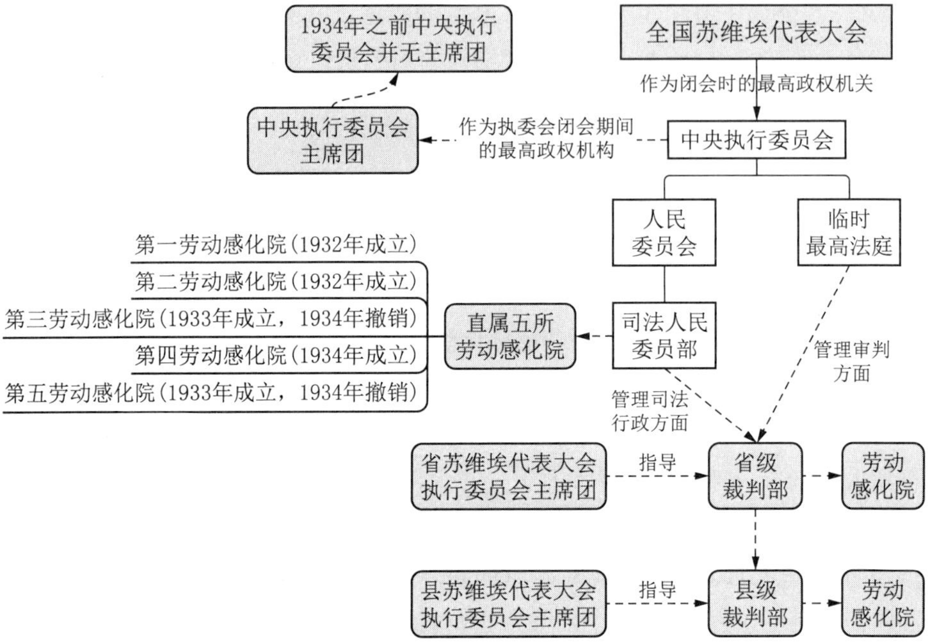

图 1　中华苏维埃共和国劳动感化院管理体制

针对图 1 需要说明的是，中华苏维埃共和国劳动感化院在管理体制上并不是一成不变的，其管理体制也是在不断发生变化。图 1 所示管理体制是以上文三部法律为依据所制作，但是在之后随着法律的修改与颁布，上述管理体制也有一定变化，例如：(1)依据 1933 年发布的《中央司法人民委员部五个月工作计划》可以得知，司法委员会及各部门在那时尚未建立，要在 5 个月时间内在司法人民委员部下建立包括劳动感化处在内的四处一委，其中劳动感化处的职能就是掌握各地看守所及劳动感化院等事宜。因此图 1 所示管理体制图在劳动感化处建成之后应该作为司法人民委员部下设处室来统筹管理各地劳动感化院。(2)依据 1933 年颁布的《中华苏维埃共和国暂行组织法（草案）》规定，临时最高法庭在检察方面也对裁判部予以节制，同时规定县及省直属市裁判部之下设看守所，在必要时可以设立劳动感化院。由此可知在此法颁布之后，县一级劳动感化院只是在必要时才设立。(3)依据1934年颁布的《中华苏维埃共和国中央苏维埃组织法》规定,最高法院得以设立起来,临时最高法庭在此之后不再代为履行最高法院职能。

根据《瑞金、兴国、博生、长汀四县设立劳动感化院工厂的决议》[①]《中华苏维埃共和国劳动感化院暂行章程》《闽浙赣省关于劳动感化院工作决议》及《对裁判机关工作的指示》等,我们可以了解中华苏维埃共和国劳动感化院下设的组织机构如图2所示:

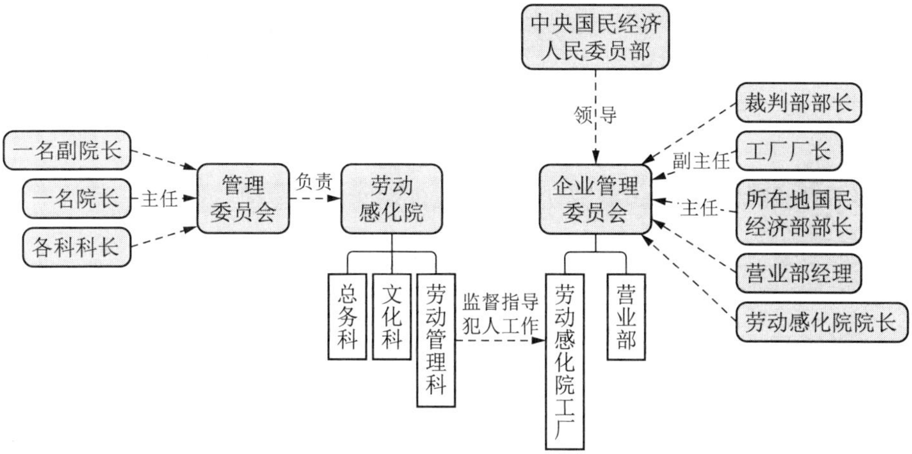

图2　中华苏维埃共和国劳动感化院的组织机构

由图2可知,劳动感化院与劳动感化院工厂是相分离的,劳动感化院工厂并不由劳动感化院进行管理,而是由中央国民经济人民委员部领导下的企业管理委员会进行管理,劳动感化院则设置管理委员会对其负责管理。

3. 中华苏维埃共和国劳动感化院的管理制度

(1)分级分押制度。1932年6月,人民委员会第十七次常会通过的《关于看守所及劳动感化院问题的决议》中明确指出,各县凡判决监禁一年以上的犯人,必须送到省劳动感化院去禁闭。据此可以看出,中华苏维埃共和国各级劳动感化院对于不同刑期关押人员是有所区分的,县一级劳动感化院不关押一年以上的犯人,而省一级劳动感化院则关押刑期较长的犯人,这一点是考虑到犯人的危险程度与劳动感化院的守备力量的强弱,该做法已有如今中国按照罪犯

① 推断为1932年6月裁判部长联席会议时商定。

危险程度和监狱戒备程度等级分押罪犯做法的雏形。1933年，颁布《对裁判机关工作的指示》，其中规定同案的犯人应分开禁闭，不准关在一个房间里面，即在中华苏维埃共和国劳动感化院，对犯人并不是全都关押在一处，而是按照一定的规则对于犯人进行一个简单的分类且分别关押。

(2) 收押与看押制度。根据《中华苏维埃共和国劳动感化院暂行章程》(简称《劳动感化院暂行章程》)规定，犯人被送到劳动感化院时，裁判部或临时最高法庭必须将其判决书抄录一份给劳动感化院，劳动感化院按照判决书去执行，并且犯人在进入劳动感化院时必须填写登记表。在收押犯人之时对于犯人财务也不可随意处置，而是当场点清并作记录，由搜查人、参加人及犯人签字。对于犯人平时之看守要求，犯人必须要有裁判部的批准才可以进出劳动感化院，并且看守人员要日夜值班保证不发生意外。

(3) 劳动制度。犯人在劳动感化院关押期间从事劳动，既可以在劳动中使身体得到锻炼、思想受到教育、学习到生产技能，又能获取一定的报酬，同时还能为苏维埃政权创收。《劳动感化院暂行章程》规定犯人每日工作时间为8小时，上午8—12时，下午1—5时，在此之外的时间为教育和休息时间。在为犯人分配工作之时要依据犯人的专长来进行，每名犯人在工作时间都必须参加工作。犯人在劳动感化院居住的地方与做工的地方是分开的，而且每所劳动感化院工厂生产不同的产品，这些产品不仅仅供应社会，对于苏维埃各级机关也大量供应。还有的劳动感化院会安排犯人去开垦荒田。劳动感化院在当时不仅仅发挥了劳动改造犯人的作用，而且对于国家的收入提高也有很大帮助。

(4) 日常管理制度。劳动感化院对于所押犯人每日分别在早晨起床和夜晚睡觉之前进行两次点名，并对其进行讲话。在犯人房间门口也会挂上名牌以便于管理。对于犯人的会见，必须得到裁判部的批准才可以进行，对于犯人的通信和收到的物品必须予以严格的检查。同时对于犯人的个人卫生十分重视，按时会给犯人洗澡、洗面，定期会组织犯人剃头，劳动感化院也会定期进行卫生检查。对于患有疾病的犯人由劳动感化院请医生进行医治，但是对于犯人患有重病或者需要太多花费治疗的，劳动感化院可以通知犯人的家属出钱进行医治。在对犯人进行管理过程中禁止对犯人施以肉刑。

(5) 教育制度。犯人的教育事宜是由劳动感化院文化科来具体负责，文化科举办的各种文化工作是以感化犯人为前提，一般会组织上识字班、上政治课、读报看报、举行游艺晚会、编辑剧本等，也会定期召集犯人开会讨论一些政治问题。

三、中华苏维埃共和国劳动感化院的影响

1. 现时影响:社会安全与经济创收

中华苏维埃共和国是中国共产党领导政权的一次伟大尝试,在苏维埃红色政权建立之初,流氓、特务等犯罪十分猖狂,严重影响政权不稳定。对于这些犯人怎么处理是一个十分棘手的问题,中国共产党领导下的苏维埃政权通过劳动感化院较好地解决了这一问题。犯人被关押在劳动感化院中,通过劳动、教育等形式对其进行感化教育,既帮助其改变恶习,又保证其刑满之后不再违反苏维埃的法令,达到了改造教育犯人的目的,对于维护社会安全和政权安全具有重要作用。同时,犯人通过劳动不仅仅养成了良好的习惯,而且还对于苏维埃政权的经济收入作出了贡献。劳动感化院这一感化教育犯人的形式在当时产生了良好的改造效果和社会效果。

2. 长远影响:新中国监狱制度的滥觞

劳动感化院的创办是中国共产党领导的红色政权在监狱制度上的一次创举。是中国共产党领导政权下监狱制度的开端。它以马克思主义"劳动"学说为理论根基,通过劳动、教育等形式教育感化犯人,既把犯人改造为守法之人,又能为国家创收。作为劳动感化院依据的《劳动感化院暂行章程》是党领导政权历史上第一部监狱制度立法,其所确立的感化教育犯人的宗旨和各项对于犯人管理的基本制度都对之后中国共产党领导下的政权建设发挥了重要的作用。现如今我国监狱很多对于罪犯管理改造的立法思想、制度规定都可以在中华苏维埃共和国劳动感化院中找到雏形,可以说劳动感化院是我国监狱制度的滥觞。

四、劳动感化院对当今监狱发展完善的借鉴

1. 法律层面:推进《监狱法》的完善

《劳动感化院暂行章程》作为苏维埃政权劳动感化院运行的法律依据,对于劳动感化院的运转发挥了基础性作用。虽然其只有 16 条规定,但对劳动感化院的设置宗旨、隶属关系、组织架构、人员配备、工作职能、基本管理制度等都较为详细具体。我国现行《监狱法》有 7 章 78 条,其侧重对刑罚执行、狱政管理、罪犯改造等方面进行规定,对于监狱隶属关系、各个内设机构及其人员配备、科

室工作职能等规定并不充分。当前我国各地监狱在机构设置尤其是各省的监狱科室设置并不完全相同，科室工作职能缺少总体统一的安排而出现工作交叉重复、推诿扯皮等情况。此外，当前我国除省属监狱外，还有市属监狱，致使不同层级监狱在执法标准、人才招录、编制管理等方面颇不一致。我国《监狱法》在修改完善过程中可以借鉴《劳动感化院暂行章程》，加强对“监狱本身”的立法。

2. 制度层面：巩固完善监狱体制改革成果

监企分开是我国监狱体制改革的重要内容，并取得了重要成果。当今基本形成了监企分开的新格局，但是在实际中，监狱和监狱企业在人员的分开方面并不彻底。在各省监狱局层面，一个省各个监狱企业往往组成一个集团公司，而集团公司董事长一般由各省监狱局局长担任，而集团公司总经理、董事则由省监狱局副局长或其他监狱局领导担任。在各个监狱层面，各个监狱企业的董事长一般由监狱长担任，总经理和监狱企业其他领导职位一般由副监狱长或其他监狱领导担任，而监狱企业在监区或分监区的管理人员就是各监区或分监区的监狱干警。此种做法虽然在一定程度上能够使监狱的刑罚执行性同监狱企业的经济性相分离，能达到监企分开的目的，但是在一定程度上也加重了监狱领导和干警的工作负担。而在苏维埃红色政权中的劳动感化院和劳动感化院工厂在领导体制上是相分离的，是一种较为彻底的监企分开。虽然此种院厂完全分离的做法未必适应当今，但是我们可以汲取劳动感化院院厂分离的有益经验，构想未来在各省司法厅或者监狱管理局下设置与监狱管理局体制尤其是人员相分离的、不同于现在监狱集团公司的“监狱企业集团公司”。“监狱企业集团公司”不以营利为主要目的，其负责的生产活动服从于省监狱局所辖各个监狱的罪犯改造活动，在各个监狱由“省监狱企业集团公司”派驻人员同监区或分监区监狱干警相互配合，监狱干警负责监管安全、劳动教育及罪犯的劳动计分考核，派驻人员负责罪犯的具体生产劳动，既做到监狱和监狱企业的分离，又防止改造与生产的“两张皮”，以减轻民警的工作压力。当然，该构想并不成熟也不一定适用，只是供各位专家、学者参考。

历史终究会过去，但是历史绝不能被遗忘，中国共产党领导下的劳动感化院作为我国监狱制度的滥觞值得被学界深入研究，梁柏台部长对于劳动感化院及其立法乃至对于中国共产党领导下的苏维埃政权法制建设所作的贡献不容泯灭。司法行政事业对于中国共产党领导下政权建设和国家发展的重要性不容忽视。我们不能丢弃先辈留下的有益经验，更不能忘记先辈。

青海监狱史研究

魏　峰　殷耀斌　邱平祥*

青海监狱工作根植于五千年中华文明，起源于中国共产党领导的新民主主义革命运动，伴随着新中国成立的脚步，奠基于20世纪五六十年代，臻善于《监狱法》颁布实施，发展完善于党的十八大之后。经过几代人的艰苦奋斗，初步建成了中国特色社会主义现代化监狱治理体系，在青藏高原这块特殊的土地上，创造了一个个人间奇迹，铸就了一座座历史丰碑，在实现中华民族伟大复兴中国梦的征程上交出了合格的历史答卷。虽然风起云涌，沧海桑田，但青海监狱作为巩固新中国政权、维护社会安全稳定、教育改造罪犯、服务国家和地方经济大局的历史使命从未改变过。

一、青海监狱历史概述

青海监狱从诞生之日起，就肩负着特殊的历史使命，适应社会主义革命建设和国家安全、法治和经济建设需要，饱经始创初期的风雨如晦、发展壮大的筚路蓝缕、改革自强的艰苦奋斗，以改造旧世界、建设新中国的博大胸襟，坚决彻底地实施劳动改造伟大实践，在各个历史时期，为国家和地方经济社会发展作出了不可磨灭的贡献。

1. 新中国成立前的青海监狱概述

青海省有人类活动的历史可以追溯到夏朝。有文字记载的历史可以追溯到公元前121年骠骑将军霍去病经略湟中地区，在今西宁东郊西平亭设军事据点，并建立基层政权。

青海省真正有记载的监狱历史始于公元前63年，汉后将军赵充国平定西羌后，汉朝实现了对河湟谷地的直接统治，并由赵充国在河湟地区“以兵屯田”，

---

* 魏峰，青海省西宁监狱监狱长，青海省监狱法学研究会理事；殷耀斌，青海省监狱管理局办公室副主任，青海省监狱法学研究会常务副秘书长；邱平祥，青海省监狱法学研究会副秘书长。

建立了青海地区最早的监狱制度。自此，流放犯人、垦荒屯田之地，成为青海在人们心中的历史符号。如公元4年(西汉元始四年)，王莽摄政，置西海郡，时立法50条，凡违法者均被流放至西海服役。

公元1104年(北宋崇宁三年)5月，改鄯州为西宁州，建陇右都护府，“西宁”一名自此沿用至今。明清以后的中原地区虽然形成了相对比较完善的监狱制度，但在青海从未形成真正意义上的监狱体制，由于青海特殊的地理环境和社会变迁历程及社会动乱，监狱设施几经存废，相继被毁。

1912年，中华民国成立后，青海政权开始由马麟掌握，但司法制度基本沿用清制，加上世袭家族式统治，青海地方监狱制度毁坏殆尽，反而更加黑暗。监狱管理实际上与监狱规定背离，行为与制度脱节。马家军的官兵、国民党的特务可以不受法律约束而随意将爱国人士抓进监狱。比较突出的案例是红西路军事件，大批被俘红西路军战士都遭受了惨无人道的摧残。1949年青海解放前，全省没有统一的审判法规和监狱系统，仅有一座设在西宁的西互监狱。其他地区仅有的关押场所，如民和、乐都、化隆、循化、大通、湟源等县则是看守所与监所合为一体，设施十分简陋。

1949年9月5日，中国人民解放军第一野战军第一兵团，长驱千里，挥戈猛进，一举解放了青海首府西宁，开创了青海历史新纪元。青海监狱事业也跨入了中国特色社会主义监狱事业的伟大征程。

2. 新中国70年来青海监狱工作概述

新中国成立初期，一大批老红军、老八路、老解放战士们，披着战争年代的硝烟，在党中央号召下，从五湖四海奔赴青藏高原，巩固边防、保卫政权、维护稳定、发展经济，凭着对党的无限忠诚和对祖国社会主义革命建设事业的无比热爱，开创出中国特色社会主义监狱事业新局面，在青藏高原上镌刻了光彩夺目的历史篇章。

(1)“军训处”——劳动改造制度的萌芽。1949年9月8日，西宁市人民政府宣布成立，军管会司法接管组接管西互监狱后，更名为青海省监狱。这是青海历史上第一座由人民民主政权命名的监狱。同月，第一军遵照彭总关于对青海马步芳匪军投降的军官召集受训、给以适当优待并进行政策教育的指示，对已经投降的青海马步芳将校开办了“解放军官训练处”，负责对他们的管训改造。“军训处”在苏维埃工农民主政权和解放区民主政府“感化教育”犯人的工作经验基础上，正确运用毛泽东关于“通过思想改造去改造犯人”的重要思想，注重让学员们认清国际国内形势，较多地了解我党政策，认清蒋、马反动派本质。在此基础上，重新认识自己，改造思想，争取人民宽恕，站到人民一边来，前后成功教育转化了两期青马匪军投降军官。

1950 年 12 月，根据中央司法部、公安部《关于监狱、看守所和劳动改造队归公安部门领导的指示》，省公安厅决定成立劳改科。1951 年 7 月，在劳改科基础上成立监管劳改处，下设管教、生产、供给、秘书 4 个股。同年 8 月，省高级人民法院将省监狱移交给劳改处管理。青海监狱具备了开展劳动改造罪犯的基本条件。

（2）劳改队——毛泽东关于罪犯改造理论的实践载体。根据“三公”会议的“大批应判徒刑的犯人，是一个很大的劳动力。为了改造他们，为了解决监狱的困难，为了不让判处徒刑的反革命分子坐吃闲饭，必须着手组织劳动改造的工作”的精神，即“三个为了”的决策精神，1951 年 7 月，青海省公安厅劳改处先后成立 7 个劳改队，建制完全模仿解放军连队建制套建，设队长、指导员、管教员、伙食管理员等。到 1951 年底，劳改处辖有 1 座监狱、9 个劳改队。

“劳改队”这一改造罪犯形式的设置是新中国成立前，根据地民主政府在学习苏联“劳动改造”经验，与晋察冀边区自新学艺所通过劳动生产和教育改造犯人的理念制度实践基础上创设的。随着解放区域日益扩大、稳定环境的出现，解放区各级政府在整顿改造旧监狱、清理已决犯未决犯之外，对于国民党机构如党、政、军、警、宪、特各系统的骨干分子的迅速整治，对国民党政府和军队留下的几百万人的庞大队伍的处理，思考、寻找监督改造犯罪分子的基地和形式，成为摆在人民政府面前亟待解决的重要问题。

解放战争期间，吸取多方经验和具体实践后，已经摸索出了一些适于管理犯人生产劳动的措施，并且逐步形成一整套制度，其中有企管会制、奖惩制、分红制、安置制等。“劳改工作”代替“监所工作”，确定了无论是入监所、出外役、留场安置，死刑犯以外的押犯都得参加劳动，彻底改革“坐监”吃闲饭陋习。监狱“固然是惩罚犯人的场所，同时，也是犯人的教育机关”①，“是改造自新人的特殊学校”，故此，新中国成立后，青海和各地监狱系统一样，劳改仍沿用为改造罪犯的“三大手段”之一。

（3）劳动改造——青海监狱制度的必然选择。劳动改造之所以在毛泽东

① 薛梅卿、黄新明：《中国革命根据地狱制史》，法律出版社 2011 年版，第 64 页。

思想引领下发展成为青海监狱创建和发展的重要内容，长期作为“三大改造”手段运用于改造罪犯全过程，有以下几个历史原因：

第一，有马克思主义关于劳动创造世界、劳动是人类之必须、劳动是人的权利的理论支撑。马克思在1875年《哥达纲领批判》中，针对德国工人党在哥达纲领中提出“调整监狱劳动”时强调指出，劳动之于罪犯悔过自新的重要，而工人们也会支持罪犯的劳动、使罪犯改过自新，不会担心竞争，使自己的劳动岗位减少。

第二，这是社会主义革命和建设初期的重要任务。新中国成立前根据地监所针对在押的80%以上的犯人是流氓、无赖、二流子、毒犯、盗窃犯等各种寄生、堕落分子，对他们采取劳动改造手段，使其转变人生意识、脱胎换骨。而此时对罪犯的劳动改造是社会主义革命和建设初期的重要任务与实际需要。

第三，新生共和国遭受敌人重重封锁，面临的国内国外形势并不乐观，面临严重的经济困难。基于新中国成立初期国内外政治、经济的现实状况，吸纳红色根据地和苏联劳动改造罪犯的经验，劳动改造手段将是解决罪犯坐吃闲饭问题的主要途径。

第四，国际共运的影响和中国苏维埃政权改造罪犯的经验提供了改造模式。1919年俄共(布)第八次代表大会曾将列宁主义原则确定于党纲中，即：用保留自由的劳动改造代替剥夺自由，用教育机关代替监狱。新中国成立后，一张白纸上绘蓝图的新中国监狱事业自然而然地选择了苏联的范本。

(4) 大调犯——历史上人类迁徙的重大事件。1952年9月，根据全国第一次劳改工作会议关于“稳步分期分批向地广人稀地区转移”的精神，从邻省甘肃首次调入犯人755名，拉开了大规模劳动改造、开发青海的序幕。

千里大调犯，是人类历史上有组织、有计划、大规模的迁移工程，牵引出了许多流传甚广的故事。据统计，这一时期先后从18个省市调入罪犯，押犯规模占当时全国关押罪犯总量的近1/4，使青海成为名副其实的全国重要押犯基地，对巩固新中国政权、保持国家政治社会生活稳定、促进青海地方经济繁荣作出了巨大贡献。

(5) 与时俱进——劳动改造制度三次质的飞跃。新中国成立后，在毛泽东思想引领下，青海监狱工作经过了三次质的飞跃，即以“阶级斗争为纲”指导下，以改造旧官僚和国民党军警宪特人员反动立场为目的的“革命发展”阶段；以“经济建设为中心”指导下，以培养守法公民、消除社会安全隐患为目的的“改革化发展”阶段；以“科学发展观”指导下，以培养“自食其力的守法公民”为目的的“科学发展”阶段。

一是党的十一届三中全会前：“以阶级斗争为纲”指导下的“革命发展”阶段。新中国成立后，青海监狱押犯以国民党原党、政、军、宪、特及反革命分子为主。1965 年，反革命犯比例一度达到 70.63%。这一时期，青海监狱工作适应以“阶级斗争为纲”的经济社会发展需要，采用“革命发展”模式，一方面要在政治上、思想上彻底铲除他们反革命的立场、观点，另一方面在生产技能上也锻炼他们成为一个熟练的劳动者，摒弃各种资产阶级生活恶习，成为热爱劳动的“自给自足的社会新人”。

二是党的十八大召开前：“以经济建设为中心”指导下的“改革发展”“安全发展”阶段。1981 年 8 月“八劳”会议为标志，中国监狱在拨乱反正、肃清流毒基础上，进入改革开放、全面发展的阶段，监狱工作由“革命发展”向“改革发展”转变。青海监狱押犯结构逐渐形成以本地刑事罪犯和青年罪犯为主，罪犯改造逐渐过渡到“安全发展”为宗旨的模式，劳动改造方式越来越社会化。特别是《监狱法》颁布实施后，监狱工作的目标也随着改造对象的变化而发展为改造人性的恶习、培养“自食其力的守法公民”，确保罪犯具备回归社会就业与生存能力，全力消除违法犯罪给社会带来的安全隐患。

三是党的十八大以来：以“坚守安全底线，践行改造宗旨”为目标的高质量发展阶段。20 世纪 90 年代初，邓小平南方谈话和党的十四大的召开，解决了中国在由计划经济体制向社会主义市场经济体制转变过程中的一系列重大理论与实践问题。经过 2003 年试点、2008 年全面实施的“监狱体制改革”，青海监狱的运行经费基本实现了全额保障和监狱职能纯化。党的十八大胜利召开后，在国民生活秩序基本稳定、经济社会蓬勃发展形势下，以习近平同志为核心的党中央提出“安全发展”模式，即“以国家总体安全观”来指导发展经济社会。在此背景下，青海监狱强调改造性，改造手段多元化，改造目标是回归社会，即将罪犯改造成为“自食其力的守法公民”。这一阶段，中国监狱依据经济社会发展形势，创新挖掘劳动改造的能动作用，探索重构劳动改造的运行模式，以政治改造为统领，联合监管、教育、文化、劳动等改造手段，从夯实“五大认同”和具备回归就业与生存能力等方面，有力提升罪犯改造质量，并联合各级政府、政法和社区矫正机构，全力消除违法犯罪带来的社会安全隐患。

二、青海监狱工作70年的巨大成就

70年来，青海监狱在成功改造罪犯的过程中，探索出了一套符合中国特色社会主义监狱行刑方式，几乎涵盖了新中国所有的监狱管理模式的押犯类型，也创造了人类历史上高海拔地区自然环境最恶劣、押犯规模最大、改造人数最多、对地区发展影响最广的监狱工作奇迹，为巩固新中国政权、维护社会稳定，为青海的政治建设、法制建设、经济建设和社会建设作出了积极贡献。

1. 关押、改造30余万名罪犯，努力为巩固政权、稳定社会服务

老一代监狱事业的先驱们，在没有任何经验可借鉴的情况下，凭着对党和监狱事业的无限忠诚，克服千难万险，在极其恶劣的环境中，艰苦创业，忠诚奉献，用热血乃至生命捍卫党的监狱事业，巩固新生政权，维护边疆稳定，发展地方经济；以改造旧世界，建设新中国的豪迈情怀，灵活运用毛泽东改造罪犯思想，积极探索创新改造手段，挽救和改造了一大批包括国民党党、政、军、宪、特人员在内的服刑人员，在社会犯罪形势严峻的情况下，刑满释放人员的重新犯罪率始终保持较低水平。

1957年、1963年、1966年和1987年，青海省劳改局曾4次对刑满释放或提前释放的人进行调查，奉公守法者达90%以上。70年来，青海监狱前后改造30.4万人，对这一如此庞大的群体，竭力将重新犯罪率降到较低水平，对于维护社会安定、保障国家长治久安，其意义显然是十分深远的。

2. 成功改造反革命罪犯，创造“西部监狱奇迹”

20世纪70年代以前，青海监狱主要以改造反革命罪犯特别是原国民党党、政、军、宪、特等人员为主。青海监狱广大民警在党的正确领导下，认真贯彻党在各个历史时期的方针政策，坚持严格、公正、文明执法，使一批批历史反革命分子放弃反动立场，重新做人，被改造成为对社会有用的守法公民。

青海监狱改造反革命罪犯特别是对原国民党党、政、军、宪、特等人员的改造，体现了青海监狱始终从“无产阶级改造人、改造社会的历史使命”的高度认识和设计罪犯改造制度，不断开创中国特色社会主义监狱事业新局面的初心使命。它的理念、原则、方法和策略等，不同程度地运用于对刑事犯罪分子的改造，对提高监狱的改造质量，也起到了重要的引导、示范作用。

3. 积极组建改造基地,促进罪犯改造,服务国家建设

青海监狱事业是在千疮百孔的旧政权基础上白手起家的。第一代监狱工作者钻山洞、搭地窝子、住干打垒土房,始终把生产建设需要放在生活和福利之前,“献了青春献子孙”,为新中国监狱事业作出了巨大贡献。监狱关押先用麻绳“画地为牢”或者用挖沟代替围墙,在教育改造罪犯的同时,艰苦创业,经济发展创下许多“第一”:建立了青海省第一个国营农场,第一座现代化轮窑,第一个水利工程队,第一个建筑工程队,第一个钢铁铸造厂,第一个渔业公司,第一个印刷厂,第一个汽车修配厂,制造了第一辆汽车……无数个“青海第一”,无数个标志性建筑和事件永远铭刻在青海这片土地上。第一个五年计划期间(1953—1957 年),劳改农场耕地面积占国营农场的 98%,工业总产值占省属工业的 57%,建筑业承建了西宁大部分房建工程。时任省委书记张国声评价劳改生产时称“三分天下有其一”。

随着青海监狱工作的不断发展,新生就业的犯人也越来越多。在面对蒋介石的反攻大陆、帝国主义的封锁包围、社会就业水平低下等形势,青海监狱再次承担起历史责任,坚决贯彻第二次全国劳改工作会议精神,按照“多留少放”和“在地广人稀地区劳动改造的罪犯,刑期满了以后,需要结合移民就地安家立业”的政策,累计安置刑满释放人员 13.14 万名留场(厂)就业,对维护社会治安、巩固劳改生产、解决计划经济时期刑满释放后就业谋生出路问题起了一定的作用。同时,青海监狱还主动承担其他省市刑满就业人员的安置工作,先后从外省接收了数万名刑满释放遣送到青海来的就业职工,并采取措施,鼓励他们把家属接来,为缓解社会就业压力作出了重大贡献。

70 年来,青海监狱按照中央和国家统一部署,先后移交工农业单位一百多个,耕地数百万亩,龙羊峡水电站、公伯峡水电站等大型国家建设项目都是在青海监狱的支持和牺牲农场发展成果基础上建成的。原德令哈农场现在成了海西州委、州政府所在地,柴达木地区政治经济文化中心。

4. 锻炼、造就一支高素质的监狱人民警察队伍

青海监狱民警队伍从创建初期 1951 年的 211 名,逐步增加,到 1960 年达到 11 308 人,他们中的多数是军转干部、公安干警和押解罪犯的随调干部,领导层多为老红军、老八路。1962 年以后大批精简下放,之后 10 多年维持在 7 000 人左右。老一代民警队伍虽然文化水平低、专业人员少,但政治觉悟高,对党忠诚,立场坚定,组织纪律性强,吃苦耐劳,担负起了创建初期的艰巨任务。

20世纪80年代以后，新中国成立前参加革命工作的老同志逐步到了离退休年龄，按照中央组织部规定，通过转干招录等，大批“狱二代”以子承父业的方式，成为劳改工作主力，民警学历层次明显提升，到1999年大专以上学历达到32.9%。

进入21世纪，从2002年开始，随着推进公务员制度改革，除接收少量退伍军人、外单位调入人员外，新录用人员全部面向社会公开招录，监狱系统第三代警察队伍的组成结构开始发生较大变化，学历层次进一步提升。“十一五”以来，累计有786个集体、2 531名民警职工受到表彰奖励，其中370个单位获省部级以上先进集体荣誉称号，718人次获省部级以上先进个人荣誉称号。

三、青海监狱工作的基本经验

70年来，青海监狱高举中国特色社会主义伟大旗帜，矢志不渝维护国家安全、促进公平正义、守护人民幸福，不断深化改革、抢抓重大机遇、拼搏奋斗，进入21世纪以来，连续19年实现“四无”，监管安全走在了全国前列。

1. 坚持党的领导和正确的指导思想，树立科学的行刑理念

70年来，青海监狱始终坚持党的绝对领导，形成了鲜明的青海特色和政治优势。70年来，青海监狱工作坚决贯彻执行党的路线、方针、政策，始终坚持“政治引领、党建先行”“首题必政治”，把党的领导贯穿监狱工作各方面、全过程，坚决执行党中央、国务院对监狱工作的部署和要求，牢牢把握正确的政治方向，在任何时候、任何情况下，时刻坚持坚定的政治方向、政治立场和政治观点，旗帜鲜明地贯彻党的路线方针政策。党的十八大以来，扎实推进群众路线教育，“两学一做”学习教育常态化、制度化，组织开展“不忘初心、牢记使命”主题教育和“组织体系建设三年行动”，切实打牢“对党忠诚、服务人民、执法公正、纪律严明”的思想根基。全面加强党的纪律建设，营造了风清气正的政治生态。

2. 坚持不断加强法制建设，充分发挥政策威力

青海监狱初创时期，严格按照党的路线方针政策规定，继承新中国成立前根据地民主政权劳改队的建制和工作模式，认真贯彻落实《劳改条例》《劳动改造罪犯刑满释放及安置就业暂行处理办法》《工作细则》和《管教工作细则》等规范性文件，不断丰富青海监狱法制建设的内涵。1994年《监狱法》颁布施行，为贯彻依法治国方略、实施依法治监奠定了坚实的基础。

在严格执行法律、落实党在各个历史时期政策的同时，结合青海监狱实际，制定了相当一批规范性文件，包括：对罪犯实行人道主义政策，尊重他们的人格，保护他们的合法权益，确保监管秩序的稳定；实行区别对待、奖惩严明的政策，贯彻奖励为主、惩罚为辅的原则，最大限度地调动罪犯的改造积极性；实行“给出路”政策，让罪犯在希望中改造，在竞争中进取，等等。这些符合青海监狱特点的工作制度和规范，于 2018 年整体修订后，形成了“青海监狱管理局三化建设工作规范”丛书。整套书分 14 册，约 60 万字，是青海监狱长期推进法治建设的综合性制度手册。

3. 坚持专门机关与群众路线相结合，实行改造工作的综合治理

从 20 世纪五六十年代的“请进来、走出去”，构建“三道防线”，推行“枫桥经验”，敦促罪犯向原单位、原地区汇报改造情况的“一封信”活动，到 20 世纪 80 年代实行“三个延伸”，签订帮教协议，组织社会志愿者队伍，聘请执法监督员等，青海监狱与社会的联系越来越广泛，合作越来越密切，内容越来越丰富，方法越来越灵活，形式也越来越多样化。随着社区矫正、循正矫正等新技术、新手段的应用推广，大墙内外“齐抓共管”的格局基本形成，带来了明显的社会效益，监狱社会化、法治化、规范化建设不断提升。

4. 坚持改革开放，不断完善中国特色监狱管理制度

创新发展是当今社会不断进步的动力源泉。70 年来，青海监狱始终站在时代前沿，从党和国家发展大局出发，以解决经济社会发展重点难点问题为出发点，积极探索罪犯劳动改造的青海经验。特别是“八劳”会议以来，根据中央关于改革开放的决策，青海监狱在监狱体制、教育改造、狱政管理、罪犯考核、监管改造基本模式、生活卫生管理、刑罚执行及监狱布局等方面，进行了一系列改革。进入新时代，青海监狱积极转变思想观念，解放思想，突破监狱企业因体制属性不能破产的思想禁锢，密切结合省情和局情，成功走出了一条通过监狱企业破产化解困境的改革之路，实现了二次崛起的目标，谱写了青海监狱改革发展的新篇章。

5. 坚持抓队伍建设，为公正执法提供根本保障

青海监狱始终坚持“队伍建设是根本，廉政建设是保障”的理念。不断加强民警队伍的革命化、专业化、正规化建设。坚持政治建警，坚持抓党建带队建，努力塑造一支忠于党、忠于国家、忠于法律、忠于人民的高素质监狱民警队伍。坚持素质强警，从严治警。以立足未来、注重实用为导向，以民警初任培训、任职培训、专门业务培训、在职培训等为主要培训方式，不断加大民警教育培训力度。坚持从优待警。注重培养选拔优秀年轻干部，逐步提高一线民警职级待遇。通过完善敷防设施，民警的执法环境、工作条件明显改善，子女入学、住房等困难问题得到有效解决。坚持创优励警。积极开展“争先创优”“立功创模”等活动，涌现出一大批立功集体和个人。

6. 坚持协调沟通、争取支持，不断取得进步和发展

青海监狱系统的改革发展和所取得的成就，是监狱系统广大民警职工开拓进取、团结拼搏的结果，更是各级领导亲切关怀和大力支持的结果。在最为艰难的时期，党中央、国务院领导亲自批示、研究解决青海监狱系统特殊困难，从宏观政策和资金帮扶上高度关注，有效解决实质问题，为监狱系统解困打下了坚实的基础。21 世纪初，在决策和实施布局调整中，时任中共中央政治局常委、中央政法委书记罗干多次关心、过问，协调中央财政安排专项资金，现场视察指导工作，为彻底改变监狱面貌铺平了道路。在探讨监狱系统改革过程中，青海省委、省政府领导多次召开专题会议，决策部署改革发展大政，多位省领导亲临一线考察指导监狱工作，为尽快进入良性发展指明了方向。在推进调整和改革进程中，司法部和部监狱局的领导，数次来青深入基层考察调研，对全系统监管安全、体制改革、基础建设、经费保障等进行检查指导，为监狱工作平稳健康发展提供了支持。在融入青海省经济社会发展大局中，省各有关厅局领导倾注大量心血，对监狱系统发展安排专项调研，为监狱改革发展出谋划策，在实施机构改革、核增人员基数、提高保障标准、完善运行机制等方面采取一系列积极有效的措施，为监狱工作的健康发展创造了有利条件。

四、新时代青海监狱工作展望

青海监狱工作 70 年，见证了共和国的发展壮大，监狱工作从无到有、从小到大，历经了曲折，也历经了磨难，形成了具有青海特色的监狱工作发展之路。70 年来，在改造罪犯实践中，创造了青海经验，构建了国家刑事执行体系的重要一环，在法治中国建设进程中扮演了越来越重要的角色。70 年来，监狱工作实现了管理理念、管理模式、管理重心、管理手段和管理机制的转变，使青海监狱工作站在一个新的历史起点，为今后的发展奠定了坚实的基础。展望未来，青海监狱工作在习近平新时代中国特色社会主义思想指导下，不忘初心，牢记使命，以习近平法治思想为引领，必将在公正、法治、文明、科学发展等方面取得新的更大进步，在安防体系、公正执法、科学改造、服务保障等方面取得新突破，开创高质量发展的新局面。

第一，公正。公平正义是青海监狱永恒的首要价值追求。随着监狱工作社会化不断推进，刑罚执行工作要力求监狱法治价值取向和执法规则统一，法律效果、行刑效益和追求社会效果统一，崇尚公平，实践公平，坚持正义，努力让每一名罪犯在自身接受改造的过程中都感受到公平正义，努力让罪犯亲属从亲人入监接受改造的全过程中都感受到公平正义，努力让社会各界在对监狱执法监督中都感受到中国监狱全部执法行为的公平正义。

第二，法治。青海监狱70年的发展历史，也是一部积极探索和完善法治建设的历史。长期以来，广大民警职工在毛泽东改造罪犯理论指引下，认真贯彻党在各个历史阶段的路线方针政策，致力于健全完善中国特色、青海特点的法治实践，通过调研报告、论文、专著等成果的形式，为监狱立法的推进提供了大量实践素材。《监狱法》颁布后，特别是随着《民法典》的颁布实施，刑事执行法律体系进一步完善，在依法治国基本方略框架下，逐步形成了完整配套的监狱法律体系，把监狱的一切工作纳入法制轨道。全体监狱人民警察都要确立社会主义法治理念，维护社会公平正义，严格依法办事，主动接受监督，确保“科学立法、严格执法、公正司法、全民守法”的方针落到实处。

第三，文明。践行以人民为中心的发展思想，认真贯彻“国家尊重和保障人权”的宪法原则，以人为本，努力推进社会主义物质文明、精神文明和政治文明“三个文明”建设，坚持刑罚执行的公开、公平和公正，以提高教育改造质量为中心，加大教育感化力度，坚决杜绝一切侵权现象，促进人的全面发展与社会的和谐，着力维护社会主义监狱的良好形象，为社会主义现代化建设和国家长治久安服务。

第四，科学。随着社区矫正工作的逐步推进，刑事执行法律规范日益成熟，青海监狱坚持以习近平新时代中国特色社会主义思想为引领，坚持稳中求进工作总基调，统筹好发展和安全总要求，立足新发展阶段、贯彻新发展理念、构建新发展格局，更加注重系统观念、法治思维、强基导向，积极探索从监禁刑到非监禁刑、从封闭专业矫正到开放社会化改造的体系性发展模式，奋力推动全省监狱工作高质量发展。

公正、法治、文明、科学发展，是青海监狱70年来一贯坚持的原则和始终追求的目标，随着中华民族伟大复兴的脚步越来越近，这些原则和目标，定将取得新的发展、新的成果。后续的历史，必将证明这一点。

寻找历史中的贵州省第二监狱

胡仕荣　吴玉进[*]

近年来,我们在参与编纂单位《贵州省未成年犯管教所志(1956—2016)》和筹建贵州省未成年犯管教所陈列馆过程中,查阅和搜集了有关贵州省监狱工作的发展历程史料,然而遗憾的是发现绝大部分监狱系统的文献资料,都没有关于贵州省第二监狱历史的相关内容,如,1999 年司法部监狱管理局编的《当代中国监狱概览(1949—1989)》、2000 年贵州省监狱管理局编的《贵州监狱志》等都没有记载。在单位档案室里查到的《贵州省第二监狱(少管所)志》,是退休民警王洪章编写的内部资料,仅简要记载了贵州省第二监狱历史。反倒是在驻地贵定县的《贵定县志》中找到了有专门的章节记载贵州省第二监狱、贵州省少年犯管教所历史的内容。

作为监狱工作历史的研究者,面对被遗忘于历史角落的贵州省第二监狱历史,内心不免深感自责。毕竟只有自家人才知道自己创业、发家的历史,自己不去记载、挖掘、保护自家的历史,谁又会来做这项工作呢?基于此,我们尝试对贵州监狱工作进行回顾,寻找贵州省第二监狱的创建始末。

一、新中国贵州监狱的艰巨任务

1949 年 11 月 15 日贵阳解放,接着贵州省全省相继解放,解放初期的贵州,满目疮痍,民不聊生,据当时贵阳市调查统计,在约 24 万人口的贵阳市区有国民党散兵游勇 6 000 余人、乞丐 5 000 余人、妓女 2 500 余人、制造贩卖毒品者 1 000 余人,以及大量的瘾君子。由于朝鲜战争爆发,国民党遗留的残兵败将及地方的恶霸土匪武装,疯狂反扑,曾一度窜扰贵阳附近地区,人民政府曾被迫放弃正安、道真等 21 个县城,解放初期的困难可见一斑。①

---

* 胡仕荣,贵州省未成年犯管教所党委书记、所长;吴玉进,贵州省未成年犯管教所四级警长。

① 参见王明迪、郭建安主编:《岁月铭记:新中国监狱工作 50 年》,法律出版社 2000 年版,第 188 页。

1950年3月，许多原投诚起义的国民党部队、地方保安团相继叛变，各地封建势力纠集惯匪、流氓，并蒙蔽和裹胁部分群众为匪，形成以特务为核心、反动军官为骨干、惯匪流氓为躯体、封建势力为基础的全省性的土匪暴动。当时，贵州境内较大的股匪460股，持枪匪徒达11万多人。其中拥有千人以上的主要有："贵州反共自卫救国军"曹绍华部、"中央新编第一集团军"潘方侠部、"黔桂边区反共挺进军"屠占廷部、"反共抗俄同盟军"冯剑飞部、"反共自卫救国军第八兵团"罗湘培部、"反共游击军"杨平舟部，以及"湘桂黔边区自卫救国军"杨锦标部等。除大股土匪外，其余小股土匪山头林立，不胜枚举。在土匪暴动开始的两三个月内，全省被土匪占领的县达31个之多，只有48个县为人民政府所控制，其中又大多数只控制县城和少数乡镇及交通要道。这些匪首、恶霸、特务、反动党团骨干分子和反动会道门头子五位一体，到处抢劫粮食，拦劫车辆，攻城掠镇，残杀人民政府工作人员和积极分子。①

正是在这样的紧要关头，党领导的人民解放军和人民警察立即接管旧监狱，新建劳动改造场所，镇压和改造国民党军官、反革命犯、反动会道门、土匪、恶霸，维护贵州省人民政府这个新生的人民政权。1950年2月，贵州省最早的一个劳改组织安顺专区公安处直属劳改队成立。1952年开始着手建立、1953年10月建成的贵州省人民政府公安厅第一分监（贵州省第二监狱前身），作为贵州省最早创建的第一批劳改队、监狱应运而生，他们承担和肩负着镇压、改造敌对势力，维护红色政权稳定的艰巨使命。

二、贵州监狱工作的开创发展

1. 创业初期

1949年11月23日，贵阳市军事管制委员会民政接管部接管了国民党贵州省高等法院第一监狱和看守所。随着全省解放，镇远监狱、遵义监狱等也相继接收。

随着清匪反霸、土地革命、镇压反革命运动的开展，押犯日渐增多。1950年11月3日，中央人民政府公安部、司法部发出《关于监狱、看守所和劳改队移

---

① 参见贵州省地方志编纂委员会编：《贵州省志·审判志》，贵州人民出版社1999年版，第313页。

转归公安部门领导的通知》,贵州省公安厅遵照中央的指示,及时接管了全省监狱、看守所和劳改队,并于1951年7月5日成立了贵州省公安厅劳改处,统管全省对罪犯的管理工作。①全省各专区(州)相应成立了贵州省公安厅劳改科,各县成立公安局劳改工作股,年底,全省劳改工作管理机关基本建成。

1951年7月31日,在贵阳市召开了贵州省第一次劳改工作会议,明确当时的管理体制和工作方针是:劳改工作实行省、专区、县公安机关三级管理;劳改工作必须执行劳动生产与教育改造相结合、内部侦查与社会侦查相结合的方针;劳动生产既要做到"吹糠见米""立竿见影",取得当前经济效益,又要与国家经济建设相结合,立足于长期打算。此后,劳改工作走上大规模发展的轨道。

创业初期,全省各专区、县劳改队,由各地自力更生,开荒种地,建房造屋,建立家业。当时的干部,大多是部队转业,其次是土改等运动中涌现的积极分子,干部全部实行供给制,也没有经过业务培训,完全按照毛泽东同志所说的:"革命不是学好了再干,而是先干起来再学,在干中学。"当时监狱创建工作异常艰苦,一无房屋,二无设备,三无资金,干部缺乏业务知识,面对4万余名罪犯,要吃要住实在困难很大。②

通过相关的史料记载来看,缺衣少食的白手起家、风餐露宿的开荒创业,可作为贵州劳改工作开创异常艰难的概括,如:晴隆劳改支队的创建,1951年9月,厂长俞玉昆同志带领4名干部,从晴隆县看守所调来100余名罪犯,在崇山峻岭的滴水岩山麓住的是窝棚,生产全为手工开采,运输由人工背,建起了贵州省第一个有色金属劳改厂矿,其创业之艰辛,可见一斑。③

2. 改革开放时期

在党的领导下,贵州省监狱工作从无到有,由分散到集中,经历了1951—1966年的创建与巩固发展阶段、1966—1976年"十年动乱"遭受严重破坏阶段以及1977年以来的恢复整顿、改革开放的新阶段等曲折历程,逐步形成监管改造、生产经营、科研教育、医疗卫士等全面发展的局面。

然而进入20世纪90年代中期,随着社会的发展,劳改农场运营模式、监狱陈旧落后的监管设施等问题日益突出,不能更好地与时代接轨,一度出现靠带

---

① 参见王明迪、郭建安主编:《岁月铭记:新中国监狱工作50年》,法律出版社2000年版,第188页。

②③ 参见王明迪、郭建安主编:《岁月铭记:新中国监狱工作50年》,法律出版社2000年版,第189页。

着罪犯外出务工维持生计的情况，时常发生罪犯漏管、脱逃等现象，监管安全难以保障。在这样的紧要关头，贵州省监狱管理局党委果断决策，全部将罪犯收监管理，及时向省委、省政府寻求解决经费困难，与时俱进改进生产经营模式。正是得益于党领导下的英明决策，这一时期贵州监狱工作局面得到了根本性的扭转。

3. 新时期

进入 21 世纪以来，贵州监狱工作紧随时代步伐，通过文明监区、文明监狱等创建工作的深入开展，整体上提升了基础硬件设施和执法水平，战胜了 2003 年突如其来的“非典”、2008 年的“凝冻”，顺利地完成了监狱企业改革、布局调整等重大任务，监狱整体保障水平、执法质量等均得到稳步提升。

2021 年 2 月 1 日，在贵州省监狱管理局召开的全省监狱工作视频会议指出：“十三五”时期，在省委、省政府、司法部和省司法厅的正确领导下，全省监狱工作大踏步前进，党对监狱工作的绝对领导全面加强，新冠肺炎疫情防控取得“零输入零感染”重大成果，落实中央和省委重大决策部署取得重大进展，监狱安全稳定创历史最好水平，民警队伍建设、监狱执法公信力和罪犯改造质量实现新提升，监狱基础设施建设实现新提速，经济运营水平实现新提高，助力全省脱贫攻坚任务圆满完成，工会、离退休、共青团、新闻宣传等各项工作呈现稳中求进的发展势头。

可见，贵州监狱工作从无到有的创业、发展，以及在每一个特定历史时期都经受住了考验，圆满地完成了党和政府交给的任务，而这一切都离不开党的正确领导。

三、贵州省第二监狱的历史使命

1. 档案史料

综合查阅到的有关史料，初步确定原贵州省第二监狱始建于 1952 年。该监位于原贵定县城关北面关外滑石板处（现在的贵州省未成年犯管教所所在地），占地 303 亩，1953 年 10 月建成后投入使用，时称“贵州省人民政府公安厅第一分监”，直属贵定专区公安处管辖。成立时第一批收押的罪犯，是来自贵定县专区公安处劳改科直接领导的劳改大队，部分不适合在外生产的新生织布厂、被服厂、印刷厂等零星加工生产的劳犯共计 657 名（其中男犯 559，女犯 98

名)集中收监劳动改造。同时,根据上级机关指示,将原贵定专区所属各县的劳改股的423名重刑犯一并收监关押改造。

监狱所在地贵定县,属黔中重镇,素有“黔中咽喉”和“贵阳门户”之称,是中国人民解放军二野五兵团十六军一三八团于1949年11月12日解放的,11月18日成立贵定县人民政府,隶贵阳专区。1952年11月,贵阳专区改为贵定专区,专员公署设贵定。1956年5月,撤贵定专区,贵定县划归安顺专区。

1953年,当时建成的位于贵阳市太慈桥的贵州省总监,是全省最大监狱。同年建成的4个分监,分别是贵州省人民政府公安厅第一分监(贵定)、第二分监(铜仁)、第三分监(安顺)、第四分监(兴义),初步形成了重刑犯集中关押的格局。据贵州省第二监狱退休干警王洪章同志的记载,第一分监专门关押改造抗拒改造的罪犯,这些罪犯不仅罪重刑长,而且危险大,改造任务非常艰巨。

留存至今的贵州省第二监狱大门

刚成立时,有监狱长1人,副监狱长2人。第一任监狱长岳云长同志负责全面工作;副监狱长胡学贵、马洪亮二同志分别负责干部管理,对犯人教育改造和生产、生活和卫生等后勤工作。下设有秘书、管教、生产财务三个组,共有干部和管理人员 47 名(其中共产党员 10 名,青年团员 14 名,群众 23 名)。

1953 年底,贵州省公安厅第一分监有劳改工作干部 40 人,关押了 1 080 名罪犯,其中包括特务、恶霸、反动会道门、土匪、刑事犯、反革命犯等。从数据反映的情况来看,警囚比例仅 3.7%,且都是重刑罪犯,其监管压力是超乎想象的。

建监初期,有生产厂房 4 幢,主要有织布、被服、染布、制革、农业生产等 6 个项目。生产设备非常简陋,只有土织布机 75 部,缝纫机 15 部,印刷机 4 台,染缸 3 口,农副业基地 1 个,共投入生产的劳犯 264 名。在干部少、事情多、任务重、条件十分困难的情况下艰苦创业,他们采取自产自销、自负盈亏的生产活动方式,本着因陋就简、勤俭持家、勤俭办一切事业的原则,打下了劳改企业的基础,顺利地完成了劳改和生产的双重任务。

1955 年更名为"贵州省第二监狱",直属省公安厅劳改处管辖。在生活较为困难的 1961—1962 年,为了解决粮油供应低的困难,全监干部职工组织犯人上山开荒种地,发展养殖业,共开垦荒地一千多亩,年均收玉米 7 500 公斤、红薯 2.5 万公斤、花生 1.5 万多公斤、水果 2 500 公斤,还有鱼虾等水产,明显改善了全监生活,稳定了生产秩序,顺利地渡过了粮食难关。1966 年 7 月,成立"贵州省第二监狱革委会",由中国人民解放军 7578 部队实行军管,1973 年恢复监狱建制。在"文化大革命"的十年动乱中,虽然干部职工中由于观点的不同,进行了两派(红色队、无产队)的斗争,但改造罪犯工作上思想完全是一致的,并未影响生产的发展。

1983 年 10 月,根据贵州省人民政府〔(83)黔府通 176 号〕文件精神,贵州省第二监狱被改建为贵州省少年犯管教所,自此贵州省第二监狱完成了自己 30 年厚重而光荣的使命。

从成立的 1953—1983 年,贵州省第二监狱承担了关押改造判处死缓、无期徒刑、10 年以上有期徒刑以及不适合在监外生产劳动的女犯的任务,共计改造罪犯 1.5 万余人。其中,1959 年遵照国家主席"特赦令"召开两次特赦会,特赦罪犯 110 名。1975 年根据党中央关于"宽大释放原国民党县团以上的党政军特人员"的指示,共释放 78 名。1979 年对国民党政府的乡、保长以上,军队排、连长以上和改造已满 30 年的罪犯,全部宽大释放,对愿意回家的给予适当的安家费用,不愿回家的给予安排就业,丧失劳动力的由国家养起来。①

---

① 参见贵州省贵定县史志编纂委员会:《贵定县志·贵阳市》,贵州人民出版社 1995 年版,第 345—346 页。

2. 口述历史

为深入了解贵州省第二监狱历史，我们对曾经在该监狱工作过的部分离退休老同志进行了走访。

走访对象一：陈湘斌

陈湘斌，男，现年90岁，家住贵定县省未管所职工房。据交流得知，1949年至1964年他在中国人民解放军第四野战军第四十七军参军，其间参加了解放大西南战役、湘西剿匪战斗、抗美援朝战争。1964年随部队南下后到贵州省第二监狱工作。他告诉我们：刚到单位工作的时候，正在开展“四清”运动，被抽调去做这个工作，主要是针对干部的整顿，差不多干了两年，所以对于那时犯人的情况不是很了解。“文化大革命”开始后到队上管犯人。由于组织信任，还当过车间主任、供销科长。对于贵州省第二监狱的印象他这样描述：那时正规的监狱极少，贵州只有贵阳的第一监狱和我们的二监是严格意义上的监狱，外围墙很高而且还有内围墙，关押的都是判处死刑、无期等重刑犯人，主要是国民党的军官、特务、土匪。其他地方的监狱没有围墙，是在农场搞农业。他记忆里最深刻的犯人，是国民党高级将领张灵甫的部下任达骧，这个犯人开始一直很反动不认罪，但后来还是在党和政府的政策、干部的教育感召下改过自新。

走访对象二：潘启仁

潘启仁，男，现年88岁，家住贵定县省未管所办公大楼旁。他自我介绍说，1951年在毕节专区医院防疫大队参军，1955年转业到毕节地区公安处（原贵州省公安厅铁道铁路支队），1961年底到贵州省第二监狱工作，并长期在医务所为犯人看病。在他的回忆里，那时关押的国民党将官仅县团级以上的就有10多个，土匪、反革命犯都是重刑犯。由于解放前长年征战，犯人中的病犯普遍年纪大，体弱多病的老病号100多人，甚至还有肺结核传染病的。但是关押的国民党将领大部分都是文化程度比较高的，他们一边改造还一边画画、写书法。他告诉我们说，由于主要是在医务所工作，接触的只有病犯，对于队上的犯人都并不是太清楚，但可以肯定的是那时的管理非常严格，表现好的才可以外出劳动，表现差的不是关禁闭就是在内围墙里不准出来。

走访对象三：罗家全

罗家全，男，现年76岁，家住贵定县省未管所老宿舍区。20世纪70年代到贵州省第二监狱工作前，曾在云南省8701部队参军四年。据他的回忆，到监狱工作后一直是在队上工作，由于管理的都是重刑罪犯，干部与犯人的界限很清楚，对于犯人的有关信息都是严格执行保密制度。他提到那时主要是组织犯人从事一些木工、印刷和水泵等加工生产，而且都是表现较好的犯人才是有机会参与，其他刑期特别重、改造表现较差的都没有机会外出劳动。

在走访过程中，老同志们对贵州省第二监狱的回忆都指出，虽然干部来自五湖四海，有当过兵，也有当过工人的，人员素质参差不齐，但是在党的领导下，大家忙里偷闲自己学习文化知识、认真学习领悟党和国家的政策，严格执行“改造第一，生产第二”等指示，群策群力做到了改造好每一个犯人。对于犯人最后一次的特赦，大家都觉得不可思议，放犯人回家有新衣服、新鞋子、新帽子，又有路费、生活费，想去台湾的也可以过去，不想回家的还可以安排就业，甚至还要干部给他们做好饭、搬好桌子请他们吃饭才回家。后来，大家都明白了这是党和国家的人道主义政策。

3. 保护旧址

目前，在贵州省未成年犯管教所依然完好地保存着贵州省第二监狱沿用至今的有 7 米左右高度的围墙，大墙转角处的碉楼挺立，字迹清晰的“贵州省第二监狱”大门门头历经 68 载风雨洗礼依然雄伟。如果这些有关贵州省第二监狱的建筑物都不在了，不得不说是莫大的损失和遗憾。

贵州监狱工作的开创和发展，是第一代监狱人民警察白手起家、艰苦创业打下的坚实基础，是一代又一代监狱人民警察对初心的坚守。作为监狱人民警察，在学习党史、新中国史、改革开放史、社会主义发展史后，不能忘记自己从何而来的历史。正如习近平总书记所说：“一切向前进，都不能忘记走过的路；走得再远，走到再辉煌的未来，也不能忘记走过的过去，不能忘记为什么出发。”所以在建党 100 周年的重大日子里，回顾自己的历史，注重对监狱工作历史的传承、历史文物的保护，才能不愧对先辈的艰辛创业。基于此，建议对以贵州省第二监狱历史建筑为代表的历史文物加以保护，守住我们监狱的根，发扬老一辈监狱人艰苦创业精神，继往开来当好党和人民的忠诚卫士。

广东女犯改造70年红色印记

姚　敏*

广东女犯改造工作是广东监狱工作不可或缺的一部分，自1951年组建韶关监狱设立女犯改造中队关押女犯以来，从韶关监狱、梅州监狱、江门监狱、英德监狱等监狱分散关押到集中关押、独立关押，从白手起家到今日的辉煌，留下了70年不平凡的红色印记。

——题记

"走得再远都不能忘记来时的路。"站在建党百年的辉煌门槛上，回首70年间广东女犯改造工作的风雨历程，一幕幕凝聚着前辈们血汗的历史场景清晰可见……

一、忠诚之魂：警徽向党，号角嘹亮催奋进

广东女犯改造工作70年，党始终坚持加强对监狱工作的领导。70年的峥嵘岁月里，广东女犯改造工作者披荆斩棘，乘风破浪，始终保持着对党的绝对忠诚，用生命去传承去坚守这一份崇高而艰辛的事业。

这忠诚，是自广东女犯改造工作启航之日，就融入血脉之中的信仰——

1950年7月，一支10多人的队伍穿越粤北的崇山峻岭，来到曲江县犁市东北一处荒芜的山坳中。这是受省公安厅委派，负责接管原国民党广东省曲江监狱，筹建新监狱。

1951年8月，广东省人民政府公安厅劳动改造新生大队（韶关监狱前身）正式成立，编设5个罪犯中队，其中女犯中队1个，关押女犯30多名，案情多为特务，由两名女警察负责专管。

自1951年收押第一批女犯开始，韶关监狱的女警察同男警察一样，巾帼不

---

* 姚敏，广东省监狱学会女子监狱分会秘书。

让须眉，经受了艰苦卓绝的考验。

她们将“忠诚”“坚守”“奉献”“牺牲”深深地镌刻在基因里、融入血脉中，从一穷二白的起点出发，以敢于战天斗地的拓荒精神，开启新中国广东女犯改造工作的崭新征程。

监狱初建时，条件十分艰苦。当时监狱到韶关市区 20 多公里路，唯一的交通工具是在犁市山上捡来的一匹马，出入基本靠步行，到市区采购物资全靠肩挑手提。

王保和，1949 年随第四野战军南下解放华中南，后从部队转业一直生活在广东。1952 年，王保和在广州花都搞土改工作时认识了 17 岁的“花都妹妹”谭莲珠，并于 1953 年 8 月结为伉俪。1954 年，夫妻双双被调至韶关监狱，成为第一批开创广东监狱事业的先锋。据老人回忆，当时监狱位于荒山野岭，物质条件极其匮乏。几个木桩，几根绳子，大家割草盖起了草棚，就挤住在草棚里，一到冬天，北风呼啸，湿冷难耐，常常无法入眠。

在粤北地区恶劣的自然环境中，广东第一代女犯改造工作者，始终保持革命者的大无畏奋斗精神，顶烈日、战严寒，风餐露宿、披荆斩棘，奏响了广东女犯改造工作的第一个音符。

1951 年建监初期至 1961 年，韶关监狱的女犯多从事种菜劳动。女警察和罪犯一起开荒种地，种水稻、红薯、萝卜、青菜等。中午就在地里山上吃饭，晴天一身汗，雨天一身泥。

1966 年，中国掀起“文化大革命”运动，公检法被砸烂。值得欣慰的是，“文化大革命”期间绝大多数监狱警察坚守岗位，兢兢业业地保持了生产的正常秩序，也没有发生重大、恶性狱内案件。从 1972 年开始，在周恩来总理的指示下，劳改单位逐渐得到恢复。

1977 年 6 月起，全省的成年女犯全部集中到韶关监狱关押改造，女少年犯送省少管所女犯中队。自此，结束了广东省女犯分散关押的历史。

警魂永不变，警徽永向党。从新中国成立初期分散收押女犯，到 1977 年集中关押全省成年女犯，广东女犯改造工作克服了一个又一个困难，无数前辈忠诚奉献，用一辈子的坚守把一大批女犯改造成守法公民，为新中国的女犯改造工作贡献出全部的青春和热血。

这忠诚，是国家危难时刻，巾帼英雄挺身而出时坚毅沉着的目光——

2020 年 1 月 27 日，时值农历大年初三，广东省女子监狱参与抗击新冠疫情第一批封闭执勤的警察伴随着掷地有声的誓言踏上征程。

13名“70后”党员参加第一批封闭执勤，11名参加隔离备勤。2003年抗击“非典”的记忆还历历在目。那一年，广东省女子监狱刚建成，她们还没有安顿好小家，便先顾好了监狱这个大家庭。17年后，她们再次走向前线。

55岁的黄素华和女儿曾妮不约而同一起报名参加第一批封闭执勤。一路上，黄素华跟曾妮分享2003年抗击“非典”的点点滴滴，叮嘱她注意安全。17年前，曾妮还是个小丫头，焦急地等母亲回家，当警察的母亲是她的骄傲。17年后，母亲已经老了，却依然冲锋陷阵，那个自己从小就崇拜的英雄还是那么英姿飒爽。她将接过母亲的接力棒，奋力防控疫情，踏着母亲的脚印走好从警路。黄素华心有感慨，那个自己保护的小丫头已经成长为并肩作战的战友了。

“我能上，不需要临阵换将！”2020年2月22日晚上，当宣布实行最高等级勤务、战时封闭执勤不换防的消息，在一瞬间的难过与无助之后，52岁的老监区长苏琳娜毫不犹豫选择了继续坚守岗位，和姐妹们并肩作战，连续封闭备勤执勤57天。2003年抗击“非典”，她坚守在一线；2020年抗击新冠疫情，她依然没有缺席。

2003年，正是这一群人，平均年龄只有26岁，她们全力以赴、排除万难，经受住了“独生女”的“非典”考验。

2020年，同样的这群人，义无反顾，勇于担当，为青年警察诠释初心，传承使命。

回想起17年前抗击“非典”，大家至今依然记忆犹新。那一年，广东省女子监狱刚成立，办公条件较差。被隔离的警察住在教学楼教室临时改装的宿舍里，几十人住一间房，没有空调，没有冲凉房，甚至连基本的办公设备都没有。难以想象，当时办公写字，都是趴在用纸箱、书籍等堆积的台面上，吃饭都是蹲在地上吃的。在这种困难面前，全体警察职工始终抱着对新工作新生活的美好向往，始终抱着必胜的信心，发扬迎难而上、勇于拼搏的大无畏精神，默默地坚守在工作岗位上，涌现出许多可歌可泣的事迹。

17年，岁月不居；17年，初心不变。17年，虽然工作环境大大改善了，但女监人对党的忠诚始终没有变。面对突如其来的新冠肺炎疫情，在监狱党委的坚强领导下，广大党员冲锋在前，全体警察职工不分岗位、不讲条件、不计得失，全身心坚守在抗疫一线。快退休的老姐姐一轮轮上着瞪眼班，身患慢性疾病的同志一批批坚持着……

因为忠诚，所以坚守；因为热爱，所以执着。2020年广东省女子监狱共封闭执勤225天，全监警察职工封闭执勤19批、封闭备勤18批共约8 000人次，确保了“三防一安全”目标的实现。监狱还选派了30名女警逆流而上，驰援汉口监狱，彰显了女监忠诚、女监担当。广东监狱援鄂女警工作队被广东省司法厅记集体二等功，副领队彭华娟被评为广东省抗击新冠肺炎疫情先进个人，援鄂女警李志获得广东省五一劳动奖章。

从2003年抗击“非典”到2020年抗击新冠疫情，实践证明，所有伟大斗争的胜利都离不开党建引领，离不开监狱党委的正确领导，离不开党支部的紧密配合和全体党员的冲锋在前，离不开全体警察职工的坚守和奉献。实践证明，风雨袭来时，党的坚强领导是监狱发展稳定最坚实的靠山，只有听党话、坚定跟党走才能大有可为，才能大有作为。

这忠诚，是70年风雨兼程中，广东女犯改造工作永恒不变的追随脚步——

2021年，广东省女子监狱“南岭梅”党建精品工程建设启动，着力构建党员领导干部“头雁工程”、党员队伍“先锋工程”、党支部“品牌工程”三大工程项目体系。

如何激活支部党建活力引擎？如何发挥党员先锋模范作用？如何保持警队的忠诚？如何锻造“四铁”过硬队伍？广东女犯改造工作以昂扬的姿态阔步向前，从来未曾忘记为什么出发。

70年来特别是党的十八大以来，广东女犯改造工作坚持以政治建设为统领，突出政治引领作用，坚持党建先行，创新党建形式，通过高质量的党建，强化管党治党政治担当，筑牢党支部政治堡垒。

2003年建监之初，广东省女子监狱就以建设一流监狱为目标，将加强党建工作贯穿始终，积极适应形势任务的变化，紧跟监狱改革发展的节奏，积极寻求党建工作与监狱工作的“契合点”，提高党组织的融入度，增强党组织的渗透力，高举旗帜，高歌猛进，走出了一条具有广东女监特色的党建工作之路。

2005年初，将绩效考核的理念引入党建工作中，积极探索“五好”党支部创建评比办法，逐步完善与考核工作紧密结合的党建管理体系，强化了党建工作与业务工作的联系，促进了“大党建”架构的形成。

2008年起，将QC活动和PDCA方法应用到党建工作中，开展监狱工作全面质量管理活动，建立了质量体系，落实了岗位分类，规范了工作流程，设置了工作标准，增强了党员的质量意识，提高了党员的业务水平和管理能力。

2010 年，又以贯彻“首要标准”为目标，在前两年推行全面质量管理的基础上，在重点工作上找突破，通过探索和实践，借鉴现代企业的项目化管理经验，在结合与推进中，使党建项目化管理模式应运而生。

党的十八大以来，广东省女子监狱党委严格落实主体责任，坚决贯彻党中央的决策部署，以党的十八大、十九大精神为指导，坚定不移全面从严治党，坚定不移推进党风廉政建设和反腐败斗争，坚决抓纪律建设和作风建设，坚定不移把党支部建设得更加坚强有力，打赢了重大节点安保、重大任务推进、重大改革落地、重大疫情防控等一系列攻坚战。

监狱党委在加强党内政治文化建设布局上整体谋划、综合施策，厚植党内政治文化，积极打造党员精神高地。党委的引领示范作用、党支部的战斗堡垒作用、党员的先锋模范作用得以充分发挥，促进全面从严治党向纵深发展，提高了基层党组织的组织力。全监警察职工牢固树立“一盘棋”思想，以党建为引领，确保党对监狱工作的绝对领导，齐心合力推动监狱工作高质量发展。

2018 年 5 月 14 日，广东省监狱系统首届基层党支部组织生活创新案例(广州赛区)选拔赛评选活动举行，广东省女子监狱八监区党支部获一等奖，广东省女子监狱七监区党支部获二等奖。

2018 年 5 月 31 日，举行“书记抓党建”项目暨党建之星评选展示活动，各党支部书记对立项一年的党建工作进行了汇报，充分展示支部创新党建形式开展学习教育的成果。

2019 年 6 月 28 日，举办基层党支部“十佳微党课”大赛。各党支部运用视频、音频、图文结合等方式，充分展示了党建工作运用“互联网＋党建”的形式丰富组织生活形式载体的做法。

2020 年 10 月 28 日，举办首届基层党建论坛，各党支部充分探讨交流，建言献策，加强对党内政治文化建设思路的探索，以文化的力量吸引人、感染人、打动人，激发监狱创新发展活力。

2021 年 3 月起，通过学党史“书记说”系列微党课活动、“百年党史　红色传唱”红歌合唱比赛、“党在我心中”学习党史征文大赛、“学百年党史　诵红色经典”革命诗文诵读比赛等一系列活动，切实提升党史学习教育和队伍教育整顿工作质量。

全国维护妇女儿童权益贡献奖、岗位练兵先进单位、司法部质量奖、全国司法行政系统先进集体、全国监狱工作先进集体、广东省五一劳动奖状、全国巾帼文明岗、集体一等功……这些闪闪发光的荣誉，正是广东省女子监狱坚持党建引领、发挥党支部战斗堡垒和党员先锋模范作用的结果，是广东女犯改造工作敢为人先、奋勇争先的成果，充分展现了良好的新型监狱形象和广东监狱对外窗口形象。

二、创新之路：与时俱进，点燃发展新引擎

创新，是中国共产党人的制胜法宝。

创新，是铸就广东女犯改造工作 70 年辉煌成就的不竭源泉。

70 年艰难探索，广东女犯改造工作在党的领导下，以党的监狱工作方针为指引，紧紧围绕“改造人”的宗旨，改革创新，总结形成了一系列工作模式和成熟经验，取得了一系列改革成果，实现了广东女犯改造工作的历史转折和创新发展。

岁月无言。时光记录着广东女犯改造工作最初的探索——

2006 年洪灾，刑满释放出监多年的原台湾派遣特务郭某蓉，还特意向韶关灾区捐款合计 10 多万元，并向韶关监狱捐款 3 万多元。

浪子回头金不换。这是对第一代广东女犯改造工作者最好的回报。

韶关监狱建监初期，当时收押的女犯基本上都是国民党时期的女特务。她们敌视新生的人民政权，仇恨共产党，时刻幻想变天，幻想回到从前，她们绞尽脑汁与女警察对着干，监管改造形势严峻，工作任务十分艰巨。在复杂、尖锐的阶级斗争面前，在极其艰苦的条件下，广东第一代女犯改造工作者经过长期实践探索，摸索和总结出对女犯教育感化的改造方法，使女犯“弃旧图新，成为新人”。

电影《羊城暗哨》中的女特务“八姑”的原型赵某珍，原是一名青年教师，因长期受国民党反动理论的教育，对共产党和新社会不满，走上了反革命的道路。她通过教育后说：“过去不相信形势，充当帝修反的走狗，反对共产党，投入劳改后，仍然幻想变天，现在才认识到历史潮流是不可抗拒的，只有老实接受改造，才有前途。”“八姑”在获得多次减刑后于 1973 年提前释放，给了其他的顽固分子很大的鼓舞，使她们觉得只要积极改造，政府就一定会给予宽大的机会。

在“三个为了”决策指导下，广东第一代女犯改造工作者积极运用劳动改造

手段，组织罪犯进行劳动改造，开辟了农业生产，在通过劳动改造罪犯的同时，也为国家的经济建设作出了贡献。

1962年广东省新生三厂织布车间搬迁到韶关监狱，多数女犯开始从事织布劳动。女犯在韶关监狱改造中，是工业生产的主要劳动力，占了半边天。1963年女犯从事的棉布生产产量达30万米左右。监狱除保障女犯的生产环境，实施8小时劳动制，杜绝超时劳动外，还积极开展技术练兵和劳动竞赛，调动女犯的劳动改造积极性，矫正女犯恶习，帮助女犯树立正确的劳动观。她们当中的很多人在改造中学到了生产管理和各种技术知识，回到社会后发挥所学，有的还当上了场长、经理和医生。

思想解放、敢为人先。十一届三中全会送春风，广东女犯改造工作生机勃发——

十年“文化大革命”，广东女犯改造工作遭受了严重破坏。1978年，广东监狱体制由省、地两级管理又恢复为基本由省直接管理的体制。党的十一届三中全会后，广东女犯改造工作围绕全党工作重心转移，清除极“左”思想的影响，认真落实党的各项政策，调动各方面的积极因素，紧跟广东改革开放的步伐，在改革开放中迅速发展。

1982年，广东召开第十二次劳改工作会议，传达贯彻全国“八劳”会议精神，研究制定落实“改造第一，生产第二”方针和“三个像”“六个字”政策精神的具体措施，提出检查落实“文明管理八件事”等，进一步突出了改造工作的位置。

1985年，根据全国劳改场所办特殊学校经验交流会提出的“把劳改场所办成改造人造就人的特殊学校”的要求，广东监狱掀起了一场轰轰烈烈的办特殊学校运动。同年在梅州监狱召开全省劳改单位办学经验交流会，提出在3年内分3批把全省25个劳改单位办成向罪犯传授政治、文化和技术的“特殊学校”，并制定了办“特殊学校”的六条标准。

韶关监狱根据全省劳改单位办学经验交流会上提出的要求，开始创办“特殊学校”，参照社会学校的办学要求，逐步增置教学设施，组建师资队伍，健全教学制度，“三课”教育不断向正常化、课堂化迈进。

根据女犯文化素质普遍较低的特点，当时韶关监狱开设了扫盲班、小学班、初中班。广东女犯教育改造工作逐步形成以文化教育为基础、技术教育为重点、政治教育为核心的符合女犯特点的教育体系。

但实际上，当时监狱普遍教育改造手段仍相当落后，没有什么设备，基本上一块黑板、一支粉笔、一块空地，就是一个教学课堂。警察也不具备专业知识，都是趁着农闲或是劳动空隙见缝插针进行教育。虽然方法简单，却创造了那个年代的教育奇迹，一大批女犯通过政治、文化、技术教育，改造成为社会守法公民。

1987年，韶关监狱开设高等教育自学考试考点，鼓励女犯参加自学考试，一大批女犯将刑期当学期，积极报名参加自学考试。

到了20世纪90年代末期，韶关监狱深入开展现代化建设，加速创办“特殊学校”。据当时担任女犯文化课教员的前辈回忆，90年代，韶关监狱成立了专门的教学队伍，建设了完善的教学大楼，配备了整齐的课桌凳，教室宽敞明亮，并且普遍运用了电化教学。当时，韶关监狱还配备了录像设备，可录制教学片。

与80年代相比，90年代末期教学手段有了翻天覆地的变化。在坚持文化教育的基础上，积极推行常规思想教育“课程循环制”，推进技术教育逐步与社会的职业技术教育接轨，广东女犯教育改造工作迈进现代化阶段，取得了良好的改造成果。

日日花开日日新。新时代的广东女犯改造工作正在创新创先的宏图上绘出新的未来——

2004年8月18日，广东省女子监狱举行广东省毓秀学校和职业技能培训基地挂牌揭幕仪式，开启了大力创办“特殊学校”的道路，以素质教育为核心，扎实开展思想、文化、技术等基础性教育，并参照社会九年义务教育和同类学校教学管理的要求，不断提高教学质量。

2009年6月，当罪犯林某拿到自学考试三科单科考试合格证书的时候，她激动地说：“入监前想都不敢想的大学梦，居然能够在狱内梦圆，现在我还差四科就可以拿到大专毕业证了。”在广东省女子监狱像林某这样入监后参加自学考试，圆自己大学梦想的罪犯并不在少数，“人手一册自考书，工余时间谈自考”已经成为广东省女子监狱犯群中的一种时尚。

除了提高文化素质外，广东省女子监狱还用真、善、美的艺术带给女犯无穷的感染力。每次帮教文艺演出后，总能听到帮教嘉宾由衷地赞叹：“当听到这动听的歌声，看到这柔美的舞蹈，我们几乎想不起来她们是正在服刑的罪犯，监狱工作真的不容易、不简单呀！”2009年，广东省女子监狱第三届服刑人员文化艺术节开幕式演出《妈妈再爱我一次》节目，获得了在场观众的赞赏和热泪，那是女犯在广东省女子监狱这所特殊学校中接受教育改造后的心声。

范某原本患有重度抑郁症，多次在病情发作时，出现自伤自残的行为。在接受了原生艺术治疗后，她慢慢有了重新生活的动力。在一次治疗后，她对心理咨询师说："警官，我出监的时候想把这幅画带回家可以吗？我很喜欢自己的这幅画，它让我心情愉快。"

为了预防和矫正罪犯心理问题，2003 年，广东省女子监狱在全省率先成立了心理矫治科。有趣的是，一开始很多罪犯不相信心理咨询和矫治，担心寻求心理帮助会被认为是精神病或神经病，连拨打心理热线的人员都寥寥无几，参加咨询还要偷偷摸摸报名。经过持续宣传，女犯已把监狱的心理保健中心当作自己倾诉心声、寻求心理支持的精神家园，踊跃参加多姿多彩的心理健康教育辅助活动。监狱加强与大学院校、医疗机构以及心理专家的联系与沟通，积极开展个案督导和各流派理论方法以及操作技术的培训。监狱还运用多种心理矫治技术，尝试对精神障碍犯、重点犯、顽危犯等进行教育矫治，在改造工作中越来越发挥着非同小可的作用。

而作为"对外的窗口"，广东省女子监狱每月一次的开放日活动则架起了监狱与外界特别是罪犯亲属沟通交流的桥梁。开放日活动已经办成了监狱的狱务公开日、法律咨询日、亲情帮教日和社会监督日，进一步增强了监狱执法工作的透明度。以前从来没有到过广东省女子监狱的张先生，使用条形码感应狱务公开触摸屏，即可从中了解妹妹一直以来的表现。通过参加开放日，张先生对减刑、假释、保外就医等重大执法活动也有了更深入的了解，他感慨地说："太让人感到意外了！我妹妹在这里服刑，以后我可以放心了。"

太多的意外、太多的惊喜、太多的"没有想到"，正是社会对广东女犯改造工作的最好褒奖。

这所有的创新成果，有党中央的科学领导，有全体广东女犯改造工作者的砥砺奋进。

当全民奋力掀起创新创先的时代风潮，当改革创新的主旋律愈发嘹亮，广东女犯改造工作也正在变革创新的大路上铿锵前行，勇立潮头，敢闯敢干，走出了一条成功之路。

围绕"惩罚与改造相结合，以改造人为宗旨"的监狱工作方针，广东女犯改造工作者用勇于探索的先行先试，形成了一大批具有广东特色、可复制、可推广的示范经验。智慧监狱建设、专家工作室、专业团队建设，教育改造专业化发展、礼乐文化矫正项目、"经史合参"文化矫正项目、原生艺术矫正项目，正念伸展放松训练、回归体验实训、“直播带货”模拟实训体验……这一项项工作创新，环环相扣，衔接成长长的链条，为全省乃至全国监狱发展积累了经验，得到了各级领导的高度评价和国内外同行的充分肯定。

2007 年，埃及司法部长毛希丁·马伊拉参观女子监狱后就由衷赞赏道：“在一所关押 4 000—5 000 名罪犯的监狱里，能够实施这样的管理措施，无疑是成功的，我对此表示祝贺。我认为，司法和执法机构在这里实现了和谐的相互配合，罪犯的人权和尊严得到了相当的重视和尊重。”

2017 年，日本矫正协会会长藤本哲哉到女子监狱参观交流后，在纪念簿上留言：“非常了不起的监狱，要把它作为日本监狱的典型来参考。”

2019 年，香港地区惩教署胡英明署长到广东省女子监狱参观访问后也表示，每一次来到女子监狱都会在教育改造罪犯的不同领域学习到一些新理念、新经验，希望能够借鉴学习先进的经验方法，推动香港在囚人士教育管理工作的发展进步。

三、法治之光：以人为本，回应人民新期待

建党百年，在漫长的求索中，中国共产党选择了依法治国这一领导人民治理国家的基本方式。

70 年忠诚跟党走，广东女犯改造工作在共和国旗帜引领下，坚定不移走中国特色社会主义法治道路，坚持依法治监，以人为本，导航着法治监狱建设这艘大船，乘风破浪，勇往直前。

夯基，法治监狱建设的根基越打越实——

1994 年 12 月 29 日，《监狱法》颁布施行，广东女犯改造工作走上了新的历史发展阶段。随着广东监狱调整监狱布局，广东女犯改造工作开始进入法制化、规范化、正规化的快车道。

《监狱法》规定：“监狱对成年男犯、女犯和未成年犯实行分开关押和管理，对未成年犯和女犯的改造，应当照顾其生理、心理特点。”

广东省女子监狱的全面投入运作，在广东监狱历史上具有划时代的特殊意义，是广东监狱贯彻落实《监狱法》、积极开展布局调整工作的辉煌成就，宣告结束了自 1951 年组建韶关监狱后成年男女罪犯混合关押的历史。

2003 年 6 月 16 日中午 12 时，广东省女子监狱党委书记、监狱长陈育生与

韶关监狱监狱长邹月宏一同在交接文件上签字。下午 4 时，86 名年轻女警察押解着最后 561 名女犯到达广东省女子监狱。陈育生激动地走下大巴，和广东省女子监狱党委副书记、政委吕玲紧紧握手，用微微颤抖的声音庄重宣告广东省女子监狱全面投入使用。

时隔多年，当提起 2003 年 6 月 16 日，陈育生依然激动不已。他说："这一天是广东监狱史上具有重要意义的一天，广东省从此结束了成年罪犯男女同监的历史。"再往前四年回到 1999 年，那是广东省女子监狱筹建的开端。陈育生作为广东省女子监狱筹建处主任，亲身经历了广东省女子监狱从无到有的整个过程，自豪之情溢于言表。他回忆说："兴建女子监狱是大势所趋。新中国成立以来，广东省一直没有专门的女子监狱，1997 年全国只剩下广东省和西藏自治区没有专门设立女子监狱，这与广东省的改革开放水平极不相称，也与《监狱法》的规定相违背。"

就在这一年年底，广东省委召开会议，将成立广东省女子监狱列入议事日程。次年 1 月，经省委常委会和省长办公会讨论，决定在中国改革开放的前沿地省会广州兴建广东省女子监狱。2000 年 2 月，司法部批准广东省女子监狱按大型监狱标准建设。同年，广东省女子监狱筹建处成立，由陈育生任筹建处主任，具体负责筹建工作。这项工作得到了司法部、省委、省政府的高度重视，最后，广东省女子监狱选址白云区钟落潭镇大罗村飞来岭，历时四年建成使用。

监狱筹建是一项十分艰辛繁重的工作。当时广东省女子监狱筹建处临时租用广从路旁的一栋民宅，过往车流量大，产生的噪声大、灰尘多，办公场所简陋拥挤。大家晴天一身灰、雨天一身泥，条件相当艰苦。同时，由于筹建工期紧，报建程序繁琐，困难压力非常大。为了实现 2003 年初建成监狱投入使用的目标，筹建处的同志长期加班加点，废寝忘食，常常顾不上三餐。他们发扬召之即来、连续作战的精神，带着干事创业的满腔热忱和建功立业的豪情壮志，以青年的敢于担当和奋勇拼搏，努力将宏伟蓝图一步步变为美好现实。历时四年，平地起高楼，荒芜之地变巍峨新监狱。

当时广东多家新闻媒体对广东监狱史上这一重大历史事件进行了多方位的报道。南方网在醒目位置刊登题为《广东新建内地最先进女子监狱已全面投入运作中》消息。报道描述："跨过广东省女子监狱高大的铁门，你仿佛置身于一方明亮宽敞的天地，如同一所现代化的学校。"陈育生自豪地告诉记者："尽管广东是除了西藏外，全国最后一个建女子监狱的省，但从硬件设施到软件配置，从狱警素质到管教手段，广东省女子监狱都将处于全国领先水平。”从此，广东女犯改造工作进入了一个全新的时代。

13 年后，为了更好地贯彻法治精神，位于广州市花都区炭步镇布头村的广州市炭步强制隔离戒毒所改建为广州市女子监狱，主要收押刑期在 10 年以内的成年女犯。广州市女子监狱 2016 年 10 月 21 日挂牌成立，2019 年 9 月 23 日正式启动收押试运行并逐步开始收押罪犯。这是广东女犯改造工作根据党的政策调整和法律的完善，不断提升工作法治化水平的又一次成功突破。

变革，执法权力在法治轨道上运行——

广东女犯改造工作在贯彻执行《监狱法》的过程中，把执法水平提升到新的高度。其中一项重要工作就是按照 1995 年司法部的部署，迅速行动，创建现代化文明监狱。通过创建现代化文明监狱活动，形成公正、廉洁、文明、高效的管理模式。

2003 年 2 月 22 日，广东省女子监狱首届领导班子宣布成立，揭开了监狱发展的帷幕。早在筹建阶段，省委、省政府就指出将广东省女子监狱建设成为广东省监狱系统对外开放和宣传的窗口，展示广东省精神文明建设和法制建设成果的示范单位。监狱建成后，省厅、局党委提出了“女子监狱要建成广东监狱对外的窗口、对内的样板”的定位和要求。究竟该如何实现这个目标呢？当时可供借鉴的经验不多，大家的心里也没有底，一切只能摸着石头过河。经过深思熟虑，在第一次党委会上，监狱党委明确提出，以创建现代化文明监狱为目标，按照“打基础、抓规范、促发展、上台阶”的工作思路，力争在几年内迈入全国一流监狱的行列。

然而，新生的监狱面临着许多现实困难和问题：警察来自四面八方，在工作中习惯沿用原单位的做法，与广东省女子监狱的管理模式不相适应；警察队伍平均年龄只有 26 岁，管理经验不足；当时正值“非典”时期，监狱设施还不够完善，监管工作面临着极大的考验，等等。这些困难和问题使人感觉焦头烂额，如不妥善解决，不仅无法实现争创全国一流现代化文明监狱的目标，更会影响到监狱的安全稳定。为此，监狱党委多次召开会议研究对策，提出以制度建设为突破口，全面推进监狱规范化建设，逐步走出一条自主创新的道路。

各业务科室迅速行动起来，先后制定完善了 300 多项执法性和事务性工作制度，配套建立了 40 多项监督制度，使监狱的各项执法工作有章可循。监狱党委频繁开展业务检查，反复督促、整改，身体力行推行各项规章制度，实现了监狱工作规范有序健康发展。

2005年，广东省女子监狱着手开展现代化文明监狱的创建工作，继续深化规范化建设，制作完成建监以来的创建资料汇编并提出验收申请。2006年，全年开展创建现代化文明监狱工作。按照标准和要求，规范台账管理，修订考评资料目录228个、工作制度324项，完善部分硬件设施，整理创建申报材料。

2007年7月，司法部印发《关于命名北京市女子监狱等二十一所监狱为现代化文明监狱的决定》，认为广东省女子监狱已经达到部级现代化文明监狱标准，命名为“部级现代化文明监狱”称号。

2007年12月，省司法厅、监狱管理局在省女子监狱办公楼前举行了“司法部现代化文明监狱”的挂牌仪式。在热烈的掌声中，省司法厅厅长陈伟雄、省监狱管理局局长于保忠共同揭开牌匾鲜艳的红绸布。金色的牌匾，衬托出女监人喜悦的心情。经过不懈努力，女监人用四年多时间跻身于部级现代化文明监狱的行列！这在广东监狱史上绝无仅有。

深耕，执法规范化建设高质量推进——

2017年9月1日，广东省女子监狱吹响创建广东省规范化示范监狱的冲锋号。

面对我国社会主要矛盾转化和人民群众对美好生活的向往，广东女犯改造工作对照坚持以人民为中心、落实全面依法治国的新要求，在2007年成功创建司法部现代化文明监狱的基础上，积极回应人民群众对监狱工作的新期待新要求，以规范化建设为载体，以公正执法为核心，推动全面依法治监，持续提升监狱执法规范化水平，推进监狱治理体系和治理能力现代化，推动广东女犯改造工作高质量发展，守住公平正义的最后一道防线。

推进执法规范化建设，以实现工作流程规范化管理为重点，狠抓制度“废改立”和岗位标准化建设，细化完善规章制度171项，相继修订《警察执勤一日规范》《岗位职责说明书》和警察岗位考核制度，制作“一区一规范”警察执法蓝本，明确工作流程和工作标准，初步形成标准体系，全面提升规范化建设水平。

狠抓公正文明执法，始终致力于在罪犯考核奖惩、减假保案件办理、狱务公开等方面下功夫，法治监狱建设取得良好效果，努力让人民群众感受到公平正义，维护了社会的和谐稳定。

4年来，11个监区先后通过了规范化监区验收，为创建规范化监狱、促进监狱工作走向现代化打下了良好的基础。2021年11月16日，广东省监狱管理局规范化监狱考核验收工作组对省女子监狱开展广东省规范化监狱现场综合考核验收。女监人四年磨一剑，用一千多个日日夜夜的奋发进取，为推动广东女犯改造工作走在全国女犯改造工作前列不懈努力。

70 年艰苦创业，70 年风雨兼程。

70 年砥砺奋进，70 年薪火相传。

70 年来，广东女犯改造工作始终坚持党的领导。监狱工作方针上，实现由“改造第一、生产第二”到“惩罚与改造相结合，以改造人为宗旨”转变。

70 年，说长不长，却铸就了广东女犯改造工作的辉煌；70 年，说短不短，却历练了广东女犯改造工作者行稳致远的精神。

70 年间，我们庆幸始终坚定跟党走，深化改革，敢闯敢试，敢为人先，走出了一条改革创新的发展之路。

70 年间，我们庆幸有一代又一代的巾帼英雄，用顽强坚守，默默奉献，用血与汗，生与死镌刻出一幅女犯改造工作发展的壮丽画卷。

“历史是最好的教科书。”今天，我们站在建党一百周年的时间节点回望广东女犯改造工作 70 年光辉历程，正是为了不忘记走过的路，不忘记为什么出发。

一颗红心永向党，红色引领续华章。站在新的历史起点上，广东女犯改造工作将传承 70 年历史积淀，始终牢记初心使命，始终坚持守正笃实，始终坚守忠诚奉献，凝聚奋进新时代的精神力量，把红色基因熔铸在血液里，铭刻在灵魂中，骥马奔腾，负重致远，努力争当全国女犯改造工作的排头兵，积极探索女犯科学改造的实验区，高质量服务保障平安中国法治中国建设，奋力书写广东女犯改造工作改革发展的时代篇章。

方针政策

论中国共产党对监狱工作的引领

——以20世纪中共对监狱工作大政方针的制定为历史视角

周立功　朱福正*

中国共产党自创立以来，一直以酝酿和制定监狱工作的大政方针和基本原则来引领监狱工作，从而确保监狱工作在党的各个历史时期皆能朝着既定的方向正确前进。

一、党通过对监狱(劳改)工作的崇高定位引领监狱工作

在我国，监狱作为刑罚执行机关，始终把监狱执行刑罚纳入无产阶级改造人、改造社会的历史使命中，纳入预防和减少犯罪乃至消灭阶级的伟大工程中。

1934年1月毛泽东就明确指出："苏维埃的监狱对于死刑以外的罪犯是采取感化主义，即是用共产主义的精神与劳动纪律去教育犯人，改变犯人犯罪的本质。"①

1942年《陕甘宁边区司法纪要》中言："边区的监狱，固然是惩罚犯人的场所，同时，也是犯人的教育机关。"晋绥边区高等法院工作总结中指出："我们今天的监狱，是一所带强制性的生产教育学校，是感化教育积极改造犯人的场所。"在《晋察冀边区行政委员会工作报告(1938—1942)》中指出："在边区抗日民主政府下的监所，却真正是感化教育使人向善的学校。"②抗日战争时期太行区认为监所"是个非常尖锐复杂的思想斗争场所，是个治病(思想病)救人的地方"。

中国共产党和国家领导人从一开始就将劳动改造罪犯工作视为新中国党和人民的事业的一部分，并赋予其崇高的地位，给予其深厚的寄托。在中国共产党人的视野里，改造罪犯工作是"改造社会、改造世界、改造人"这一无产阶级的历史使命之一部分。正如《中共中央关于加强政法工作的指示》中所鲜明指

---

* 周立功，浙江省第四监狱政治处主任；朱福正，浙江省第四监狱研究所四级高级警长。

① 辛国恩等：《毛泽东改造罪犯理论研究》，人民出版社2006年版，第23页。

② 邓又天主编：《劳动改造罪犯的理论与实践》，法律出版社1987年版，第13页。

出的："劳改、劳教工作是党改造人、改造社会的光荣事业的一部分。"①

毛泽东指出："无产阶级和革命人民改造世界的斗争，包括实现下述的任务：改造客观世界，也改造自己的主观世界……所谓被改造的客观世界，其中包括了一切反对改造的人们……世界到了全人类都自觉地改造自己和改造世界的时候，那就是世界的共产主义时代。""社会的发展到了今天的时代，正确地认识世界和改造世界的责任，已经历史地落在无产阶级及其政党的肩上"，"中国人民和世界人民也都正在或将要通过这样的改造过程"。1949年6月30日，毛泽东指出："这种对于反动阶级的改造工作，只有共产党领导的人民民主专政的国家才能做到。"1978年邓小平指出："在我们社会主义社会里，人人都要改造，不仅那些基本立场没有转变过来的人要改造，而且所有的人都应该学习，都应该不断改造。"

中国共产党领导的监狱工作是人民司法的重要组成部分，而"司法工作是人民政权的重要支柱之一"。

1954年中共中央指出："改造罪犯成为新人的工作，是一项重要的工作。劳改生产又是我们国家的一种事业，经过几年的努力，现在这项工作已开始看到成效，各级党委应经常关心这项工作，加强领导，使它能顺利地得到发展。"

1956年4月25日，毛泽东在著名的《论十大关系》中指出："对一切反革命分子，都应当给以生活出路，使他们有自新的机会。这样做，对人民事业，对国际影响，都有好处。"

1960年10月22日，毛泽东在接见美国记者斯诺时说："我们的监狱不是过去的监狱，我们的监狱其实是学校，也是工厂，或者是农场。"

1961年4月1日，毛泽东在接见古巴青年代表团时指出："改造罪犯也是改造世界，改造人类伟大工作的一部分。"

1964年8月11日，中共中央指出："把绝大多数犯人都改造成像溥仪那样，成为自食其力的新人。""把绝大多数犯罪分子改造成为自食其力的新人，这是劳改工作的光荣任务。"

胡耀邦曾指出："监狱是我们教育犯人改邪归正的一个重要阵地。"

1981年8月，第八次全国劳改工作会议（简称"八劳会议"）指出："把劳改场所办成改造罪犯的特殊学校。"

---

① 中共中央文献研究室编：《中共中央关于加强政法工作的指示》，载《三中全会以来重要文献选编》（下卷），中央文献出版社2011年版，第392页。

1981年9月10日,《人民日报》发表评论员文章指出:“劳动改造罪犯的工作是综合治理的一个重要方面”,“劳动改造罪犯的工作只能加强,不能削弱”,“各级党委和各地公安机关要加强对劳改工作的领导”。

1982年1月,中共中央指出:“劳改、劳教场所是教育改造违法犯罪分子的学校。它不是单纯的惩罚机关,也不是专搞生产的一般企业、事业单位。”

党和人民给予了监狱民警崇高的荣誉。中央领导同志和广大人民群众也高度赞扬从事劳改工作的干警是“无名英雄”“攀登十八盘的勇士”“真正的改造人的灵魂工程师”。

1981年9月7日,习仲勋同志在八劳会议上深刻指出,劳改工作干部“不是低人一等,而是高人一等”;“同志们的工作很重要,也很光荣”;“劳改工作是党的改造人、改造社会伟大事业的一部分,党中央很重视,社会上很关心”;“广大劳改工作干警,为党的劳改事业进行艰苦的努力,立下了功劳,是无名英雄,应当受到全党和全社会的尊重”①。他赞誉劳改工作干警是“攀登十八盘的勇士”“改造人的灵魂的工程师”“真正的灵魂工程师”。1981年12月,中共中央和国务院在批转八劳会议纪要时指出:“广大劳改工作干警为劳改事业作出了很大的贡献,应当受到全党、全社会的尊重。”

在中国共产党人的眼界和胸怀里,“监狱事业是一个功德无量的社会工程”,也是“千古未有的伟大事业”。中国共产党正是通过对监狱(劳改)工作的崇高定位来引领监狱工作的长足发展。

二、党通过酝酿和制定监狱(劳改)工作方针引领监狱工作

监狱工作方针是中国共产党的工作方针在监狱工作中的具体体现,体现了党和人民群众对监狱工作的总体要求。

1. 毛泽东主席的“三个为了”方针

1951年5月15日,党和国家最高领导人毛泽东主席亲自修改审定第三次全国公安工作会议(简称“三公会议”)决议,在决议中提出了著名的“三个为了”方针(亦称“‘三为一必’方针”):“大批应判徒刑的犯人,是一个很大的劳动力,

---

① 参见《全国劳改工作会议提出化消极因素为积极因素,把罪犯改造成为守法的劳动者》,载《人民日报》1981年9月10日。

为了改造他们，为了解决监狱的困难，为了不让判处徒刑的反革命分子坐吃闲饭，必须立即着手组织劳动改造工作。”毛泽东同时指出：“此事极为艰巨，又极为紧急，必须用全力迅速地获得解决。”5 月 15 日，三公会议指出，劳动改造是改造罪犯的主要手段，劳动改造罪犯的目的是“三个为了”。劳动改造遂成为新中国监狱（劳改）工作的重要方针和原则。

2. 从“感化教育与劳动改造相结合”到“两个结合”方针

新民主主义革命时期人民民主政权的监狱是新中国改造罪犯事业的雏形，在思想建设和组织建设上都为新中国改造罪犯的工作奠定了基础。早在 1931 年江西瑞金的中华苏维埃政府就已经建立劳动感化院，对罪犯实行感化教育与劳动改造相结合的方针，组织罪犯劳动。1934 年 1 月，毛泽东在江西瑞金中华苏维埃第二次全国工农兵代表大会上的报告中明确指出：“苏维埃的监狱对于死刑以外的罪犯是采取感化主义，即用共产主义的精神与劳动纪律去教育犯人，改变犯人犯罪的本质。”1941 年 11 月，林伯渠在陕甘宁边区二届参议会上再次申明“对犯人采取教育感化的方针”。

1950 年司法部明确监狱执行的是“强制管束与教育改造相结合的方针”①。

1951 年 5 月 15 日，三公会议通过的《关于组织全国犯人劳动改造问题的决议》指出：“必须根据惩办与改造相结合的原则，并适应全国各项建设的需要，立即着手制订通盘计划，组织劳动改造工作。凡有劳动条件的犯人，应一律强迫其参加。”

1952 年第一次全国劳改工作会议指出：“政治改造与劳动改造相结合、惩罚与教育相结合”，“对罪犯实行严格管制、强制劳动生产、加强思想教育，是惩罚和改造犯人的必要手段，三者不可偏废”。

1954 年 9 月 23 日，周恩来指出：“对普通反革命罪犯采取惩办和改造相结合的方针，让他们在劳动改造的过程中，有重新做人的机会。”

1954 年 8 月 26 日，政务院通过《中华人民共和国劳动改造条例》，其第 4 条规定：“劳动改造机关对于一切反革命犯和其他刑事犯，所施行的劳动改造，应当贯彻惩罚管制与思想教育相结合，劳动生产与政治教育相结合的方针。”第 25 条规定：“劳动改造必须同政治思想教育相结合，使强迫劳动逐渐接近于自愿劳动，从而达到改造犯人为新人的目的。”

---

① 中国监狱工作协会编：《新中国监狱工作五十年（1949.10—2000）》，法律出版社 2019 年版，第 18 页。

3. “改造第一，生产第二”的方针

1956年5月，刘少奇对罗瑞卿向中央政治局汇报参加鹰夏铁路建设的劳改队和湖北四湖排水劳改队的情况时指出：“对犯人生活要搞好一点，劳动要少一点，没有这个条件也是改造不好的。”“劳改工作的方针，第一是改造，第二是生产。”

1956年7月13日，罗瑞卿传达党中央精神：劳改要搞好，方针是“第一是改造，第二是生产”。7月15日，周恩来进一步阐明了劳改工作方针：“劳改的目的，是要把犯人改造为新人，政治教育是第一，使他觉悟，劳动是增强他的劳动观点，而不是从犯人身上生产出来的利润办更多的工厂，这还是第二。”

1956年12月，罗瑞卿在八公会议中指出：“劳动改造的目的是为了尽可能把犯罪分子教育成为善良的劳动者。因此，既要生产，又要进行必要的充分的思想教育工作。生产也是为了改造，但不能妨碍改造。我们在这个工作中所追求的目的，主要是政治上的目的，而不是经济上的目的。”

1958年8月，九公会议通过了《关于劳改工作的决议》，首次提出“改造第一，生产第二”方针：“所谓‘改造第一，生产第二’，就是首先应当强调政治目的，而不应当不适当地强调经济上的利益。”

1959年6月9日，罗瑞卿在中南政法片会上的讲话中指出：“‘改造第一，生产第二’这是讲生产是为了改造，并不是讲不要生产……”

1962年3月22日，毛泽东在听取公安部负责人汇报时指出：“劳动改造罪犯，生产是手段，主要目的是改造，不要在经济上做许多文章。”

1962年4月28日，刘少奇指出：“这几年不是改造第一，而是生产第一，搞奴隶劳动，越劳动越坏，对立情绪很厉害，生产也没有搞好……劳改生产，国家不打主意，自己独立核算，不足的补贴一些，以改造为主。”

1964年4月12日，毛泽东在审阅公安部党组的有关报告后批示：“你看确有此事吧！有些人只爱物不爱人，只重生产，不重改造。把犯人当劳役，只有压服不行。”

1964年4月28日，毛泽东强调：“究竟是人的改造为主，还是劳改生产为主，还是两者并重？是重人？重物？还是两者并重？有些同志就是只重物，不重人。其实，人的工作做好了，物也就有了。”

1964年7月6—18日，六劳会议讨论了劳改工作的任务、开展社会主义教育运动、劳改机关的体制、刑满释放和留场就业、劳改企业的长远规划、劳改干部队伍等若干重大问题。

1964年8月11日，中共中央批转公安部党组《关于第六次全国劳改工作会议的情况报告》中指出："劳改工作是改造人的工作，是消灭反动阶级残余分子的一项重要工作，是激烈的阶级斗争。要做好这项工作，必须坚决执行中央的既定方针，即改造与生产相结合，改造第一，生产第二的方针。"8月12日，毛泽东指出："我们的目的是把他们改造好，改造应当作为第一位。"

1964年，党中央根据劳改工作实际中存在的忽视教育改造的倾向，制定了"改造与生产相结合，改造第一，生产第二"的劳改工作方针。六劳会议上正式提出了这一方针并被写入会议纪要。

1964年8月5日，公安部党组向彭真同志并报中央的六劳会议情况报告中指出："根据十多年的经验，要做好劳动改造工作，须明确，改造是目的，劳动生产是改造的手段。必须实行'四个第一'，概括地说就是：改造与生产相结合，改造第一；思想教育与军事管制相结合，思想教育第一；教育说服与强制压服相结合，教育说服第一；在教育说服中，抓活的思想第一。"

1965年7月1日，毛泽东作出批示："改造要抓紧，不要在经济上做文章，不要想从劳改犯人身上搞多少钱，要抓改造，让他们能寄点钱回家嘛！""第一是思想改造，第二是生产。"

1965年8月8日，毛泽东在接见几内亚教育代表团、几内亚检察总长及夫人时再次指出："我们有些干部不懂得把改造人放在第一位，不要把劳动和生产放在第一位。不要赚犯人的钱。""劳改工厂、劳改农场就不能以生产为第一，就要以政治改造为第一。"

1965年9月，毛泽东在接见阿尔巴尼亚内务代表团时指出："劳改农场总的方向应该是改造他们，思想工作第一，工业、农业的收获多少，是否赚钱是第二位的。"

4. 惩罚与改造相结合，以改造人为宗旨的方针

1995年2月，国务院4号文件《关于进一步加强监狱和劳动教养工作的通知》规定，"惩罚与改造相结合，以改造人为宗旨"是新的监狱工作方针。新的监狱工作方针体现了宪法原则和监狱法原则，强调把改造人贯穿于监狱工作全过程，努力把罪犯改造成为守法公民，最大限度预防和减少重新违法犯罪。

三、党通过酝酿和制定监狱(劳改)工作政策引领监狱工作

毛泽东的一个重要论断即"政策和策略是党的生命"，他认为"政策是革命

政党一切实际行动的出发点，并且表现于行动的过程和归宿”。中国共产党对监狱工作的引领，其一个鲜明的特点就是在各个时期不断酝酿和制定极富时代特征的监狱（劳改）工作党的政策。

1. 劳动改造政策与“劳动改造为主，辅之以政治改造”政策

对罪犯实行劳动改造是我国彻底改造罪犯成为新人的基本政策，是党的总政策的有机组成部分，为实现党的政治路线服务。对罪犯立足于改造，这是共产党领导的监狱行刑总政策。劳动改造罪犯政策的萌发集中体现在以毛泽东为代表的老一辈无产阶级革命家身上。早在1927年建立井冈山苏区政权时，就已经建立法院和劳动改造的制度，主张对多数的一般罪犯实行劳动改造，给以人道待遇。

1943年11月29日，毛泽东在招待陕甘宁边区劳动英雄大会上要求：“所有二流子都要受到改造，参加生产，变成好人。”①

1946年年初，太行区司法会议指出“劳动生产是对自新人的一种改造教育”。晋察冀边区法院提出“通过生产运动，以改造犯人”口号。1949年6月30日，毛泽东指出：“对于反动阶级和反动派的人们……只要他们不造反，不破坏，不捣乱，也给土地，给工作，让他们活下去，让他们在劳动中改造自己，成为新人。”陕甘宁边区《1949年下半年边区监狱工作总结》中首次提出“对犯人进行劳动改造”，称赞其为“改造犯人最有效的方法之一”。

1950年5月5日，毛泽东高屋建瓴地指出：“人民政府对待犯人的政策是：劳动改造为主，辅之以政治改造。”②

1951年4月20日，毛泽东指出：“让犯人劳动改造，其好处是在经济方面有利，在政治方面也有某一方面的利益，使我们对民族资产阶级和知识分子好说话。”1951年9月，罗瑞卿指出：“劳动改造工作是政治改造与劳动改造相结合，是惩罚与教育相结合。”1952年《第一次全国劳改工作会议决议》中明确指出：“劳改生产从政治上看，是属于改造罪犯成为新人的一项政策，从经济上看是属于国营经济性质的特殊企业。”

1956年4月25日，毛泽东指出：“能劳动改造的去劳动改造，不能劳动改造的就养一批。”1956年八公会议提出，对罪犯执行“惩办与宽大相结合”“阶级

---

① 毛泽东：《组织起来》，载《毛泽东选集》（合订一卷本），人民出版社1964年版，第886页。

② 中共中央文献研究室编：《周恩来年谱（1949—1976）》（上卷），中央文献出版社2020年版，第38页。

斗争与人道主义相结合”的劳动改造政策。

1959年9月14日，毛泽东在党中央向全国人大常委会提出的关于特赦战犯的建议中说：“党和人民政府对反革命分子和其他罪犯实行的惩办和宽大相结合、劳动改造和思想教育相结合的政策，已经获得伟大的成绩。”1959年9月28日，罗瑞卿指出：“我们对反革命和其他罪犯实行劳动改造的政策……更重要的是为了彻底消灭反革命和其他犯罪的阶级根源和思想根源，使反革命在刑满之后不再回到犯罪的老路上去。”

1965年8月8日，毛泽东在接见几内亚教育代表团、几内亚检察总长及夫人时指出：“犯了罪的人也要教育”，“问题是方针和政策，还有方法问题……你如果采取帮助他们的方法，慢慢来，不性急，一年、两年、十年、八年，绝大多数是可以进步的”。

2. 区别对待和给出路政策

宽严相济、让犯人在希望中改造是党的区别对待和给出路政策的生动体现。

1941年《陕甘宁边区施政纲领》第7条提出：“对于汉奸分子，除绝对坚决不愿改悔者外，一律实行宽大政策，争取感化转变，给以政治上与生活上之出路。”

1949年6月30日，毛泽东指出：“让他们活下去，让他们在劳动中改造自己，成为新人。”

1949年《共同纲领》规定：“……但同时给以生活出路，并强迫他们在劳动中改造自己，成为新人，假如他们继续进行反革命活动，必须予以严厉的制裁。”

1954年《宪法》规定：“……给以生活出路，使他们在劳动中改造成为自食其力的公民。”

1956年4月25日，毛泽东指出：“对一切反革命分子，都应当给以生活出路，使他们有自新的机会。”

1964年8月12日，毛泽东指出：“做好人的工作，使他们觉得有个奔头，能够愿意改造，生产当然也会好的。”

1965年8月8日，毛泽东在接见几内亚教育代表团、几内亚检察总长及夫人时指出：“把犯罪的人当作人，对他有点希望，对他有所帮助。”

为了真正让罪犯成为新人，能够在新生后谋得正当的生活出路，除了在法律法规层面予以固定外，党和国家领导人十分重视对罪犯的生产技能和劳动习惯的培养。

四、党通过酝酿和制定监狱(劳改)工作基本原则引领监狱工作

1. 惩办与改造相结合原则

1950 年 8 月 25 日,周恩来强调:“镇压与宽大、惩罚与教育必须结合起来做,才能达到瓦解敌人、改造罪犯的目的。”

1951 年 5 月 15 日,三公会议指出:“必须根据惩办与改造相结合的原则,并适应全国各项建设的需要,立即着手制订通盘计划,组织劳动改造工作。凡有劳动条件的犯人,应一律强迫其参加。”

1992 年国务院新闻办公室白皮书指出:“中国组织罪犯从事有益于社会的生产劳动,这是中国对罪犯实行惩办与改造相结合原则的重要内容。”①

在惩办与改造相结合的原则之后的监狱实践中又派生出诸如“惩罚管制与思想改造相结合”“劳动生产与政治、文化、技术教育相结合”“严格管理与教育、感化、挽救相结合”等原则。

2. 人是可以改造的原则

1953 年 12 月 10—24 日召开的二劳会议指出,罪犯经过劳动改造和思想教育,一般能低头认罪,积极生产,其中有不少罪犯已被改造成为技术熟练的劳动者。

1958 年 4 月 15 日,毛泽东在《介绍一个合作社》一文中说:“过去的剥削阶级完全陷落在劳动群众的汪洋大海中,他们不想变也得变。至死不变、愿意带着花岗岩脑袋去见上帝的人,肯定有的,那也无关大局。”

1960 年 10 月 22 日,毛泽东在接见美国记者斯诺时指出:“许多犯罪分子是可以改造好的,是能够教育好的。例如国民党的将军,‘满洲国’的皇帝。”

1961 年 4 月 1 日,毛泽东接见古巴青年代表团时说:“阶级是能够改造的,阶级的经济基础消灭以后,意识形态、思想方面是可以改造的。”

1962 年 4 月,毛泽东在接见古巴代表团的谈话中指出:“阶级是能够改造的,阶级的经济基础消灭了后,意识形态、思想方面是可以改造的……大多数人在长时间内是可以改造的。”

1963 年 11 月 15 日,毛泽东接见阿尔巴尼亚总检察长阿拉尼特·切拉时指出:“我们相信人是可以改造过来的,在一定的条件下,在无产阶级专政的条

---

① 国务院新闻办公室:《中国改造罪犯的状况》,法律出版社 1992 年版,第 8 页。

件下，一般说是可以把人改造过来的……”

1964 年 4 月，毛泽东在听取公安部负责人汇报时强调：“在一定的条件下……敌人中的绝大多数是可以改造的……”4 月 24 日，毛泽东批示：“人是可以改造的，就是政策和方法要正确才行。”7 月的六劳会议上又着重指出：“只要我们采取正确的政策和方法，绝大多数罪犯是可以改造成为新人的。”

1964 年 8 月 11 日，中共中央指出：“把绝大多数犯罪分子改造成为自食其力的新人，这是劳改工作的光荣任务。这项工作做好了，对国内和国外都有重大的影响。毛主席说：‘人是可以改造的，就是政策和方法要正确才行。’我们在改造战犯方面，由于政策正确，方法对头，取得了成功的经验。既然能够把日本战犯、把溥仪都改造好了，为什么不能够把绝大多数犯人都改造得像溥仪那样，成为自食其力的新人呢！我们的劳改工作，要以此为标准，为实现这个目标而努力。”

1979—1980 年间，胡耀邦指出：“只要党的路线政策正确，许多犯罪分子都可逐步得到转变。”“完全按毛主席历来的教导办事”，“把我们的监狱办成改造场所”。

1992 年国务院新闻办公室以白皮书形式向世界宣布：“人是可以改造的。绝大多数罪犯也是可以改造的。”①

3. 化消极因素为积极因素原则

1956 年 4 月 25 日，毛泽东指出：“反革命是什么因素？是消极因素，破坏因素，是积极因素的反对力量……在我国的条件下，他们中间的大多数将来会有不同程度的转变。”“反动势力虽是一种消极因素，但是我们仍然要做好工作，尽量争取化消极因素为积极因素。”1956 年 5 月 3 日，周恩来指出：“可以把反革命化无用为有用，变消极为积极。办法就是经过劳动改造。”1957 年 3 月 12 日，董必武指出：“劳动改造工作……对于化消极因素为建设社会主义的积极因素，有着巨大的作用。”1959 年 9 月 14 日，毛泽东对于实行特赦的目的及其作用做了很好的说明：“采取这个措施，将更有利于化消极因素为积极因素……”

八劳会议纪要中说：“这是我们党和国家改造社会、改造人、化消极因素为积极因素的一贯政策的胜利。”1992 年国务院新闻办公室白皮书宣称：“化消极因素为积极因素，把罪犯改造成为有利于社会的人，这是符合马克思主义解放全人类的伟大理想的。”

① 国务院新闻办公室：《中国改造罪犯的状况》，法律出版社 1992 年版，第 1 页。

4. 革命人道主义和依法文明管理原则

早在1934年毛泽东就提出:“对于一切已经就逮的犯人,却是禁止一切不人道的待遇。”1941年陕甘宁边区高等法院指示:“注意改善生活和待遇,不准对犯人施以打骂,提高犯人的情绪,并减少其肉体与精神上的痛苦。”1941年5月林伯渠指明:“犯人之所以甘为犯人,主要是由于社会不把他当人,要恢复他的人格,必自尊重他是一个‘人’始。”1942年苏中第二行政区诉讼暂行条例规定:“看守所对犯人应施以感化教育,不得有索诈陋规及侮辱打骂等情事。”①

1956年初,中共中央政治局直接听取公安部部长罗瑞卿的汇报,毛泽东指示:“要阶级斗争和人道主义相结合”。7月15日,周恩来指出:“我们对犯人、对死刑缓刑、对劳动改造、对管制的第一应该有人道主义,采取不人道的待遇是不对的,应该改正;另一方面人道主义有一定的界限,不能超过法律范围。”1956年9月19日,董必武严厉指出:“有些监所和劳动改造单位的管理人员,违反党的政策和国家的法律,违反革命人道主义的原则,虐待犯人的现象也是有的。这些都是严重的违法行为,必须彻底加以肃清。”同年,刘少奇在党的八大会议做的工作报告中也指出:“应当在他们服刑的期间给以完全人道主义的待遇。”

1992年国务院新闻办公室白皮书宣称:“中国在改造罪犯的实践中注意贯彻人道主义的原则。”在白皮书中对严格保障罪犯应有的权利原则进行了充分说明,对罪犯的依法文明管理原则也予以了专章阐述。②

5. 强迫劳动改造原则

即罪犯劳动改造的强制性原则。1949年6月30日的毛泽东指出:“他们如果不愿意劳动,人民的国家就要强迫他们劳动。”《共同纲领》规定:“但同时给以生活出路,并强迫他们在劳动中改造自己,成为新人……”1949年10月27日,朱德指出:“强迫劳动是解决这些人最好的方法,有这些方法也就不杀了不送了。”

1950年6月23日,毛泽东指出:“强迫他们(敌人)服从人民政府的法律,强迫他们从事劳动并在劳动中改造他们成为新人。”1950年8月12日,董必武指出:“要又教又惩,给以教育,而又强迫劳动。”1950年6月23日,毛泽东进一步指出:“对敌人说来是用专政的方法……强迫他们服从人民政府的法律,强迫他们从事劳动并在劳动中改造他们成为新人。”

---

① 邓又天主编:《劳动改造罪犯的理论与实践》,法律出版社1987年版,第31页。

② 参见国务院新闻办公室:《中国改造罪犯的状况》,法律出版社1992年版,第1、19—20页。

1951年4月30日，毛泽东特别批示："强迫他们劳动，以观后效。"1951年5月8日中共中央指出："中央已决定……其余，一律采取判处死刑、缓期二年执行、在缓刑期内强制劳动、以观后效的政策。"同年5月11日，刘少奇指出："应当杀的要判处死刑，但判处死刑以后可以不杀，缓刑两年强迫劳动，以观后效。"同年5月15日，三公会议决议中强调："凡有劳动条件的犯人，应一律强迫其参加。""对于所有从事劳动改造的犯人，应一律采用军事管制办法，强迫其劳动。任何犯人，应绝对服从，不得违抗。"

1952年6月30日，一劳会议决议中指出："在强迫罪犯劳动生产中，必须同时进行严格管制和经常的教育工作，两者不得脱节。"1954年《劳动改造条例》规定："监狱对犯人……在严格管制的原则下，并且分别犯人的不同情况，施行强迫的劳动和教育。"

6. 感化与教育为主原则

1928年初夏，方志敏创办的弋阳县劳动感化院采用感化和劳动改造的办法，其创建的目的就是对被判处徒刑的坏分子"集中在一起劳动改造，使他们悔过自新、重新做人"，并非单纯惩罚。

1932年6月，中华苏维埃政府通过创办劳动感化院、对犯人实行感化政策的决议案，通过了《劳动感化院组织法》。劳动感化院对罪犯实行感化教育与劳动改造相结合的方针，组织罪犯劳动。

1932年8月，中央司法人民委员部制定了《中华苏维埃共和国劳动感化院暂行章程》，第一条即规定："劳动感化院是裁判部下的一个附属机关，其目的是看守、教育及感化违反苏维埃法令的一切犯人，使这些犯人在监禁期满后，不再违反苏维埃的法令。"

1933年5月，中央司法人民委员部强调："感化犯人的工作，是劳动感化院的主要部分，应当要特别注意。"在《中央司法人民委员部五个月的工作计划》中有"加强劳动感化院的教育工作，以提高犯人的觉悟程度"。

1934年1月，毛泽东明确指出："苏维埃的监狱对于死刑以外的罪犯是采取感化主义，即是用共产主义的精神与劳动纪律去教育犯人，改变犯人犯罪的本质。"

1939年1月17日—2月4日，陕甘宁边区第一届参议会在延安召开。边区政府主席林伯渠指出："对一般犯人更多地是注意政治教育和感化，使他们改邪归正。"1941年11月林伯渠又指出："在劳动与教育并重的原则下，整理与改良监狱工作。"

1942 年苏中第二行政区诉讼暂行条例规定："看守所对犯人应施以感化教育。"1942 年《陕甘宁边区司法纪要》中言："边区的监狱，固然是惩罚犯人的场所，同时，也是犯人的教育机关"，"就他们所过的教育生活来说入监就是入学"。晋绥边区高等法院工作总结中指出："我们今天的监狱，是一所带强制性的生产教育学校，是感化教育积极改造犯人的场所。"

在《晋察冀边区行政委员会工作报告(1938—1942)》中指出："在边区抗日民主政府下的监所，却真正是感化教育使人向善的学校。"

1944 年《晋察鲁豫边区太岳区暂行司法制度》规定："徒刑之执行，一律送看守所禁闭教育。"1945 年太岳区政府工作报告指出："一切制度是为了保证教育任务的完成"，"教育所不是监狱，而是特种教育的学校"，"是改造自新人的特种学校"。

1946 年太行区司法工作报告中指出："监狱的主要任务在于思想教育"，"进行思想的感化教育，是监狱看守所工作的中心一环"。抗日战争时期太行区监狱看守所遵循"教育与生产相结合，以教育为主"的基本指导思想，认为监所"不仅是看管自新人的所在，而且主要是个非常尖锐复杂的思想斗争场所，是个治病(思想病)救人的地方"。

1948 年《渤海区劳动教育所组织条例》规定："劳教和徒刑之政治犯和刑事犯、军纪犯等，以劳动教育结合部分政治、文化教育达到改造犯人之目的，设立劳动教育所。"

1950 年 8 月 12 日，董必武指出："监狱是惩罚还是教育机关？……在监狱中对犯人应该进行教育，但不光是教育而无惩罚。……要又教又惩，给以教育，而又强迫劳动。"

1965 年 8 月 8 日，毛泽东在接见几内亚教育代表团、几内亚总检察长时指出："犯了罪的人也要教育，动物也可教育嘛！……为什么人不可以教育他有所进步呢?"

1981 年 8 月，八劳会议指出："把劳改场所办成改造罪犯的特殊学校。"彭冲指出："我们一定要努力把劳改劳教场所，办成教育人的学校，办成改造人的地方，使出来的人成为新人、好人、有用的人。""严格管理与教育感化挽救相结合。"1985 年中央再次强调："要把劳改、劳教场所真正办成改造人、造就人的特殊学校。"

1992 年国务院新闻办公室发布的白皮书中有专门一章阐述对罪犯的感化，其中还提及对青少年罪犯的"六字三像"感化原则。

1997 年司法部部长肖扬指出:“监狱的一切工作都要围绕教育人、改造人这一根本任务来进行,要在机构设置、人员配备等方面向教育改造倾斜,将主要精力放在‘改造好’上,使改造质量有一个新的突破。”

7. 为国家经济建设和社会主义建设服务原则

1951 年 5 月中共中央指出:“一律采取判处死刑、缓期二年执行、在缓刑期内强制劳动、以观后效的政策……这个政策又保存了大批的劳动力,利于国家的建设事业。”1951 年四公会议指出:“犯人生产,必须适应国家经济建设的需要。”1954 年《劳动改造条例》第 30 条规定:“劳动改造生产,应当为国家经济建设服务,应当列入国家生产建设总计划之内。”1959 年 5 月 11 日,罗瑞卿指出:“把他们的双手调动起来,为建设社会主义服务。”

8. 为改造罪犯服务和生产服从于改造原则

1952 年 6 月 23—30 日,第一次全国劳改工作会议专门成立了为改造罪犯服务的“中央劳改生产管理委员会”。这次会议解决了劳改生产的集中问题,确定了劳改工作在一个相当长时期的奋斗方向,要求劳改生产的经济利益必须服从改造罪犯的社会效益。1964 年 8 月 11 日,中共中央指出:“劳改工作,要在劳动中实现,但必须以人的改造为主,不能以单纯完成生产任务为主,生产工作要服从于人的改造工作。”之后的《中国人权状况》和《中国改造罪犯的状况》皆重申了劳改经济必须服从改造罪犯法定任务的严正立场。

9. 改造与生产统一领导原则

为了解决改造与生产的关系,保证劳改工作方针的正确执行,毛泽东同志曾在 20 世纪 50 年代作重要指示:“劳改工作的领导和管理要集中,分散主义的办法不行。”1964 年 8 月 5 日,公安部党组报中央的《公安部党组关于第六次全国劳改工作会议的情况报告》中指出:“要保证改造第一的方针完全落实,在劳改企业的体制上,必须继续实行改造与生产统一领导的原则。”

10. 惩罚和改造相结合、教育和劳动相结合原则

1994 年 12 月,《监狱法》颁布,其第 3 条规定了我国监狱工作的原则和根本目的:“监狱对罪犯实行惩罚和改造相结合、教育和劳动相结合的原则,将罪犯改造成为守法公民。”

纵观我国改造罪犯的伟大成就,足以证明罪犯是可以改造的理论具有旺盛的生命力。我们监狱改造罪犯的工作之所以取得震惊世界的巨大成就而成为“人间奇迹”,完全归功于党的监狱工作大政方针的胜利。

浅析党在监狱工作发展历程中的领导作用

——以监狱(劳改)工作方针的演进为视角

应　霆　王杭莉*

《中国共产党章程》规定:"党的领导主要是政治、思想和组织领导。"政治领导,就是政治方向、政治原则、重大决策的领导,集中体现在党的路线、方针、政策方面。这是我们党一百年来的一条最基本的领导原则。思想领导,就是意识形态的领导,理论观点、思想方法以至精神状态的领导,就是坚持以马克思列宁主义、毛泽东思想、邓小平理论和"三个代表"重要思想、科学发展观、习近平新时代中国特色社会主义思想作为党和国家的指导思想,把党的主张变成人民群众的自觉行动。

纵观新中国监狱史,罪犯劳动改造理论及其实践活动,是一个从无到有不断完善的过程。党的领导在新中国监狱工作中发挥决定性作用,决定着监狱(劳改)工作的性质、任务和方向。新中国的监狱(劳改)工作是在党的领导下建立、发展起来的。党的领导加强了,监狱工作就顺利发展,如全国第三次公安工作会议、全国第八次劳改工作会议等。党中央作出的决策部署,直接推动了监狱(劳改)工作的创建、发展;反之,监狱(劳改)工作就停滞不前,甚至倒退,如"文化大革命"时期的裁撤合并,甚至被"砸烂"。本文试就党的监狱(劳改)工作方针的演化发展,分析党在监狱发展历程中的领导作用。

一、党的指导思想中关于改造人思想的理论渊源

毛泽东思想是中国化的马克思主义。1945 年中国共产党第七次全国代表大会上,把毛泽东思想作为中国共产党的指导思想写入党章。从此,毛泽东关于改造人的思想成为党在监狱工作发展历程中思想理论与方针政策的逻辑起点。

---

* 应霆,浙江省乔司监狱政治处主任;王杭莉,浙江省乔司监狱二级警长。

1949 年 6 月 30 日，毛泽东发表的《论人民民主专政》明确提出：对于反动阶级和反动派的人们，他们的政权被推翻以后，只要他们不造反、不破坏、不捣乱，也给土地、给工作，让他们活下去，让他们在劳动中改造自己，成为新人。他们如果不愿意劳动，人民的国家就要强迫他们劳动。

这一论述为《中国人民政治协商会议共同纲领》（简称《共同纲领》）第 7 条的规定奠定了政治、理论基础。《共同纲领》第 7 条规定对一切反动分子、封建地主、官僚资本家"依法在必要时期内剥夺他们的政治权利，但同时给以生活出路，并强迫他们在劳动中改造自己，成为新人"①。这为新中国成立后全国各地的劳动改造罪犯工作提供了指导思想和政策依据。《共同纲领》第七条是新中国成立之初对战犯、反革命犯和其他刑事犯罪分子进行劳动改造的根本依据。

早在土地革命战争时期的中央苏区、抗日战争时期的革命根据地和解放战争时期的解放区，由人民司法机关下设的监禁和改造犯人的机构——劳动感化院，就已经建立起来。1932 年 2 月 19 日，苏维埃中央政府第七次常会讨论通过《中华苏维埃共和国劳动感化院暂行章程》。1932 年 8 月 1 日由司法人民委员会颁布并于 8 月 5 日施行。这是共产党在局部执政的情况下，第一个关于监狱意义上的制度。1933 年 5 月 30 日，中央人民司法委员会在对裁判机关工作的指示中指出："对于劳动感化院的工作，要特别注意生产与感化。生产和发行方面，与国民经济部共同组织劳动感化院企业管理委员会，来管理和监督生产与发行事宜，有计划地生产和发行，应当将工厂与犯人居住的地方分开，以便于管理和教育。感化方面，要充实文化工作人员，要有计划地教育犯人，经常地上识字课、政治课等，将俱乐部、列宁室、图书馆健全起来，利用犯人工作以外时间，经过这些文化机关来感化他们，感化犯人的工作是劳动感化院的主要部分，应当要特别注意。"②

既重视惩罚，又强调改造的方针，是中国共产党领导监狱工作的一个显著特点。1934 年，毛泽东同志在《第二次全国苏维埃代表大会上的报告》中就提出："苏维埃的监狱对于死刑以外的罪犯是采取感化主义，即用共产主义精神与劳动纪律去教育犯人，改变犯人犯罪的本质。废除了司法范围内的一切野蛮封

---

① 中共中央文献研究室、中央档案馆：《建党以来重要文献选编（1921—1949）》（第二十六册），中央文献出版社 2011 年版，第 760 页。

② 胡建东：《劳动感化院——中国共产党最早的监狱》，http://www.crt.com.cn/news2007/News/tgjx/2020/4/204211569HH99JAAF47934EH60F98.html，访问日期：2021 年 4 月 13 日。

建遗迹。”这充分显示出中国共产党对监狱的性质、目的、任务的清醒认识，明显区别于历史上的旧监狱，突出强调了用共产主义精神教育感化罪犯，突出政治感召力、政治攻心力、政治改造力。

《中华苏维埃共和国劳动感化院暂行章程》全面规定了劳动感化院的任务，组织机构、管理制度，对根据地的监狱建设具有重要意义。劳动感化院是新中国人民民主专政条件下的劳动改造机关的雏形，对新中国监狱的创建发展有着深远的影响。

毛泽东思想中对人是可以改造的哲学思考有其深刻的历史渊源，是马克思主义在改造罪犯理论实践运用的中国化典范。毛泽东对“使人改过自效”的途径，一直有深刻的论述，在许多批注中可见一斑。

冯梦龙《智囊》有一条“韩褒”，写的是北朝周文帝时，北雍州刺史韩褒为平息境内盗贼，具列盗贼姓名于簿，然后张榜告示：“自知行盗者，可急来首，即除其罪。尽今月不首者，显戮其事，籍其妻子，以赏前首者。”于是，“旬月间盗悉出首。褒取簿勘之，一无差异，并原其罪，许以自新。由是群盗屏息。”毛泽东对此批注道：“使人改过。”①

“梁上君子”出自《后汉书・陈寔传》记载，县吏陈寔对因饥荒到他家偷窃之人分析道：“不善之人，未必本恶，习以性成，遂至于此。梁上君子者是矣。”该传还描述陈寔鼓励请罪的小偷说：“视君状貌，不似恶人，宜深克己反善。然此当由贫困。”陈寔还赠给他两匹绢。从此陈寔管理的这个县再没有发生盗窃之事。毛泽东对此指出：“人在一定条件下是可以改造的。”

《上智部・通简》记载，宋朝时，广济河的蔡河两岸常有不法刁民，专以强迫手段勒索船民财物，每年都烧掉几十艘船。宋神宗时，程明道到此地做知县，很快抓获其中一人，并让他供出同伙几十人。然后把他们一一分开，安置在不同地方以养船谋生，还责令他们监督胆敢在河上作恶的人。从此，县境内再也没有发生烧毁船只事件。毛泽东读后批注：“劳动改造。”

西晋时，一个叫周处的官员，少时横行乡里，时人把他与南山虎、长桥蛟合称“三害”。后改过，官至御史中丞。1963 年 10 月，毛泽东在天津与中共中央华北局、河北省和天津市负责人谈话时便说到周处等人：“周处除三害，人是可

---

① 王香平：《毛泽东点评历史上“使人改过自效”的几件事》，http://cpc.people.com.cn/GB/64162/64172/85037/85041/6545217.html，访问日期：2021 年 4 月 15 日。

以觉悟的。陈平是贪污犯，汉高祖给他钱，他不记账。后来做了宰相，除吕保刘。可见人有错误是可以改的……还可以劳动改造。”

以上例子足见毛泽东对于“劳动改造、改造人”思想的长期思考。他在《论十大关系》中指出：“人是要帮助的，没有犯错误的人要帮助，犯了错误的人更要帮助。人大概是没有不犯错误的，多多少少要犯错误，犯了错误就要帮助……要设立各种条件帮助他改。”

二、监狱工作方针是党领导监狱工作的实现路径和方法

中国共产党领导下建立的人民民主政权，与旧政府的政权在性质上有本质的区别，正如列宁在《国家与革命》中所说的：已夺取国家政权的无产阶级，不能只是把旧的国家机构转移到新的人手中，而应该打碎摧毁这个机构，用新的机构来代替他。1949 年 2 月中共中央《关于废除国民党的六法全书与确定解放区的司法原则》明确指出：在彻底摧毁国民党旧政府监狱这一国家机器，彻底废除国民党政府所颁布的监狱法规和旧监狱管理制度的前提下，对旧监狱实行彻底的改造。

以毛泽东为代表的第一代中央集体，基于新中国成立初期对社会主义革命的形势任务的科学判断，研判了新中国监狱（劳改）工作政治属性和任务，指明了劳动改造罪犯的社会主义方向，探索并确立了党的监狱工作方针，领导全国的监狱（劳改）工作实践。

1.“三个为了”的方针，初步阐明了党对监狱（劳改）工作的主张

1951 年 5 月第三次全国公安工作会议上通过了经毛泽东主席亲自修改和审定的决议，提出“三个为了”（又称“三为一必”）的方针：为了改造他们，为了解决监狱的困难，为了不让判处徒刑的反革命分子坐吃闲饭，必须立即着手组织劳动改造工作。①其意义在于明确了中国劳动改造机关的主要任务是改造罪犯，基本手段是实施劳动改造。劳动改造不仅要从政治上把罪犯改造成为自食其力的劳动者，而且要从经济上为劳改事业的建设和发展创造物质条件。正是在这一方针指引下，全国短时间内建立了从中央到地方的五级劳动改造管理体制，大批犯人迅速投入劳动改造，为社会创造了物质财富，较好地解决了监狱的

① 张凤仙等：《中国监狱史》，群众出版社 2004 年版，第 20—21 页。

经济困难，为大规模地改造罪犯创造了物质条件，奠定了组织基础，探索了工作经验。

2. “两个结合”的方针，辩证发展了党对监狱工作的领导实践

“惩罚管制与思想改造相结合，劳动改造与政治教育相结合”的方针是改造罪犯工作的辩证唯物主义。1951 年 9 月第四次全国公安工作会议上，罗瑞卿部长在工作报告中指出，劳动改造工作是“政治改造与劳动改造相结合，是惩罚与教育相结合”，从而确立了“两个结合”的方针。这一方针载入了 1954 年由国家政务院颁布的《中华人民共和国劳动改造条例》(简称《条例》)，这是新中国第一部系统完备的劳动改造罪犯法规，标志着我国监狱法规制度进入了一个有序、规范的发展阶段。《条例》第 4 条规定：“劳动改造机关对于一切反革命犯和其他刑事犯，所施行的劳动改造，应当贯彻惩罚管制与思想改造相结合、劳动生产与政治教育相结合的方针。”把思想改造、政治教育作为和惩罚管制、劳动生产结合使用的改造罪犯手段，充分表明思想政治工作对于改造罪犯的重要性，凸显了党对监狱工作的鲜明政治定位。

3. “改造与生产相结合，改造第一，生产第二”的方针，标志着党对监狱工作的领导走向成熟

党中央敏锐地发现，监狱(劳改)工作初期，出现了片面注重劳动、追求物质生产的倾向。为了正确处理改造和生产的关系，充分发挥劳动生产在改造罪犯过程中的功能作用，1956 年刘少奇代表党中央提出劳改工作的方针：第一改造，第二生产。1964 年 4 月 24 日，毛泽东主席在杭州听取公安部党组关于调查处理胡芷芸情况报告上批示：“人是可以改造的，就是政策和方法要正确才行。”

毛泽东对改造人的思想是持续的、一以贯之的，1964 年 4 月 28 日，在杭州听取时任公安部长在对乔司监狱、浙江省第一监狱蹲点调研工作汇报时指出：在一定的条件下，在敌人放下武器缴械投降以后，敌人中的绝大多数是可以改造的。但要有好的政策方法，让他们自觉改造，不能只靠强迫压服。究竟是人的改造为主，还是劳动生产为主？还是两者并重？是重人，重物？还是两者并重？有些同志只重物不重人，其实人的工作做好了，物也就有了。

1964 年 7 月，公安部召开了第六次劳改工作会议，在报告中明确规定，劳改工作的方针是“改造与生产相结合，改造第一，生产第二”。通过这一方针的贯彻，很好地解决了监狱(劳改)工作改造与生产的关系，实现了党对监狱工作领导的可持续。

改革开放以来,党的工作重心调整,也直接反映在监狱工作领域。1981 年 8 月,召开了公安部第八次劳改工作会议(下称“八劳会议”)。经中共中央、国务院审阅同意的《全国第八次劳改工作会议纪要》对新中国成立以来的监狱(劳改)工作作出了一个基本判断:我国的劳改工作,在党中央、毛泽东同志制定的方针政策指引下,取得了巨大成绩。新中国成立以来,关押和改造一大批罪犯,大多数已经改恶从善,悔过自新,成为自食其力的劳动者,基本完成了对判处徒刑的历史反革命分子和旧社会渣滓的改造任务,还改造了一大批新的犯罪分子,为维护社会治安、巩固人民民主专政、保卫社会主义革命和建设作出了贡献。

“八劳会议”充分肯定了监狱劳改工作干警对监狱工作的贡献,肯定了劳改干部的政治地位、社会地位,解决了广大干警的实际困难。

“八劳会议”深刻分析了当时关押罪犯构成的新变化、新特点。据此党中央提出了新的方针政策指引,即对青少年罪犯要做到:要像父母对待患了传染病的孩子、医生对待病人、老师对待犯了错误的学生那样,做耐心细致的教育感化挽救工作。同时首次提出要把监狱建成特殊学校,要加强罪犯的教育改造工作,把劳改场所办成改造罪犯的学校。这也是毛泽东关于“我们的监狱不是过去的监狱,其实是工厂、农场,或者是学校”的具体实践。

监狱(劳改)工作的创立、发展,是党和国家改造社会、改造人、化消极因素为积极因素政策的积极成果。劳动改造罪犯的工作,是党和国家改造人、改造社会的伟大事业的组成部分。监狱(劳改)工作,对于党和国家实现社会治安、巩固人民民主专政,具有重要的历史意义、现实意义。

4.“惩罚和改造相结合,以改造人为宗旨”的方针,体现了党对监狱工作的法治理念

新中国成立以来的各个时期,党的监狱工作方针在实践中得到传承和发展。在法治建设的大背景下,党的监狱工作方针增加了与新时代任务相适应的新内涵,从法治的新高度,审视了惩罚和改造的关系。

1994 年 12 月,全国人民代表大会常务委员会第 11 次会议通过了《中华人民共和国监狱法》在新中国历史上首次为监狱工作立法,完善了中国的刑事法律体系,为监狱工作法治化建设奠定了坚实的基础。

“惩罚和改造相结合,以改造人为宗旨”的方针载入了《监狱法》,其第三条规定:监狱对罪犯实行惩罚与改造相结合、教育与劳动相结合的原则,把罪犯改造成守法公民。把改造人——使罪犯成为守法公民提升为宗旨目的,而惩罚和改造作为政策和方法,呼应了毛泽东"人是可以改造的,就是政策和方法要正确才行"的光辉论断。监管、劳动、教育作为监狱对罪犯的三大改造手段,在新时代习近平法治思想指引下,进一步发展成以政治改造为统领的政治改造、监管改造、教育改造、劳动改造、文化改造,既是党对监狱改造罪犯工作的全新认识和发展,对监狱工作认识的深化和提升,也是党对监狱工作特别是政治属性认识的深化。在新的监狱工作方针指引下,全国监狱系统深入全面的推进监狱体制改革,极大地推动了具有中国特色的监狱刑罚工作,推动监狱工作的高质量发展。

我国监狱工作从"三个为了"方针的提出,到1954年政务院出台《劳动改造条例》的"两个结合";从"改造第一,生产第二"的方针,到全国"八劳会议"召开及三项政策的提出,直到1994年《监狱法》颁布,贯彻"惩罚和改造相结合,以改造人为宗旨"的方针,可以说对罪犯实施改造的思想贯穿于新中国成立后监狱工作的始终。

改革开放以后监狱工作进一步规范,依法依规管理意识日益增强,监狱工作依法管理日渐成熟。随着《监狱法》颁布,监狱工作基本被纳入法制化轨道,党的十五大将依法治国作为党领导国家建设的基本方略,推进法治监狱建设成为我国监狱系统的共识。

以习近平为核心的党中央,提出了法治国家建设的新目标。新时代中国特色社会主义思想,特别是习近平法治思想对监狱工作的改革深化提出了时代新命题。监狱工作在党的领导下,加快现代化文明监狱创建步伐,开展监狱工作法制化、科学化、社会化建设,推行狱务公开,监狱工作步入依法治监轨道。

2018年1月,习近平总书记就政法工作作出重要指示,要求全国政法战线切实履行好维护国家政治安全、确保社会大局稳定、促进社会公平正义、保障人民安居乐业的主要任务,努力创造安全的政治环境,稳定的社会环境,公正的法治环境,优质的服务环境,增强人民群众获得感、幸福感、安全感。习近平法治思想的形成和发展,和包括监狱工作在内的国家政治经济、社会文化建设的历史不能分离,它是在国家建设实践过程中逐步认识、清晰深刻起来的。依规治监、依法治监到法治监狱的发展脉络,具有一贯性。坚持习近平法治思想,是法治监狱建设的依归和遵循。

监狱工作主动服务社会大局，牢固建立安全体系，贯彻国家总体安全观，完善安全稳定长效机制，推动监狱治理体系和能力现代化，这是新时代党对监狱工作领导的新实践。

坚持党对监狱工作的绝对领导，推进法治监狱建设，提高法治化建设水平，推进领导班子和民警队伍建设，建立健全党委议事规则和行政办公会议规则，落实“三重一大”制度，完善重大决策调查研究科学论证风险评估，是新时代党领导监狱工作的显著特征。

监狱工作通过依法惩罚改造罪犯，依法对每一个罪犯执行刑法，来实现党和国家赋予监狱的使命和任务，来体现和维护社会公平正义。公平正义是新时代监狱工作的永恒追求，这正是党对监狱工作领导的正确方向。

习近平法治思想是引领法治监狱建设、实现总体国家安全观的客观要求，是满足社会公平正义，打造良法善治的社会主义现代化建设的定盘针。在不断加强人民群众的获得感、幸福感、安全感的大背景下，监狱工作要在党的绝对领导下，全面构建防范严密、风险自控的安全治理体系，为监狱治理体系和治理能力现代化提供持续动力。

从中国监狱工作方针的历史变化看党对监狱工作的领导

全红伟*

一、监狱工作方针的概念

1949年10月1日，中华人民共和国宣告成立。作为国家机器之一的监狱，在根据地监所工作的基础上，随着对国民党政权旧监狱的接管改造和大规模劳动改造罪犯工作的开展，新型监狱工作与共和国相伴而生。新中国监狱工作是在毛泽东等老一辈无产阶级革命家直接领导下创建并发展起来的。由于指导思想正确，工作措施得力，70多年以来，取得了举世瞩目的成就，积累了丰富珍贵的经验。由于有党的坚强有力领导，以及一代又一代监狱人民警察的奋发努力，新中国监狱工作在打破旧的国家机器之后，坚持在创新中发展，在发展中创新，从而形成全新的行刑理念和逐步发展完善的监狱工作方针，取得了巨大的历史性成就。

监狱工作方针是指引监狱工作前进方向的指针，是党和政府对监狱工作和监狱事业的发展提出的具有全局性的根本指导思想和行动纲领，是党和国家在一定历史时期提出的监狱工作发展的总方向和总目标，反映着党和国家领导人对监狱工作规律的认识，同时又是制定监狱工作政策的总依据。①

我国现行的监狱工作方针是“惩罚与改造相结合，以改造人为宗旨”。这一方针的确立，经历了一个逐步发展和完善的过程，同时也客观地反映了我国监狱工作发展的历史必然。我们研究监狱工作方针的发展变化，以及导致其发展变化的客观规律，就是为了总结经验，坚持原则，更加自觉地继承和运用党领导监狱工作的历史经验，在新时代发展中国特色监狱制度和监狱理论上取得新的进步。

---

* 全红伟，青海省西川监狱二级警长。

① 参见李雪静主编：《新时期狱政管理工作创新》，人民公安出版社2009年版，第288页。

二、监狱工作方针产生和发展的四个阶段

我国监狱工作方针的产生和发展，大体上经历了四个阶段。

第一阶段："三个为了"方针的提出

新中国成立初期，为了巩固新生的人民政权，我国相继开展了土地改革和镇压反革命运动。镇反运动基本扫除了国民党政权遗留在大陆的反革命残余势力，基本肃清了旧中国历代政府都未能解决的土匪和黑社会势力。镇反运动的胜利，有力地配合、支持了土地改革和抗美援朝斗争，但也给监狱工作带来了巨大的压力。据罗瑞卿 1951 年 12 月给毛泽东主席和中共中央的报告称，当时全国在押罪犯已达 123 万人。妥善地消化、有效地改造这数以百万计的罪犯，事关新生政权的巩固、共和国的长治久安。①

当时国家财政经济非常困难，监所很少，如何处置这一大批判处刑罚的罪犯，成了摆在我国新生政权面前一个亟待解决的重大课题。因此，在 1951 年召开了全国第三次公安会议上，毛泽东亲自修改审定会议的决议，明确指出："大批应判徒刑的犯人，是一个很大的劳动力。为了改造他们，为了解决监狱的困难，为了不让判处徒刑的反革命分子坐吃闲饭，必须立即着手组织劳动改造工作。""决议"中提出的上述"三个为了"（即为了改造他们，为了解决监狱的困难，为了不让判处徒刑的反革命分子坐吃闲饭）实际上就是新中国成立初期的监狱工作方针。

在"三个为了"决策指引下，大规模组织劳动改造工作迅速展开。第一代监狱工作创业者是一支由老红军、老八路带出来的队伍，他们带领犯人垦荒造田、兴修水利、开矿筑路，白手起家，自力更生，迅速而有效地建立了一大批劳动改造场所，为新中国监狱事业奠定了初步的物质基础，也给后人留下了宝贵的精神财富。新中国监狱机关卓有成效地改造了日本战犯、伪满（蒙疆）战犯和国民党战犯，创造了举世公认的"人间奇迹"，集中体现了中国共产党的博大胸怀和毛泽东改造罪犯理论的精髓，成为人类历史上对战争罪犯改造的伟大创举。

作为劳动改造罪犯的载体，监狱生产也不断得到发展。新中国成立初期，

① 参见中国监狱工作协会编：《新中国监狱工作五十年（1949.10—2000）》，法律出版社 2019 年版，第 435 页。

监狱参与治理淮河、辽河等大型水利工程，参与天兰、兰新、包兰、集二、宝成、成渝、成昆、内昆、鹰厦、南福、贵昆等铁路建设和多处公路建设，积极为事关国民经济大局的基础建设服务。[①]各地监狱机关因地制宜地发展监狱生产，监狱生产的产品大多是为人民群众的衣、食、住、行基本需要和监狱机关自身需求服务的。长期以来，监狱生产收入在向国家上缴利税之后，还补充了大部分监狱经费支出，为减轻国家负担、维持监狱正常运转作出了历史性贡献。

20 世纪五六十年代，在“三个为了”监狱工作方针指导下，建立的一大批劳动改造场所，重点关押改造国民党党、政、军、宪、特人员中的历史反革命罪犯和其他刑事犯罪分子，并全面开展了对罪犯的劳动改造和教育改造，为我国监狱工作之后的发展打下了坚实的基础。以 20 世纪 80 年代初全部宽大释放在押的国民党县团以下人员为标志，改造历史反革命犯的任务胜利完成。

第二阶段：“两个结合”方针的确立

在新中国成立五周年前夕，为了推进我国劳动改造罪犯的工作健康发展，做到有章可循、有法可依，在总结新中国成立初期劳动改造罪犯工作实践经验的基础上，政务院于 1954 年 9 月 7 日颁布了《中华人民共和国劳动改造条例》（简称《劳改条例》），这是新中国监狱工作的第一部法规，充分体现了先进的刑事司法理念，为监狱工作的发展提供了法制保障。《劳改条例》第 4 条规定：“劳动改造机关对于一切反革命犯和其他刑事犯所施行的劳动改造，应当贯彻惩罚管制与思想改造相结合、劳动生产与政治教育相结合的方针。”习惯上简称“两个结合”方针。

这一方针的基本精神是，劳动改造机关在对罪犯实施惩罚与改造的过程中，应当正确处理好惩罚管制、劳动生产和思想改造三者之间的辩证关系，三者要做到互为条件、互为作用、相互促进、不可偏废，最终达到使罪犯成为“新人”的目的。[②]“两个结合”方针是对“三个为了”方针的进一步发展，体现了当时我国劳动改造罪犯工作的基本任务是惩罚管制罪犯，执行刑罚，这与各国监狱的基本任务一样，但中国监狱又不是单一地惩罚管制罪犯，执行刑罚，而是加强对罪犯的思想改造，同时让其从事劳动生产，让其在劳动中转变思想，改掉恶习，成为新人。这为以后的劳动改造罪犯工作的发展指明了前进的方向。

---

① 参见中国监狱工作协会编：《新中国监狱工作五十年（1949.10—2000）》，法律出版社 2019 年版，第 437 页。

② 参见李雪静主编：《新时期狱政管理工作创新》，人民公安出版社 2009 年版，第 289 页。

从"两个结合"方针可以看出，新中国监狱在完成惩罚罪犯这一监狱基本任务的前提下，一贯注重对罪犯的改造，改造以思想教育为核心，同时借助于劳动。一直以来，西方国家普遍忽视对罪犯的改造，有些人根本不相信罪犯的思想能够改造。他们侧重于对罪犯的心理矫治、行为训练，但很少触及罪犯的犯罪思想，有些人甚至认为强调改造思想是强制罪犯"洗脑"，是"侵犯人权"。而从新中国监狱制度创建之初，党就坚持认为，罪犯的犯罪思想和犯罪恶习必须改造，并且相信绝大多数人是可以改造的。这一时期，以《劳改条例》施行为标志，监狱工作的各项基本制度先后创立，新中国基本完成了监狱工作的创建任务。

与此同时，政务院批准了《劳动改造罪犯刑满释放及安置就业暂行处理办法》，作为《劳改条例》的配套性法规，对刑满释放人员做出重大的政策性规范。这一政策的实施，是"两个结合"方针的进一步延伸。为了体现改造罪犯的效果，也为了使刑释人员真正成为新人，必须保证他们出狱后的生活，从1950年至1989年，监狱系统先后安置留场就业人员152.28万余人，为一部分无家可归、无业可就的刑释人员以及按照政策应予留场的人，解决了生产、生活门路，也为国家缓解了就业的压力，维护了社会的稳定。其后，有13.06万名留场就业人员先后转为正式工人，①其余人员陆续离场返乡或去其他单位就业，刑满留场安置就业工作的历史任务基本完成。

第三阶段："改造第一，生产第二"方针的制定

在"两个结合"方针确立以后的一两年中，由于少数监狱以及民警在理解和执行上不同程度地发生偏差，对罪犯偏重惩罚管制而放松思想改造，偏重劳动生产而忽视政治教育，致使出现个别单位大批罪犯因超体力劳动、低标准生活而死亡的现象。1956年初，鹰厦铁路和四湖工程建设发生超体力劳动导致犯人非正常死亡事件，这一问题虽然发生在局部，但却反映出带有根本方向和根本原则的大问题，党中央对此非常重视，专门派工作组进行调查，听取了汇报。在听取汇报当中，刘少奇指出："劳改工作的方针，第一是改造，第二是生产。"这一提法后来多次被党中央和中央领导同志所肯定。如毛泽东1962年8月在一次谈话中指出："我们的目的是把他们改造好，改造应当作为第一位。做好人的工作，使他们觉得有个奔头，能够愿意接受改造，生产当然也会好些。"②1964年

---

① 参见司法部监狱管理局编：《当代中国监狱概览(1949—1989)》(统计资料卷)，法律出版社2000年版，第6页。

② 李雪静主编：《新时期狱政管理工作创新》，人民公安出版社2009年版，第289页。

8月，党中央在批转《第六次全国劳改工作会议纪要》时明确规定，劳改工作的方针是“改造第一，生产第二”。

这一方针的制定，是我国监狱工作实践的产物，也是前两个方针发展的必然结果。这一方针的基本含义，就是把改造罪犯成为新人这一政治任务放在第一位，要在改造人上狠下功夫，劳动生产只是作为改造罪犯的一个基本手段而存在，虽然劳动生产的经济利益可以为改造罪犯提供一定的物质保障，也有利于监狱工作条件的改善，但与改造罪犯的政治任务相比，它应当服从和服务于改造罪犯成为新人这一政治任务的需要，要置于第二位。劳改机关组织罪犯参加一定的生产劳动，主要是为了在生产劳动过程中改造他们，在现实改造任务的过程中努力提高生产质量，从而减轻国家财政负担并为国家创造一定的物质财富，这也是劳改机关的一项任务，即通常所说的“生产第二”的含义。

“改造第一，生产第二”的方针，明确了在监狱工作中改造与生产二者所处的不同位置和相互间的辩证关系，突出了改造罪犯的政治任务，正确地反映了当时我国劳改工作的客观实际。“改造第一，生产第二”的方针虽然是一定历史条件下的产物，即改造与生产成为监狱工作主要矛盾时期提出的，但它对于正确处理改造与生产的关系、调节改造与生产的矛盾起到了积极的作用。这一方针一直沿用了30多年，保证了监狱工作的稳定与发展和各项工作的顺利进行。

第四阶段：“惩罚与改造相结合，以改造人为宗旨”方针的出台

1978年，党的十一届三中全会以后，我国开始进入以经济建设为中心的新的历史时期，随着我国改革开放的不断深化，随着我国经济、政治文化和意识形态等领域发生的深刻变化，监狱押犯情况的重大变化。1983年，党中央作出两项与监狱工作有着紧密关系的重大决策：一是将监狱工作由公安部门移交司法行政部门领导；二是在全国范围开展严厉打击严重刑事犯罪活动斗争。由于实行整建制移交，并且明确移交后监狱工作民警仍是一个警种，原待遇不变，更由于广大监狱民警坚强的组织纪律性，交接任务完成得平稳顺利。为了保证“严打”斗争的顺利开展，司法部提出了“收得下，管得住，跑不了，改造好”的工作要求，并在场所建设、秩序整顿、人员扩编、经费支撑、省际调犯等方面采取许多有力措施，较好地完成了“严打”斗争的任务。

这一时期，监狱工作开始全面改革：创办对罪犯进行全面、系统的政治思想、文化、技术教育的特殊学校；狱政管理贯彻依法、严格、文明、科学管理四项原则，实施规范化管理；对罪犯实行改造、生产百分考核制；推行分类关押、分级

管理、分类施教(即“三分”);加大社会帮教力度,推行改造工作的向前、向外、向后延伸(即“三个延伸”)。在监狱管理方面,推行管教、生产双承包责任制,实行财务包干和利润分成,在一定程度上缓解了监狱经费的困难。

1994 年 12 月,经八届全国人大常委会第 11 次会议讨论通过《中华人民共和国监狱法》并颁布实施,提出了“惩罚和改造相结合,教育与劳动相结合”的原则。为与《监狱法》的实施相适应,1995 年 2 月,《国务院关于进一步加强监狱管理和劳动教养工作的通知》提出了新的监狱工作方针,即“惩罚与改造相结合,以改造人为宗旨”①。新的监狱工作方针强调和突出了我国监狱的基本任务与基本职能,更能体现新的时代特点和监狱工作特色,在表述上也更为严谨准确和规范。以《监狱法》的颁行为标志,监狱工作外部环境得到根本改善,由此进入一个新的历史发展时期。

三、从监狱工作方针的历史变化看党对监狱工作的领导

2021 年,习近平总书记在党史学习教育动员大会上的讲话中指出:“我们党一步步走过来,很重要的一条就是不断总结经验、提高本领,不断提高应对风险、迎接挑战、化险为夷的能力水平。党的经验不是从天上掉下来的,也不是从书本上抄来的,而是我们党在历经艰辛、饱经风雨的长期摸索中积累下来的,饱含着成败和得失,凝结着鲜血和汗水,充满着智慧和勇毅。要更好应对前进道路上各种可以预见和难以预见的风险挑战,我们必须从历史中获得启迪,从历史经验中提炼出克敌制胜的法宝。”我们今天回顾监狱工作方针产生和发展完善的历史变化,就是要从鲜活的新中国监狱工作实践中总结经验,提高本领,获得克敌制胜的法宝,为新时代监狱工作作出更大贡献。

1. 监狱工作方针体现了党的对监狱工作的领导是一贯的

新中国监狱工作组建伊始就坚持党的绝对领导,形成了鲜明的中国特色和政治优势。新中国监狱工作的指导思想,突出地体现在毛泽东《论人民民主专政》中提出的把“反动阶级和反动派的人们”改造“成为新人”这一伟大目标中。中国监狱机关坚定不移地把“改造人”作为自己的首要任务和根本职责,并据此制定了相应的工作方针。70 多年来,虽然情况千变万化,但中国监狱始终把

① 李雪静主编:《新时期狱政管理工作创新》,人民公安出版社 2009 年版,第 290 页。

“改造人”作为自身工作的出发点和归宿，它反映了中国监狱制度的根本性质，也是中国监狱工作取得成功的关键所在。

坚持党的领导是我们社会主义国家生活的根本特色，也是我国监狱工作的一大特色。实践证明，没有共产党，就没有新中国；没有共产党，就没有新中国的监狱工作体制。中国共产党是人民民主专政的领导核心，新中国的监狱作为国家政治机关，就是要维护党的领导核心地位，维护国家政治安全，确保社会大局稳定，促进社会公平正义，保障人民安居乐业。这是任何时候都必须坚持的一项基本原则。而党的领导监狱工作的主要方式就是提出纲领，指明方向和道路，规定长远的目标和现阶段的任务，组织、动员广大党员和群众，沿着党的路线前进。要实现党对监狱工作的领导，主要靠从事监狱工作的民警队伍开展强有力的思想政治工作，充分发挥每个共产党员在各自岗位上的先锋模范作用，把党的方针政策变为自觉的行动。70多年的新中国监狱建设成就告诉我们，坚持党对监狱工作的领导，主要体现在贯彻党在不同历史时期提出的监狱工作方针，如坚决贯彻“三个为了”方针，“两个结合”方针，“改造第一，生产第二”方针，“惩罚与改造相结合，以改造人为宗旨”方针。70多年来，监狱工作之所以能在总体上保持平衡发展，没有发生大的起伏，就是因为始终坚持党的领导，有了党的领导这一克敌制胜的法宝，使人们在冲动中保持冷静，在斗争中保持理智，进而保证了监狱工作的稳定与发展。

2. 监狱工作方针与国家的经济、政治形势紧密关联

监狱工作的外部条件和客观环境，取决于整个国家的经济、政治形势。新中国成立初期，国民经济千疮百孔，民生凋敝，百废待举，对内开展镇反剿匪，对外进行抗美援朝，形势十分严峻，任务相当繁重。为了巩固、捍卫新生的人民共和国，第一代监狱事业创业者坚持“为国分忧”“不与民争利”和“自力更生”的原则，在远离城镇的深山老林、穷乡僻壤，白手起家，艰苦创业，建立了一大批工厂、矿山和农场，并且主要依靠生产收入解决监狱系统的经费问题。党的十一届三中全会以来，监狱工作进行了一系列改革，监狱举办特殊学校，在改造罪犯方面取明显成效。特殊学校以“改造思想、造就人才、面向社会、服务四化”为指导思想，以思想教育为核心，文化教育为基础，技术教育为重点，全方位地开展教育改造工作。绝大多数罪犯经过监狱这一“特殊学校”的培育，以一个守法纪、讲道德、有文化、懂技术的劳动者回归社会，成为无害于他人、有益于社会的人。正是由于监狱工作方针紧密联系国家的经济、政治形势，始终坚持改造人这一先进行刑理念，使我国刑满释放人员的重新犯罪率始终保持较低水平，这对于维护社会安定、保障国家长治久安，其意义是十分深远的。

新时代，随着民主法治的加强，改革开放的深化，综合国力的增强，国家经济、政治形势达到了前所未有的高度，依法治监、保障罪犯人权才得以全面实现，国家对监狱的财政保障体制才得以建立，监狱布局调整才得以推开，监狱办社会的负担才得以缓解，监狱体制改革也才得以逐步实施。实践证明，监狱工作方针的提出和制定，都不可脱离国家经济、政治形势，离不开对国情、省情的分析判断，只有结合国家经济、政治的全局，联系具体的时间、地点和条件，方可得出符合客观、符合实际的监狱工作方针。

3. 监狱工作的历史成就离不开党领导的民警队伍的无私奉献

新中国监狱工作之所以取得巨大成就，除了党的坚强领导和科学行刑理论的正确指引外，主要是组建了一支政治坚定、业务精通、纪律严明、作风优良、能打硬仗的监狱人民警察队伍，正是这支队伍的无私奉献，铸造了中国监狱的辉煌。

第一代监狱工作队伍以复员转业军人和锄奸保卫干部为主体，坚决听从党的命令，从硝烟弥漫的战场迅速转到没有硝烟的战场上来，开始了艰苦卓绝的创业。在创业实践中锻造了中国监狱人民警察特别能战斗、特别能吃苦、特别能忍耐、特别能奉献的优良传统和弥足珍贵的中华警魂。随着事业的发展，一批批大、中专毕业生被分配到监狱系统工作。他们的到来，改善了干警的文化知识结构，在老干警的言传身教下，逐步成长为业务骨干，之后又陆续走上领导岗位。新老干部虽有交替，但监狱工作的优良传统始终没有变。三年经济困难时期，监狱人民警察在自身遭受饥馑的情况下，坚决纠正“左”的错误，正确执行党的政策，迅速制止罪犯非正常死亡，较快地渡过了难关。“十年动乱”期间，许多监狱人民警察不顾自身受冲击、遭迫害，力排各种干扰，坚守岗位，恪尽职守，保证监狱工作的正常运转。进入改革开放时期，广大监狱人民警察坚持解放思想、实事求是、与时俱进，积极推行办特殊学校、“三分”、改造工作“三个延伸”和“双承包”责任制等一系列改革。同时，不断扩大对外开放，放眼世界，开展中外狱制比较研究，对国外的有益经验，结合中国国情，通过借鉴、吸纳和消化，不断完善、深化中国特色监狱工作。这一时期队伍建设的特点是，在推进年轻化、知识化、专业化的同时，始终坚持“革命化”的大前提，自觉接受党的领导，坚决贯彻党的路线、方针、政策。事实证明，监狱人民警察是一支政治坚定、业务过硬、作风严谨、纪律严明、能打硬仗的队伍。

4. 监狱工作始终坚持党的以人民为中心的理念

我们党来自人民，党的根基和血脉在人民。为人民而生，因人民而兴，始终同人民在一起，为人民利益而奋斗，是我们党立党兴党强党的根本出发点和落脚点。历史充分证明，江山就是人民，人民就是江山，人心向背关系党的生死存亡。我们党的章程开宗明义明确，中国共产党是中国工人阶级的先锋队，同时是中国人民和中华民族的先锋队。党章也明确规定，党坚持全心全意为人民服务，在任何时候都把群众利益放在第一位，同群众同甘共苦，保持最密切的联系。

第一代监狱工作者为了"不与民争利"，又要尽快解决"犯人坐吃闲饭"问题，他们发扬人民解放军英勇顽强、艰苦奋斗、不怕牺牲、乐于奉献的光荣传统，带领罪犯到人烟稀少的地方，开荒地、修铁路、筑水库、建工厂、挖矿藏，历尽千辛万苦，建立起一个个改造罪犯基地。为了监狱事业后继有人，他们"献了青春献子孙"，当时许多监狱尤其是农业、矿山监狱的监管设施十分简陋，家属、子女的就业、上学困难，部分民警、职工的生活、工作环境恶劣，有些甚至缺乏基本的生存条件，在艰苦的环境中，他们一代又一代的坚守，做出了巨大的牺牲。为了缓解社会就业困难，改造农场、工厂安置了一批又一批刑满释放人员留场就业，为政权巩固、国家建设作出了历史性贡献。所有这些，都体现了监狱工作始终把为人民服务、维护国家政治安全、确保社会大局稳定、保障人民安居乐业放在首位，体现了监狱民警队伍一直是党和人民信得过、靠得住、能放心的政治队伍。

四、新时代监狱工作要从监狱工作方针的历史变化中汲取营养，坚定不移地坚持党的领导

从历史与现实的结合看，中国共产党人历来倡导学习历史、研究历史。学史明理、学史增信、学史崇德、学史力行。一百年来，我们党坚持解放思想和实事求是相统一、培元固本和守正创新相统一，不断开辟马克思主义新境界，产生了毛泽东思想、邓小平理论、"三个代表"重要思想、科学发展观，产生了新时代中国特色社会主义思想，为党和人民事业发展提供了科学理论指导。70 多年的新中国监狱史，正是在党的科学理论指导下创建和发展起来的。面对新时

代，监狱工作者既不可妄自尊大，故步自封，也不可妄自菲薄，盲目崇外，正确的态度应当是：继承优良传统，博采众家之长，不断完善自我，坚定不移地走自己的路。

习近平总书记在庆祝中国共产党成立95周年的大会上郑重提出："我们党已经走过95年的历程……一切向前进，都不能忘记走过的路；走得再远，走到再辉煌的未来，也不能忘记走过的过去，不能忘记为什么出发。"他还说："今天我们回顾历史，不是为了从成功中寻求慰藉，更不是为了躺在功劳簿上，回避今天面临的困难寻求借口，而是为了总结历史经验、把握历史规律，增强开拓前进的勇气和力量。"

1995年规定的"惩罚与改造相结合，以改造人为宗旨"的监狱工作方针，明确在监狱的惩罚与改造两大职能中，惩罚是实施改造的前提和基础，而"改造"则是监狱工作的出发点和归宿，是监狱工作的"宗旨"。"惩罚与改造相结合，以改造人为宗旨"方针的出台，体现了新中国成立70多年来监狱工作的一贯思想，反映了对监狱本质认识的不断深化。我国监狱制度区别于旧的监狱制度的根本标志，就在于摒弃了单纯惩罚罪犯或以惩罚罪犯为核心的传统行刑制度，代之而起的是确立了以改造罪犯为核心的社会主义的新型监狱行刑制度。"惩罚与改造相结合，以改造人为宗旨"的方针，其主要目的和意图，是将罪犯改造成为守法公民，它集中体现了我国社会主义新型监狱的最本质的特性，体现了我国社会主义监狱制度最为显著的特色。

把"改造"提到这样的高度，这不仅是一次认识上的飞跃，而且在国际刑事司法领域也是从未有过的。中国监狱一贯将改造罪犯视同医生对待住院病人那样，医生最重要的职责就是根治疾病，让病人健康地返回家中；监狱的根本责任也正在于让罪犯彻底矫治恶习，顺利地回归社会，从而最终恢复自身的全部权利，实现做人的尊严。

在新时代，我国监狱工作面临着深化监狱工作改革、依法治监建设以及促进社会公平正义等新的发展形势，既面对良好的机遇，又面对严峻的挑战。如何抓住机遇，迎接挑战，更好地深化监狱工作改革，促进监狱工作进一步发展，需要一个总的原则来指导，监狱工作方针所起的作用就在于此。"惩罚与改造相结合，以改人为宗旨"的方针，为我国监狱工作在新形势下又好又快地发展指明了方向，将促使我国监狱工作再创新的辉煌。

“三个转移”指导方针在监狱农场发展史上的指引作用

宋小建　刘文臣*

山东省潍北监狱遵循中国监狱工作协会史学专业委员会“开展推动基层监狱陈列馆(陈列室)建设活动”的指导,建设了“潍北监狱历史文化展馆”。在展馆布展布局上,是以“三个转移”为中心进行的,凸显了“三个转移”的重要地位。这是因为“三个转移”战略是监狱发展的历史转折点,在潍北监狱乃至全国监狱农场发展历史上具有划时代的意义。

一、“三个转移”战略实施前监狱农场的发展困境

在新中国监狱发展史上,监狱农场曾取得较大的成就,但进入 20 世纪 90 年代,随着社会主义市场经济的不断完善和深入发展,监狱农场特有的封闭和滞后性日益显现,多方面矛盾积累到一定程度集中迸发,监狱农场发展陷入窘境。实施“三个转移”战略前,监狱农场的状况被形容为“三不像”:犯人不像犯人、干警不像干警、监狱不像监狱。

1. 监管安全难以有效保证

监狱农场建场之初,历史和自然环境的原因,监狱农场多地处偏僻、交通不便,远离社会。出于生产的考虑,往往以监区(农业大队)甚至分监区(农业中队)为中心,建有多个分散关押点,资源分散,固封闭塞,发展缓慢,投入不足,难以兼顾。监管设施陈旧落后,安全风险和隐患遍布。例如,到 20 世纪 90 年代,很多监狱农场监管设施还停留在五六十年代建设初期的状况,监舍破旧、狱墙低矮、电网无电等现象十分普遍。

由于罪犯多从事大田野外作业,点多面广线长,看押管理难度大,联号制度、干警带工带队制度、直接管理制度等有效的监管制度难以落实,监管安全难

---

* 宋小建,山东省潍北监狱副政委;刘文臣,山东省潍北监狱一级警长。

以保证，经常发生罪犯脱逃事故。当时流行这样一种说法：监管改造不敢吹牛，只要吹牛，就快出事了。有的监区（一个监狱根本不可能）有较长一段时间没有罪犯脱逃，就像中了彩似的，心中暗自高兴，但却不敢公开庆祝、表功。因为很多时候，在庆功表彰的同时发生罪犯脱逃。

2. 监狱职能难以充分发挥

监狱工作重点主要放在防罪犯脱逃和发展生产经营上，较少关注罪犯改造，导致重心偏移，罪犯改造质量难以提高，严重限制了监狱职能作用的发挥。随着押犯数量持续高位增长，押犯构成日益复杂，罪犯管理教育难度加大，监狱农场面临的形势愈发严峻。

3. 经济发展难以突破困境

20 世纪 80—90 年代中期，是监狱农场经济发展渐趋艰难时期。受自然灾害与市场双重影响，监狱农场经济开始走下坡路，再加上历史包袱沉重、背负办社会重担，绝大多数监狱农场入不敷出、出现亏损，随着社会主义市场经济的逐步确立，监狱农场体制的弊端导致生产经营工作每况愈下，至 90 年代中期，经济形势一度变得很严峻。在形势最严峻的时候，有的监狱农场连干警职工的工资都发不下来，资不抵债，经济濒临崩溃。据司法部统计，1994 年，全国 190 余个监狱农场有 170 个出现亏损，盈利的占 10.27%，亏损的占 89.73%，比如湖北省，监狱农场资产总额为 12.77 亿元，而负债总额为 10.14 亿元，少数监狱已经资不抵债。①

4. 落后面貌难以改变

由于资金短缺，驻地建设投入不足，场容场貌多年难以改变，监狱农场成为被社会遗忘的角落，是落后的代名词。由于融入社会程度低，加之工作性质的封闭，使得监狱农场与社会脱节严重，工作社会化程度较低，干警思维远离社会发展趋势，有很多干警当年有深刻的体会：工作几年后，再踏进社会，已经明显跟不上社会的节奏，有被时代抛弃的感觉。毕业分配的干警不愿意来，编制内人员人心思走。有的干警在调动申请中写道："劳改农场这个兔子不拉屎的地方，浪费了我的美好年华！耽误了我的青春岁月!! 我要出去看看!!!"

工作环境艰苦，虽然成就了监狱干警艰苦奋斗的精神，但这种精神也十分使人伤感。比如有的干警只在建场之初押解罪犯来时坐过火车，工作一辈子也没离开农场，退休前的唯一愿望是再坐一次火车，这种事迹确实可歌，但同时更可泣。

① 湖北省监狱管理局农业经济中心：《监狱农场经营报告》，《监狱农场经济》1995 年第 3 期。

二、"三个转移"战略的提出和实施

为认真贯彻党的监狱工作方针，深入落实监狱法，践行监狱工作宗旨，自20世纪90年代中期开始，司法部出台了一系列政策，比如"监狱体制改革""三个转移""现代化文明监狱建设""三化建设"等，推进了监狱改革向纵深发展。其中，尤以"三个转移"指导方针对于突破监狱农场发展困境最为成功、影响最大、成效最为突出。

1. "三个转移"战略的提出

"三个转移"战略自始至终是在党和国家监狱工作方针政策指引下提出和进行的。1999年年底，司法部提出了监狱布局调整的"三个转移"战略方针，着手部署全国监狱系统布局调整规划。"三个转移"：一是实现关押重点由经济相对落后区域向经济相对发达区域转移；二是实现关押点的相对分散向关押点的相对集中转移；三是实现远离城镇监狱向城郊或交通沿线转移。①2001年，国务院61号会谈纪要，作出了监狱布局调整的决定；2002年，司法部作出监狱布局调整的规定，总结部分省市监狱经济结构调整取得的成功经验，提出监狱生产的"狱外劳动向室内转移、分散劳动向集中转移、偏远地区向城镇交通沿线转移"（简称"三个转移"）和"五个有利于（有利于监狱安全防范、有利于监管改造、有利于劳动改造、有利于生活保障、有利于监狱不再办社会）"方针。②

2. "三个转移"战略的推行

监狱系统按照司法部"三个转移"部署，努力克服关押点分散、监管设施落后、警力严重不足、押犯数量不断增加、罪犯构成日趋复杂、生产经营繁杂、监狱办社会等诸多困难，积极应对刑事法律政策变化和押犯结构调整带来的挑战，立足自身实际，夯实基层基础工作，锐意改革，采取积极稳妥措施，规划提出并不断推进落实"三个转移"战略宏图，全力开展了现代监狱建设，促进了各项工作顺利有序开展，为监狱工作发展注入了新的生机与活力，开创了监狱事业发展的良好局面。

（1）加快经济结构调整

面对严峻的经济形势，监狱农场迈出改革的步伐，相继出台措施，开始经济

---

① 参见杨习梅主编：《中国监狱史》，法律出版社2016年版，第371页。

② 参见中国监狱协会监狱史学专业委员会编：《我所知道的新中国监狱工作》（第六辑），上海社会科学院出版社2021年版，第102页。

结构调整。因没有现成的经验可借鉴，调整既没有明确的方向和既定的目标，也没有统一的模式，都是摸着石头过河，有的农场试种各种经济作物，有的发展设施农业，有的扩大养殖业，有的发展种子产业，还有的集中力量上项目、发展工业，有的还组织罪犯外出承揽工程输出劳务，五花八门，多种多样。有的成功了，也有的失败了，既有经验，也有教训。其中，江苏、浙江、广东、福建、上海等地的监狱农场成为第一批吃螃蟹的，1994 年前后率先试着开展了狱内劳务加工业，同对外租赁土地、发展现代农业两项内容结合起来，探索出了"做大做强狱内劳务加工业、发展现代农业、运营土地"这三项产业结构齐头并进的"三足鼎立"式发展模式。1998 年前后在山东、河南、天津、上海、北京、湖北、江西、安徽等地的监狱农场开始学习这一模式，随后在全国监狱农场得到大面积推广。全国监狱农场经济结构调整有五次浪潮：第一次调整浪潮在 1994 年前后，浙江、江苏、广东、上海、福建等沿海省市监狱农场开始经济结构调整，大背景是 1992 年邓小平南方谈话后，中国经济改革开放步伐明显加快，1993 年外资企业蜂拥进入中国，沿海开放省市加工制造业先发展起来；第二次调整浪潮在 1998 年以后，大背景是 1998 年前后，"中国制造"浪潮的兴起和加工制造产业由沿海向内地的梯度转移；第三次调整浪潮在 2002 年以后，司法部"三大转移"战略的推进，大背景是 2002 年中国加入世贸组织以及由此带来的纺织品出口蓬勃发展、农业产业结构调整和国家西部大开发战略的实施；第四次调整浪潮是 2006 年以后，随着监狱布局调整工作的开展，监狱陆续开始从煤矿、矿山等高危行业及高耗、低效、资源枯竭行业撤出，全国监狱布局调整进入实质性阶段，新建、撤并、搬迁等工作相继展开，监狱生产形式主要参考"三足鼎立"式的经验，将发展狱内劳务加工业作为监狱生产项目的首选，大背景是科学发展观的贯彻落实、监狱工作现代化的推进；第五次调整浪潮是 2012 年党的十八大以来至今，在监狱退危等监狱工作方针政策的指引下，以及受社会经济下行压力影响，全国绝大多数监狱陆续进行了经济结构调整工作，尤其是大力发展劳务加工业。比如山东省监狱系统，自 2016 年开始，主动适应监狱工作新形势，准确把握监狱企业工作规律，强化上层设计，及时调整发展策略，坚持为改造罪犯服务，加大转调力度，加快退危转型，所属的十余个监狱煤矿及上百亿元资产转交地方，全部转调狱内劳务加工业。自 2017 年开始，所属的十余个机械生产单位也逐步转型发展，大力发展劳务加工业。

(2) 推进现代监狱建设

创建现代化文明监狱是 1994 年 1 月司法部在北京召开的全国司法厅局长会

议上正式提出的:在今后一个时期内,要坚定不移、量力而行地逐步将全国监狱建设成为社会主义的现代化文明监狱。之后,全国各级监狱管理机关,结合实际,层层发动,积极开展现代化文明监狱创建活动。自 1995 年以来,司法部在全国监狱系统组织开展了创建现代化文明监狱活动。各省市监狱量力而行,切合实际地开展了省级现代化文明监狱和部级现代化文明监狱创建活动。通过分阶段、按步骤、有计划地进行,极大地提高了监狱工作管理水平和罪犯改造质量,促进监狱整体工作迈上一个新台阶。2004 年 9 月,司法部通过认真总结创建工作的经验,并根据社会形势的发展变化和监狱工作的现实需要,重新修订了《现代化文明监狱标准》,到 2010 年前后,全国基本按照部颁标准建成现代化文明监狱。

(3) 稳健监狱布局调整

2001 年,国务院作出监狱布局调整的决定,次年中央拿出 5.5 亿元,选择青海、四川、湖南等 6 省市进行监狱布局调整的先期试点,将偏远地区的监狱迁移到中心城市附近和交通干线附近。同时,对部分监狱进行内部扩建与改建。为了进一步加深加强监狱布局调整工作,2007 年司法部等五部委联合下发了《关于进一步推进监狱布局调整工作的意见》,进一步明确了"布局合理、规模适度、分类科学、功能完善、投资结构合理、管理信息化"的总体要求,以改建、扩建监狱为主,结合新建、迁建和撤销部分监狱,加快监狱布局调整步伐,力争 2010 年完成全国监狱布局调整的目标和任务。通过调整监狱布局,监狱整体面貌发生了深刻变化,收押能力和收押效率得到极大提升,监狱执法环境也得到很大改善,有效促进了监狱后勤服务工作的社会化,有力推进了监狱体制改革的深入开展。

三、监狱农场推进"三个转移"战略取得的辉煌成绩

由于"三个转移"指导方针切合监狱农场发展实际,切中发展要点,所以得到顺利推行,引导监狱农场工作步入发展正轨,很快显现出巨大的影响力,取得了极为明显的效果。

1. 经济结构调整取得成功

据司法部统计①,部分省市监狱农场开始经济结构调整后,取得明显效果,

---

① 湖北省监狱管理局农业经济中心:《监狱农场经营报告》,《监狱农场经济》1999 年第 3 期、第 8 期,2003 年第 2 期、第 7 期,2007 年第 2 期、第 7 期。

到1998年，全国监狱农场工农业总产值(1990年不变价)50.25亿元，比上年增长9%，像广东、江苏、浙江、湖北等省均比上年增长2 000万元以上，全国监狱农场盈利的占30.64%，亏损的占69.36%，盈利1 718万元；2002年，全国监狱农场工农业总产值(1990年不变价)70.38亿元，比上年增长9.51%，全国监狱农场盈利的占85.71%，亏损的占14.29%；2006年，全国监狱农场工农业总产值(1990年不变价)104.73亿元，比上年增长10.18%，全国监狱农场全部实现盈利。其中，狱内劳务加工业增长幅度最大，以年均40.24%的幅度增长，迅速壮大起来，已成为监狱农场经济新的而且是最重要的经济增长点。2007年，全国监狱农场狱内劳务加工业人均年产值已突破一万元，浙江等省已接近两万元。监狱农场经济已步入平稳健康发展道路。

2. 有力推进"三化"工作进程

"三个转移"战略推进实施后，监狱农场经济发展迅速，有力地促进了监狱法制化、科学化、社会化(简称"三化")工作。一是为监狱工作发展提供了充足的经费来源。监狱通过发展经济，提供了软硬件建设等监狱工作发展所需一切经费。二是逐步改变了重生产轻改造的局面。调整前，迫于经济压力，监狱工作重心实际是放在生产方面，监狱干警疲于应付生产，罪犯改造工作受到忽视，曾一度出现了罪犯改造质量下降的情况。调整后，监狱经济健康发展，重生产轻改造的情况得到转变。三是适应了不断提高的监管罪犯工作要求。从允许有罪犯脱逃率到零脱逃的工作目标、从现代化文明监狱建设到"三化"建设，监狱监管改造工作的要求是不断提高的。调整后，尤其是劳务加工业的蓬勃兴起，罪犯劳动现场由田间转为狱内，变松散管理为集中规范严密管理，罪犯逃脱概率大大降低，提高了监管安全系数，维持了监管秩序稳定。四是使罪犯真正学有一技之长，为其出狱后自谋生路创造了条件。

3. 后勤保障得到完善

通过"三个转移"战略的推进实施，监狱农场经济快速发展，收益提高，投入监狱农场小城镇化建设的资金大幅增加，小城镇化建设进程明显加快，极大地改善和提高了干警职工的工作、生活环境，提高了生活、学习、休闲、娱乐水平。调整前，监狱农场的干警，尤其是工作在基层一线的干警职工，受农业生产特殊作业方式的制约，长年累月工作在野外田间，条件艰苦，环境恶劣，农忙季节经常加班加点，付出的劳动和艰辛，一般的国家机关工作人员难以想象；调整后，工作环境舒适且有规律，干警身心舒畅，心情愉悦。有人戏称"罪犯洗脚上田，干警农转非”。调整后的这段时期成为监狱农场变化最大、发展最快的时期。

4. 和谐融入驻地社会

长期以来,监狱农场与地方虽比邻而居,但隶属于不同行政区划,彼此存在严重隔阂,关系疏远,各种矛盾纠纷时有发生。调整后,随着监狱农场与外界交往的增多,加速了人员流动,促进了监狱农场服务业的快速发展,提升了招商引资的水平,给监狱农场经济注入了新的活力。同时,监狱的社会化进程明显加快,像湖北沙洋监狱农场、安徽白湖监狱农场、北京清河农场、内蒙古宝安沼监狱农场、吉林镇赉监狱农场等已发展成为当地的经济文化中心。

5. 引发了全国监狱系统水涨船高的蓬勃发展局面

2006 年前后,随着全国监狱布局调整工作的开展,监狱陆续开始从煤矿、矿山、机械等高危行业及高耗、低效、资源枯竭行业撤出,大都将以“两头在外(原料和销售)”为主要特征的狱内劳务加工业作为监狱生产转型项目的首选。由监狱农场发轫开端的经济结构转调和监狱布局调整,起到了“标杆”效应,为全国监狱系统经济结构调整和监狱布局调整积累了经验、提供了样板,引发了监狱系统“水涨船高”的整体蓬勃发展的势头和局面。

四、监狱农场“三个转移”战略推行取得成功的原因

1. 坚持党的领导

监狱“三个转移”战略得以成功推行,最主要的原因在于坚定地坚持了党的领导,严格贯彻党的监狱工作方针政策,将党的领导贯彻到监狱管理的方方面面。同时,各地监狱在整体把握的前提下,突出领会好重点和创新点,发扬理论联系实际的作风,增强工作积极性、主动性、创造性,把坚持党的全面领导的政治优势转化为干事创业的行动。

2. 坚持解放思想

思想是行动的先导。监狱农场经济结构调整过程中,也遇到了相当大的阻力,比如,受长期的计划经济体制影响,干警职工存有思维定式,求稳怕变,总认为劳改产品是傻大粗黑的代名词,做服装等狱内劳务加工是不切实际的;有人认为放弃农业生产搞加工是丢西瓜捡芝麻、不务正业。各监狱农场通过外出学习,打破封闭状态,统一了思想,意识到不转变观念,监狱发展就无从谈起,监狱经济发展将是死路一条。现如今看着罪犯制作的漂亮美观、做工精细的产品,

面对取得的成绩，审视如今监狱农场经济发展水平、规模、速度、势头，回过头想想，当初真不敢想象能发展到现在的程度、水平和规模。监狱农场经济结构调整的过程是思想不断解放、观念不断更新的过程，是监狱现代化不断推进的过程。

3. 充分发挥了自身优势

监狱农场推进“三个转移”战略，奉行了比较优势和规模优势理论，将自身的比较优势和资源优势发挥得淋漓尽致。比如，监狱农场生产经营中，比较优势就是更为廉价而且有纪律的劳动力资源和丰富的土地资源，发展劳动力密集型产业和进行土地经营有得天独厚的条件。在经济结构调整中，调整的内容基本都围绕这些优势大做文章并取得明显的效果。以山东潍北监狱为例，坚持从自身的管理特点、经营特点和地域特点出发，创新探索“三足鼎立”式发展模式，即以“发展现代农业与实行对外租赁土地规模相结合的土地运营、做大做强狱内劳务加工业与压缩高耗低效工业项目相结合的工业发展和扩大三产服务业”为主要内容的“三足鼎立”式经济发展模式。把结构调整、土地运营和壮大劳务加工作为工作重点，积极开拓市场，发展生产，开辟项目，使监狱农场经济继续保持了良好的发展势头。其中，狱内加工业迅猛发展，从简单的手工作坊逐渐发展成为一个拥有足够加工车间和加工机械的胶东半岛最大的集装袋加工基地和知名的服装加工基地，彻底摆脱了以农业为主、靠天吃饭的困境，实现了可持续快速发展，成为全省监狱系统转调工作领跑者和长江以北监狱农场发展的典型标杆。

4. 选择了渐进式发展路径

监狱农场推进“三个转移”战略是循序渐进的。遵循“搞好顶层设计、统筹规划、整体推进、稳步实施”的方针，罪犯劳动是逐步由野外劳动转为狱内劳务加工的，先是取消零星劳动罪犯，然后减少夜间、加班劳动，逐步减少野外劳动罪犯数量和规模，最后撤并、减少关押点。开始从事劳务加工后，没有盲目地求大贪快，而是量力而行地发展。一开始没技术、无设备、缺少资金，先从技术含量低、不需多大资金投入的简单手工小项目开始，如糊纸盒，缝制足球，粘眼睫毛，编织发制品等，劳动力的投入也是逐渐增多的。通过积累经验，靠自身积累的资金，逐渐滚动发展起来，并逐渐加大规模，延伸产业链条，提高产品附加值，渐渐涉足附加值高的项目，从而使劳务加工业逐步发展起来。

体 制 变 革

劳动改造制度的形成与演进

青海省监狱管理局课题组*

劳动改造制度是伴随着中国工农民主政权而产生的。新中国成立前，在毛泽东等老一代革命家的斗争实践中，劳动改造已经在维护和巩固工农民主政权的司法狱政建设中发挥了不可替代的历史作用。新中国成立后，在毛泽东思想引领下，根据马列主义基本原理，结合中国的具体实际，在总结劳动改造罪犯经验的基础上，劳动改造制度经过了三个历史阶段的飞跃，形成了具有中国特色社会主义监狱制度的科学理论体系。

一、新中国成立前的劳动改造制度

新中国成立前的劳动改造制度，具有开创性、独立性、人民性、游击性的新型特征。[①]同时，由于长期处于战争运动状态，犯人的关押场所常常随着战事、军队的转移临时处理，所以又具有场所不稳定、体制不规范、机构力量薄弱、场所设施简陋等特点。这些特点也正符合毛泽东的“游击主义”内涵：“游击主义者两方面。一方面是非正规性，就是不集中、不统一、纪律不严、工作方法简单等。”这种状况“是红军幼年时代本身带来的，有些在当时还是需要的”[②]。民主政权也认识到了这些问题，在历次司法工作总结中都提出检讨并不断改进。中国新民主主义革命实践中的劳动改造制度在中国共产党引领下，对打击敌对阶级、维护革命成果、保卫红色政权、巩固根据地发挥了重要作用。

1. 第二次国内革命战争(土地革命)时期

第二次国内革命战争(土地革命)时期，是新民主主义狱制的初创阶段。这

---

* 课题组组长：朱战民，青海省监狱管理局党组书记、局长，中国监狱工作协会史学专业委员会副主任委员；课题组成员：魏峰，青海省西宁监狱监狱长，青海省监狱法学研究会副会长、秘书长；邱平祥，青海省监狱管理局一级主任科员，青海省监狱法学研究会副秘书长。

① 薛梅卿、黄新明：《中国革命根据地狱制史》，法律出版社 2011 年版，第 2 页。

② 毛泽东：《中国革命战争的战略问题》，载《毛泽东选集》(第一卷)，人民出版社 1991 年版，第 170—244 页。

一阶段劳动改造的一个重要特征是特别强调犯人必须在劳动中改造，奠定了在劳动中接受教育、重新做人的基本原则。毛泽东在中华苏维埃共和国工农兵代表大会上的报告和《论人民民主专政》等著述中，为民主政府司法狱制工作确定了犯人必须参加强制性的生产劳动的原则；司法人民委员部对劳动感化院工作要求也明确“特别要注意生产与感化”。1939年以后，在边区军民开展大生产运动中，陕甘宁边区高等法院发布了第一号通令：“全边区各县已判决人犯，均一致参加生产工作……并随时注意加强教育。”随后把组织犯人参加生产陆续规定于有关条例、办法中。根据地从劳动生产所、劳动感化院、自新学艺所到苦工队、劳改队乃至回村执行，无一不强调犯人参加劳动生产的“必须”，即便一般监狱、看守所也不列为次要职能，而犯人整个刑期中参加劳动生产的过程“只不过是一个学习和改造的过程”。这种职能同古代单纯的徭役不一样，也与西方国家采取不强调不强制主义相异，从而也成了民主政权监所必须执行的重要职能之一，并在新中国监狱制度建设中得到了继承和发扬。

这一时期民主政权的劳动改造主张，深受“改造国民性”思潮的影响，形成了“以改造人为目的”的思想萌芽。20世纪初，面对积贫积弱的中国，学界兴起了“改造国民性”的思潮，严复主张“鼓民力、开民智、新民德”，梁启超倡导“新民”说，邹容主张以革命教育“改造国民”。五四前后，鲁迅、胡适、晏阳初等各自提出了“改造国民性”主张。青年毛泽东受此影响，留下了大量“改造国民性”的论述。如1917年《致黎锦熙的信》中，主张“欲动天下者，当动天下之心，而不徒在显见之迹。动其心者，当具有大本大源”。具体说，就是“从哲学、伦理学入手，改造哲学、改造伦理学，根本上变换全国之思想”①。毛泽东主张“要想使愚暗的国民变成新民，必须首先改造自我，争做新民”②。他与一批进步青年还建立了“新民学会”，实践改造人的主张。

中国共产党始终从“无产阶级改造人、改造社会的历史使命”的高度认识和设计改造罪犯制度，从开始就确定了人民狱制的基本原则、指导思想。如“以改造人为目的”“给出路”“感化教育、挽救”等。“劳改、劳教工作是党改造人、改造社会的光荣事业的一部分。”③“监狱作为刑罚执行机关，许多国家都是在法律

---

① 中共中央文献研究室、中共湖南省委《毛泽东早期文稿》编辑组编：《毛泽东早期文稿》，湖南出版社1990年版，第86页。

② 周建超：《辛亥至五四时期毛泽东的改造国民性思想》，《江海学刊》2008年第2期。

③ 中共中央文献研究室编：《中共中央关于加强政法工作的指示》，载《三中全会以来重要文献选编》(下卷)，中央文献出版社2011年版，第392页。

范畴中考虑问题的,而我国把监狱执行刑罚纳入无产阶级改造人、改造社会的历史使命中,纳入预防和减少犯罪乃至消灭阶级的伟大工程中。”①

《毛泽东选集》第一卷第一篇《中国社会各阶级的分析》开篇就写道:“谁是我们的敌人? 谁是我们的朋友? 这个问题是革命的首要问题。”显然,这个问题从一开始就在苏区的劳动改造实践中得到了落实。在激烈的革命战争时期,中华苏维埃共和国人民委员会、司法人民委员部吸取此前闽西等苏维埃政府实践经验,为适应战争环境、服从革命需要,将部分判决的犯人编成苦工队,即劳役队。1932年9月,人民委员会第22号令:“各地政府裁判部判决监禁在两年以内的贫苦群众,只要不是主要的反革命犯,均须一律编成苦工队。即是豪绅地方等阶级异己分子,无反动事实,已判决监禁一年以内者,也可编为苦工队。”可见,工农民主政府在劳动改造对象的选择上是有一定条件的,而且,参加劳动改造的目的十分明确:“以改造人为目的”,正如后来在延安整风运动中关于对“不务正业,游手好闲,沿门乞讨,抽大烟,赌博、巫神”等“二流子”的改造一样,“所有‘二流子’都要受到改造,参加生产,变成好人”②。这实际上是我国监狱制度“给出路”政策的最早雏形。劳役队普遍存在于当时监所形式结构中,是作为战争形势下工农民主政权执行徒刑处理犯人的一种特殊形式出现的,对于当时“节省司法机关经费以充裕战费”、解决革命战争后勤工作产生了一定作用。这一时期,还呈现出“感化教育”和“挽救”等先进性狱制思想。大革命失败后,在十月革命胜利影响下,中国共产党人认识到中国同样需要“苏维埃”,革命才能成功。1927年10月24日,中共中央发出第13号通告:“创立工农贫民的政权——苏维埃政权”是今后革命的任务。1928年6月,在江西弋阳人方志敏、邵式平等创建的赣东北革命根据地弋阳赖家村,建立了苏维埃政权下的第一所劳改农场——方志敏命名的“弋阳县劳动感化院”,主要收押各区、乡妨害苏维埃政权的被判处徒刑的土豪劣绅、坏分子,除罪大恶极者外,全部抓起来集中在一起劳动改造,使他们“悔过自新、重新做人”。中华苏维埃共和国成立前,赣东北劳动感化院设有劳动科负责犯人的生产劳动,工种分两大类:分院设木工部、铁工部、缝衣部、石工部,组织有技能的犯人参加手工业劳动;无特长的犯人则干种田、种菜、砍柴、为烈军属打短工等农活。犯人每天必须劳动8小时,上下

① 杨殿升、张金桑主编:《中国特色监狱制度研究》,法律出版社1998年版,第2页。

② 毛泽东:《组织起来》,载《毛泽东选集》(合订一卷本),人民出版社1964年版,第886页。

午各 4 个小时，其余为教育和休息时间。总的来说，为了监所犯人伙食自给，各地劳动感化院统一组织劳动生产，收取工资。犯人劳动生产的收入，不仅可供自给改善生活，减少政府开支，而且还有部分上交。

1931 年 11 月 7 日，中华苏维埃共和国在江西瑞金成立，1932 年 2 月 19 日，在中华苏维埃人民委员会召开的第七次常委会上通过了梁柏台提议的创办劳动感化院、对犯人实行感化政策的决议案，以及梁柏台起草的《劳动感化院组织法》，这是中华苏维埃共和国人民委员会正式创办劳动感化院、实行劳动感化犯人的政策，并使之上升为法律的首次提出。据资料记载，中央司法人民委员部在中央苏区的江西、福建等地陆续开办了 5 个直属劳动感化院。1939 年 10 月后，随着红军主力长征北上抗日，各感化院先后解散，刑期较长的犯人被派去做随军劳工，其余则释放，中国共产党领导下的劳动改造制度建设进入一个新的历史阶段。

2. 抗日战争时期

抗日战争时期，随着抗日民主政权狱制的逐步完善，新民主主义劳动改造制度在毛泽东思想引领下，逐步趋于系统化。“改造国民性”这个社会命题也随之上升为“改造主观世界”这一哲学命题。毛泽东在马克思恩格斯思想基础上，深化了“两个改造”思想，将无产阶级和革命人民改造世界的斗争扩展到改造客观世界和改造主观世界两个方面，并提出共产主义是全人类自觉改造自己和世界的时代。毛泽东对劳动改造的任务方针定位是：“让他们在劳动中改造自己，成为新人。”1937 年，毛泽东在《实践论》中就阐明：无产阶级和革命人民有改造主客观世界的任务，“所谓被改造的客观世界，其中包括了一切反对改造的人们，他们的被改造，须要通过被强迫的手段，然后才能进入自觉的阶段”。

毛泽东自我改造的思想在党的领导集体中得到了很好的传承。周恩来同志是其杰出的代表，他常常说：“只有能自我改造的人，才能改造别人。”还说：“每个党员从加入共产党起，就应该有这么一个认识：准备改造思想，一直到老。”①习近平总书记在中共中央政治局第 26 次集体学习时强调：“每个同志都有改造自己、提高自己的职责。”“打扫思想灰尘、祛除不良习气、纠正错误言行永无止境，永远都是进行时。”②

---

① 周恩来：《过好“五关”》，载《周恩来选集》（下卷），人民出版社 1980 年版，第 425 页。

② 中共中央党史和文献研究院、中央“不忘初心、牢记使命”主题教育领导小组办公室编：《习近平关于“不忘初心，牢记使命”重要论述选编》，党建读物出版社、中央文献出版社 2019 年版，第 190 页。

1943年7月5日，王稼祥首次提出了毛泽东思想的概念，次日，刘少奇发表了“应该用毛泽东同志的思想来武装自己”的观点，从此，共产党对改造罪犯的指导思想在实践总结中逐步明确、确立，进而形成了早期劳改（监所）工作理论，生产劳动教育提上了“三大教育”的地位，“在生产中进行感化教育”“寓教育于生产之中”的口号在边区和解放区基本普遍化，教育与生产劳动相结合的方针逐步引向深入和落实。其中，“把犯人当人看”“人是可以改造的”成为新中国监狱制度始终坚持的基本原则。另外，毛泽东特别强调“用共产主义精神和劳动纪律去教育犯人”，从而奠定了“新型监狱是教育之地，是‘特种学校’”理论基点。

经过几年的艰苦创业，逐渐积累资金，扩大生产，使根据地监所形成了农业生产基地，生产具有了一定规模。生产基地同时强调学员要学会生产技术，让他们懂得挖煤、采茶、纺织等技艺，各有所长，这样既开发了犯人的生计出路，又训练了一批生产劳动者。可以说，这些犯人的生产劳动方式及其成果都是自力更生最实际的体现。这一时期，毛泽东关于劳动改造罪犯的理论虽然还没有形成体系，但是具有重大开创意义，成为毛泽东思想的重要组成部分，也为新中国劳动改造罪犯制度的形成确定了思想理论基础。

1943年11月，陕甘宁边区典狱长党鸿魁任职期间以身作则，实行劳动改造的同时，带动整个监狱履行教育改造职能。“他通过与犯人同生活、学习、娱乐、劳动乃至同坐、同说、同笑的大小诸多方面感化其人，贯彻新民主主义政策，改造犯人各种思想观念”，“革其心非”，“警醒顽劣”，以至于想逃跑的犯人会主动前来反省；犯欺骗盗窃罪的，自行认错改正；刑满出狱者要求留在监狱中的这个“家”。到1944年，一年当中全狱119个犯人，只配了3名行政工作人员维持，却无一人逃跑，生产经济全部自给，还在柳沟新村组成家庭（全村8家住户），成为“丰衣足食、守法遵纪的居民”①。

3. 解放战争时期

经过土地革命、抗日战争，根据地的星星之火已成燎原之势。第三次国内革命战争期间，随着人民解放军由防御转入反攻，革命根据地由小变大、由分散到连接成片，由农村转入城市，共产党坚持的乡村包围城市的战略方针发生了历史性转折，“这是蒋介石的二十年反革命统治由发展到消灭的转折点”②。解

---

① 曾克：《典狱长党鸿魁》，《解放日报》1945年1月1日。

② 毛泽东：《目前形势和我们的任务》，载《毛泽东选集》（第四卷），人民出版社1991年版，第1243—1263页。

放区人民民主政权狱制日益发展，劳动改造制度逐步走上正规化的轨道，“特种学校”这一马克思主义中国化的理论成果得到了进一步升华。1942 年，陕甘宁、晋绥边区对监狱的性质功能概括为：“边区的监狱固然是惩罚犯人的场所，同时，也是犯人的教育机关。”“是改造自新人的特殊学校。”1944 年 5 月 8 日《解放日报》总结自新学艺所成绩时也认定“自新学艺所是犯人的学校”。1945 年 1 月 6 日延安《解放日报》对高等法院监狱的报道：“犯人进监狱，虽然被限制了自由，但就他们所过的教育生活来说，入监狱就是入学。”1946 年 5 月 24 日的《解放日报》更是形象地比喻“我们做监狱工作就像医生，责任就是要治你的病”。毛泽东同志 1960 年 10 月接见斯诺的谈话中，明确提出“我们的监狱不是过去的监狱。我们的监狱其实是学校，也是工厂，或者是农场”这一战略构思。特种学校这种给予犯人的教育环境和感化内在的良性整合已经超越了已往任何时代。

但是随着解放区域日益扩大，游击战势的改善、稳定环境的出现，解放区各级政府监所的狱政工作却是越来越重。主要原因就是在新旧交替、艰难清理的同时还要进行接管、立新的大量工作。新中国成立前夕，仅京、津、唐三市就接收了国民党高法和地方法院检查处、监狱看守所“计近二十个单位”。因此，在整顿改造旧监狱、清理已决犯未决犯之外，对于国民党机构如党、政、军、警、宪、特各系统的骨干分子的迅速整治，对国民党政府和军队留下的几百万人的庞大队伍的处理，思考、寻找监督改造罪犯分子的基地和形式，成为摆在人民政府面前亟待解决的重要问题。

于是，“劳动改造”的制度形式——“劳动改造队”正式登上了历史舞台。从此，“劳动改造”正式成为中国特色社会主义监狱制度的专有名词。

1949 年 9 月，国民党军队攻占张家口前夕，晋察冀边区自新学艺所撤离张家口，长途行军 3 个多月，到达灵寿县山村建立了劳动改造基地，收所犯人多是日伪统治时期的反革命骨干、汉奸及部分毒品犯、盗窃犯等刑事犯，近 300 人。

劳改队是不同于一般监所的一种创新组织，是当时弥补监狱看守所执行徒刑、教育改造罪犯的较好形式。故此，新中国成立后仍沿用为劳改组织体系重要构成之一。

在解放区劳改队和劳教所生产劳动中，“三大机制”中的犯人劳动制度一直占有重要地位，特别是新中国成立后用“劳改工作”指代监狱改造手段，确定了无论是入监所、出外役、留场安置，死刑犯以外的押犯都得参加劳动，彻底改革

"坐监"吃闲饭陋习,这是犯人改造的必经之路,也是毛泽东思想引领劳动改造制度建设的发展方向。

根据地监所在组织犯人进行生产劳动的过程中,吸取多方经验和具体实践后,摸索出了一些适于管理犯人生产劳动的措施,并且逐步形成一整套制度,其中企管会制、奖惩制、分红制、安置制等算是较为重要的。另外,抗战时期实行较为普遍的"回村服役"奖励制度在解放战争时期也有适用,基本形成了"以改造人为目的""教育感化、挽救""实行人道主义""个别教育"等劳动改造制度。这些制度的制定并运用,创造了重塑犯人的奇迹,积累了丰富的经验。特别是"给出路"的政策,在根据地产生了巨大的社会效应。华北人民政府就有指令:如果"犯人刑满,表现尚好,可介绍去参军,但要向部队说明经过"。有的地方还把表现较好而愿意工作的介绍给矿山改造队当工人。劳动改造制度的逐步健全,使管教效率显著提高,监狱管理有了质的变化,解放区的经验为新中国成立后劳动改造制度的创造性发展提供了宝贵经验。它为新中国监狱劳动改造工作提供了新的思路和方法。

二、新中国成立后的劳动改造制度

新中国成立后,在毛泽东思想引领下,劳动改造制度经过了三个阶段的历史飞跃;进入中国特色社会主义新时代,在习近平法治思想引领下,劳动改造制度融入新的时代内涵,成为推进监狱治理体系和治理能力现代化的动力。

1. 党的十一届三中全会前:以阶级斗争为纲指导下,以革命发展为目标

新中国成立后,为了保卫、巩固胜利成果,大张旗鼓地开展了禁娼、禁毒、剿匪、肃特等各项社会改造工作和镇压反革命运动。"基于关押和改造被依法判刑的反革命犯和其他刑事犯的需要,人民政权的监狱机关以毛泽东改造罪犯理论为指导,以《共同纲领》关于强迫他们在劳动中改造自己,成为新人"的规定为法律依据,总结继承了革命根据地民主政权监所的实践经验,开创了新中国劳动改造罪犯工作和具有中国特色的刑罚执行制度。"①这一时期的劳动改造适应"以阶级斗争为纲"的经济社会发展需要,采用"革命发展"模式,主要是结合

① 中国监狱工作协会编:《新中国监狱工作50年(1949.10—2000)》,法律出版社2019年版,第38页。

新中国成立初期社会主义革命和建设需要，对这些旧社会的旧官僚、旧军阀、旧势力进行社会性改造，一方面要在政治上、思想上彻底铲除他们反革命的立场、观点，另一方面在生产技能上也锻炼他们成为一个熟练的劳动者，摒弃各种资产阶级生活恶习，成为热爱劳动的“自给自足的社会新人”。这一阶段，中国监狱运用劳动改造制度，成功改造了包括末代皇帝、日本战犯在内的大批战犯和反革命分子，创造了“世界奇迹”。

劳动改造之所以能够在毛泽东思想引领下发展成为中国特色社会主义监狱制度的重要内容，长期作为“三大改造”手段运用于改造罪犯全过程，有以下几个历史原因。

一是马克思主义关于劳动创造世界、劳动是人类之必须、劳动是人的权利的理论，对于任何人都具有普遍性的指导意义。犯人不能游手好闲、不劳而获，犯人劳动是权利与义务的合一。马克思在1875年《哥达纲领批判》中，针对德国工人党在“哥达纲领”中提出“调整监狱劳动”作为国家精神和道德的基础的要求之一的问题时指出，劳动之于罪犯悔过自新非常重要，而工人们也会支持罪犯的劳动，使罪犯改过自新，不会担心竞争，使自己的劳动岗位的减少。

二是根据地监所针对在押的80%以上的犯人是流氓、无赖、“二流子”、懒汉、毒犯、盗窃犯等各种寄生、堕落分子；新中国成立初期又增加了大量的国民党军警宪特人员和旧政权反革命分子，他们对新生的共和国政权怀有抵制甚至敌对态度，对旧社会的腐化堕落生活怀有不切实际的幻想，对他们采取劳动改造手段，使其转变人生意识、脱胎换骨，乃是社会主义革命和建设初期的重要任务和实际需要。

三是中国共产党的历史其实是一部封锁与反封锁的斗争史。土地革命时期国民党对苏区“宁可错杀一千，不可放过一个”的“焦土政策”，抗日战争时期日寇对解放区的“大扫荡”“三光政策”，新中国成立初期，又遭受帝国主义重重封锁，面临严重的经济困难，都需要自力更生保证自己的生存。1951年5月10—15日，在毛泽东主席和中共中央直接指导下，公安部在北京召开了“三公”会议，会议通过了经毛泽东亲自修改和审定的《第三次全国公安会议决议》，指出“大批应判徒刑的犯人，是一个很大的劳动力，为了改造他们，为了解决监狱的困难，为了不让判处徒刑的反革命分子坐吃闲饭，必须立即着手组织劳动改造工作。”这就是“三个为了”的决策。决议对劳动改造罪犯的组织和管理的详细规定，是新中国成立后第一次以会议文件形式明确的，它是开创新中国监狱劳动改造工作的指导性文件。

四是国际共运的影响和中国苏维埃政权改造罪犯的经验提供了改造模式。1919年俄共(布)第八次代表大会曾将列宁主义原则确定于党纲中,这就是:"用保留自由的劳动改造代替剥夺自由,用教育机关代替监狱和使用有可能运用同志审判会。"此后,有关法典名称和管理犯人机关也都冠以"劳动改造"字样,如《苏俄劳动改造法典》、劳动改造工作管理总局、劳动改造管理局、劳动改造营、劳动改造所……这些系统性的劳动改造机构和监管原则、制度,形成了世界上第一个管理犯人的劳动改造体系。1949年10月,中国人民解放军总司令朱德在"一公会议"上就肯定了苏联组织犯人修运河、铁路的做法,认为"我们中国恐怕要向苏联多少学习一点"①。1950年3月,司法部办公厅主任王怀安在一次总结性报告中也明确地说:"根据苏联的经验,据贝可夫同志讲,苏联的犯人劳动改造所……值得我们参考。"

党的十一届三中全会之后,随着"实践是检验真理的唯一标准"大讨论深入展开,学界对于监狱改造罪犯的"历史使命"进行了深入探讨,"中国学界和政府及社会开始走出了单纯从政治角度去理解犯罪,完全以政治原理解释监狱行刑及纯粹以政治标准对待受刑人的时代,开始迈向把罪犯、行刑及犯罪人作为法律范畴的概念予以理解,逐渐认识到监狱行刑所应具有的法律性质,追求监狱行刑法律化的时代"②。这一发展趋势,间接导致了《中华人民共和国监狱法》的出台,使劳动改造逐步走上了法治化、社会化轨道。

2. 党的十八大召开前:以经济建设为中心指导下,以改革发展为目标

这一时期,国内敌对势力基本肃清,经济条件仍然薄弱,以邓小平为核心的党中央开启改革发展新征程,以"经济建设为中心"成为经济社会发展的指导思想。以1981年8月"八劳会议"为标志,中国监狱在拨乱反正、肃清流毒基础上,进入改革开放、全面发展的阶段,劳动改造由"革命性要求"向"社会性需求"转变。包括青海监狱在内的押犯结构逐渐形成以本地刑事罪犯和青年罪犯为主,劳动改造逐渐过渡到"改革发展"和"安全发展"为宗旨的模式,劳动改造方式越来越社会化。特别是《监狱法》颁布实施后,目的也随着改造对象的变化而发展为改造人性的恶习、培养"自食其力的守法公民",确保罪犯具备回归社会

---

① 王福金:《中国劳改工作简史》,警官教育出版社1993年版,第49页。

② 王云海:《监狱行刑的法理》,中国人民大学出版社2010年版,第47页。

就业与生存能力，全力消除违法犯罪给社会带来的安全隐患。《监狱法》第69条："有劳动能力的罪犯，必须参加学习。"这一阶段，劳动改造对象大多是人民内部矛盾的刑事犯罪分子，在国家拨付不足的情况下，利用劳动创造财富性，实现了监狱布局的"三大转移"，为创建现代化文明监狱提供了殷实的经济保障。

在以"经济建设为中心"指导思想下，劳动改造由"革命性要求"向"社会性需求"转变，主要基于以下几个方面。

一是刚刚结束的"十年动乱"，产生了大量的冤假错案，人民群众恨透了无限上纲、无情打击、无法无天的混乱局面，迫切期盼一个有序、文明、平安、风清气朗的社会。民心思安、民心思治成为最现实的要求。中共中央在1979年64号文件中明确指出："在同一切反革命罪行和危害社会的罪行的斗争中，必须严格区分和正确处理敌我矛盾和人民内部矛盾；改变过去在一部分同志中曾经存在过的那种把一切犯罪和判刑的人员，统统当作敌我矛盾看待、处理的错误观念和做法。"二是国际上敌对势力对我持续打压，尤其以人权为借口，不断干扰和渗透，试图破坏中国的法制建设。劳动改造因此适应形势，逐步加大改造性、自愿性的权重，用"自食其力的守法公民"回击西方不实的指控。如青海省塘格木地区大地震中在押罪犯的突出表现被写进1992年《中国改造罪犯的状况》白皮书就是一个典型例子。三是1994年《监狱法》颁布实施，标志着劳动改造制度进入依法、有序、文明发展的阶段，革命性的改造手段和思想已经不适应。四是随着20世纪70年代末国民党人员改造基本结束，新中国成立后出生的劳动改造对象逐步成为大多数，对这些在红旗下长大的，更不能再用斗争手段，必须以人民内部矛盾的解决思维对其进行社会性的劳动改造。1979年8月17日，中共中央批转中央宣传部等8个单位《关于提请全党重视解决青少年违法犯罪问题的报告》强调指出："对于违法犯罪的青少年，我们的方针应着眼于教育、挽救和改造。"

这一时期，劳动改造制度虽然在以经济建设为中心指导下有所发展，但是，基本上都是毛泽东思想的完善和补充，并且坚持了劳动改造的主体作用。

3. 党的十九届五中全会召开前：科学发展观指导下，以科学发展、安全发展为目标

20世纪90年代初，邓小平南方谈话和中共十四大的召开，解决了中国在由计划经济向社会主义市场经济转变过程中的一系列重大理论与实践问题。经过2003年试点、2008年全面实施的"监狱体制改革"，中国监狱的运行经费基本实现了全额保障，监狱职能纯化，劳动改造在“强迫性”不变的情况下，逐步限定或取消“经济性”“惩罚性”功能，向“改造性”“自愿性”过渡。党的十八大胜利召开后，在国民生活秩序基本稳定、经济社会蓬勃发展形势下，以习近平同志为核心的党中央提出“安全发展”模式，即“以国家总体安全观”来指导发展经济社会。在此背景下，中国监狱在“坚守安全底线，践行改造宗旨”指导思想下，劳动改造强调改造性，改造手段多元化，改造目标是回归社会，即将罪犯改造成为“自食其力的守法公民”。特别是随着国家经济、社会的不断发展和以人为本为核心的科学发展观的深入贯彻落实，劳动改造制度也逐步实现华丽转身，成为开拓监狱高水平发展的宝贵财富和基本改造手段。这一阶段，中国监狱依据经济社会发展形势，创新挖掘劳动改造的能动作用，探索重构劳动改造的运行模式，以“政治改造”为统领，联运监管、教育、文化等“五大改造”手段，从夯实“五大认同”和具备回归就业与生存能力等方面，有力提升罪犯改造质量，并联合各级政府、政法和社区矫治机构，全力消除违法犯罪带来的社会安全隐患。

三、以习近平法治思想为引领，推进新时代劳动改造制度建设

随着党的十九届五中全会召开、习近平法治思想成为监狱工作指导思想，从中国特色社会主义监狱劳动改造制度发展的历史维度，认识习近平新时代中国特色社会主义思想成为推动监狱工作高质量发展的时代要求。通过对毛泽东思想引领劳动改造制度建设的伟大实践，我们认为，新时代语境下，对劳动改造的正确理解应该是在依法、严格、文明、公正执法前提下，运用马克思主义基本原理，继承弘扬毛泽东改造罪犯理论，将劳动生产作为基本改造手段之一，通过改造思想、矫正恶习、提升社会生存技能，达到预防犯罪、维护安全稳定的目的。

1. 回归自由刑本质，淡化劳动惩罚功能

劳动改造虽然具有法定的强迫性，但必须杜绝生产劳动的二次惩罚性。要科学运用劳动改造手段，推动“强制改造”向“矫正发展”转变，目标确定在“习艺，就业，回归生存”上，让罪犯在劳动中有改造，在改造中有转变，由此完成劳动改造目的，最终实现社会的和谐发展。

2. 注重社会化人格培养，限定经济效能功能

劳动生产必然要产生一定的经济效能，但一定要注重社会效能的统一，在

劳动项目的选择上切实把罪犯现实改造需求与将来就业需求有机结合起来，促进罪犯把劳动改造与自身的前途命运联系在一起，激发参与劳动的主观能动性，不断提高改造效能。各级政府要加大对监狱产品的政府采购，监狱产品要进入政府系统的公共产品目录中，这样，监狱就能够解决自谋生路问题，就能够解决监狱产品出口的疑虑，保证监狱劳动改造手段的实现。

3. 构建安全劳动环境，依法保障罪犯权益

加强罪犯劳动保护，大力推行监狱企业职业健康和安全环境体系认证，切实将劳动改造目标定位于改造人、矫治人、提高人的层面上，依法科学严格、文明管理罪犯劳动，严禁出现超体力、超时间、高强度劳动问题；要依法保障罪犯生活卫生，严格落实财政部、司法部有关规定，加强罪犯食堂、医院等设施建设，改善罪犯生活卫生条件，有效保障罪犯吃、穿、住及医疗卫生等必要的物质需要。

4. 引进现代科学技术，拓展劳动改造矫正功能

劳动改造制度实质上是将罪犯投入一个“模拟社会”的特定形态中，还原马克思主义者认为的“劳动是社会生活的基本形态”，在此过程中，与民警、罪犯打交道，与纪律规则打交道，与奖励惩罚打交道，从而营造一种相对真实的“社会环境”。通过强制性的劳动改造，使罪犯在劳动过程中形成积极的竞争意识，把握合作的基本技能，掌握应对挫折的方式、方法，感悟人生的真正价值，养成基本的劳动习惯，矫正自身的不良习性，丰富必要的劳动知识，实现再社会化的改造目的。

5. 落实生态文明理念，保护罪犯劳动权益

绿色发展、循环发展、低碳发展是习近平生态文明思想的重要组成部分，在劳动改造制度建设中，要深化监狱企业改革，坚持有利于罪犯改造、有利于安全稳定和社会效益、经济效益有机统一原则，坚决退出高风险、高污染、高耗能和不利于监管安全、生产安全的项目，着力引进适合罪犯改造需要、适合政府采购、适合环保安全、适合技能培训和具有竞争优势、效益好的生产项目。要确立监狱企业与罪犯之间的特殊劳动关系，并通过强化罪犯的特殊劳动者身份和主体地位，建立罪犯劳动保障制度。要落实好《监狱法》关于罪犯劳动报酬的规定，按照司法部关于提高罪犯劳动报酬的规定要求，将罪犯劳动报酬发放与劳动改造等挂钩考核，充分调动罪犯劳动改造积极性，最大限度发挥劳动改造的价值功能。

试论中国共产党在监狱体制改革中的引领作用

张宇翔*

中国的监狱体制深深植根于具有中国特色社会主义的伟大实践，从各个方面都受到党的路线、方针、政策的影响。中国监狱史，就是一部在党的引领下不断从无到有、发展壮大的历史。本文拟通过对新中国监狱发展史的梳理，以新中国监狱体制改革为窗口，聚焦党对监狱工作的引领作用，并以此为根据，提出对现阶段更好发挥党对监狱工作引领作用的思考。

一、新中国监狱工作发展历史回顾

1. 新中国成立前监狱工作探索期

监狱是国家的暴力机关，是一个国家的统治阶级维护其统治的基本工具之一。因此，监狱与国家政权是相伴相生的。早在1937年11月，以中华苏维埃工农兵第一次全国代表大会的召开为标志，中华苏维埃共和国在瑞金宣告成立。此后不久即颁布了《中华苏维埃共和国中央苏维埃组织法》，规定了红色政权的组织机构及其职权。其时，监所工作归口于中央司法人民委员部，受其下设的劳动感化处管辖。1932年8月10日中央司法人民委员部制定的《中华苏维埃共和国劳动感化院暂行章程》作为第一部专门的苏维埃监所管理制度，全面规定了劳动感化院的任务、组织机构、管理制度，设置了看守所、劳动感化院、监狱、苦工队等监所形式，成为社会主义新中国监狱工作之滥觞。抗日战争时期，中国共产党在各个革命根据地建立了抗日民主政权，作为"地方性的联合政府"。该时期监所工作归口于高等法院，主要有看守所、监狱、自新学艺所三种监所形式。解放战争初期，中国共产党领导的基层政权组织形式与抗战时期相似，随着战争的推进，我党在连片的解放区设置了大区人民政府并在大中城市

* 张宇翔，湖北省襄南监狱四级警长。

中成立了军事管制委员会。这一时期的监所形式主要有联合看守所、联合监狱、俘虏军官教导队、管训队等。值得注意的是，这一时期随着占领的城市越来越多，我党除了接收改造旧监狱外还开始了新建监狱的尝试。

2. 新中国监狱工作的雏形期

新中国监狱工作的雏形期为1949—1954年。1949年新中国成立，新民主主义革命取得基本胜利，党的监狱事业开始进入一个新的发展阶段。其原因主要有以下几点。一是新中国的成立为党的监狱事业提供了一个持续稳定的外部环境，这与动荡的战争年代具有本质的不同。二是新中国成立前，中国人民政治协商会议审议通过了《中国人民政治协商会议共同纲领》，其与以往任何一份政策性文件都不同，实际上起到了临时宪法的作用，由此也为监狱工作提供了全新的法律遵循。三是新中国成立后由于采取了“一边倒”的对外政策，故监狱工作也开始学习苏联模式。

3. 新中国监狱工作的巩固期

新中国监狱工作的巩固期为1954—1966年。1954年9月7日，国务院公布实施《中华人民共和国劳动改造条例》，这标志着新中国监狱工作又进入了一个全新的历史阶段。《劳动改造条例》对劳改机关的性质、改造任务、工作方针、机关类别、狱政管理、奖惩办法、刑罚执行和经费保障等方面作出了明确的规定。《劳动改造条例》显然是在总结新中国成立初期经验的基础上形成的，它标志着全国的劳动改造事业有了一把全国通用的“标尺”。

4. 新中国监狱工作的破坏期

“文化大革命”对新中国各项事业都造成了严重的冲击，监狱工作也不能幸免。在“全面夺权”狂潮的冲击下，37.5万名各类罪犯被以“群众专政”为借口非法释放。①华东、中南、西南15省87名正副劳改局长被打倒74名。②鉴于严峻的斗争形势，中央于1967年1月开始对监狱实施军管。由于部分军管人员自身素质不高，同样积极推行极“左”路线，制造了大批冤假错案，也对监狱工作造成了严重损害。

5. 新中国监狱工作的恢复期

新中国监狱工作的恢复期为1976年至1994年。1976年10月6日，随着“四人帮”被粉碎，十年“文化大革命”动乱结束，党的监狱工作由此也迎来了一

---

①② 王明迪：《新中国监狱工作60年的回顾（上）》，《犯罪与改造研究》2009年第9期。

个难得的恢复期。十一届三中全会后，各个劳改机关最紧迫的任务就是肃清“左”的路线遗毒，平反冤假错案。“文化大革命”十年，民主与法制遭到严重破坏，反过来也让广大监狱干部职工认识到了民主与法制的弥足珍贵。1981 年 8 月，“八劳”会议召开，会议对新中国成立后劳改工作的经验教训进行了全方位的总结，并提出实行“三个像”——像父母、像医生、像老师——的工作方针和“六个字”——教育、改造、挽救——的改造方法。会议还明确提出了管理工作法律化、制度化的新思想，也是在这一时期明确提出劳改干警与公安民警一样着警服，享受岗位津贴的新政策。1982 年 2 月公安部劳改局颁布《监狱、劳改队管教工作细则》，对《劳改条例》做出了进一步的细化和补充。1983 年 5 月，中央发出《关于加强和改革公安工作的若干问题的意见》，决定将劳改、劳教工作由公安部整体移交给司法部。由此，监狱工作开始逐步走上正轨。

6. 新中国监狱工作的改革期

以《监狱法》的颁布为标志，新中国监狱工作进入了改革期。1994 年 12 月 29 日，全国人大常委会颁布了《中华人民共和国监狱法》。《监狱法》的颁布实施，标志着我国监狱法律体系的确立，从而使监狱工作真正做到了有法可依，开始进入法制轨道。

二、监狱体制改革的定义

所谓监狱体制改革，字面意思是改变监狱的部分体制机制，从而使之更加适应新形势的变化。监狱体制改革有广义与狭义之分。

1. 狭义的监狱体制改革

狭义的监狱体制改革特指 2003 年司法部在全国六个省市开始试点启动的监狱体制改革。2008 年 11 月 9 日司法部副部长张苏军在“改革开放三十年刑事法治发展高层论坛”上表示，我国监狱体制改革试点的主要任务已基本完成，工作目标已基本实现，我国将在试点的基础上在全国监狱系统全面推行监狱体制改革。监狱体制改革初步方案是建立两个双轨运行机制，一个是监狱刑罚执行管理与生产经营管理双轨运行，另一个是执法经费支出与监狱生产收入双轨运行，按照“全额保障、监企分开、收支分开、规范运行”的十六字方针统筹推进。

2. 广义的监狱体制改革

广义的监狱体制改革是从新中国成立以来，在党中央的统一领导下，国家对监狱工作的各项体制机制所进行的各种探索与调整，它包括规章制度的建立、机关性质的确定、改造思想的演变、改造方针的调整、领导体制的变动等各个方面。本文的分析基于广义的监狱体制改革。

三、党在监狱体制改革中发挥的作用

1. 从作用的主体看

对监狱体制改革发挥引领作用的党组织主要有五大类。一是党中央的顶层设计。如 2002 年 1 月在中央政治局常委会上直接讨论了监狱体制改革的相关问题，并最终决定要实行监狱体制改革，要实行“收支两条线”。[①]二是中央政法委和地方各级政法委的监督和引领。2019 年颁布实施的《中国共产党政法工作条例》明确指出，“党委政法委员会是党委领导和管理政法工作的职能部门，是实现党对政法工作领导的重要组织形式”，发挥着“支持和监督政法单位依法行使职权，检查政法单位执行党的路线方针政策、党中央重大决策部署和国家法律法规的情况，指导和协调政法单位密切配合，完善与纪检监察机关工作衔接和协作配合机制，推进严格执法、公正司法”的重要作用。三是司法行政单位各级党委(党组)。《中国共产党政法工作条例》指出，“政法单位党组(党委)在领导和组织开展政法工作中，应当把方向、管大局、保落实，发挥好领导作用”。四是中纪委及地方各级纪委的监督作用。如在调查处理 2000 年大连监狱腐败案的过程中，面对错综复杂的形势，时任中共中央政治局常委、中央纪委书记的尉健行同志决定由中纪委牵头直接调查大连监狱案件。[②]五是全国各级全面依法治国委员会的领导作用。全面依法治国委员会是 2018 年 2 月成立的党的决策议事协调机构，“负责全面依法治国的顶层设计、总体布局、统筹协调、整体推进、督促落实”，对监狱工作起到了良好的领导和协调作用。

2. 从作用的来源看

从作用的来源看，主要分为司法行政系统内部和司法行政系统外部。内部作用主要来源于司法部党组、省厅党委、省局党委、基层监狱党委等，外部作用主要来源于党中央、中央及地方各级政法委、各级省委或市委、中央及地方各级

---

① 张福森:《中国监狱体制改革的酝酿与启动》，法律出版社 2009 年版，第 59—60 页。

② 张福森:《中国监狱体制改革的酝酿与启动》，法律出版社 2009 年版，第 71 页。

纪委或纪检组、中央及地方各级依法治国委员会等。

3. 从作用的范畴看

从作用的方式来看，主要分为政治引领作用、组织领导作用、业务指导作用、协调调度作用和纪律监督作用五大类。

(1) 政治引领作用

监狱作为国家的暴力机器，政治性是其天然属性。强化党对监狱工作的领导作用，有助于更好地将“刀把子”牢牢握在人民的手中。党对监狱工作的政治引领，主要表现在两个方面，一是引领监狱各项工作向着中央政治路线行进，二是在思想上针对党的重大决议和文件开展的学习和工作部署。新中国成立后，中国学习了大量苏联经验，其中就包括罪犯改造理论。马克思指出，“体力劳动是防止一切社会病毒的伟大消毒剂”①，强调了体力劳动在改造工作中的重要性。毛泽东在这一论断基础上认为既然人是可以改造的，那么犯了罪的人在一定的条件和环境下，施以一定的教育和影响，当然也是可以改造的。由此，从土地革命时期中共中央出台的《裁判部暂行组织及裁判条例》《中华苏维埃共和国劳动感化院暂行章程》等文件开始，就明确提出了苏维埃监狱对罪犯实行感化主义。新中国成立后颁布的《劳动改造条例》中也明确规定在应当贯彻“两个相结合”的方针，即惩罚管制与思想改造相结合、劳动生产与政治教育相结合。劳改工作干部据此对服刑人员进行革命人道主义教育和政策感召，实现了把末代皇帝改造成为劳动者，把战犯改造成为新人的奇迹。1955 年 1 月，公安部下发《劳动改造工作部门政治工作的若干问题的规定》，决定在劳改机关设立专门的政治工作机构，对劳动改造工作实行党的政治思想领导和政治监督，保证党在政治上、思想上的绝对领导，保证党的政策、方针在劳改工作部门正确地贯彻执行。粉碎“四人帮”之后，平反“文化大革命”时期留下的大量冤假错案成了当时各级劳改系统党组织的核心工作之一。中共中央在 1979 年 64 号文件中指出，要“改变过去在一部分同志中曾经存在过的那种把一切犯罪和判刑的人员，统统当作敌我矛盾看待、处理的错误观念和做法”，纠正了“左”的错误，重新确立了坚持阶级斗争和人道主义相结合的工作原则，实现了在劳改系统中思想政治路线上的拨乱反正。改革开放新时期以来，遵照党中央决策部署，2018 年司法部着手统筹推进以政治改造为统领的“五大改造”新格局。

---

① 《马克思恩格斯全集》(第 31 卷)，人民出版社 1967 年版，第 73 页。

(2) 组织领导作用

党在监狱工作中的组织领导作用主要体现在两个方面:一是进行重大人事调整。如上级党组织或组织部门对监狱系统主要领导进行调整,足以对监狱系统改革路径和改革时间节点产生影响。二是对组织架构进行调整。土地革命时期,监狱工作归口于中央司法人民委员部管辖;抗日战争时期,监狱工作又转归边区高等法院统一管理。1950 年 10 月 10 日,中共中央发出《关于镇压反革命活动的指示》,为适应"镇反"斗争形势,加强领导力量,政务院决定将监所管理由司法部移转归公安部领导。1953 年 3 月,经中央批准,公安部增设劳动改造管理局,序列为第十一局,各个省也逐步设立劳改局建制,由此各地监狱逐步形成中央和省双重领导、以省管为主的领导体制。1955 年根据《劳动改造工作部门政治工作的若干问题的规定》,全国各级劳改机关从公安部劳改局到各个省劳改局再到各个基层监所,逐步建立起了专门的政治工作机构,并配备了专职的政工干部,大大强化了党对劳改工作的领导。"文化大革命"开始后,由于造反派的冲击,各级劳改部门的组织机构遭到严重破坏,鉴于此,1967 年 1 月,中央决定对监狱等重要单位实行军事管制,从造反派手中收回监狱领导权,在极端混乱的社会环境中维护了监狱的稳定。1983 年 5 月,鉴于当时严峻的社会治安压力,一方面,中央决定开展"严打"斗争;另一方面,中共中央发出《关于加强和改革公安工作的若干问题的意见》,决定把劳改、劳教的管理工作由公安部移交给司法部,成立司法部劳改局,以解决公安工作战线过长、任务过重的问题,减轻公安工作压力。至此,劳改工作在归口于公安部管理 33 年后,再次回归司法部管理。1984 年 9 月,为更好促进犯罪相关问题的系统研究,司法部预防犯罪与劳动改造研究所成立,为劳改系统的工作提供了理论支撑。1992 年 9 月,中共中央下发文件,提出"国家对狱政建设、干警工资和犯人生活费应给予保证",明确了国家要从财政上对劳改工作进行保障。1993 年 10 月《国家公务员暂行条例》施行,将监狱干警纳入国家公务员制度,加强了监狱干警队伍建设,建立了"凡进必考""凡晋必训"制度,保证了队伍素质的提高。2003 年 3 月,经中央批准,司法部在北京宽沟召开监狱体制改革小组工作会议,监狱体制改革正式启动。

(3) 业务指导作用

新中国成立后,毛泽东等老一辈领导人,根据劳改工作实践中遇到的问题,多次做出批示,提出了许多富有特色的理念和观点,特别是从 1955 年到"文化大革命”前的10年间，毛泽东先后三次直接听取公安部主要领导关于劳改工作的汇报，还在7次接见外宾、12次会议讲话或批示中，提及改造罪犯工作。[①]

“文化大革命”结束后，中央政法委和公安部专门召开会议，研究和审议劳改劳教工作，提出了“三个像”“六个字”的改造方法。1981年8月，八劳会议召开。会议一方面对新中国成立以来劳改工作的基本经验进行了总结，另一方面也从体制建设、队伍建设、经费保障、留场政策等方面对新形势、新环境进行了分析并相应地做出了政策调整。时任中央书记处书记的习仲勋到会并发表了振奋人心的讲话。进入21世纪后，随着监管形势和社会形势发生新变化，2002年1月，中央召开政治局常委会专门研究了监狱体制改革问题，并决定实行“收支两条线”，时任中央政法委书记的罗干协调并督促司法部尽快拿出切实可行的改革方案。2003年1月，司法部报经中共中央批准，开始在湖北、陕西、江西、上海、黑龙江、重庆六省市作为试点，开始启动监狱体制改革。2017年5月司法部召开党组会议决定将监狱体制改革纳入司法行政改革的任务，并要求“从底线安全观向治本安全观转变，切实提高教育改造质量，要在改造罪犯成为守法公民上加大监管机制改革的工作力度”。

（4）协调调度作用

党在监狱工作中的协调调度作用主要通过党委、政法委来实现。新中国成立后，中央成立了中央政法小组，作为党委的综合研究、指导、协调机构。1980年1月，中央政法小组改组为中央政法委员会，规定其职能主要是法律中的政治方向的把握，并不干预具体的司法工作。2019年1月中共中央印发的《中国共产党政法工作条例》中指出，政法委员会是在党委领导下履行职责、开展工作的，应当把握政治方向、协调各方职能、统筹政法工作、建设政法队伍、督促依法履职、创造公正司法环境，带头依法依规办事，保证党的路线方针政策和党中央重大决策部署贯彻落实，保证宪法法律的实施。1987年3月，经中共中央批准的《全国政法工作座谈会纪要》提出了“三个延伸”理论，即“对罪犯的改造工作要向前、向外、向后延伸”。在监狱布局调整的过程中，中央协调司法部、国家发改委、财政部、国土资源部、建设部五部委联合制定印发了《关于进一步推进监狱布局调整工作的意见》，提出了“布局合理、规模适度、分类科学、功能完善、投资结构合理、管理信息化”的总体工作要求。在监狱体制改革的过程中，为尽快

---

① 王明迪：《新中国监狱工作60年的回顾（上）》，《犯罪与改造研究》2009年第9期。

做好监狱体制改革试点工作，在中央统一协调下，建立了监狱体制改革部际联席会议制度。中编办、国家发改委、教育部、公安部、财政部、劳动和社会保障部、建设部、卫生部、国资委、国家税务总局、国务院法制办、银监会、国家开发银行等监狱体制改革部际联席会议成员单位，与司法部密切协调配合，在政策、项目、资金等方面对监狱体制改革试点工作给予了大力支持和有力指导。①

(5) 纪律监督作用

党在监狱工作中的纪律监督作用主要体现为两个方面，一方面是对监狱民警队伍进行常态化的纪律作风教育，另一方面是对重点案件的督导与调查，这两个方面往往呈现出交替进行的态势。

2019年孙小果违规减刑案轰动一时，多名司法行政系统干警涉案。2021年，根据中央统一部署，开展全国政法系统教育整顿活动，围绕“四项任务”开始清理政法系统存在的六大类顽瘴痼疾。

四、关于更好发挥党的引领作用的思考

1. 加强基层党组织建设

习近平总书记在中共中央政治局第21次集体学习时强调：“基层党组织是贯彻落实党中央决策部署的‘最后一公里’。”从历史发展来看，加强监狱基层党组织的建设，有利于强化政治建警，促进监狱整体业务水平的提升，规范执法行为，保证执法效果。当前，面对社会主要矛盾的变化，监狱体制改革也进入了深水区，面临着严峻的改革压力，必须加强监狱基层党组织的建设，形成监狱体制改革的内在动力，强化责任担当，健全领导班子监督制度。在规范领导干部定期轮岗交流制度的同时，确立改革清单，上级党组织根据改革清单的推进情况动态调整给予政策和资金支持力度，形成激励机制，从而促进监狱体制改革的进一步推进。

2. 完善监督体系

监狱所承担的刑事执行权是司法权力的重要组成部分。在具体实践中，监狱干警仍面临着较为突出的廉政隐患。以大连监狱腐败案为例，该案1996年已初现端倪，但直到2000年12月其违纪问题才由新华社记者的内参爆出。且

---

① 张福森：《中国监狱体制改革的酝酿与启动》，法律出版社2009年版，第145页。

在司法部监狱管理局调查期间刻意隐瞒真相，欺瞒调查组。这反映出监狱工作的监督制约机制明显不健全。完善监督机制首先要完善基层监狱党委班子成员之间的监督。基层监狱应设立专职的纪检干部，在人事、财政上均归属于省局，由省纪委驻省局纪检组统一派遣，出台专门制度，在各个监狱之间每三到四年定期轮岗。在此期间，对其任职监狱的作风廉政建设情况兜底负责，防止出现因“老熟人”而不敢管、不愿管现象，从而限制班子成员，特别是基层监狱“一把手”权力。其次是要加强外部监督，加强狱务公开，欢迎人大代表、政协委员和新闻媒体监督，形成监督合力。

3. 加强社会协作机制建设

将罪犯改造成为守法公民是一项艰巨而复杂的工程。仅仅凭借监狱单打独斗是难以从根本上解决问题的，必须引入社会力量，这一点已在多个历史阶段被证实。如 2020 年监狱疫情防控时期，监狱就必须争取属地支持，获得防疫物资和技术的援助。因此，必须用发挥好属地党委政法委的组织协调作用，进一步推进监狱工作社会化，加强与社会长期协作机制，在罪犯文化和职业技能教育、罪犯医疗保障、社会帮教队伍建设、民警职业培训、监狱安全保障等领域同社会各个机构保持密切联系，深化监狱、武警部队、公安机关、检察机关的共管、共建、共保安全活动，加强与监狱周边社区、乡镇、工矿企业的联防联控，以此借助全社会的力量来共同提高监狱安全水平和教育改造质量。

中国共产党在监狱(劳改)工作中的引领作用

——以我国监狱(劳改)体制改革为研究视角

秦心福*

2021年,我们党向世界庄严宣布我国全面建成小康社会,开启全面建设社会主义现代化国家的新征程。同时,2021年也是国家"十四五"规划的开局之年,值此历史交汇的关键时刻,中国共产党迎来了成立一百周年华诞。回顾中国共产党百年的奋斗历程,我们无限感慨,我们党自创建以来在艰苦曲折的革命斗争和异常复杂的国家建设中逐步成为全国人民心中的灯塔和行动的引路人,成为中国特色社会主义事业开创者、组织者和领导者。新中国创建的监狱(劳改)工作,作为国家政权建设、法治建设不可或缺的重要组成部分,始终处于党的绝对和全面领导之下,党对新中国监狱(劳改)工作创建、改革发展、科学发展和新时代推动高质量发展的每一个发展时期,在理论、方针、政策和实践上都一以贯之发挥着指导、领导、组织和引领作用。本文仅以新中国监狱体制改革的视角,阐述中国共产党对监狱(劳改)工作的重要引领作用。

一、党对新中国不同时期监狱体制的擘画

1. 新中国成立初期的监狱(劳改)体制创制

(1) 理论指导

革命导师马克思恩格斯在《共产党宣言》《哲学的贫困》等著作中指出,无产阶级用暴力推翻资产阶级统治而建立自己的统治;无产阶级革命的第一步就是使无产阶级变为统治阶级,争得民主;无产阶级国家即组织成为统治阶级的无产阶级。这些论述集中阐述了马克思主义在国家问题上的一个最卓越最重要的思想,即"无产阶级专政"的思想。无产阶级在历史上革命作用的"最高表现

* 秦心福,安徽省合肥监狱二级高级警长,安徽省法治宣传教育基地负责人,安徽省法学会监狱法学研究会秘书长,安徽省法治文化研究所特约研究员,安徽省现代心理学研究院高级顾问。

是无产阶级专政”，其具体表现为，无产阶级要求建立的国家就是“组织成为统治阶级的无产阶级”；只有无产阶级才能推翻资产阶级，使自己成为统治阶级；只有使无产阶级变为统治阶级，实现无产阶级专政，才能消灭资产阶级；无产阶级专政必须有以马克思主义为指导的无产阶级政党的领导。

新中国缔造者毛泽东把马克思主义关于国家和无产阶级专政的一般原理同中国具体实际相结合，发展了无产阶级专政的学说，提出了人民民主专政的思想。他指出，总结我们的经验，集中到一点，就是工人阶级(经过共产党)领导的以工农联盟为基础的人民民主专政。这个专政必须和国际革命力量团结一致。这就是我们的公式，这就是我们的经验，这就是我们的主要纲领。人民民主专政是我国社会主义国家政权的实质和主要内容，坚持人民民主专政是我国社会主义制度的基本保障，是中国特色社会主义必须坚持的一个基本原则。因此，人民民主专政是中国特色的无产阶级专政。这是中国人民在中国共产党领导下，根据中国具体国情，对新中国国家本质及其形式的唯一正确的政治选择。毛泽东在1949年发表的《论人民民主专政》一文中指出：“对于反动阶级和反动派的人们，在他们的政权被推翻以后，只要他们不造反、不破坏、不捣乱，也给土地、给工作，让他们活下去，让他们在劳动中改造自己，成为新人。”①这一思想成为新中国监狱制度的理论基石。

(2) 实践探索

1931年中华苏维埃政权成立后，其确立的监狱管理指导方针和根本原则之一，就是对犯人实现感化、教育和改造。这条原则一直为中央和地方工农民主政府所贯彻。这一时期，监狱思想为日后抗日战争和解放战争时期人民政权的监狱改革进一步完善指明方向，也为新中国进一步开展监狱管理工作奠定了良好的实践基础。

(3) 现实需要

新中国成立之初为巩固新生人民政权，镇压反革命，处理战争罪犯。1951年5月，根据党中央和毛泽东主席的指示，公安部召开了第三次全国公安会议，此次会议专门研究了组织罪犯劳动改造的重大问题。根据第三次全国公安会议所作出的《关于组织全国犯人劳动改造问题的决议》，各地迅速建立了罪犯劳动改造机构，大规模地组织罪犯参加国家基本建设，如兴修水利，修筑铁路、公

---

① 毛泽东：《论人民民主专政》，载《毛泽东选集》(一卷本)，人民出版社1964年版，第3365—3366页。

路，垦荒、开矿及从事手工业、农业、副业等项生产。[1]在着手改造旧监狱、创建新监狱、新建监管工作机构和加强队伍建设的同时，也着手监狱法律法规的建设。在总结新中国监狱工作创建阶段经验的基础上，《中华人民共和国劳动改造条例》于1954年9月7日颁布实施。《劳动改造条例》明确规定了我国监狱的性质、任务、组织机构，监狱工作的方针、政策，监狱的刑罚执行，改造罪犯的方法、手段以及监狱的经费等。《劳动改造条例》颁行标志着新中国监狱管理体制初步确立。

2. 改革开放时期监狱（劳改）体制改革

（1）理论指导

《中国共产党中央委员会关于建国以来党的若干历史问题的决议》在总结毛泽东思想对马克思主义的丰富和发展时提到，“对被打倒的反动阶级成员和反动分子，只要他们不造反，不捣乱，都给以生活出路，让他们在劳动中改造成为自食其力的劳动者”[2]，并且明确指出，这是一项独创性理论。

邓小平民主法制思想是邓小平理论的重要组成部分。这一重要思想包括“社会主义法治本质”“法律面前人人平等”“严厉打击严重刑事犯罪”“依法保障人权”以及“开展法制教育”等一系列重要论述。[3]在这个伟大思想的指引下，中国人民进行了社会主义民主法制建设的丰富实践。关于坚持人民民主专政和国家机器建设，邓小平指出，在阶级斗争存在的条件下，在帝国主义、霸权主义存在的条件下，不可能设想国家的专政职能的消亡，不可能设想常备军、公安机关、法庭、监狱等等的消亡。它们的存在同社会主义国家的民主化并不矛盾，它们的正确有效的工作不是妨碍而是保证社会主义国家的民主化。事实上，没有无产阶级专政，我们就不可能保卫从而也不可能建设社会主义。[4]这一重要思想也成为发展我国社会主义监狱事业的指路明灯，为我国改革开放时期监狱体制改革指明方向，成为新时期监狱体制改革的根本理论指导。

---

① 参见王明迪：《一个甲子的辉煌——新中国监狱工作60年的回顾（上）》，《犯罪与改造研究》2009年第9期。

② 《中国共产党中央委员会关于建国以来党的若干历史问题的决议》，载《三中全会以来重要文件选编》（下），人民出版社1992年版，第830页。

③ 参见肖扬：《伟大的思想，光辉的灯塔》，《人民法院报》2004年8月20日。

④ 《邓小平文选》（第二卷），人民出版社1994年版，第169页。

(2) 实践探索

坚持党对监狱工作的领导是中国监狱工作的大法宝。履行社会主义监狱专政职能，建设社会主义法治国家，核心在于坚持党的领导。党代表工人阶级实施政治领导，是包括监狱工作在内的中国特色社会主义事业的政治保证。监狱是社会进步与发展的一个特殊的窗口和缩影。改革开放以来我国社会主义法制建设取得重大发展，我国罪犯的人权保障事业取得了明显进步，权利保障的内容丰富、方式多样且日趋规范化、国际化。

(3) 现实需要

党的十一届三中全会召开标志着我国进入改革开放新时期。随着国家经济改革不断推进，监狱管理面临新形势、新任务、新要求，各种原有体制机制所产生的新矛盾、新问题、新情况层出不穷。监狱(劳改)工作领导体制改革、监狱(劳改)经济管理体制改革、监狱(劳改队)领导体制改革、监狱(劳改)工作干警和监狱(劳改队)看守武装管理体制改革等要求尤为急迫，国内相关研究和主管部门相关调研陆续展开，监狱体制改革顺应了国家改革大趋势，力度空前。①

(4) 确立依法治监方略、实行混合型监狱体制

1994 年 12 月 29 日《中华人民共和国监狱法》颁布实施，标志着我国监狱进入了法律制度主导监狱工作的“法治”时期。1994 年 12 月 30 日，《人民日报》《法制日报》正式提出了“依法治监”的法治理念，这一理念一经提出就成为监狱工作的主旋律。依法治监是邓小平依法治国理论在监狱工作中的具体运用，其目标是确保监狱各项工作制度化、规范化、法制化，最大限度地发挥监狱工作的职能，实现监狱工作的宗旨。

从 1981 年八劳会议后到 1994 年《监狱法》的颁布，我国进入了改革开放、拨乱反正的新的历史时期，社会矛盾趋于缓和，社会形势趋于稳定，监狱的关押改造对象发生了很大变化。根据社会发展形势和监狱工作客观情况的变化，党对监狱工作政策做出了适当的调整。这一时期的监狱体制也相应作出重大调整，取得了许多重大制度成果，并以国家法律《监狱法》的形式固定下来。

由于认识的局限性和当时立法技术限制，形成了当时具有特殊特征的混合型监狱管理体制。在计划经济体制时代，监狱具有低廉的劳动力资源、丰富的自然资源、国家优惠的税收政策等优势，监狱经济困难的矛盾还不突出，而在市

---

① 参见李均仁主编:《劳改工作管理体制研究论文选集》，群众出版社 1991 年版，第 1 页。

场经济体制时代，监狱的上述优势不复存在；决定经济发展的交通、信息、管理方式等因素起着越来越大的作用，我国监狱大部分建在老、少、偏、穷的山区，交通落后、信息闭塞、观念陈旧、经济不发达，这些都是监狱的弱势；再加上国家对监狱民警吃“皇粮”、罪犯吃“囚粮”的政策未完全落实，监狱运作经费庞大又不能全额到位，现行监狱（劳改）的管理机制和运作模式又不适应市场经济的需要，致使“监企合一”的监狱（劳改）体制改革成为一种无奈的选择，监狱实际成为刑罚执行机关和特殊的国家企业。

3. 新时期监狱体制重塑

（1）理论指导

“三个代表”重要思想是江泽民同志从全面总结党的历史经验和如何适应新形势新任务的要求出发，创造性提出的新时期党的建设和治国理政重要思想，科学地回答了新时期建设一个什么样的党、怎样建设党的问题。监狱事业作为党的改造自然、改造社会伟大使命的一项重要事业，必须始终代表中国先进生产力的发展要求、中国先进文化的前进方向、中国最广大人民的根本利益。

党的十六大以来，以胡锦涛同志为总书记的党中央，提出了科学发展观这一重大战略思想。标志着中国共产党对于社会主义建设规律、社会发展规律、共产党执政规律的认识达到了新的高度，标志着马克思主义和新的中国国情相结合达到了新的高度和阶段。党的十七大报告提出，依法治国、执法为民、公平正义、服务大局、党的领导为主要内容的社会主义法治理念，是中国特色社会主义理论体系的重要组成部分，是社会主义法治的灵魂和精髓，也是政法工作的指导思想。这为新时期我国监狱体制改革指明了方向，也为新时期监狱体制改革提供了根本遵循。

（2）实践探索

新中国成立以来，我国的监狱管理体制一直沿用“监企社合一”的模式。随着改革开放的深入和市场经济的发展，这种监狱管理模式已经不能完成其所担负的职能，弊端日益显现，监狱体制改革势在必行。监狱体制改革的目标是逐步实现“全额保障、监企分开、收支分开、规范运行”，建立公正、文明、廉洁、高效的新型监狱管理体制。

（3）现实需要

新中国成立以来长期缺少监狱建设投入，监狱设施落后，监管能力严重下降，队伍保障无力，监狱职能日趋异化严重，安全风险剧增，执法规范缺失。辽宁大连监狱涉黑罪犯管理案件、四川蓬安监狱腐败案件、湖南邵东监狱管理腐败案件等重特大案件频发，引起了中央高层密切关注，也为此轮全局性、整体性、根本性监狱体制改革增添了催化剂。①据司法部监狱管理局统计，2000 年全国生产收入（含劳务收入）224.8 亿元，当年用于还贷利息 19.6 亿元，年末基建、技改贷款余额 116.8 亿元、流动资金贷款 68.2 亿元，可见监狱生产收入承担还贷付息是何等艰巨。加之监狱办社会所造成的巨大政策性、社会性开支，监狱经济保障监狱生存与发展日益举步维艰，难以为继。监狱体制改革的迫切性、必要性基本形成上下共识。

(4) 确立“全额保障、监企分开、收支分开、规范运行”监狱体制改革总方针、总目标

2002 年，党的十六大报告提出：“推进司法体制改革，按照公正司法和严格执法的要求，完善司法机关的机构设置、职权划分和管理制度。”2003 年 1 月 31 日国务院正式批准了司法部提交的监狱体制改革方案和意见，掀起新一轮全国性监狱体制改革热潮，重塑新时期中国监狱公正、廉洁、高效的新型体制。此轮改革虽重点解决了困扰 50 年的我国监狱国家保障问题以及此后大规模的监狱布局调整问题，但缺乏改革效果系统评估、缺乏改革配套措施后期跟进、缺乏改革持续巩固深化。

4. 新时代监狱体制改革

(1) 理论指导

2017 年 10 月 18 日，在党的十九大上，习近平总书记首次提出“新时代中国特色社会主义思想”。新时代中国特色社会主义思想成为新时代全党全国人民为实现中华民族伟大复兴而奋斗的行动指南，并写入国家根本大法宪法，成为治国理政的根本遵循。其中关于社会主义法治思想、新时代政法工作思想以及蕴含在习近平总书记对政法工作、监狱工作一系列重要指示精神中的监狱治理思想，是新时代我国监狱工作的根本指导思想和监狱改革发展的行动准则。

(2) 实践探索

改革开放以来，伴随着对外交流交往的日益加深，加之国内一些学者专家对西方矫正制度的盲目崇拜、简单式克隆移植，我国监狱改革措施频发，但真正落地、落实、生根、发芽的却很少，甚至造成一些系统性观念错误，造成一些严重

---

① 参见王明迪：《监狱经济工作刍议》，《犯罪与改造研究》2000 年第 2 期。

实践后果，直接导致党的领导在监狱管理中削弱、队伍管理松散、执法质量不高、监狱腐败频发高发。组织人事领域买官卖官、经济管理领域贪污受贿、执法司法领域权力寻租成为监狱三大典型腐败表征。

（3）现实需要

“扫黑除恶”以来所暴露出来的云南“孙小果”案、山西“任四毛”案、湖北“林明学”案以及北京“郭文思”案等影响社会的重大特大执法司法腐败案件，刑罚执行的公正性已引起全社会的严重关切。加之一段时间以来监狱所暴露出来的内部管理粗放、执法管理不严、改造质量不高等问题，监狱客观上成为少数黑恶势力罪犯的庇护所、刑事犯罪罪犯的避风港、犯罪分子传授犯罪手段的学校、滋生仇视社会意识的土壤。21世纪以来刑释人员疯狂报复社会极端案件频频见诸报端，引发社会公众对现行监狱管理、罪犯改造质量的质疑与不满也与日俱增。多种因素叠加导致的“提钱出狱”“纸面服刑”“黑恶势力保护”等突出执法腐败问题，直接引发了一场全国范围内政法系统“刮骨疗毒”“延安整风”式的队伍教育整顿风暴。①

（4）改革监狱体制和刑罚执行制度呼声强烈

中国特色社会主义进入新时代，社会主要矛盾发生根本性变化，社会犯罪呈现新特点、新趋势，社会治理呈现新特点、新形势，刑事执行呈现新样态、新要求。要让人民群众获得更多的获得感、幸福感、安全感，监狱体制机制必须有所改变。然而，我国现行的监狱体制仍未真正摆脱监企合一体制的母胎，监狱职能多元、价值取向多元、管理人员多元、管理模式多元、动力机制多元、保障渠道多元并存现状有增无减，必须下大决心在新一轮监狱体制改革中予以解决。

二、党对新时代监狱体制改革的引领

习近平总书记在论述新时代全面深化改革时指出：“改革越到深处，越要担当作为、蹄疾步稳、奋勇前进，不能有任何停一停、歇一歇的懈怠。”“提高改革的思想自觉、政治自觉、行动自觉，迎难而上、攻坚克难，着力补短板、强弱项、激活力、抓落实，坚定不移破除利益固化的藩篱、破除妨碍发展的体制机制弊端。”2019年1月15—16日，中央政法工作会议上习近平总书记强调，要善于把党

① 参见中央政法委：《全国政法队伍教育整顿试点启动》，《新华每日电讯》2020年7月9日。

的领导和我国社会主义制度优势转化为社会治理效能，并着重指出，政法系统要在更高起点上，推动改革取得新的突破性进展，加快构建优化协同高效的政法机构职能体系。

1. 明确新时代监狱体制改革方向

（1）树立监狱政治机关意识

监狱首先是政治机关是阶级属性的集中体现，这是监狱建设发展过程经验教训的深刻总结，是应对国内外重大发风险考验的迫切要求。监狱肩负履行维护国家政治安全、确保社会大局稳定、促进社会公平正义、保障人民安居乐业的重要职责使命，必须始终坚持党对监狱工作的绝对领导和全面领导。监狱担负着维护国家政治安全的重要职责，政治安全是国家安全的根本，关乎一个政党、一个国家的兴衰存亡，在建设平安中国、法治中国进程中，监狱的政治功能，任何时候都只能加强，不能削弱。监狱必须牢固坚持总体国家安全观，充分发挥职能作用，维护国家政治安全。习近平总书记强调，中央和国家机关尽管职责分工不同，但都不是单纯的业务机关，必须牢固树立政治机关的意识。监狱的人民警察必须始终保持高度的政治警惕性与政治敏锐性，在大是大非和复杂局势面前旗帜鲜明、敢于斗争，坚决拥护党的领导。

（2）坚持人民民主专政性质

监狱的性质是指监狱这一特殊的社会现象本身所具有的，区别于其他社会现象的根本属性。它是监狱历史及现实特点的统一表现，是规定或决定监狱产生、存在和发展的内部联系。任何国家的统治阶级都十分重视利用监狱这个工具来维护自己的统治，并随其国家政权的建立、发展而建立和发展。我国的监狱是在彻底打碎旧的国家机器的基础上，根据马克思主义关于无产阶级专政的理论和劳动创造世界的原理而建立起来的。它代表着无产阶级和广大劳动人民群众的利益，对少数剥削阶级分子和敌对分子实行专政，是我国人民民主专政的重要工具。《中华人民共和国监狱法》颁布实施后，党和国家对新时期监狱的人民民主专政这一性质再次坚持和重申，[①]没有丝毫削弱和动摇。

（3）维护社会公平正义价值追求

严格执法是监狱机关的生命和灵魂，是实施全面依法治国战略的关键和保

① 1994 年 12 月 30 日《人民日报》发表的短评中明确指出，我国监狱是人民民主专政的重要工具之一，在打击犯罪分子的斗争中，发挥着重要的作用。

障，同时严格执法是监狱工作的永恒主题。党的十八大以来，习近平总书记一以贯之高度关注刑事司法、刑事执法的公正问题。[①]执法不严是人民群众最痛恨的事情，也是监狱体制改革的重点。公正严格规范文明执法是当前社会普遍关注的热点问题，它不仅是执法行为、过程及其结果的评价标准，是新时代我国监狱体制改革的基本价值取向，也是全面依法治国对刑罚执行机关提出的基本要求。社会主义监狱制度必须保证在全社会实现公平和正义。针对监狱体制中的一些腐败现象，以及非正常干扰监狱执法情况，体制改革要在领导体制、机构设置、财物经费供应，人员调配流动等方面，减少不良干扰，保证公正执法的方针得以贯彻实施。中国监狱体制改革必须有利于执法公正的实现，在我国监狱管理机构的设置、职能赋予和工作机制建构中，凡是有利于实现执法公正的，就应当予以保留和坚持；凡是不利于实现执法公正或妨碍实现执法公正的，就应当坚决予以改革和完善。

(4) 确立全面依法治监、建设法治监狱目标

党的十八届四中全会就推进依法治国、建设法治中国作出了战略性部署，提出了法治中国的新愿景，强调要坚持“依法治国、依法执政、依法行政共同推进，坚持法治国家、法治政府、法治社会一体建设”。而监狱机关在法治中国新愿景的统摄和引领下，积极推进依法治监和法治监狱建设的监狱建设战略目标。因此，依法治监、法治监狱建设是新时代监狱工作必须研究的重大理论和实践课题，依法治监是手段，法治监狱建设是目标，强化内部管理是基础，对于促进新时代我国现代化监狱建设具有重要的现实意义。

2. 着眼国家司法体制改革大局

要按照十八届四中全会关于全面依法治国总要求，优化新时代我国司法职权配置；要按照中央统一部署，健全公安机关、检察机关、审判机关、司法行政机关各司其职、相互配合、相互制约的国家刑事司法刑事执法体制机制，推动实行审判权和执行权相分离的体制改革试点。完善刑罚执行制度，统一刑罚执行体制，健全社区矫正制度，这是新时代党中央对我国司法体制改革擘画的新蓝图，做出的新部署，提出的新要求，也是新时代我国监狱体制改革的大局和总目标。因此，新一轮监狱体制改革必须跟进和服从这一大局。

---

① 习近平总书记2014年4月21日对司法行政工作做出指示：“进一步强化监狱内部管理，严格执行减刑、假释、暂予监外执行各项规章制度，杜绝关几年托关系、走门子变相出狱的现象，严防滋生腐败。”http://news.12371.cn/2014/09/11/ARTI1410402932595217.shtml，访问日期：2021年5月23日。

3. 完善新时代监狱领导体制

（1）完善政治领导

党的十九大报告明确指出，党是最高政治领导力量，“党政军民学，东西南北中，党是领导一切的”，要“不断增强党的政治领导力、思想引领力、群众组织力、社会号召力”。加强党的政治建设，必须坚持和加强党的全面领导。坚持和加强党的全面领导，首先要坚持和加强党的政治领导。就我国监狱领导体制来说，就是坚持地方党委对监狱绝对领导、系统党组织对监狱全面领导、内部党组织对监狱工作直接领导的政治领导体制。

（2）完善行政领导

早在1962年，毛泽东同志在听取主管公安劳改工作的负责人汇报“要解决劳改体制”时指出，“劳改工作的领导和管理要集中”①。要统一刑罚执行体制，完善中央、地方两级行政管理体制，构建我国统一的刑事执行体制和中央监狱与省市自治区监狱两级管理体制，废除市县级监狱管理体制。

（3）改善国家监狱管理体制

从新中国监狱管理体制变化历程来看，新中国成立初期由司法部移交公安部管理，1983年又由公安部移交司法部管理。在中央与地方管理体制上，20世纪50年代实行中央和省级集中管理、统一领导，1958年和1968年曾经两次管理体制下放，这说明监狱管理体制演变具有历史性和时代性特征。新时代根据党的十八届四中全会精神和统一刑罚执行体制要求，司法部成立了国家刑罚执行总署统辖全国监狱管理、社区矫正管理、看守所管理、强制戒毒管理，取消了监狱管理局、社区矫正局、强制戒毒局等机构设置，在刑事执行总署内设置相应监禁刑执行管理机构和非监禁刑执行管理机构，公共部分事权统一划归司法部管理，省市自治区按此标准设置省市自治区以及刑事执行管理机关。

4. 完善新时代监狱管理体制

“现代社会是具有高度整合性的有机系统，社会系统的整体功效并不是各个制度功效的简单相加，而是各个制度功效共同作用形成的合力。”②监狱体制作为一个系统，是由具有一定结构形式和功能内涵的若干要素组成的。这些若干要素一起构成一个有机整体，相互影响、相互制约和促进，缺其中任何一个要

① 李均仁主编：《劳改工作管理体制研究论文选集》，群众出版社1991年版，第367页。

② 郑杭生：《社会学概论新编》，中国人民大学出版社1987年版，第268页。

素，构不成完整的监狱体制，因此要强调体制改革的整体性、系统性和协调性。同样，监狱制度功能的充分发挥，根本上也取决于该制度体系是否完善。所以，完善新时代监狱管理体制，就是促进各项监狱管理制度的相互适应，彼此互为条件、互为因果、互为支持、互为调节。

(1) 完善机构设置，优化职权配置

监狱本着“小机关、大基层”“扁平化”的机构设置原则，按照机关机构“大部制”模式和基层管理机构“单元化”模式建设新型机构。按照每一个基层行刑终端——监区或矫正单元，编制100名押犯规模建制，按照监区或矫正单元戒备等级配置警力。通常高度戒备监区或矫正单元每100名囚犯配置50名民警、中度戒备监区每100名囚犯配置30民警、低度戒备监区每100名囚犯配置20名民警，实行差别化配置警力。监狱民警按照执法管理责任清单，负责参加劳动罪犯劳动合同管理、监管职责；企业管理人员负责参加劳动罪犯合同履行、劳动技能培训、劳动现场质量管理、企业经营管理等职责。监狱民警从此不再介入监狱企业生产经营活动，实现监企彻底分开、人员管理彻底分开、收支彻底分开。引入社会化机制，鼓励社会资本、民营资本参与监狱企业生产经营，通过劳务输出、劳动合同机制为监狱罪犯劳动提供稳定、有效的劳动岗位。

(2) 完善队伍建设，优化队伍结构

监狱体制改革最核心的因素是监狱管理人员，它影响和决定监狱体制的效率和成败。完善队伍建设关键是打造一支忠诚党的监狱事业、热爱监管改造工作的人民警察队伍。首要就是筑牢警魂；其次就健全和完善监狱体制的动力机制。通过制度设计实现监狱民警职业收入与执法关系脱钩、与监狱企业收入脱钩，与职业奉献资历挂钩、与廉洁奉公成绩挂钩。在规范开展监狱民警职级并行晋升职务基础上，按照职业生涯累进荣誉，授予优秀一线民警终身职业荣誉和依法享受终身职业待遇资格。

要根据新时代监狱职责使命需要，变革和优化现行监狱管理队伍结构，构建监狱警务警察、刑务警察、法务警察、党(政)务警察以及辅助类岗位警察等多元警察队伍结构。要按照执行任务、单元规模和力量编成，配置相应数量和专业背景的警力资源，[①]实现队伍建设专业化、队伍构成合理化、队伍目标实战化。

---

① 参见秦心福:《分类管理语境下监狱刑务警察队伍专业化建设的思考》,《司法警官学界》2015年第4期。

(3) 完善保障制度，优化支持系统

监狱体制能否实现有效、高效运行，关键依靠保障体系是否有力、完备。监狱保障的性质是国家保障，这点必须明确。监狱保障必须实现分类、分级、分项保障。监狱按照高度戒备监狱、中度戒备监狱、低度戒备监狱分类实施不同等级保障制度；监狱民警按照履行职责任务性质不同实行差别化分级制度，予以不同保障水平；监狱国家财政保障预算必须按照法定保障项目实施项目预算化保障，严禁继续延续按人头保障的简单保障做法，杜绝监狱大拆大建和建设豪华监狱的错误监狱建设导向，严禁大规模圈地建设“监狱城”或监狱集群。

(4) 完善监督制度，优化监督体系

在司法部召开的深化全国司法行政改革工作电视电话会议上，唐一军部长提出了“建立完善刑事执行制约监督体系”的目标任务。要创制权力机关监狱监督机制，形成全国人大、省人大、地区人大三级代表不定期巡察狱政制度，加强我国权力机关对刑事执行工作监察监督力度。要改革法律监督制度，在人民检察院法律监督改革的基础上，将驻监检察监督与巡回检察监督结合起来，充分发挥不定期巡回检察监督作用。要在社会监督基础上，优化社会监督形态，变革监狱执法监督员制度，借鉴日本创设刑事设施视察委员会制度的经验，① 创设由相关社会组织、成员或媒体发起的第三方监督专员巡察监督制度。要将监狱执法管理监督权交由社会第三方行使，增强监督的社会公信力、增强社会监督的威慑力，完善监狱监督制度，创新和优化我国监狱现行监督体系。

① 日本政府为获得广大市民对于国家刑罚执行工作的理解，重塑监狱执法者的正面形象，确保行刑运营的透明性，在各个刑事设施设立了由当地市民(医师、律师等法律界人士)构成的“巡察委员会”。医师和律师等专业人士，能够很专业地看到制度和实务中存在的问题，能够提出极具针对性的意见和建议。

中国共产党领导下的监狱体制改革

史　琳　李轶皎*

自新中国成立以来，我国在政治、经济和文化等方面都取得了超常规的发展，取得了令人瞩目的成就。在中共建党100周年之际，新中国监狱工作在中国共产党的领导下，也走过了70余年的奋斗历程，伴随着我国社会由传统向现代的转型，中国监狱工作也经历着由传统向现代的转变，逐步走出了一条具有中国特色的发展道路，正全力迎接新时代的挑战。回顾新中国监狱工作历程，总结中国共产党在监狱体制改革工作中的领导，确保监狱工作在新时代继续改革发展、不断进步，具有重大的理论和实践意义。

一、监狱体制改革回顾

1. 新中国监狱创建时期(1949—1954年)

在新民主主义革命时期，监狱工作是在极其艰难困苦的环境中逐步摸索和开展的，虽然这一时期的监狱工作规模较小，制度与管理也不够系统完善，仍是新中国监狱工作的"本"和"源"，为新中国成立后监狱工作的开展提供了宝贵经验。1949年10月1日中华人民共和国成立后，国家一穷二白，百废待兴，为了建立和巩固新生的人民民主政权，新中国监狱工作彻底废除了为国民党统治时期服务的旧监狱制度，完成了对旧监狱的接管、改造。以毛泽东等老一辈无产阶级革命家创立的改造罪犯理论为指导，紧紧围绕党和国家的中心工作，坚持正确的监狱工作政策，开创了新中国劳动改造罪犯工作和具有中国特色的刑罚执行制度。在接管改造旧监狱的同时，新中国开始了新型劳动改造罪犯和场所的组建工作。随着大陆上国民党统治地区的相继解放，人民民主政权面临旧中国遗留下来的罪恶势力及各种遗毒，党中央采取了一系列强有力措施，镇压反革命运动和"三反""五反"运动的开展，使监狱押犯从1949年的6万余名，至

* 史琳，吉林省江城监狱三级警长；李轶皎，吉林省江城监狱副监狱长。

1952 年激增至 100 余万名。①

1951 年 5 月，根据党中央和毛泽东同志的指示，公安部召开了第三次全国公安会议，会议通过《关于组织全国犯人劳动改造问题的决议》。“大批应判处徒刑的犯人，是一个很大的劳动力，为了改造他们，为了解决监狱的困难，为了不让判处徒刑的反革命犯坐吃闲饭，必须立即着手组织劳动改造工作。”“组织犯人劳动，从事大规模的水利、筑路、垦荒、开矿和造屋等生产建设事业，此事极为艰巨，又极为紧急，必须用全力迅速地加以解决。”至此，“三个为了”的监狱工作政策确立，为解决当时监狱工作问题指明了方向。1951 年 9 月公安部召开了第四次全国公安会议，会议的《决议》明确指出：“对罪犯实行强迫劳动，是消灭反革命分子的一个重要手段，也是彻底改造犯人成为新任的一项基本政策。”“犯人生产，必须适应国家经济建设的需要，必须纠正和预防单纯营利，或与民争利，或与国家经济建设计划脱节的错误偏向，由部分自给逐步做到全部自给。”通过执行这一政策，全国用较短的时间解决了监狱人满为患的困难，不少监狱、劳改队在经济上做到了自给自足，既减轻了国家负担，又解决了罪犯坐吃闲饭的问题，并通过劳动全面有效地开展了对罪犯的劳动改造和教育改造，为我国劳改事业创出了新路子，为以后劳改工作的顺利进行奠定了基础，我国大规模的罪犯改造工作至此开始。

1952 年 6 月 23—30 日第一次全国劳改工作会议在北京召开，会议对贯彻执行第三、第四次全国公安会议关于劳动改造罪犯的决议和一年来取得的成绩做出了肯定，并对前期工作进行了总结。会议提出如下政策：对罪犯的改造工作本着“政治改造与劳动改造相结合”“惩罚与教育相结合”；管教工作“必须按罪犯类别、性质、刑期长短、悔悟程度和劳动表现等，实行分别对待”；“要使武装监护与群众监督、行政管理与狱内侦查工作相结合”；“要经常地系统地在罪犯中进行认罪伏法教育、劳动创造世界教育、时事教育、罪犯前途教育和生产知识的教育”。

1953 年 12 月 10—24 日第二次全国劳改工作会议在北京召开，会议讨论了《中华人民共和国劳动改造条例（草案）》《劳动改造罪犯刑满释放及安置就业暂行处理办法（草案）》等。这次会议认为，自第一次全国劳动改造罪犯工作会议以来，劳改工作取得了很大成绩，基本上解决了罪犯“坐吃闲饭”的问题，罪犯

---

① 参见郭建安、陈志海：《监狱生产管理体制改革》，《罪犯与改革研究》2002 年第 8 期。

经过劳动改造和思想教育，一般能低头认罪，积极生产，其中有不少罪犯已被改造成为技术熟练的劳动者。

2. 新中国监狱发展时期(1954—1980年)

1954年9月，政务院公布施行《中华人民共和国劳动改造条例》。以此为标志，我国监狱工作进入了初步发展阶段。《劳动改造条例》明确规定了我国监狱的性质、任务、组织机构，监狱工作的方针、政策，监狱的刑罚执行，改造罪犯的方法、手段以及监狱的经费等。《劳动改造条例》把我国监狱工作创建的成功经验用法规加以总结，使监狱工作及时、准确地纳入了法制的轨道。《劳动改造条例》第4条规定，“劳动改造机关对于一切反革命犯和其他刑事犯所实施的劳动改造，应当贯彻惩罚管制与思想改造相结合、劳动生产与政治教育相结合的方针”，强调对罪犯惩罚管制、强迫劳动生产和实施政治思想教育三者必须密切结合，不可偏废。“两个结合”的监狱工作方针，是监狱劳改工作实践与当时政治、经济形势相结合的产物。实践证明，贯彻执行这一政策，在当时既防止和纠正了忽视对罪犯实施惩罚管制的错误倾向，又防止和纠正了忽视实施政治思想教育的错误倾向，大大加强了对罪犯的思想改造工作，促进了劳改事业的发展，使劳改工作出现了新的局面，成功改造了大批罪犯。①

为全面贯彻落实《劳动改造条例》，第三次全国劳改工作会议于1955年9月在北京召开，会议对今后劳改工作做了全面规划和部署：(1)克服右倾麻痹思想，加强管教工作。(2)增强警戒力量，改善警戒设施。(3)改进留场就业工作，加强管理教育。自1955年下半年，新中国监狱工作出现了某些“左”的倾向。同时“三劳”会议提出对劳改生产进行全面规划：首先是根据中央关于加强同各种犯罪分子作斗争的指示，各地将有一大批新捕的犯人要投入劳动改造；其次是劳动生产在取得成绩的同时，在一些地区出现无计划、盲目性的弊端，需要对今后的劳改生产进行全面规划。会议决定在今后一定时期内劳改生产应以农业为主，并在供、产、销平衡的原则下，适当发展工业，同时对现有劳改单位进行全面规划，提高并发展生产，支援新建的单位。

第四次全国劳改工作会议1959年2月16—27日在北京召开，会议着重讨论了1958年的劳改工作总结和1959年劳改工作计划。第五次全国劳改工作会议1960年4月15—23日在北京召开，会议指出把大多数罪犯改造成为真正

① 参见张凤仙等：《中国监狱史》，群众出版社2004年版。

改恶从善、自食其力的劳动者是劳改工作的政治目的，劳动生产是改造他们的一种主要手段，物质生活的供给是劳动的必要条件，这三方面都不能忽视和偏废。第六次全国劳改工作会议 1964 年 7 月 6—18 日在北京召开，会议讨论了劳改工作中的若干问题，并在会议通过的纪要中明确提出"改造与生产相结合，改造第一，生产第二的"政策方针。会议决定今后犯人服刑期满，凡是原系重大反革命犯和重大刑事犯、惯犯，除了少数确实改造好了的以外，仍然应当留场就业，继续改造；对劳动人民出身的人民内部犯法分子和一般刑事犯，刑满后原则上应当释放回家。在此前提下，对刑满人员实行"四留""四不留"政策。

从 1960—1965 年期间，毛泽东对监狱工作的指示达 18 次之多，如"我们的监狱不是过去的监狱，我们的监狱其实是学校，也是工厂，或者是农场"；"对于反动阶级实行专政，这并不是说把一切反动阶级的分子统统消灭掉，而是要改造他们，用适当的方法改造他们，使他们成为新人"。第七次全国劳改工作会议于 1972 年 11 月在北京召开，会议推动了劳改工作的恢复、整顿，检查了前阶段劳动农场、工厂恢复整顿进展情况，总结交流了工作经验。会议提出加强干部队伍的建设，加强对犯人的思想改造，劳改工作必须坚持"改造第一，生产第二"的政策方针。"十年动乱"结束后，监狱工作进行了拨乱反正，能够正确对待犯人的权利和义务，坚持阶级斗争与人道主义相结合的原则，恢复了"给出路"政策。

3. 新中国监狱改革时期(1981—1994 年)

为了总结历史经验，规划今后劳改工作的开展，1981 年 12 月在北京召开了第八次全国劳改工作会议。这次会议回顾了新中国成立以来的劳改工作，肯定了成绩，总结了经验，确定了转折时期的工作任务，提出了加强劳改工作的措施。会议提出："正确执行改造第一，生产第二的方针政策；实行惩罚管制与思想改造相结合，劳动生产与政治文化技术教育相结合，严格管理与教育、感化、挽救相结合；组织好劳动生产，进行科学的生产管理；实行革命人道主义，把犯人当人看；各方面力量密切配合；加强劳改工作干部队伍的建设。"以第八次全国劳改工作会议的召开为标志，我国监狱工作完成了拨乱反正的历史重任，监狱工作进入了改革发展的新时期。

1982 年 1 月，中共中央《关于加强政法工作的指示》进一步强调："劳改场所是教育改造违法犯罪分子的学校。它不是单纯的惩罚机关，也不是专搞生产的一般企业、事业单位。""现在，劳动改造对象的情况，已经发生了很大的变化，大多数罪犯是劳动人民家庭出身的青年，是职工子弟，面对这个新情况，劳改工作更要强调坚持改造第一，生产第二的方针，注重改造。”1982 年 2 月，公安部下达了《关于对罪犯教育改造工作的三年规划》，明确规定，“组织罪犯学政治、学文化、学技术”，“须始终如一地坚持下去，真正当做学校来办，对罪犯进行政治教育、文化教育和技术教育，应当以政治教育为重点，三者密切结合，不可偏废”。1983 年，为了加强对劳改工作的领导，解决公安工作战线过长、任务过重的问题，经中央决定，劳改工作由公安部移交给司法部管理。司法部加强了对劳改场所办特殊学校工作的指导，有计划、有步骤地采取了一系列重大措施。在“严打”期间，狱内又犯罪形势严峻，从 1983 年第四季度开始，集中整顿了监管秩序，加强教育改造，发动坦白检举。

1985 年召开的全国司法厅(局)长会议提出，争取在三五年内基本上把全国劳改场所办成特殊学校。为落实这一要求，1985 年 6 月 11 日，司法部、教育部，劳动人事部联合发出《关于加强对劳改、劳教人员文化、技术教育的通知》，首次将劳改场所的办学工作纳入当地教育、劳动部门的统一规划之中。1987 年 4 月，司法部在云南昆明召开了全国劳改单位办特殊学校工作会议，总结经验，研究部署进一步办好特殊学校、不断提高改造质量、降低重新犯罪率的要求。为进一步巩固、提高办学质量，司法部于 1989 年 12 月制定印发《关于劳改场所特殊学校开展上等级活动的实施意见》，明确规定了特殊学校等级分为部级优秀特殊学校和省级优秀特殊学校两等，并对等级标准、考核指标、方法和申报审批程序，奖励办法做了规范，各地相继产生一批办学成果显著的单位，被命名为省级优秀特殊学校。1987 年 4 月，在全国劳改、劳教单位办特殊学校工作会议上，正式提出狱政管理要“体现依法、严格、文明、科学的要求”。1990 年 11 月以司法部第 11、12 号令发布的《监狱改造环境规范》《罪犯改造行为规范》，为监管改造环境和罪犯改造行为的规范化管理，提供了实施标准和操作规范。通过一段时间的试行，在认真总结各地的成功经验和不足之处的基础上，司法部于 1990 年 8 月制定下发了《关于计分考核奖罚罪犯的规定》，使计分考核奖罚办法得到改进和完善，对改进、规范罪犯考核工作起到了较好的指导作用。

4. 新中国监狱法治时期(1995 年至今)

1994 年，司法部提出了建设现代化文明监狱的战略目标。为了加快监狱法制进程，司法部经过多年的起草、调研、修改、讨论、完善，完成了《监狱法》草案的提交。1994 年 12 月 29 日，第八届全国人大常委会第 11 次会议审议通过了《中华人民共和国监狱法》。《监狱法》明确规定了监狱在执行刑罚、惩罚和改造罪犯工作中的职责。《监狱法》的颁布标志着我国监狱工作进入了全面法制化、规范化的轨道。

1995年2月，全国监狱工作会议在北京召开，会议以学习、贯彻《监狱》法，落实国务院4号文件为中心，就监狱工作面临的重大问题进行讨论，制定了新时期监狱工作重点和目标。会议提出要实现监狱工作的三个转变，要求在学习、贯彻《监狱法》中，必须做到思想定向，工作到位，质量达标，把创建现代化文明监狱作为今后监狱发展的总体奋斗目标，把认真落实监狱工作方针、努力提高改造质量作为今后监狱工作重点，把从严治警作为新的历史条件下适应监狱工作发展的主要任务。1995年2月国务院4号文件提出"惩罚与改造相结合，以改造人为宗旨"的监狱政策方针，为进一步推进监狱法制建设和依法治监，强化监狱职能起到了推动作用。1995年9月，司法部下发了《关于创建现代化文明监狱的标准和实施意见》，该意见提出：现代化文明监狱，是以比较先进、完善的监狱设施和健全有效的改造制度为基础，依法对罪犯实施科学、文明管理和教育改造，具有较高改造质量的场所。通过创建现代化文明监狱，全国大部分监狱步入了公正、廉洁、文明、高效的新型监狱管理模式中，大大推进了监狱工作法制化、科学化、社会化建设进程。1999年2月，在司法部召开的全国监狱工作会议上，司法部肯定了创建活动取得的成果，提出了今后创建工作要遵循坚持、总结、完善、提高的政策方针。

为了提高监管改造罪犯的能力，2002年司法部对全国监狱长进行全员集中培训，进一步研究监管改造罪犯治本之策。为了从源头上解决监狱工作存在的深层次问题，着力从监狱体制机制上研究解决问题，2003年1月国务院批转司法部《关于监狱体制改革试点工作指导意见》，标志着监狱体制改革正式启动。2007年1月，国务院印发了《国务院批转司法部关于全面实行监狱体制改革指导意见的通知》，决定从2008年在全国全面实行监狱体制改革。2008年，中央政法委强调指出，监管场所要把改造人放在第一位，通过创新教育改造方法，强化心理矫治，提高教育改造质量，真正使他们痛改前非，重新做人，要把刑释人员重新犯罪率，作为衡量监管工作的首要标准，确保教育改造工作取得实效。新时期中央对改造罪犯工作提出了新的要求。

司法部认真学习和坚决贯彻党中央、国务院关于监狱工作的重要指示精神，高度重视罪犯教育改造工作，对坚持监狱工作方针、提高罪犯改造质量作出了具体的部署。2008 年 10 月、2010 年 10 月、2013 年 5 月，司法部先后在河南，安徽，山东召开全国监狱教育改造工作会议，在全国监狱系统开展“教育质量年”活动，不断深化罪犯教育改造改革，不断加强罪犯教育改造工作。2014 年 10 月，党的十八届四中全会作出了全面依法治国的决议，明确提出“健全刑罚执行制度，完善刑罚执行体制”，这是党中央最高层对改革刑罚执行工作发出的最权威的声音、最明确的要求。

2018 年 6 月 28 日，经中央领导同志批准，司法部召开了全国监狱工作会议。会议要求全国监狱广大干警，要提升政治站位，牢牢把握新时代监狱工作的政治方向，始终坚持党对监狱工作的绝对领导，在政治立场、政治方向、政治原则、政治道路上，同以习近平同志为核心的党中央保持高度一致。要坚持总体国家安全观，坚决维护监狱的绝对安全稳定，强化安全底线思维，完善安全治理体系，重点加强监狱内部管理，创建全世界最安全的监狱。

二、坚持中国共产党领导的重要意义

1. 坚持党对监狱工作的领导能够永葆监狱工作的政治本色

监狱工作应该坚持以习近平新时代中国特色社会主义思想为指导，进一步教育监狱民警始终牢固树立“四个意识”，坚定“四个自信”，坚决做到“两个维护”，确保在思想和行动上同党中央保持一致。要积极探索、不断完善坚持党对监狱工作领导的实现形式，切实把党对监狱工作的领导贯彻到政治、思想、组织等各方面，落实到决策、执行、监督各个环节，确保党对监狱工作领导落到实处。要把党对监狱工作的领导作为最高原则。在事关监狱工作发展决策部署、全局规划和长远大计，主动向上一级党组织请示汇报。

2. 依法治狱是党领导人民刑罚执行领域的重要体现

依法治国是党领导人民治国理政的基本方略，也是坚定不移的奋斗目标，必须把监狱工作放在推进法治的大背景下来思考谋划，善于运用法治思维和法治方式开展工作、破解难题。一要带头践行法治。执行、维护法律法规是贯彻党的路线方针政策的具体体现，在监狱工作中，监狱及其广大民警要增强法治意识、弘扬法治精神，自觉按法定权限、规则、程序办事，做到带头守法、模范守法，坚决杜绝发生以言代法、以权压法、徇私枉法现象。同时还要把严格公正执法与理性文明执法结合起来，做到执法为民、公正执法，赢得广大罪犯及其家属的理解支持。二要建立健全制度体系。监狱应积极发挥专业优势，深入分析、超前研究监狱工作发展中的热点难点问题，根据法律法规和党的政策，结合实际建立健全监狱工作管理制度。三要积极普法。监狱要在民警和罪犯中积极开展与监狱工作相关的普法教育，一方面提高民警法治能力，避免民警因法律知识欠缺导致的知法犯法的悲剧；另一方面提高罪犯法律素养，使其积极遵守法律法规及监规，减少违规违纪行为发生。

3. 加强党的领导能够培育党员干部政治定力

监狱党委要认真落实抓队伍建设政治责任，坚持思想教育与制度建设同步推进，加强监督与严肃问责同向发力。要以习近平新时代中国特色社会主义思想为指导，遵循党章党纪，持之以恒教育党员干部警示和约束自身。要扎实推进党支部规范化建设，充分发挥党支部的政治功能，把党的政治纪律和政治规矩贯穿于党员教育管理的全过程，使干部在经常性的组织锤炼中造就坚强的党性和组织观念，自觉做到思想上认同组织、政治上依靠组织、工作上服从组织、感情上信赖组织、行动上维护组织，对党忠诚、为党分忧、为党尽责、为民造福，确保党对监狱工作绝对领导这一根本原则落实到监狱工作全过程各方面，确保监狱工作与始终坚持党的领导，始终与人民群众想在一起、干在一处。

4. 发挥监狱党委领导作用能够提高治理能力现代化水平

监狱党委在日常开展监狱工作中，应当把握好方向，管好大局，抓好落实，发挥好党的领导作用。当前随着监狱的押犯构成日趋复杂，累惯犯和病犯数量增多，加上老百姓对监狱工作的期望和民众监督不断加强，这些都对维护国家政治安全、确保监狱安全稳定、促进刑罚执行公正和提高罪犯改造质量提出了新的挑战。要顺利应对新挑战，监狱党委必须要在监狱日常工作中发挥好核心职能和领导作用，将监狱局党组的各项指示精神和党中央相关法律法规落实到位，制定符合监狱实际情况和管理制度，加大力度夯实责任。一要围绕在党中央周围，坚决做好监管改造工作。监狱是刑罚执行机关，是惩治犯罪的关键环节，在社会治理中处于特殊位置，维护监狱的安全稳定是做好其他工作的前提。目前维护监狱安全稳定的工作目标已从维护监狱自身安全向维护促进社会稳定大局方面拓展，监狱的安全稳定已从追求无罪犯脱逃、无重大狱内案件、无重大安全生产事故、无重大疫情的目标，转向了让罪犯“不想跑”“不愿跑”，将罪犯改造成为守法公民的本质安全。因此，要始终牢记“监狱机关是政治机关、政治阵地，监狱警察是纪律部队”的要求，坚持党对监狱工作的绝对领导，要引导广大民警牢固树立安全稳定意识，继续推进四防建设和智慧监狱建设，加强日常检查和专项治理工作，强化罪犯生活卫生工作，建立联防联控机制，高度重视生产、消防安全，按要求落实刑满释放人员的衔接制度，合理安排安置帮教工作，做好舆情管控工作。要体现监狱职能，始终牢记“改造罪犯是监狱工作的根本宗旨”，全力确保监狱的安全稳定。二要做好政治斗争，端正工作态度。监狱的安全关系国家的总体安全，在当代中国，维护国家政治安全集中表现在对外保持中华人民共和国的主权独立和领土完整，对内坚持党的领导、社会主义政治制度、人民民主专政和社会政治秩序稳定、马克思主义意识形态的主导地位。三要促进司法公正、严格刑罚执行。当前我国的社会主要矛盾已经转化为人民日益增长的美好生活需要和不平衡不充分的发展之间的矛盾，监狱刑罚执行不仅要实现结果公平公正，而且要实现程序公平正义，因此监狱党委要教育引导民警们树立法治思维，恪守职业操守，严格执法标准，严密执法步骤，把所有刑罚执行案件都办成经得起时间检验的铁案。监狱工作要在新时代改革发展的进程中，坚持以习近平新时代中国特色社会主义思想为指导，始终坚守安全底线，严格公正执法，践行改造宗旨。要以党的政治建设为统领，全面深化监狱工作改革，不断完善中国特色社会主义监狱制度，努力开创新时代监狱工作新局面，为夺取新时代中国特色社会主义伟大胜利、实现中华民族伟大复兴的中国梦作出新的更大贡献。

发展变迁

1940年后苏北解放区监所发展史记

陶新胜*

1938年11月，中共六届六中全会确定了“巩固华北、发展华中”的战略方针，为加强党对华中工作的领导，设立中共中央中原局。中原局华中战略任务是大力开展苏北抗日游击战争，建立革命根据地。1940年5月，黄克诚奉命率八路军第二纵队第三四四旅和新编第二旅共1.2万余人，由冀鲁豫根据地南下，配合新四军开辟苏北抗日根据地。10月10日，八路军第五纵队南下占领盐城，并与北上的新四军陈毅部在盐城、东台之间的白驹镇会师，使苏北敌后抗日根据地联成一片，15日建立盐城抗日民主政府，开辟了华中最大的一块抗日根据地。1940年11月17日，按照中共中央指示，华中新四军、八路军总指挥部在苏北海安成立，统一对华中八路军和新四军的领导，随后，华中总指挥部迁到盐城，盐阜地区成为华中抗战指挥机关所在地。1941年1月25日，新四军军部在苏北盐城重建，随后相继成立了中共盐阜区党委、盐阜军区、中共淮海区党委、淮海军区和淮海、盐阜区行政公署。①至1945年10月苏皖边区政府②成立。根据地内，各县级民主政权先后建立。为了适应革命斗争的需要，各民主政府都设立了法庭、公安局和监所等机构，用以“惩治汉奸、国民党反动分子与地主恶霸”③。

---

* 陶新胜，江苏省无锡监狱四级高级警长，副研究员。

① 1941年9月，中共中央华中局决定统一盐阜地区的行政领导，成立盐阜区行政公署，驻地为陈集镇大刘村。1945年7月，苏北抗日根据地成立了统一的抗日民主政权——苏北临时行政委员会，盐阜区行政公署改为苏北盐阜分区专员公署，先后下辖盐城、建阳、盐东、阜宁、阜东、滨海、淮安、涟东、射阳等9个县级政权。

② 苏皖边区：1945年10月，苏北、苏中、淮南、淮北四个解放区的参议会、行政机关负责人及本分地方开明人士在淮阴举行联席会议，决定成立苏皖边区政府。11月，苏皖边区政府在清江（今淮安市内）正式成立，下辖8个行政区，73个县市（其中，江苏50个县市，安徽20个县，河南3个县）。这是中国共产党在苏皖边区建立的民主联合政府，是苏皖边区临时行政委员会的政务机关。1946年9月，苏皖边区机关撤离淮阴，1947年11月华中行政办事处成立，苏皖边区政府正式撤销。边区政府曾颁行《施政纲领》，颁布《没收汉奸土地放领办法》《惩治叛国罪（汉奸）暂行条例》等民主法规，并建立了司法制度，实行人民公审。

③ 参见杨习梅主编：《中国监狱史》，法律出版社2016年版，第265页。

一、苏北监所的形式与发展

在抗日战争、解放战争期间，中国共产党在苏北地区领导并建立了根据地民主政权。县政府内设司法科，具体办理司法、监狱事宜。县公安局设保卫科管理看守所。有时，监狱与看守所合二为一，已决犯与未决犯混押。但由于战事频繁，民主政权驻地不固定，监狱、看守所建设与管理也处于频繁变化之中。

1. 监所建设

自1940年始，八路军、新四军根据中国共产党深入敌后开展游击战争的指示，分别进入苏北、徐淮、盐阜、通如、启海和苏南茅山地区。为巩固政权和保卫根据地，先后出台了一些刑事、治安条例，打击敌对势力和破坏活动。1945年9月，苏中区发布了《苏中区惩治战争罪犯及汉奸暂行条例》；1946年6月，苏皖边区发布了《苏皖边区危害解放区紧急治罪暂行条例》；1947年1月，苏皖边区第一行政区①发布了《破坏解放区革命秩序治罪办法》，为监所的建立和运行提供了法律支撑。但由于斗争处于十分激烈状态，没有建立固定的监狱或看守所。抗日战争胜利后，国民党大举向苏北解放区发动进攻，各级政权全部受到破坏。这一时期，苏北监所建设的主要形式分为区县独立的监所、县联合监所。抗日战争和解放战争时期，苏北监狱很少，关押已决犯和未决犯的最主要机关是看守所，看守所兼有监所合一的性质，在根据地监所体系中占有特别重要的地位。②1948年，解放军进行反攻，苏北地区大部分解放，分别建立行政区、地区、县级人民政权。在加强原有监所管理的同时，开始组建劳动改造队③和新型监狱，先后接管和组建了六所监狱。其中1948年6月接管徐州监狱；同年7月建立盐城监狱。1948年8月于台北县南阳镇组建泰州监狱，1949年4月迁往

---

① 苏皖边区第一行政区又称苏皖一专区(署)。1945年11月22日，苏皖边区政府决定中共苏中第三、第四地委合并改组为苏皖边区第一行政区专员公署，简称苏皖一专署。12月1日苏皖一专署正式成立。驻地如城(今如皋市政府所在地)，下辖如皋、如东、紫石(今海安)、南通、东南(今海门、启东)、崇明、泰县(大致为今泰州市海陵区及姜堰区)、泰兴、靖江、东台、台北(今大丰)等12县。1946年8月，划出通州、如东、海门、启东4县，设立苏皖边区九专署，1947年11月华中行政办事处成立，苏皖一专署改称华中第一行政专员公署(简称华中一专署)，1949年4月，成立苏北行政公署，华中一专署改称泰州专员公署。

② 参见薛梅卿、黄新明:《中国革命根据地狱制史》，法律出版社2011年版，第21—24页。

③ 就当时的形势来说，劳动改造队是不同于一般监所的一种创新组织，是弥补监狱看守所执行徒刑、教育改造罪犯的较好形式，并在新中国成立后延续发展为我国监狱组织形式和改造罪犯的有效方式(参见薛梅卿、黄新明:《中国革命根据地狱制史》，法律出版社2011年版，第35页)。

泰兴县黄桥镇，更名为黄桥监狱。1949 年 4 月组建苏北监狱（驻址高邮），7 月又筹建南通监狱，9 月建立淮阴监狱。

2. 监所特点

由于战时环境所迫，政府随时处于流动状态，各监所跟随政府机关或者军区机关一起转战在各个地区。监所的建设、管理，以及对犯人的教育改造也处在不断的变化之中。尤其是对犯人的监管和教育改造，都带有应急的特征，战事紧急时，监所经常将罪行较轻的犯人就地遣散。直到解放战争后期，随着根据地逐渐巩固，监所开始固定。战时根据地监狱的主要特点如下：

第一，经常流动。各根据地长期处于频繁战争的严酷环境之中，由于敌我势力犬牙交错，“围剿”与反“围剿”是战争的主要态势，没有绝对稳定的安全区域，尤其是在游击区，更难以建立常态化的监所，流动性、游击性成为监所的常态。由于经常迁移的需要，为了缩小目标，减少危险性，犯人不加戴戒具，人数不能过多，转移的主要是重罪犯人，临时住宿主要是征用民房。抗日战争和解放战争时期，邳县民主政府无固定驻地，公安机关设流动监房，配备武装看押班，先后随政府迁徙邹庄、铁佛、岔河、戴庄、连防等村，就地借用民房关押人犯。

第二，供给不足。在战时环境下，根据地生产难以正常开展，又时时遭遇敌人的掠夺、摧毁，以及自然灾害的侵袭，物资匮乏，经济困难严重。各县只能根据实际需要筹备粮款经费。1942 年 10 月 7 日，盐阜区行署通令发给特别津贴（司法人员家境贫寒者），典狱长每月支 80 元。1946 年 5 月，为改善监所条件，盐城县民主政府拨款建筑模范监狱 23 间。但各县财政经济工作的中心任务是保障抗日队伍的供给，除了维持政府开支、优抚抗属以及数量众多的外来非生产人员的生活外，各县监所囚粮与物资供给并不保证。

第三，管理困难。除了战时环境造成的监所不固定、不安全等不利因素外，根据地监所关押的犯人类型也很复杂。除了土匪、恶霸、盗抢等普通刑事犯外，还有大量的敌伪犯、汉奸和烟毒犯等。由于没有固定监所，也没有配备足够的警戒武装，在管理人员数量有限的情况下，这些混居的犯人随时都会有破坏、逃跑、行凶、哄闹、暴狱的危险，而经常性的迁移，也不利于对犯人开展有效的教育转化，监所管理异常困难。

第四，狱政艰难。当大敌当前，危机重重，甚至根据地的生存都时时面临危机的情况下，许多方面的工作都难以开展，政策也难以持续贯彻执行。狱政管理工作相较于战争、生产等紧迫工作，其所受重视不足，所得到的经费和物资都十分微薄。县政权对司法工作重视不够，司法处或司法科对下设的监所缺乏有效的领导，致使一些监所放任自流。故而，监所狱政制度及其管理在革命原则和人道原则大方向下，应急应需而造，各行其是。这是动荡时期客观的必然现象。①

3. 各县监所具体情况

抗日战争和解放战争期间，受胜负和进退影响，中国共产党在苏北政权建立处于不稳定状态，作为维护政权统治的机构，监所也随同政权存续和进退。

1940年9月，泰县抗日民主政府设保安科维持社会治安，下设秘书、侦查员、审讯员，辖看守所。

1940年10月5日，东台县成立抗日民主政府，10月29日，阜宁县成立抗日民主政府，县长兼理司法，县政府内设司法科，具体办理司法、监狱事宜。

1940年10月5日，盐城县成立抗日民主政府，县长兼理司法，县政府内设司法科，具体办理司法事宜。

1941年，泗沭、泗阳、淮泗三个县级民主政府均设有看守所，因处于战争环境，县政府流动于农村，均借用民房作临时监所。

1941年，盱眙县抗日民主政府保安分处设看守所，借用民房关押人犯，没有定址。

抗日战争和解放战争时期，东海县民主政府看守所没有固定地点，监房多系临时租用民房。

抗日战争和解放战争时期，邳县民主政府无固定驻地，至1949年，在县人民政府驻地邹城设看守所，有房21间、管理人员4名。

涟水县抗日民主政权建立后，借用民房关押人犯。涟水、涟东两县合并后，在国民政府旧监所设立看守所，置所长1人，看守若干，有监房22间。

1941年，灌云县公安局设看守所。1943年，灌云县抗日民主根据地公安局看守所借用民房，男女人犯分管，犯人入所不得随便搜身，由所长检查。

1941年12月，抗日民主根据地海陵县公安局设看守所。

1942年4月21日，中共成立射阳县。之前，境内没有监狱，有犯人则临时羁押某处，再解往盐城、阜宁关押。1942年6月，县建立看守所，没有固定地点，随战事转移。是年7月，随县政府、公安局一起进入陈洋镇，设在公安局旁。有监房四五间。1948年5月27日，国民党部队“扫荡”，看守所紧急转移，“扫

① 参见薛梅卿、黄新明：《中国革命根据地狱制史》，法律出版社2011年版，第36页。

荡”结束后，返回原地。

1942年5月，淮安县抗日民主政府保安科增设看守所，建立收押、劳役、提审等制度，对人犯进行遵守监规教育。

1945年1月，淮海区抗日民主政府看守所设立，无固定所址，设看守长1人，看守员为部队战士。

1945年1月，中共淮海行署保安处始设看守所。其时所用房屋皆借用民房，且随战争变化，随时迁移，无固定所址。各县也设看守所。

抗日战争和解放战争时期，高邮县抗日民主政府和县政府在农村设立流动性监房，1946年曾在县城设过监狱。

1948年11月，新海市公安局审讯科设拘留所。

1948年12月，淮阴解放，苏皖边区第六行政区和两淮市各设看守所一处。1949年3月，市看守所更名为淮阴县看守所。

1949年7月，竹庭县(今赣榆县)公安局设看守所。淮阴县抗日民主政府保安科(后改为公安局)设看守所，无固定住所。

1949年苏北行署在台北县境内建立苏北第一个监狱——燕城监狱。

二、苏北监所的管理

1940年苏北华中抗日根据地建立后，各抗日民主政权的监所尚在初创时期，无固定驻址，无固定管理人员，并且由于财政困难，除重要案犯外，一般犯人管理处于较为松散的状态。战事紧急时，一般犯人有时就地疏散。1946—1948年，苏皖边区对于判决的徒刑犯都交给县监所或者劳动感化院监管，一般劳役犯则交村执行。[①]1948年开始，随着苏北地区解放进程的加快，监所管理逐渐规范。1949年，苏北人民法院为了统一各监狱(劳动改造队)的监管制度，特制定了通信、接见和家属留宿制度，以及在押犯人请假制度等管理制度。

1. 监管

(1) 管理机构

1940年后苏北抗日根据地和解放区的监所受当时政权建设、财政状况、战

---

① 参见中国监狱工作协会编:《新中国监狱工作五十年(1949.10—2000)》,法律出版社2019年版,第9页。

争等因素的影响,地址不固定,管理机构不健全。执法机构的职责主要是维护政权,打击敌人,支援战争。大多数县政权建有法院、司法科和公安局(保卫科)等,地方党委还建有社会工作部,军区设有保卫机关、执法队。不同时期,监所由不同的执法机关领导。大部分区设保安处,抗日民主政府县长兼理司法,内设保安科或司法科,具体管理监狱事务;公安局或保安科(有的公安局内设保卫科)管理看守所事务。1948 年以后除苏北监狱外,苏北其他各监均分属各地区中级人民法院管辖。

(2) 管理人员配置

监所管理人员根据战争状况而定,管理人员变动频繁,大部分监所管理人员不足。一般监所设所长或者典狱长一人,看守人员很少,常年两三人,多时四五人。1943 年 9 月,苏中区第二行政区看守所只设有所长和执法员,"设执法员一班,直接受看守所长指挥,执行看守及拘捕之任务"①。1945 年中共淮海行署保安处看守所设看守长 1 人,看守员由部队负责。1947 年 11 月,苏皖边区政府撤销,各县均不设看守所长,由各县政府警卫连选一排长兼任。1947 年 12 月,第六行政区和两淮市看守所设所长 1 人、事务长 1 人、提审员 1 人。1949 年底,盐城县看守所配备正、副所长各 1 人,会计 1 人,看守干部若干人。1949 年,苏北行政区五所监狱(徐州由山东省管辖)总计干部编制名额为 56 名,其中苏北监狱 20 名,其余四所地区所属监狱,干部编制名额各为 9 名。干部在各级政府司法、民政及公安部门中抽调。

(3) 警戒(看押)

各县看守所由县大队的执法队担任,监狱则由各军分区派出武装负责警戒。1940 年 9 月,泰县设保安科管理监狱,下辖一个武装连。1948 年 7 月,中共淮海行署命令:乡无看押权,需随捕随送县关押,不得擅自羁押。并强调:各县政府、监所等不得私设小牢,暗用肉刑等违反政策行为。1949 年《苏北行政公署训令》对监、所、警卫、业务等事项作了分工,其第 2 条规定,监所警卫武装建制领导、军事及政治教育、供给关系等属于公安局,看守业务上的指挥属于监狱;看守所的行政领导属于公安局,但对司法案件、看守业务上的教育指挥属于同级法院。②是年,

① 韩延龙、常兆儒编:《根据地法制文献选编》(第三卷),中国社会科学出版社 1981 年版,第 512 页。

② 参见韩延龙、常兆儒编:《根据地法制文献选编》(第三卷),中国社会科学出版社 1981 年版,第 581 页。

沛县看守所由县公安队 6 个武装班负责看押。

2. 狱政

根据有关法令，明确监狱是专政工具、管制改造犯人的场所，因此各监狱各自制定监规制度、犯人守则和奖惩办法。苏北各监所均有对犯人的收押、监管、教育，改造与生产工作制度。盐阜区第一届司法会议规定犯人在监狱的监护下，生活上准许实行自治，禁止打骂、克扣囚粮与利用犯人压犯人的行为。

(1) 生活

为贯彻惩罚管制与劳动改造的精神，体现革命人道主义的原则，对犯人劳动时间、伙食供给标准、生活卫生要求都作了规定。如劳动时间为 10—12 小时；伙食供给标准，对参加重体力劳动的犯人，得视情节增加口粮；一般犯人每月应予剃头一次、洗澡 1—2 次(从事重体力劳动者酌情增加)。

(2)物品管理

家属送来物件须经检查。属于必需的日用品或被、服、鞋、袜等，准予交案犯使用，金钱交监狱代为保管，其他各物不准携带入监。如有未经检查的物件或书籍、文具等私自带入，得视实际情况予以没收。

(3) 物资保管

不是必需的物品及金钱(在旧人民币 1 000 元以上者)一律由监狱代为保管并给收据(两联单)，案犯如欲动支存款购买必需用品，得视需要每星期准予动支一次。

3. 通信与接见

(1) 通信

犯人发出与收到信件、书报等均须经管教科(股)审查后始得封发与阅览。发出信件每月不超过二次。

(2) 家属接见

凡案犯家属、亲友来监探望者，均须事先登记，经主任或管教科(股)长批准后在一定时间内接见，并指定专人监视。规定每人每月接见一次(特殊情况例外)。接见时谈话不得用隐语、手势或外国话。一次接见时间规定 30 分钟，特别需要延长时间者，应经主管人批准。

(3) 家属留宿

为照顾案犯之夫妇关系，在劳动改造队犯人已服刑六个月、从事劳动一贯表现积极，对罪行已有悔改者，其配偶(夫或妇)来监探望，得视情况准予留宿，每次不超过二天，每年只准许一次，膳食自理。

4. 请假

(1) 生产假、临时假

一般刑期在3年以下且其刑期已执行1/3，群众不大痛恨又无逃跑之虞的案犯，如确因家庭困难缺乏劳动力的，在农忙期间或其家中有重大事故（如死人、火灾）非其回家处理不可的，准予给生产假及临时假，生产假每年不超过二次，每次在家不得超过十五天。临时假每次在家逗留不得超过五日。

(2) 病假

从事劳动生产的案犯因病不能劳动者，由医务员证明，经生产科（股）长批准休息时间；孕妇产前产后准假60日；病情严重经医务员证明在监确属无法治疗者，经主任批准得准予给假。

三、苏北监所的教育改造

1934年1月，毛泽东在第二次全国苏维埃代表大会的报告中强调："苏维埃的监狱对于死刑以外的罪犯是采取感化主义，就是用共产主义的精神与劳动纪律去教育犯人，改变犯人犯罪的本质。"苏北抗日根据地、解放区在开展监所建设的同时，召开司法工作会议，总结司法与监所工作经验，提出教育为主、教育与生产劳动相结合、管理教育生产三项工作有机结合等监所工作方针，逐渐形成了监所工作的理论与政策体系。①

1. 教育改造制度

1940年后，劳动改造已逐渐成为监所主要工作之一，教育与生产劳动相结合成为监所事实上的教育改造方针。盐阜区第一届司法会议规定强调指出要组织犯人学习：学习内容分政治、时事、文化、劳动技术等，视不同对象施以不同教育，在方法上分一般教育和个别教育，并规定从事劳动的犯人每日学习2小时，禁闭的犯人每日学习4小时。1941年10月，中共盐阜区保安处印发有关文件，指出要关心犯人生活、卫生和思想教育，促其认罪伏法。1948年中共中央社会部公布《监狱管理》，要求进一步加强监狱管理和教育。1949年，苏北人民法院制定监狱（劳改队）奖惩办法，向犯人公开宣布。

---

① 参见杨习梅主编：《中国监狱史》，法律出版社2016年版，第265页。

2. 奖惩制度

苏皖边区政府成立后，苏北监所管理得到进一步加强，对犯人的奖惩以教育为目的，但对犯人的教育改造仅限于政治、思想、形势政策教育和简单、不持续的手工劳作。1948 年后，随着解放区的扩大，各级政府着手接管、改造原国民党旧监狱，建立新的监狱制度，积极推行劳动改造。为了鼓励犯人在劳动改造中思想进步，树立正确劳动态度，制定了较为规范的奖惩办法。

(1) 立功

立功分特、一、二、三等。立功条件为 10 条：思想进步，对所犯罪行能有深刻认识，并能继续坦白罪行决心改悔，且帮助别人；吃苦耐劳，有正确劳动观点，工作一贯积极负责从不偷懒取巧；服从领导听指挥，遵守监狱规则，不破坏制度；生活紧张，遵守作息时间，不自由散漫；爱护工具，从未破坏公物；从来不发牢骚，不讲鬼话，对人态度和气，没有和人闹过纠纷和意见；能在劳动中创造技术，主动灵活，想办法克服困难，完成任务；起带头作用影响别人，能帮助别人工作的；遵守群众纪律；捉拿或报告逃犯与破坏分子，因而未出事者。

做到各款全部者为特等功，做到九条者为一等功，做到八条者为二等功，做到七条者为三等功。连续三个月全组未发生逃跑现象及破坏监狱规则和各项制度者，得视具体情况立功。特等功减少执行期 6 个月；一等功减少执行期 4 个月；二等功减少执行期 2 个月；三等功减少执行期 1 个月。减少执行期至一定程度时得由监狱参酌实际情况呈请同级法院予以假释。

(2) 惩罚

有下列各款情况之一者，得根据其程度之轻重，予以批评、记过、判刑等不同处分：思想落后，所犯罪行不能深刻认识、无改悔诚意者；预谋逃跑或组织犯人逃跑者；造谣破坏影响劳动生产者；颠倒是非，造成纠纷，组织小团体或派别，拉拢、打击别人，抬高自己等；破坏公物者（损坏公物用具及一切公家东西在内）；工作一贯是投机取巧、偷懒装病不劳动者；不接受批评、教育、错误屡犯不改者；对人抱有成见企图报复者；私自买卖物品，收发信件、接见家属，破坏监狱规则者；发现他犯有过错隐瞒不报，同流合污者；偷窃他人物品者。

(3) 惩罚办法

对于过错的处理办法如下：批评、小组会或大会公开批评；记过、反省检讨、提出以后纠正办法及保证；禁闭；触犯法律法规的呈请法院判刑。

同时规定，先立功后记过者功过抵销，先记过后立功者除前过予以抵销外，仍酌情记功。每3个月评功检过一次。但对于有思想落后、所犯罪行不能深刻认识、无改悔诚意者;预谋逃跑或组织犯人逃跑者;造谣破坏影响劳动生产者三项的处分,由犯人民主讨论处理意见,监狱批准执行。

四、苏北监所历史经验的弘扬

苏北监所是在中国共产党领导下的抗日民主政府、解放区民主政府的重要组成部分,其建立和发展的依靠是中国共产党的政权组织和组织领导。党的宗旨和革命目标是监所建设与发展的中心任务。从其创建开始,所承担的职能即是打击敌人、维护政权和保障根据地人民的利益。在中国共产党的领导下,苏北监所由小到大,由分散到集中,狱政和执法逐步规范,监所管理始终与党的意志、政府政策和革命斗争的形势需求保持高度一致。党在革命斗争和政权建设各个阶段的思想意志和政策措施始终贯穿于监所建设与管理的全过程。苏北监所建设的历史经验对于新时代高质量建设现代监狱有着极其重要的借鉴意义。

1. 始终牢记监所的政治属性

从苏北抗日战争和解放战争时期监所设置的需求和工作任务来说,抗日民主政权和解放区政权的性质决定了监所具有人民民主专政的属性。这是监狱存续历史规律性的必然,也是中国共产党革命和建设的历史使命的应然结果。监所执行革命专政任务"这种监所本质的新鲜定性,在中国监狱史上甚至中国历史上就是一次政治巨变"①。在和平时期,监狱承担镇压和打击反动势力、敌对破坏行为的任务有所下降,但维护政权稳定、实行人民民主专政的属性并未改变,不能被本质任务的外在表象所混淆,必须始终如一地坚持中国特色社会主义法治和中国特色文化下的监狱职责,心无旁骛,完成好监狱的政治职能。

2. 始终厘清当下的主要任务

监狱的职责决定了监狱的主要任务的一脉相承。但监狱任务的主要方面却随着战争形势发展和政权建设需求不断变化。不同时期,监所配合民主政府的刑事政策为革命发展和政权建设发挥积极作用。抗日战争阶段,苏北监所的任务是惩治汉奸、国民党反动分子与地主恶霸;解放战争时期,打击帝国主义、封建主义、官僚资本主义及其反动阶级,维护革命政权,保护革命人民财产,严

---

① 薛梅卿、黄新明:《中国革命根据地狱制史》,法律出版社2011年版,第46页。

厉惩治贪污犯罪分子则是监所的第一使命。习近平新时代法治思想为监狱工作指明了方向，监狱在新时代的任务即是提高行刑质量，实现社会公平正义。这是党和国家实现社会法治的需要，实现高质量发展的需要。监狱一切工作必须围绕这个任务的主轴来转。所有非必要的与行刑业务无关联的活动应当被拒绝在监狱治理的大门之外。

3. 始终坚持实事求是的工作原则

初创时期的苏北监所，未决犯、已决犯和反革命犯、一般刑事犯混合关押，管理简单粗放，同时为了适应战争的需要，监所处于流动状态。为了管理好罪犯，监所坚持实事求是的工作原则，灵活机动地实施多种行刑方式。针对不同时期的不同罪犯，创造了多种契合实际的狱政制度和管理方法。如，实行回村执行、保外服役、战时分遣、保回耕作、放春秋耕作假等，为没有固定驻地、缺乏监管力量的监所管理注入了活力。新时代监狱治理，更需要对实事求是原则的坚持和深化。必须厘清新时代法治社会中监狱的社会角色及其角色职能，不任意扩大监狱的职能和职责，不追求监狱职责以外其他社会职能部门的法定任务，依照法律规范在法定范围和法定程序中，一心一意实施监狱职能要求，把监狱职能做好。

4. 始终保持与时俱进的工作态度

监狱职能决定着监狱的职责，监狱的职责反作用于监狱的职能。监狱作为职能部门是国家层面的上层建筑，而其职责则是实现职能的必然要求。职责的实施需要有正确的政策、理论和方法。苏北监所从初创时期的简陋管理到解放战争后期的比较正规化的管理，经历了自我创新、自我革命的艰难历程。在这一过程中，惩罚与教育感化相结合、废止一切肉刑、强制劳动改造给出路的政策和方法在革命实践与探索中逐步形成并固定下来，成为新中国监狱行刑的基础。新时代的现代监狱，其职能除了执行刑罚任务，更重要的是实现改造人的思想和目的。改造人是政策与技术的集合体，单纯的单个技术无法从根本上完成现代监狱行刑与改造任务，需要在坚持中国文化传承、继承和发扬历史经验技术的基础上，学习和借鉴各种技术，综合运用于现代监狱行刑过程。

新中国监狱的"以人为本"

丁祖胜*

回眸新中国监狱的建立、发展和法治历程，从无到有、由弱渐强、由强成优，取得全世界刮目相看的业绩。系列方针政策法规出台、体制改革创新、布局调整优化，解决了监狱是什么、有什么、要什么的问题；刑罚执行完善、狱政管理强化、劳动改造优化、教育矫治质化，解决了监狱怎么做、做什么、要做好的问题；队伍建设跟进、理论探索创新，确保了司法特色、示范作用和法治引领。

一、树立丰碑，"三类旧人"塑"新人"的质变，是新中国监狱工作特定时代的特殊业绩

（一）日本战犯的改造，体现了中国监狱刑罚罪责分明，国际人道主义精神以及对世界和平本质上的维护和捍卫

1. 从罪不可恕到"三个保障"

侵华期间，战犯们共杀害中国平民和被俘人员 85.7 万余人，烧毁和破坏房屋 7.8 万处 4.4 万余间，掠夺粮食 3 700 多万吨、煤炭 2.22 亿吨、钢铁等金属 3 000 多万吨，严重侵犯中国的主权完整，极大地伤害中国人民，无底线践踏国际法。但在抚顺战犯管理所，"保障人格不受侮辱，保障生活条件，保障身体健康"，三个保障执行到位。对于当时内战刚结束，粮油米面棉麻布等处处紧张，供应不上，中国监狱的做法，令全世界敬佩和尊重。

2. 从囚徒身份到优待礼遇

中国监狱司法水平，处处时时体现在"治病"救人，优待前所未有。卫生健康上，周洗热水澡、月理发、定期体检；受伤致残的安装假肢。精神文化生活上，开展丰富多彩的文体活动，不让囚徒与社会脱节，不把战争之罪无原则惩戒在

---

* 丁祖胜，安徽省白湖监狱管理分局教育改造科科长，四级高级警长，高级工程师，文创二级。

战俘身上。在食物量供应上，战犯们高出当时普通中国百姓好几倍，一日三餐，顿顿细粮，管教人员每天只有两餐，主食多为“窝窝头”。会吸烟者，每人每月提供黄烟半斤或纸烟一条。唤醒良知的有效做法，在特定的历史时代，起到了特殊功效。

3. 从泯灭人性到复苏感恩

一是集体被感化。少数战犯不相信共产党的优待政策，认为是说一套做一套。在地里劳动时，自以为管教干部的午餐一定比他们好，当发现竟是玉米面做的“菜团子”，不如他们所吃的时，战犯们顿时感慨万千。二是个体被感动。行走不便的残疾战犯，医护人员背着，长此以往，战犯号啕大哭自我醒悟。三是自发忏悔。战犯们自发组织“战犯学习委员会”，开展关于“中国革命经验”的教育，把平整场地时挖出一个被子弹打穿的少女头骨当作教材，进行自我教育，忏悔罪行。四是崇敬认可中国司法。中国政府与中国人民的海量胸襟，令坚冰融化、顽石点头，在伪满抚顺典狱做过10年典狱长的大村忍说：“现在，我们的人格受到了尊重，谁知我们竟是当年的杀人魔鬼！凭着人起码的良心，我们要走正路，不再犯罪，重新做人。”

4. 从不能理解到“抚顺奇迹”

一是中国政府向世界创造的“奇迹”。按照当时量刑标准，至少有上百名日本战犯应受到极刑。中国政府宽宏大量，客观辩证地看待战犯与战争、反法西斯和实际受害者关系，对那些被蒙骗、被蛊惑洗脑、充当战争机器的战犯，最终只对45人予以判刑，许多人不能理解和接受，但最终敬畏和盛赞。二是战犯向中国人民真诚忏悔是“奇迹”。最高人民法院对曾担任高级职务的日本战犯进行公开审判，法庭上出现了罕见一幕：所有受审战犯，无一人否认罪行，无一人要求赦免，相反却痛哭流涕地鞠躬或下跪，请求中国人民严惩，被国际史学界惊呼为“抚顺奇迹”。三是中国监狱的成功改造是“奇迹”。有罪认定，宽大处理，中国共产党和中国人民的人道主义，区别对待和维护世界和平的担当，将日本战犯成功地改造成“和平反战、促进友好”的一支重要而活跃的力量。

（二）国民党战俘的新旧社会成功转化，见证了中国监狱国之大器新征程

1. “宽待俘虏”，始终坚持的原则

在华东，陈毅是贯彻执行的楷模。戎马倥偬中，只要有可能，他都要亲自接

见被俘的国民党高级军官，嘘寒问暖。辩证看待历史，体现中国共产党的宽宏大度，中华民族一家亲，视敌人为朋友，请为座上客，不嫌弃、不抛弃、不镇压。

2. "优待政策"，我党实施教育改造的基本手段

据资料记载，在高俘团，工作干部吃大灶，战俘们则吃中灶，星期天还单独加菜，不仅能经常吃到肉、蛋、鸡、鸭、鱼，有时还能吃到青岛运来的海产品，还供应香烟和水果。被俘军官们可以在划定的范围内自由散步、交谈，中将以上高级被俘军官还集中住独院(民房)。他们还可以到附近街市上购买东西，也可以用自己的钱改善生活。

3. "特殊接见"，党中央予以战犯的政治待遇

1959 年 12 月 4 日，国民党头等战犯杜聿明和王耀武等十人被特赦。十天后，曾任黄埔军校政治部主任的周恩来在中南海接见了他们。杜聿明面露愧色地对周恩来说："学生对不起老师，没有跟着老师干革命，走到反革命道路上去了，真是有负老师的教导，对不起老师。"周恩来微微含笑，摇摇头说："不能怪你们学生，我这个老师没有把你们引导到正确的道路上去，我也有一定的责任。往者已矣，来者可追嘛！"

4. "一分为二"，党的分类处置战犯务实之举

解放战争中，我党对战俘改造采取了灵活的策略，将战俘分层次进行说服教育和改造。一部分士兵思想转变后，直接混编至解放军队伍中，一部分军官由于被洗脑严重，短时间内并不能认识到自己的错误，在解放战争结束后就被关押在全国多处战犯管理所中接受改造。

5. "来去自由"，党对战俘释放的司法宽容

最后一批国民党战俘被释放，政府给他们体检，发放生活必需品。被释放的国民党战俘可以去香港、去台湾，政府提供路费，去了愿意回来的，也欢迎回来。其中有十人去台湾，但是台当局拒绝他们入台，只能驻留香港，其中一人因为极度失望自杀身亡。这样的结局让很多当初顽固的战俘低下了昂着二十年的头，感叹只有中国共产党才能给他们出路。

6. "妥善安置"，让国民党战俘改造成新人

一大批国民党战俘被陆续特赦，包括头等战犯，有的被安排在政协做文史方面的工作、写回忆录等。有的被安排其他工作，从战俘变成中华人民共和国合法公民，开始了新的生活。即便是戴笠下属，抗拒改造的战俘，在毛主席的指示下，也得以特赦。我党对待战俘宽容的方针，令他们非常感动和钦佩，一些偏见随即消失。

7.“典型案例”,两名高级战俘的改造历程见证中国监狱改造绩效

杜聿明开始有很大的抵触,疾病缠身时,人民解放军提供了最好的医疗条件。关押杜聿明的监狱,对其关心备至致使其自我反省,彻底放下了思想包袱。解放军渡江之际,杜聿明策动他同乡、同学、老下级,时任国民党第七绥靖区中将副司令兼八十八军军长、芜湖指挥所指挥马师恭“辞职”,为解放军一举突破国民党八十八军的防线起了实质帮助。同时,杜聿明还提供了大量有关国民党的重要材料,为解放全中国发挥了重大的作用。

王耀武被俘后,通过与华东局常委、华东军区政治部主任舒同的数次谈话,政治立场得以迅速转变,并表示:“只要共产党解放军方面有需要,我王某愿效犬马之劳。”淮海战役箭在弦上,王耀武积极表态,主动写了对国民党军的广播稿。蒋介石大发雷霆:“王耀武是我的学生,我待他不薄。他在我困难的时候却来反对我,还要下面的人也反对我,岂有此理!”说罢,生气地用手中的茶杯砸坏了收音机。

(三)溥仪与其他伪满洲国263名“遗民”改造,展示了中国监狱历史责任感

1. 中国监狱的劳动改造让封建王朝末代皇帝变成自食其力的劳动者

连叠被子和系鞋带都不会的溥仪,经过一段时间的改造后,不仅学会了自己打理生活,拿着水壶种菜,还体验到劳动带来的快乐,体会到了劳动的艰辛,明白了劳动成果的不易与丰收喜悦。闲暇之际,溥仪还学会了简单的医疗工作,常给身体病重的人量血压,实现了从寄生到自食其力、自立、助人的转变。

2. 中国监狱的思想改造让剥削阶级的统治者深刻认识错误并积极改正

溥仪在管教干部的全心帮助和自我主动接受下,不但认识到了自己的错误,还通过自我改造,不断提升自己的思想觉悟,在战犯所里深刻自省、努力学习、扎实改造,深挖思想根源,塑造新我。得知被特赦,忍不住泪流满面颤抖着双手接过特赦通知书,向大家深深的鞠了一躬,泣不成声。

3. 中国监狱的帮教让旧社会的遗民变成社会主义事业的建设者

1960年3月,溥仪被分配到了北京植物园担任园丁及卖门票的工作。1964年,溥仪又调到全国政协文史资料研究委员会任资料专员,并担任第四届全国政协委员。在新的工作岗位上,他工作得非常认真,还正式完成了他的自

传作品《我的前半生》。该书后被译成英、德、日等文字对外发行，引起了全世界的轰动。溥仪亦感慨："把一个封建统治者变成一个公民，无论什么国家都很难做到，中国共产党办到了。"

"三类旧人"是新中国建立之初的司法特别诉求，是刑罚国际化水准的标尺。他们的成功改造，彰显出中国监狱在国际刑罚实务中引领水平，赢得国际社会的高度赞扬和全世界的认可。

二、见证进程，新中国监狱工作"改造人"的历史演变与发展

新中国监狱工作进程，大致可以分为以下几个方面：

第一，新中国成立前，监狱建设显雏形。1949 年 9 月，《中国人民政治协商会议共同纲领》颁布，明确了党的劳改工作特征的"强制性""改造手段"和"目标任务"。中华人民共和国一成立，便对国民党统治时期的旧监狱制度彻底废除，开始打击各类犯罪活动。

启迪一：新中国成立前后是监狱工作的起点。中国监狱对罪犯进行改造，让罪犯通过劳动改造，成为新人，劳改学应运而生并得到丰富和固化，也开创了新中国劳动改造罪犯工作和具有中国特色的刑罚执行制度。由此，正式创立新中国的改造和教育罪犯理论体系，实现了从无到有，并在实践中不断加以完善和发展，服务国家中心工作。

第二，新中国成立后，党的监狱工作有序推进期。1950 年 11 月 3 日，颁布《关于加强人民司法工作的指示》，明确"关于监所管理目前一般宜归公安部门负责，兼受司法部门指导"。1951 年年初，司法部将监所和劳动改造机构移交给中央公安部领导和管理。1951 年 5 月，第三次全国公安会议专门增写了关于组织罪犯劳动改造内容及要求，中华人民共和国政务院公布施行《中华人民共和国劳动改造条例》。1954 年 9 月《中华人民共和国劳动改造条例》施行。

启迪二：这一时期，监狱管理进入专业化、规范化，新中国监狱法规制度进入了一个有序发展阶段。

第三，"文革"时段，遭遇重创期。1967 年 1 月，全面实行军事管制，劳改工作制度和刑罚执行制度遭到严重的人为破坏；民警被下放，罪犯教育改造变成大批判，思想改造变成背诵语录；监管对象发生变化。

启迪三：监狱工作容不得懈怠和破坏，其损失难以弥补。

第四，“八劳”之后，拨乱反正期。1981 年 8 月召开八劳会议，平反冤假错案，继往开来；总结基本经验和历史教训，提出新的刑事政策和监管改造方法。

启迪四：拨乱反正、正本清源后的监狱工作步入正轨；需要反思，更需要防范。

第五，法制化发展，全面推进期。1994 年 12 月《中华人民共和国监狱法》公布实施；进入依法治监、依法行刑时期。

启迪五：监狱管理法治进程得以全新推进。

第六，依法治监期。习近平总书记对监狱工作明确指示，加快推进政法队伍革命化、正规化、专业化、职业化建设，旗帜鲜明地把政治建设放在首位，努力打造一支党中央放心、人民群众满意的高素质政法队伍。

启迪六：服务国家总体安全观，树起新时代监狱工作和监狱人民警察队伍建设新的标杆。

从以上不难看出，新中国监狱“改造人”，由雏形、发展、有序、遭遇到破坏，再拨乱、反正，实现由法制到法治。新中国社会主义监狱，无论对哪一类人，改造人的宗旨、科学发展、取得的业绩，一目了然。

三、与时俱进，紧随时代的监狱工作方针，诠释出“人”的法理本质和司法要领

新中国成立以来党的监狱工作方针，历经四次调整，两次完善和优化，即业界所述的“四调”达“六优”，始终坚持“以人为本”。

（一）“三个为了”，发挥“人”的本能作用

1951 年 5 月，公安部召开了第三次全国公安会议，明确指出“三个为了”的监狱工作方针。大批应判处徒刑的犯人，是一个很大的劳动力，为了改造他们，为了解决监狱的困难，为了不让判处徒刑的反革命犯坐吃闲饭，必须立即着手组织劳动改造工作。

1. 明确第一要务，改造罪犯

“组织犯人劳动，从事大规模的水利、筑路、垦荒、开矿和造屋等生产建设事业，此事极为艰巨，又极为紧急，必须用全力迅速地加以解决”。人的本能溯源，力求改造好。

2. 阐明基本道理,解决问题

在改造人的基础上,必须解决实际困难。新中国成立之初,财政经济十分困难,接管过来的旧监狱破烂不堪,容量十分有限,监狱人满为患,罪犯吃、住都成了急需解决的问题。人的本能外延,具备劳动能力的通过劳动改造,解决实际困难。

3. 履行监狱职能,践行司法

反革命犯坐吃闲饭失去了惩罚和警诫作用,必须发挥好监狱功能,以组织劳动的方式完成对反革命犯的强制改造。人的本能矫正,实体改造、有效改造,最终达到本能再塑。

至此,“三个为了”的监狱工作方针确立,为当时监狱工作问题指明方向,破解了难题,较好地保障了发展,维护了安全。

(二)“两个结合”,完善“人”的可塑机理

1952年6月的第一次全国劳改工作会议提出“政治改造与劳动改造相结合、惩罚与改造相结合”的监狱工作方针。

1. 研判了形势变化,审时度势

政治、经济形势好转,人民民主政权日益巩固。在监管生产、教育改造走向正轨并取得积极进展和进步的基础上,党和国家适时调整了监狱改造方针。

2. 认可了人的可塑,目标明确

指导下一步的劳动改造工作,改造罪犯的实践经验更加条理化,即可以改好,应该改好。政治改造与劳动改造是双刃剑,缺一不可。知行合一的可塑,才会新生。

3. 提升了系统认知,作用显现

对罪犯实行劳动改造已经显示出重要的政治和经济意义,人的可塑不再是单一的强制惩罚,其改造后的新生,具有涅槃性,价值更大。

(三)“两个结合”进一步延伸细化,丰富“人”的法治涵养

1954年政务院颁布的《中华人民共和国劳动改造条例》第4条规定将“两个结合”延伸拓展。

1. 明确“三者”关系

“劳动改造机关对于一切反革命犯和其他刑事犯所实施的劳动改造,应当

贯彻惩罚管制与思想改造相结合、劳动生产与政治教育相结合的方针”，三者必须密切结合，不可偏废，即明确“惩罚管制、强制劳动和政治思想教育”三者关系。

2. 防止“两类”错误

既要防止和纠正忽视对罪犯实施惩罚管制的错误倾向，又要防止和纠正忽视实施政治思想教育的错误倾向，避免出现偏离、差错、荒废。

3. 出现“两新”局面

贯彻执行这一方针，加强了对罪犯的思想改造工作，个体改造出现新局面；促进了劳改事业的发展，整体工作出现新局面。中国司法内涵得以充实、丰富，法制理念逐步建立。

（四）“改造第一、生产第二”，明确“人”的改造方针

1956 年 5 月，劳改工作方针提出“改造第一、生产第二”；人与事的界定中，“人”的改造第一位。

1. 深远的传承发展

1964 年 8 月，党中央在批转公安部《关于第六次全国劳改工作会议精神的报告》时明确指出：“要做好这项工作，必须坚决执行中央的既定方针，即改造与生产相结合，改造第一、生产第二的方针”。从此，“改造第一、生产第二”作为我国改造罪犯的工作方针确定下来并沿用了很长时间。

2. 深刻的自我反思

自 1955 年下半年始至 1966 年年初，监狱工作出现了某些“左”的倾向，少数劳改单位片面追求经济效益，重生产轻改造，对罪犯搞超体力、超时间的劳动，罪犯脱逃、死伤、闹监等问题较为严重，改造和生产之间出现了矛盾。

3. 深度的调整优化

究竟以改造罪犯这个政治任务为主，还是以搞建设、赚钱的经济任务为主，必须进一步明确。谁是第一、首要？最应该做什么？最重要的是什么？这些问题只有明确、明了，监狱工作才得以深度推进和完善。

（五）“改造第一、生产第二，注重改造”，指明“人”的改造要务

1982 年 1 月，《中共中央关于加强政法工作的指示》明确指出：要坚持“改造第一、生产第二的方针，注重改造。”“人”的改造要务因变化更深化。

1. 改造对象变化

劳动改造对象发生了很大的变化，大多数罪犯是劳动人民家庭出身的青年，是职工子弟，不再是企图颠覆中国共产党的领导、推翻社会主义制度的反革命分子。

2. 矛盾属性变化

过去是你死我活的敌我矛盾、不可调和的信仰矛盾，现在转变为人民内部矛盾，是因不良习气、风气、历史上特有的歪风邪气带坏和影响的，本身恶习不深的一般犯罪。

3. 具体方针变化

面对这个新情况，劳改工作更要强调坚持改造第一、生产第二的方针，注重改造。将矛盾的主要方面和主要矛盾次要矛盾，界定辨析出来，正确制定和执行新的监狱工作方针。在"改造第一、生产第二"监狱工作方针的基础上，增加"注重改造"，再次加以深化、强化和明晰。

（六）"惩罚与改造相结合，以改造人为宗旨"，提升"人"的改造质量

1994年12月29日《监狱法》颁布；1995年2月，国务院印发《关于进一步加强监狱和劳动教养工作的通知》；2012年10月，《全国人民代表大会常务委员会关于修改〈中华人民共和国监狱法〉的决定》通过，对执行刑罚、暂予监外执行、假释、狱内犯罪等进行修改完善。

1. "改造人"的要义

坚持"惩罚与改造相结合，以改造人为宗旨"，取代"改造第一、生产第二"。这一方针，把"改造人"作为监狱工作的根本任务，突出改造工作。这一方针的确立，为进一步推进监狱法制建设和依法治监，强化监狱职能，提高改造质量，起到了重大的推动作用。

2. "改造人"的背景

20世纪80年代，改革开放带来经济大发展、法治大提升，监狱工作也进入新的历史发展时期。在取得了令人瞩目的成绩同时，也出现不少问题，与社会要求还有差距。

3. "改造人"的依据

在健全社会主义民主和法制进程中，总结40多年中国监狱工作历史经验，遵

循“改造人”根本任务，依据《宪法》《监狱法》基本原则，研究修改监狱工作方针。

4. “改造人”的价值

坚持监狱的刑罚执行职能，对罪犯依法实施惩罚，在依法严格文明科学管理的基础上，运用各种有效形式，实现惩罚与改造的有机结合，加大改造力度。承担社会责任，强化罪犯改造成功率，为中国监狱的法治进程打开新的局面。

秉承监狱工作方针，我们不难发现，“三个为了”解决了当时特殊历史时期“监狱人”的生存与发展，改造与发展的关系；“两个结合”实现和体现了监狱工作的政治属性，职能纯化和发展优化，阐明了“监狱人”的“本性与属性”；“改造第一、生产第二”及时纠正了“左”的倾向，重生产轻改造、重经济效益轻社会效益得到遏制，固化了“监狱人”的“内需与刚需”；“惩罚与改造相结合，以改造人为宗旨”遵循了“改造人”根本任务，明确并强化了监狱的刑罚执行职能，实现了惩罚与改造的有机结合，深化了“监狱人”的“法理与法治”。

浅谈中国共产党引领监狱改革与发展

李进志　戴智国*

历史是未来的钥匙，时间是真理的挚友。43年时光悠悠，征路迢迢。自党的十一届三中全会以来，43年天翻地覆，乾坤再造。监狱工作伴随着国家改革开放不断奋进、不断发展的历程，更是监狱工作全面改革、持续改革、不断进步的历程。作为中国监狱工作改革发展后来者，我们回顾历史，看见了中国监狱改革的巨大变化。艰难的岁月、奋斗的历程、闪光的足迹、辉煌的成就，饱含着监狱人民警察始终在中国共产党的领导下不忘初心、牢记使命、逐梦前行的价值追求和坚定信念。

党的十一届三中全会正式提出了加强社会主义法制建设。从此中国监狱的法制建设、改革发展开始步入正轨，走出了一条中国特色社会主义监狱制度的阳光大道。下面以党的十一届三中全会为起点，让我们一起走进中国监狱改革与发展。

一、监狱改革发展的三个阶段

1. 改革发展"雏形"期

(1) 动荡局势下的监狱工作重回"正轨"

1978年12月，中国共产党召开了十一届三中全会，彻底否定"文化大革命"，标志着新中国成立以来中国共产党历史上具有深远意义的伟大转折，标志着中国改革开放的巨轮正式起航。当时我国监狱工作遭受严重的干扰和破坏，按照中央的部署，必须全面进行拨乱反正、正本清源，彻底肃清其流毒和影响，使监狱工作重新回到正确轨道上来，完成监狱工作的历史性转折。

(2)"司法部劳改局"的由来

我国劳改工作自1950年由司法部移交公安部管理，劳改工作在公安部管

---

* 李进志，广西贵港监狱监区教导员；戴智国，广西贵港监狱一级警员。

理的33年时间内，通过创建、巩固、发展，取得了很大成绩。1983年5月9日，中共中央发出通知，决定把劳改、劳教的管理工作由公安部移交给司法部。[①]通知强调，劳改、劳教工作要整建制地尽快移交，移交时劳改、劳教单位的人、财、物，任何单位一律不得调动，违者将严肃处理。移交后，劳改、劳教单位的干警仍然是一个警种，着装、工资和岗位津贴等待遇一律不变。为了保证交接工作的顺利进行，经中央同意，公安、司法两部于1983年6月9日联合下发《关于贯彻执行中央将劳改、劳教工作移交给司法行政部门管理的若干规定》，对移交工作提出明确要求。在公安、司法两部门的共同努力下，经过3个月的紧张工作，移交工作基本完成，各项工作平稳运行。1983年8月13日，公安部、司法部在北京联合召开劳改劳教工作交接大会，公安部劳改局局长李石生率局机关全体干部整建制移交司法部，改称司法部劳改局。由此，劳改工作正式由司法部管理。

2. 改革发展"成长"期

(1) 回顾劳改工作发展历史，谋求发展

为了总结历史经验，规划今后中国劳改工作的发展，经党中央批准，1981年8月18日至9月9日，第八次全国劳改工作会议在北京召开。会议回顾了新中国成立以来的劳改工作，肯定了成绩，总结了经验，确定了转折时期的工作任务，对押犯构成的变化，提出了加强改造工作的重要措施。会议期间，受中共中央总书记胡耀邦的委托，中央书记处书记习仲勋代表中央到会作了重要讲话，强调做好劳改工作的重要意义，阐明新时期劳改工作的方针、政策和任务，充分肯定了劳改工作取得的成绩，高度赞扬劳改工作干警为巩固人民民主专政作出的贡献。1981年12月11日，中共中央、国务院批转了《第八次全国劳改工作会议纪要》。这次会议，是加速劳改工作改革开放、开创新局面的一次重要会议，是劳改工作进入新的历史发展时期的标志性会议，会议提出和解决的一系列重大问题，在新中国劳改工作发展史上具有深远的现实意义和历史意义。

(2) 监狱法制建设重大举措

1994年12月29日，第八届全国人大常委会第十一次会议通过了新中国历史上首部《中华人民共和国监狱法》。《监狱法》的颁布实施进一步完善了中国刑事法律体系，是监狱法制建设改革的重大成效，是新中国监狱史上一座里程碑。1982年12月，新中国第四部《宪法》经第五届全国人大第五次会议通

---

① 参见李豫黔：《中国监狱改革发展40周年回顾与思考(中)》，《犯罪与改造研究》2019年第2期。

过。在这样的大背景下，全国广大监狱干警都迫切希望制定一部适应新形势的监狱法典。《监狱法》从起草到颁布，经过了一个漫长而又艰难的历程。从1986年3月着手起草工作，经过整整8年9个月的调查、论证、起草、讨论、修改，数易其稿，经国务院法制局4年的研究审议、修改，又经全国人大常委会多方征求意见、反复讨论后终于在1994年12月29日通过了《中华人民共和国监狱法》。《监狱法》的主要内容包括总则、监狱、刑罚的执行、狱政管理、对罪犯的教育改造、对未成年犯的教育改造、附则，共7章78条。

(3)《监狱法》颁布的内容及意义

《监狱法》内容丰富、覆盖面广、律条扼要、设项简明，主要特点有：一是确定了监狱以改造人为宗旨，明确了"将罪犯改造成为守法公民"是监狱工作的目标。二是确定了监狱的性质和法律地位，明确了"监狱是国家的刑罚执行机关"。三是确定了监狱人民警察的法律地位，明确了"监狱的管理人员是人民警察""监狱的人民警察依法管理监狱执行刑罚，对罪犯进行教育改造等活动，受法律保护"。四是确定了监管、劳动、教育是监狱改造罪犯的手段，明确了"监狱对罪犯应当依法监管，根据改造罪犯的需要，组织罪犯从事生产劳动，对罪犯进行思想教育、文化教育、技术教育"。五是规定了罪犯的权利和义务，明确了罪犯权利的广泛性和真实性，明确了罪犯应履行的义务。六是确立了监狱经费保障体制。①监狱机关认真组织学习贯彻《监狱法》和国务院4号文件精神，增强了干警的法律意识，提高了严格公正文明执法的自觉性，罪犯改造积极性明显提高，监狱改造秩序持续稳定，改造效果明显增强。通过《监狱法》的贯彻，财政和投资保障体制初步确定。《监狱法》的颁布实施是中国监狱工作改革发展的一项重大成果，具有重大意义。它是中国监狱法治建设史上具有划时代意义的里程碑，体现了中国监狱制度的基本特色和丰富内容，构成了基本完整的中国刑事司法体系，适应了新形势下正确执行刑罚的基本需要，为维护社会稳定、促进经济发展提供保障，为国际行刑制度交流提供法律依据。当然，随着形势的发展和监狱工作的需要，《监狱法》也需要及时完善修改补充，以不断适应新形势对监狱工作的要求。

(4) 罪犯考核制度的改革

对罪犯进行考核，是正确实施奖惩政策的依据。司法部于1990年8月制

① 参见李豫黔：《中国监狱改革发展40周年回顾与思考(中)》，《犯罪与改造研究》2019年第2期。

定下发了《关于计分考核奖罚罪犯的规定》。该规定对全国监狱罪犯考核奖罚制度进行了统一和规范，明确了考核的原则、分数、审批、组织及监督等，使计分考核奖罚办法得到改进和完善，促进了监狱对罪犯的考核工作。

(5) 监狱管理规范化改革

1985 年国务院 4 号文件中明确要求监狱管理“要对罪犯实行依法、严格、文明、科学管理”，明确提出了“依法管理、严格管理、文明管理、科学管理以及干警直接管理”的要求。依法管理是做好狱政管理工作的前提，监狱各项工作必须严格依照国家法律和监管法规的规定办事。严格管理是狱政管理的基础，要求对罪犯的监禁和管理必须有严格的监管制度、严密的防范措施、严明的监规纪律和严肃的考核奖惩。文明管理是做好狱政管理的必要条件，要求尊重罪犯人格，保障罪犯人权和合法权益，实行人道主义，管理文明化。科学管理是狱政管理的发展方向，要求监管工作应当采用科学的理论指导，按照客观规律办事，运用科技手段对罪犯实时监控和管理，推行监狱管理规范化。

3. 改革发展成熟稳定期

为了适应当今信息化时代的快速发展要求，改变监狱信息化落后的局面，按照国务院的部署和中央政法委关于加快信息化建设的要求，司法部在充分调研论证基础上于 2007 年制定下发了《全国监狱信息化建设规划》，规划明确了监狱信息化建设的指导思想、基本原则、主要目标和建设任务。2010 年 7 月，国家发改委批准了司法部全国监狱信息化一期工程立项。2012 年，司法部协调国家发改委下达了 29 个省(自治区、直辖市)监狱信息化一期工程投资计划。①司法部会同国家发改委、财政部落实建设资金，组织专家制定标准，研制开发监狱执法管理、改造等应用软件。各地按照司法部的部署和要求，成立了监狱信息化建设领导小组和办公室，制定了信息化建设规划和实施方案，开展罪犯数据库、监狱人民警察信息库等建设。为加快推进信息化建设，司法部召开全国监狱信息化建设会议，部署、推动监狱信息化建设及管理应用工作，多次举办监狱信息化培训班。司法部组织完成了监狱 15 项业务标准的软件开发工作，逐步在全国监狱推行。目前，各省监狱管理局、监狱正按照司法部的统一部署要求，结合实际，按照互联互通、全覆盖、全领域、智能化的要求，不断推进信息化建设。司法部指挥中心已与各省监狱管理局、监狱互联互通，随时调动、监

① 参见李豫黔:《中国监狱改革发展 40 周年回顾与思考(中)》,《犯罪与改造研究》2019 年第 2 期。

控、指挥，30个省(自治区、直辖市)监狱管理局完成了省级网络联通，省级指挥中心直接掌控指挥各监狱。全国80%以上的监狱建立了指挥中心、智能报警系统和综合门禁系统，90%以上的监狱建立了视频监控系统。全国监狱信息网络平台基本建成，监狱信息化水平显著提高。①

二、回顾历史，展望未来

习近平总书记提出:“今天我们回顾历史，不是为了从成功中寻求慰藉，更不是为了躺在功劳簿上，为回避今天面临的困难寻求借口，而是为了总结历史经验，把握历史规律，增强开拓前进的勇气和力量。”回顾光辉历程，是为了不忘记走过的路，不忘记为什么出发，始终警醒监狱工作者牢记职责使命，总结历史经验，把握监狱工作发展规律，安不忘危、稳不忘忧，不断增强开拓前进的勇气和力量。虽然我们已经走过万水千山，历经风雨，但仍需要跋山涉水，迎接新的考验。

又走到了一个新的历史关头。当今世界，变革创新的潮流滚滚向前，“苟利于民，不必法古;苟周于事，不必循俗”。变革创新是推动人类社会向前发展的根本动力，改革创新也是推动监狱工作不断发展的根本动力。新时代监狱工作面临的问题依然复杂、艰巨。确保监狱长期绝对安全稳定的新要求，践行“五大改造”、不断提高改造质量的新任务，深化监狱改革的新挑战等，都要求监狱工作必须继续前行。新时代的中国监狱工作，应按照党中央关于全面深化改革的总要求，结合监狱工作实际，坚定不移地全面深化监狱改革，健全完善新型监狱体制和刑罚执行制度，切实肩负起新时代赋予监狱工作的崇高使命。

1. 适应新时代新要求，继续深化监狱改革，重整行装再出发

(1) 坚持以习近平新时代中国特色社会主义思想为指引

党的十九大郑重宣示，中国特色社会主义进入了新时代，习近平新时代中国特色社会主义思想确立为党必须长期坚持的指导思想并写进党章，实现了党的指导思想的与时俱进。十三届全国人大一次会议郑重将习近平新时代中国特色社会主义思想载入宪法，实现了从党的指导思想向国家指导思想的转化，实现了国家指导思想的与时俱进。新时代的中国监狱理论研究与实务工作也

① 参见李豫黔:《中国监狱改革发展40周年回顾与思考(中)》,《犯罪与改造研究》2019年第2期。

必须适应新时代与时俱进，按照党的十九大精神，提升政治站位、坚定政治方向、加强党的建设，自觉坚持以习近平新时代中国特色社会主义思想武装头脑，指导实践，推动工作。

(2) 全面深化改革、推动监狱事业向纵深发展

习近平总书记明确指出，“始终牢记改革只有进行时，没有完成时”“改革和法治相辅相成、相伴而生。在法治下推进改革，在改革中完善法治”。新时代监狱工作，必须提高政治站位，坚持问题导向和目标导向相结合，全面深化监狱工作改革，不断适应、服务和保障“五大改造”。2013 年以来，习近平总书记对监狱管理、刑罚执行工作先后 5 次作出重要指示批示，为新形势下做好监狱工作提供了根本遵循，指明了前进方向，应认真学习研究落实。中国监狱工作站在新的历史起点上，要总结改革的经验，展望未来监狱工作发展前景，谋划今后监狱改革发展的宏观思路和奋斗目标；要认真贯彻落实党的十九大精神，坚持以习近平新时代中国特色社会主义思想为指导，全面认真落实中央政法工作会议、全国司法厅(局)长会议和全国监狱工作会议精神。新时代监狱工作应当坚持党的绝对领导，坚决维护捍卫核心，坚持总体国家安全观，坚持以人民为中心，坚持强化政治引领，坚持遵循监狱工作发展规律，坚持问题导向，全面深化监狱改革。

(3)新形势下的监狱工作挑战与机遇并存，需要新时代担当

我国社会正处于经济社会转型期、深化改革攻坚期、社会矛盾叠加期，主要矛盾已发生历史性变化，监狱工作已进入新时代，面临新的形势、新的挑战和新的任务。从监狱工作看，刑事犯罪高发态势没有从根本上发生转变，押犯数量居高不下、构成日益复杂，判刑两次以上罪犯、涉黑涉恶涉毒涉恐罪犯、女犯数量不断增多，狱内改造与反改造斗争日益尖锐。监狱自身安全基础还不牢固，改造水平有待提高，信息化建设相对滞后，体制改革需深化，队伍能力素质还不能完全适应新时代监狱工作需要。新时代呼唤新担当，新时代需要新作为，需要精心谋划新时代监狱工作新篇章。

2. 坚持依法治监，全面推进监狱工作法治化

(1) 以全面依法治国新理念新思想新战略为指导，集中统一领导

新时代监狱工作，应当按照中央全面依法治国委员会对全面依法治国的总体部署和总要求，认真学习贯彻落实习近平总书记关于全面依法治国重要讲话精神，依照司法部对监狱工作“必须坚持依法治监”的工作要求，结合监狱工作

实际，加强党对依法治监的集中统一领导，坚持以全面依法治国新理念新思想新战略为指导，坚定不移地全面推进监狱工作法治化。

(2) 完善刑罚执行制度，构建刑事法律体系

党的十八届四中全会明确提出了“完善刑罚执行制度”的司法改革要求。国家法治工作相关部门，应加强立法顶层设计和布局。根据法制统一的原则，完整的刑事执行应当包括死刑、死刑缓期两年执行、无期徒刑、有期徒刑、拘役、管制、缓刑、罚金、没收财产、驱逐出境等所有刑罚的执行及其执行方式。应当改革多年来我国刑罚执行制度、执行部门、执行方式多元化、分散化、零碎化和不规范、不协调、不统一的状况，实现国家刑罚执行制度的一体化、统一化。国家所有的刑罚执行应当统一由一个部门负责，凡羁押人的专门场所应全部收归一个部门管理，统一国家刑罚执行权，以此保证刑罚执行的统一规范，更好地实现刑罚执行效益，提高刑罚执行公信力。从构建完整的国家刑事法律体系思考，应考虑研究制定专司刑事执行的法律，如《刑事执行法》或《刑罚执行法》，与实体性的《刑法》、程序性的《刑事诉讼法》共同构成完备的刑事法律体系，三者各司其职、独立运作、相互衔接、有效实施，共同完成国家刑事司法活动。公安、检察、法院、执行四部门各司其职，分别独立行使侦查权、起诉权、审判权和执行权，四权相互配合、相互制约、地位平等。如此，有利于实现国家刑罚权的制刑、求刑、量刑和行刑活动的有机循环、有效运作。

(3) 加快修订《监狱法》，全面推进监狱工作法治化

2018 年 6 月，全国监狱工作会议明确提出：“要抓紧推动《监狱法》修订，统筹推进‘五大改造’，实现监狱工作更好发展。必须坚持依法治监，更加自觉运用法治思维和法治方式，紧紧依靠法治的引领和推动，切实用好《监狱法》等法律法规保驾护航。”会议指出：“现行《监狱法》已实施 20 多年，修订工作非常必要，十分紧迫。”《监狱法》修订要把握修法原则，坚持问题导向，明确修法重点。《监狱法》的修订应当包含明确各类组织在监狱工作中的责任，厘清监狱管理体制，统一规范监狱组织结构，规范监狱机构编制，规范高中低不同戒备等级监狱及管理标准，规范罪犯分类关押，规范监狱建设配备标准等内容。

(4) 完善刑罚执行相关法规制度

一是建立门类齐全、结构科学、内容协调、程序严密的刑罚执行工作制度体系，完善监狱刑罚执行与社区刑罚执行的相互衔接、统一协调工作机制。二是构建完整的监狱法律体系，以《监狱法》为主干，完善相关配套政策、条例、规定、

细则等。三是完善监狱内部管理规章制度，完善监狱日常工作管理制度，完善全程责任考核制度。四是健全监狱警务督察制度，严格规范警务督察工作。五是健全监狱执法监督制度，完善刑罚执行办案质量终身负责制，完善纪检监察制度，完善检察机关驻点、巡检、依法监督制度。

3. 坚守安全底线，全面推进监狱执法管理保障规范化

(1) 推进监狱执法、管理、保障规范化的建设

监狱作为国家机器，专门关押、惩罚、改造罪犯的特殊场所，必须确保自身安全。“必须坚持安全底线，坚持问题导向，自觉当好‘守门员’，把住‘警戒线’。”而要做到确保监狱安全稳定，就必须全面加强推进监狱执法、管理、保障规范化。

(2) 不断强化规范精细的管理作风

监狱是高风险特殊场所，不安全因素随时存在，工作稍有疏忽不慎，就可能出事，甚至出大事。因此，监狱干警首先应当坚持安全底线思维，强化严谨、认真、规范、精细的管理作风。要严密控制监狱各个工作环节，做到处处有人盯、事事有人管，不留任何死角和盲点，要追求精细完备的管理，工作中要突出重点、注重细节，立足专业、科学精神，真正达到监狱精细规范化管理的目标。监狱工作要重视过程控制，按照“精、准、细、严”的工作要求，严格监狱管理制度和流程执行控制。

(3) 构建规范精细的监狱执法体制机制

完善刑罚执行、狱政管理、政治改造、监管改造、教育改造、文化改造、劳动改造、生活卫生和警戒设施、警察管理、经费管理、后勤保障等规章制度，建立统一严密规范的执法制度体系和运行机制，建立相应的目标责任体系和考核评价体系，使监狱的执法活动更加统一、标准、规范、精细，执法标准、工作程序、行为规范、工作流程都全面具体细化，各个执法岗位、执法环节的执法行为都纳入规范之中，每一项执法管理行为都有法可依、有章可循、统一规范。

(4) 构建规范精细的监狱业务工作体系

一是内容规范化。完善监狱执法管理工作规范，完善服务保障工作规范，完善规范中的子规范。如狱政管理工作规范中的安全防范、考核奖惩、分级处遇、通信会见等多项工作规范；安全防范工作规范中的狱内侦查、狱情分析处置、应急管理、重点管理、直接管理、外协人员管理等工作规范，共同构成一个完整的业务工作规范体系。二是程序规范化。明确执行依据、职责权限和程序步

骤，让执行落实有章可循，对监狱重要的工作流程分解细化，使每一项工作都有具体内容、明确步骤，使监狱每项工作、每项任务都具体化和程序化，每一项业务都有落实、执行、流转、追踪、修正、完成等步骤流程，确保每名监狱干警都清楚知道什么时候该做什么、该怎样做。三是责任规范化。监狱要对各项工作进行量化分解，使每个岗位都有责任，通过量化管理让执行落实真正做到有的放矢。按照责、权、利相统一的原则，推行目标管理责任制。本着“谁主管、谁负责”的原则，通过细化各项工作目标，层层签订管理责任书，明确责任。

(5) 构建规范精细的监狱(监区)分级分类体系

一是构建规范精细的监狱监区分级体系。统一规划、稳步推进全国监狱分级分类建设，构建符合关押不同危险程度罪犯的超高戒备、高戒备、中戒备、低戒备、半开放式监狱等五级监狱和专门(特殊)监狱建设体系，科学规范设置功能性监狱或监区，确定相应的数量和分布。二是构建规范精细的监狱监区分类体系。按功能建成分流中心(新收犯监狱)、出监监狱、女犯监狱、未成年犯监狱、监狱中心医院(医疗监狱)、外籍犯监狱以及特殊病犯监狱。

4. 坚持以改造人为中心，全面推进劳动改造现代化

(1) 运用好劳动改造罪犯的手段，依法组织罪犯劳动

罪犯劳动应有利于罪犯的改造，依法组织罪犯从事适宜的劳动。监狱企业生产项目的选择，应有利于安全环保和培养罪犯劳动技能，应设置适合监狱实际和罪犯劳动改造的生产项目。要根据劳动矫治功能，确定适合罪犯改造的劳动种类等级；要结合具体改造目标，科学安排罪犯劳动；要根据罪犯身体状况、劳动能力和岗位需要适时调整；要按照回归社会就业的需要，选择引进就业市场广阔、劳动需求量大、人才短缺的项目；要积极引进和使用先进的企业管理办法、现代生产方式，强化科技驱动，积极采用先进技术、先进工艺、先进装备等改造提升监狱生产项目，提高罪犯劳动岗位的技术含量，努力使罪犯劳动与社会接轨，适应市场就业的需要；要紧紧围绕劳动改造罪犯的实际需要，确保生产项目的合法性、安全性、适宜性和有效性。

(2) 注重社会效益和经济效益，建设现代监狱企业

监狱企业在确保社会效益的同时，也要讲经济效益，也要按照尽可能获得经济利益的原则选择劳动项目，实行科学管理，讲质量考核，讲成本核算，讲经济效益。要建立健全劳动改造组织形式，规范劳动改造工作机制，形成监狱企业增长快速、结构优化、质量效益提高、劳动改造效能提升的良好态势。严格执

行监狱企业生产项目准入制度，规范项目投资管理，强化项目审查论证，不断提升项目层次。同时，还要建立劳动改造效果评估体系。①

（3）坚持绿色环保，建设适宜性监狱

监狱应结合地方人文地理环境、自身实际情况，坚持有利于罪犯改造、有利于安全稳定和社会效益、经济效益有机统一的原则②，按照监狱职能要求，考虑押犯规模、市场竞争、劳动强度、环保安全的因素，选择开展适合罪犯劳动的产业，坚决退出高风险、不环保和难以保证监管安全、生产安全不利于罪犯学习技能的项目，着力引进适合罪犯改造需要、适合政府采购、适合技能培训和具有竞争优势、效益好的生产项目。

---

① 参见《投身"两聚一高"实践　深化现代监狱建设》，《江苏法制报》2017年2月14日。

② 参见《坚持以党的十九大精神为指引　推动现代监狱建设迈上新台阶》，《江苏法制报》2017年12月4日。

新中国罪犯劳动改造发展历程研究

侯　国*

劳动是人类社会形成和发展、社会历史进步的根本原因。新中国罪犯劳动改造是在马克思主义、毛泽东思想指导下，结合中国实际，在总结历史经验的基础上发展起来的；劳动改造从无到有、从小到大，逐步建立、发展和完善起来，成为人类历史上最文明、进步的把罪犯改造成为守法公民的制度，也是中国监狱史上的伟大变革。

一、劳动改造的定义

劳动改造就是指监狱对依法收监判刑的死刑缓期二年执行、无期徒刑、有期徒刑的罪犯，通过组织集体劳动，强制让罪犯参加劳动，实施惩罚改造，转化其思想，学会劳动技能，矫正其恶习，成为社会主义守法公民所采取的方式方法措施。

我国监狱对罪犯组织实施劳动改造，工作方针是惩罚与改造相结合，以改造人为宗旨。实践证明，这是一种成功的手段，具有不可替代的地位和作用，具有显明的特性。

1. 法定性

罪犯劳动是监狱改造工作的基本内容之一。在我国，罪犯劳动不是可有可无的，是法律明确规定的。《宪法》第 42 条规定："中华人民共和国公民有劳动的权利和义务"；第 6 条规定："社会主义公有制消灭人剥削人的制度，实行各尽所能、按劳分配的原则。"《刑法》第 46 条规定："凡有劳动能力的，都应当参加劳动，接受教育和改造。"《监狱法》第 4 条规定："监狱对罪犯应当依法监管，根据改造罪犯的需要，组织罪犯从事生产劳动，对罪犯进行思想教育、文化教育、技术教育"；第 7 条第 2 款规定："罪犯必须严格遵守法律、法规和监规纪律，服从

*　侯国，河北省石家庄监狱监区长、医院院长、二级高级警长，河北省法学会犯罪学研究会副会长。

管理，接受教育，参加劳动”；第 69 条规定：“有劳动能力的罪犯，必须参加劳动。”由此看出，罪犯触犯刑法，在监狱服刑参加劳动不是“自愿的”，而是必须的，是法定义务，要在劳动中改造思想、受教育。

2. 思想性

从理论上讲，劳动可以改造罪犯。毛泽东主席曾说：“我们相信人是可以改造过来的，在一定条件下，在无产阶级专政的条件下，一般来说，是可以把犯人改造过来的。”[①]新中国监狱之所以成功改造了数以千万的罪犯，其中包括伪满皇帝、日本战犯、国民党战犯和大批刑事犯，一个重要的原因就是劳动改造的思想性。组织罪犯劳动是在特殊的国有企业劳动，而不是私有企业雇佣劳动。突出劳动改造，不是以追求经济效益最大化为目的，而是将罪犯放在严格管束的特殊环境中，并伴有政治教育和思想改造，且在劳动各个环节中教育、影响和改造着罪犯。组织罪犯劳动是以改造人为宗旨，且劳动围绕改造目的而设置、运行。由此可以看出，罪犯劳动改造的思想性必须以必要的社会条件为前提，不是任何形式的劳动都有思想性。

3. 斗争性

马克思主义认为，劳动是人类生存和发展的第一基本条件，劳动不仅给人必需的生活资料，同时还创造了人的本身，改变和发展着劳动者。监狱的罪犯劳动具有刑罚强制性，有劳动能力的罪犯必须参加劳动，且劳动场所、工种、规章制度必须遵守。这种强制是必要的，只有强制才能有效组织罪犯劳动，使罪犯在实际劳动过程中，通过监狱干警的引导、点拨、提示、教育，正确认识和对待劳动，在劳动过程中转变思想和恶习，产生劳动光荣的观念。但在改造过程中，改造和反改造的斗争是复杂的，罪犯不会自动放弃其原有的意识和观念，更不忘失去的“自由”，只有通过斗争，才能促使矛盾转化，促进罪犯的思想改造。这就是说，罪犯在劳动生产中，只有强调专政意识，积极开展思想斗争，才能解决改造与反改造的矛盾。

4. 双重性

我国监狱组织罪犯劳动，既要把罪犯改造成为社会主义守法公民，又要为社会创造物质财富，二者缺一不可，必须两手抓两手硬。罪犯劳动的根本目的是为了改造，净化灵魂，转化思想，向社会输出合格产品，最终使其回归社会后

---

① 司法部劳改局编：《毛泽东等老一辈革命家论改造罪犯工作》，法律出版社 1993 年版，第 4 页。

成为一个符合社会需要的自食其力的守法公民。罪犯参加劳动不能是无效益、无价值的，必须通过罪犯劳动创造出物化的东西即劳动成果，把劳动成果作为考核罪犯改造积极性、改造态度的依据。由此看出，无论是罪犯本人，还是社会，组织罪犯劳动是有益有利的，不仅是改造罪犯思想意识的必要手段，也是创造社会财富的最基本手段。

二、新中国罪犯劳动改造工作的发展历程

新中国罪犯劳动改造工作孕育于新民主主义革命时期，发展历程包括孕育阶段、建立阶段、停滞阶段、完善发展阶段、创新发展阶段。

1. 孕育阶段

1921 年中国共产党成立，随后开始了新民主主义革命的进程，特别是 1927 年，毛泽东等老一辈创建工农红军和革命根据地，根据斗争需要相应地建立了各种政府机构，其中包括监狱、劳动感化院等。1931 年中华苏维埃共和国成立后，建设了新型劳改制度，1932 年颁布了《中华苏维埃共和国裁判部暂行组织及裁判条例》《中华苏维埃共和国劳动感化院暂行章程》，明确提出新型监所工作的指导思想和基本原则是对罪犯进行劳动、感化、教育，改造罪犯犯罪本质。1933 年第 5 次反“围剿”失利后，监狱逐渐丧失。遵义会议后，以陕西根据地为基础，新型监所和劳改制度又得到建立和发展，这一阶段关押的是“一切图谋推翻或破坏苏维埃政府及工农民主革命所取得的政权，意图保持或恢复豪绅地主资产阶级的统治”的反革命分子和一般刑事犯罪分子并对这些罪犯实行监禁、强迫劳动、感化教育，改变犯罪本质，巩固工农民主政权。进入抗日阶段，为了保障抗战，维护抗日各阶层人民利益，关押的主要是汉奸、敌探、反动分子以及盗匪等刑事犯罪分子，对罪犯实行强制管束、教育改造与劳动改造，促使悔过自新，做一个有用的人。正如晋绥边区高等法院指出的“我们今天的监狱，是一所带强制性的生产教育学校，是感化教育积极改造犯人的场所”。日本投降后，解放区在坚持“感化主义”与“教育改造主义”的基础上，提出“教育与生产劳动相结合”的原则，并且提出“劳动改造”这一基本原则。如哈尔滨人民法院在 1948 年提出通过劳动改造犯人的原则，形成了以教育、感化、改造为主要特征的新民主主义劳改制度。

2. 建立阶段

1949 年 10 月 1 日中华人民共和国成立，中国革命实现了从新民主主义到

社会主义的伟大转变。新中国成立前，毛泽东在《论人民民主专政》一文中指出："对于反动阶级和反动派的人们，在他们的政权被推翻以后，只要他们不造反，不破坏，不捣乱，也给土地，给工作，让他们活下去，让他们在劳动中改造自己，成为新人。他们如果不愿意劳动，人民的国家就要强迫他们劳动。"由此，新中国成立后除罪恶极大的，被判处死缓、无期徒刑和有期徒刑的罪犯全部投入劳动改造。1951 年 5 月召开的第三次全国公安会议是建立社会主义劳改制度的关键性会议，作出了《关于组织全国犯人劳动改造问题的决议》。毛泽东主席指出："为了改造他们，为了解决监狱的困难，为了不让判处徒刑的反革命分子坐吃闲饭，必须组织劳动改造的工作。"这为我国的劳改工作指明了正确方向。据统计，1951 年 10 月底，全国组织犯人劳动改造的已达 62.8%。1951 年 9 月召开的第四次全国公安会议确立了集中建立较大规模劳动改造队。1952 年召开第一次全国劳改工作会议，确立了有计划、有步骤地由分散逐步集中建设的方针。1953 年召开第二次全国劳改工作会议，通过了《中华人民共和国劳动改造条例(草案)》，同年 9 月政务院公布《中华人民共和国劳动改造条例》。1955 年召开第三次全国劳改工作会议调整了劳改布局，决定设置劳改工作管理局。1957 年公安部十一局针对改造和生产的矛盾问题，进一步阐明"改造第一，生产第二"的方针。1964 年召开第六次全国劳改工作会议作出《关于加强劳改工作的若干问题》的会议纪要，明确肯定了劳改工作"改造第一，生产第二"的方针和任务。

3. 停滞阶段

1966 年掀起"文化大革命"，劳改工作处于停滞状态，但 1972 年召开的第七次全国劳改工作会议着重强调坚决贯彻劳改工作的路线、方针、政策。

4. 完善发展阶段

党的十一届三中全会后，劳改工作进入新发展阶段。1981 年召开第八次全国劳改工作会议，会议总结经验，提出："劳动改造工作，是我们党和国家改造人、改造社会的伟大、光荣事业的一部分。切实做好这一工作，对当前争取社会治安的根本好转，对进一步巩固人民民主专政，都有着重要意义。"并提出新的历史时期劳改工作的主要任务：在党中央、国务院和各地党委、人民政府领导下，继续坚持"改造第一，生产第二"的方针，改进监管工作，加强政治思想和文化技术教育，提高改造罪犯的质量，调整和发展劳改生产，加强干部队伍建设，为维护社会治安、保卫社会主义现代化建设作出新的贡献。1982 年党中央

5 号文件指出:“劳改工作要实行改造第一,生产第二的方针,注重改造。”“劳改场所是教育改造违法犯罪分子的学校,它不是单纯的惩罚机关,也不是专搞生产的一般企事业单位。”1986 年劳改工作由原公安机关移交司法行政机关领导。1984 年全国劳改、劳教工作会议指出:“要积极贯彻执行对外开放、对内搞活经济的政策,把劳改、劳教系统的经济搞活,增强改造手段,更多为国家创造财富。”1994 年《中华人民共和国监狱法》颁布实施,将罪犯劳动由行政法规变成了法律规范,为劳动改造罪犯向科学化、规范化、法制化迈进奠定了基础。随着市场经济体制的建立,2003 年国务院批转司法部《关于监狱体制改革试点工作指导意见的通知》,提出了“全额保障、监企分开、收支分开、规范运行”的监狱体制改革目标,到 2013 年全国监狱系统基本探索出新的管理模式。2010 年司法部印发《监狱罪犯劳动改造工作指导意见》,进一步明确了劳动改造工作的指导思想、总体目标、劳动组织管理、劳动生产项目管理、劳动分类分级、劳动技能培训、劳动过程管理、罪犯劳动保护、劳动改造效果评估、刑释就业指导等,成为劳动改造罪犯步入法治化的纲领性文件。

5. 创新发展阶段

党的十八大标志着中国特色社会主义进入新时代。随着全面依法治国战略的推进,罪犯的劳动改造方式也发生了较大变化。2014 年,司法部下发《关于加强监狱安全生产管理工作的若干规定》,对于监狱安全生产提出了严格要求,实行项目准入制,罪犯退出煤矿等高危行业。2017 年,司法部召开党组会议决定将监狱体制改革纳入司法行政改革的任务,并要求“从底线安全观向治本安全观转变,切实提高教育改造质量,要在改造罪犯成为守法公民上加大监管机制改革的工作力度”。“治本安全观”的提出,要求监狱必须首先、绝对守住“收得下、管得住、跑不了”的底线安全,以思想文化教育和心灵亲情感化为切入点,综合运用教育、劳动、管理等手段,有序推进在更为开放环境下实施教育改造,努力将罪犯改造成为守法公民。我们可以看出,进入新时代,劳动改造仍是改造罪犯的基本手段。2018 年召开全国监狱工作会议,创造性地提出切实提高政治站位,坚守安全底线,践行改造宗旨,坚持“以政治改造为统领,统筹推进监管改造、教育改造、文化改造、劳动改造”的五大改造。新阶段,罪犯改造仍需要充分发挥劳动改造的功能,通过劳动提高罪犯各方面的素质和基础,着力将罪犯改造成悔改好、品德良、有技能、身体强的守法公民。

三、经验与启示

当今世界正处于大变局中，不稳定、不确定性上升，给我国发展、安全、稳定带来挑战，我国改革已经进入攻坚期和深水区，社会矛盾复杂程度加剧，刑事犯罪高发，且违法犯罪形态发生了新变化，押犯结构日益复杂，狱内改造与反改造矛盾日益突出，强化劳动改造尤为重要。我们要继承发扬劳动改造在罪犯改造中的优良传统，创造性地探索新时期劳动改造的功能，适应罪犯改造回归的需要。劳动改造不只是通过体力劳动完成生产任务的过程，而是通过劳动树立品德、增长知识、强健体魄、促进改造、不断创新理念的一种实践活动，也是一种教育改造活动。

1. 正确认识劳动改造在罪犯改造中的地位和作用

从理论上讲，劳动可以改造罪犯。对罪犯的改造实质上是矫正罪犯对客观世界的认识，而认识来源于社会实践。物质资料的生产是人类社会实践最基本的形式，罪犯借助劳动这种人的本质活动，重新获得真知、获得正确认识，从而产生新的人生观、价值观、世界观，实现改造的目的。新中国成立后，毛泽东主席在亲自修改审定的《第三次全国公安会议决议》中专门增写："大批应判刑的犯人，是一个很大的劳动力，为了改造他们，为了解决监狱的困难，为了不让判处徒刑的反革命分子坐吃闲饭，必须立即着手组织劳动改造工作……组织犯人劳动，从事大规模的水利、筑路、垦荒、开矿和造屋等生产建设事业。"并且对罪犯劳动改造的具体组织实施专门下发《关于组织全国犯人劳动改造问题的决议》，随后大规模的劳动改造在全国展开。时代发展到今天，社会主义国家究竟建立一种什么样的具体形态的监狱，开展什么样的行刑改造，是理论实践工作者在时代进程中面对的问题，但最根本的一条，无论未来监狱如何改革发展，我们认为罪犯劳动只能加强，不能削弱，即使一个国家的财力足以供养监狱和罪犯，因为罪犯劳动一经产生，不仅显示了无比旺盛的生命力，而且国家和监狱也不会失去改造罪犯的基本途径即生产劳动，不会让罪犯变成一种消极的纯消费群体。

从哲学角度讲，通过组织罪犯劳动，改变罪犯的社会存在方式，让罪犯在特定的环境中转变观念，改造思想，学会生存技能，成为拥护社会主义、成为自食其力的守法公民，这是劳动改造产生的最大效益。与古今中外监狱的劳动改造相比较，劳动改造实践证明，新中国监狱劳动改造的成绩最大、社会效益最显著，不仅成功改造了千余名日本战犯，完成了改造伪满战犯和国民党战犯的任务，还改造了历史反革命犯和旧社会遗留下来的刑事惯犯，为支援社会主义建设创造了巨大财富。进入新时代，劳动改造作为最基本的不可或缺的重要改造罪犯手段，我们应该深刻理解毛泽东讲的“我们的监狱不是过去的监狱。我们的监狱其实是学校、也是工厂或者农场”①。这就需要创新思路，敢于探索，使劳动改造在新时代罪犯改造中为维护社会和谐稳定、促进社会公平正义、保障人民群众安居乐业，继续发挥着不可替代的作用。

2. 正确认识劳动改造的斗争性和组织形式

毛泽东说过：“所谓改造客观世界，其中包括了一切反改造的人们，他们的被改造须要通过强迫的阶段，然后才能进入自觉的阶段。”②“这种对于反动阶级的改造工作，只有共产党领导的人民民主专政的国家才能做到。”③由此我们可以看出罪犯的改造是从强迫到自觉的一个复杂尖锐的斗争过程，具有阶级性、人民性、正义性。在我国，一切罪犯改造都离不开强制性，这是罪犯的反社会意识和他们的主观意识决定的。劳动本来就是剥削阶级惩罚罪犯的手段和形式，新中国劳动改造罪犯是以必要的社会条件为前提的，其目的是保护人民利益。作为一个劳动者，如果深刻理解“个人与社会的关系”，则其会对劳动充满热情，自觉愿意用自己的劳动创造幸福，推动社会发展。对于罪犯而言，其不会对劳动产生好感，他认为劳动就是惩罚，劳动就是无可奈何的苦役，其劳动态度、劳动行为是消极被动的，这样自然就会产生改造与反改造、强迫劳动与抗拒劳动、服刑与对抗的斗争。这些斗争来源于思想，来源于认识。从过程看，就是罪犯感性认识上升理性认识，通过心理、意识、价值斗争，最后接受教育，开始新的改变。

毛泽东说：“我们相信人是可以改造过来的，在一定条件下，在无产阶级专政的条件下，一般来说，是可以把犯人改造过来的。”④“人是可以改造的，就是政策和方法要正确才行。”⑤我国监狱之所以成功改造了大批罪犯一个重要的

① 司法部劳改局编：《毛泽东等老一辈革命家论改造罪犯工作》，法律出版社 1993 年版，第 19 页。

② 《毛泽东选集》（第一卷），人民出版社 1966 年版，第 273 页。

③ 《毛泽东选集》（第四卷），人民出版社 1966 年版，第 1366 页。

④ 司法部劳改局编：《毛泽东等老一辈革命家论改造罪犯工作》，法律出版社 1993 年版，第 4 页。

⑤ 《建国以来毛泽东文稿》（第 11 册），中央文献出版社 1992 年版，第 30 页。

原因是监狱组织罪犯在特殊的国有企业劳动，而不是私人雇佣劳动。1952年《第一次全国劳改工作会议决议》中明确指出："劳改生产从政治上看，是属于改造罪犯成为新人的一项政策，从经济上看是属于国营经济性质的特殊企业。"1997年财政部在《关于制定〈监狱财务制度〉和〈监狱会计制度〉的说明》中明确指出："我国监狱与监狱生产经营单位属于不同的主体，监狱是国家刑罚执行机关，体现专政性质，而监狱生产经营单位是为组织罪犯进行生产劳动和改造的场所，是特殊性质的国有企业。"2003年，国务院批转《司法部关于监狱体制改革试点工作的指导意见》中指出："监狱企业是罪犯改造工作的组成部分，主要任务是为监狱改造罪犯提供劳动岗位，为改造罪犯服务，不同于以营利为目的的社会企业，但也要讲效益。"这就是说，我们劳动改造成功的原因之一就是在特定的生产关系下的劳动，明确了劳动目的追求、劳动者为谁劳动、劳动者的地位等，是社会主义集体劳动。

3. 正确认识劳动改造的思想性和考核奖惩

马克思主义认为劳动"是整个人类生活的第一个基本条件，而且达到了这样的程度，以致我们在某种意义上不得不说：劳动创造了人本身"①。这就是说只有劳动才能创造世界、改造世界，只有劳动才能使人的主观世界得到完善和提高。要改造罪犯，首先要了解罪犯，明白罪犯改造的思想、动机、态度及如何看待劳动和惩罚等问题，只有了解这些，就可以在一定程度上研判出罪犯的本质，揭开罪犯的真实思想和行为，才能有的放矢地使监管改造做到定向控制和定向引导。

罪犯在生产劳动中的考核奖惩既有利于培养罪犯的守法意识和养成关心集体、爱护公物的良好习惯，又可以有助于罪犯改变不劳而获的思想，树立正确的劳动观，养成劳动习惯。实践证明，科学的考核奖惩，不仅直接与罪犯劳动分配、设备保养、操作规程、技术标准、完成任务等生产规范有关，而且间接地反映出罪犯服从管理、遵守纪律及文明习惯养成等基本规范有关。因此，通过劳动定岗、定责、定工效、定工艺、定成本等横向制约体系，加上生产流程的时间性、连续性、均衡性等纵向制约体系，两者汇合成一种考核奖惩的综合力量，可以使罪犯从行为习惯到遵守纪律、从知觉意识到思维习惯受到严格束缚，使多数罪犯原来的不良行为得到规范和约束。

---

① 《马克思恩格斯文集》(第九卷)，人民出版社2009年版，第550页。

4. 劳动改造和思想政治教育必须相辅相成和水乳交融

辩证唯物主义认为，外因是条件，内因是根据，外因通过内因起作用。劳动改造和思想政治教育是劳动改造罪犯的统一过程，劳动改造作为改造罪犯的基本手段，其与管理、教育各自独立，不可替代，但它们之间是互补、互助、相互配合的关系。思想政治教育是在劳动改造中进行的，通过向罪犯灌输新的思想、观念和知识，使罪犯形成正确的、积极的思想意识并支配自身的行为活动。劳动教育重于客观实践，是行为养成和技能练习，与思想政治教育是辩证唯物论的知和行的关系，只有二者结合起来，才能使罪犯在改造实践活动中体验、反思，改变思想意识形态。这就是说，对罪犯强迫劳动改造是首要的，没有强迫就难以改造，罪犯原来的思想意识也不会自动消失。进入新时代，社会环境的变化，罪犯强迫劳动也是激烈思想斗争、认识斗争的过程，要使罪犯改造好，必然经历强迫改造到自觉改造的过程，只有斗争力量对比发生变化时，罪犯的政治思想和改造态度才会发生变化。科技创新的今天，将劳动改造和思想政治教育有机融合，在改造过程中不淡化斗争、不淡化专政，创新形式，才能真正实现劳动改造与思想政治改造协调发展，使罪犯由强迫改造到自觉改造。

习近平总书记指出："改革是由问题倒逼而产生，又在不断解决问题中得以深化。""在认识世界和改造世界的过程中，旧的问题解决了，新的问题又会产生，制度总是需要不断完善，因而改革既不可能一蹴而就，也不可能一劳永逸。"要充分发挥劳动改造的效能，提高罪犯改造的质量，就需要创新思路，在法律框架内，正确运用劳动改造这一工具，使其在罪犯改造中发挥更大作用。

法制沿革

中国共产党引领的监狱法制史百年沿革

宋秋英　杨一帆*

在国家法纪混乱、政局波谲云诡、民众生灵涂炭的至暗时刻，中国共产党顺应时代的召唤，在历史舞台上点燃了永不熄灭的革命火种，使中华民族在历经万千磨难之后终于迎来了凤凰涅槃、浴火重生的曙光。自 1921 年至今的一百年间，共产党人作为最广大人民利益的忠实代表，始终以实现中华民族伟大复兴为己任，高度重视国家法治体系建设，尤其将监狱法制的建立与完善纳入司法体制改革的总体战略规划，并在不同历史时期呈现出不同的发展侧重点。本文以中国共产党关于监狱政策的改革为背景，参照百年党史分期，把 1921 年中国共产党成立、1949 年中华人民共和国成立以及 1954 年《中华人民共和国劳动改造条例》颁布、1994 年《中华人民共和国监狱法》颁布、2012 年《中华人民共和国监狱法》修订作为关键节点，将中国共产党引领下监狱法制建设的百年沿革分为四个时期，即萌芽起步时期、探索推进时期、发展成型时期和成熟完善时期，并梳理其中各个时期的主要内容与特点，系统勾勒出中国共产党引领下监狱法制建设的演进脉络。

一、萌芽起步时期（1921—1949 年）

中国共产党自 1921 年成立之日起，就坚持以马克思主义为行动指南，逐渐探索出一条救国于危亡、拯民于水火的正确道路，并在随后的 28 年里领导全国各族人民为新民主主义革命胜利而浴血奋斗。在艰苦卓绝的革命征途上，中国共产党建立了“工农兵以及一切劳动民众自己的苏维埃政权”①，而其统管的监狱是人民司法机关的重要组成部分，“与旧时关押革命人士和工农劳苦大众的

---

* 宋秋英，中央司法警官学院矫正教育系副教授、博士；杨一帆，中央司法警官学院 2019 级法学专业（戒毒工作方向），本科学生。

① 柯华主编：《中央苏区宣传工作史料选编》，中国发展出版社 2018 年版，第 315 页。

反动监狱有着本质的区别”①，正如毛泽东在《湖南农民运动考察报告》中所言："监狱里关人和从前两样，从前是绅士送农民来关，现在是农民送绅士来关。"当然，人民监狱相较以往任何朝代、任何时期监狱的先进之处，还在于其严格依法性、民主司法性和公正执法性。受到政治形势、阶级关系、经济状况等诸多因素的影响，中国共产党革命政权在战争年代尚未具备成立系统化、规范化新型监狱建制的条件。尽管如此，中央苏区、各根据地和各解放区人民政府都把监狱法制建设工作提上了重要的议事日程，在颁布相关法规条例、章程、规则、训令的同时，对监狱的指导思想、法制原则、改造方针、组织机构、管理制度等方面作出了较为明确的规定。

1. 制定有关监狱方面的法规条例

中国共产党引领的监狱法制建设可以追溯到工农民主政权建立伊始，最初零星散见于一些有关监狱方面的法规条例、章程以及具有政策法令效力的相关规程、规则、办法、决定中。1932 年 6 月 9 日，中华苏维埃共和国中央执行委员会依据中国历史上第一个由人民政权制定且具有社会主义萌芽性质的宪法性文件——《中华苏维埃共和国宪法大纲》(1931 年 11 月 7 日通过)，以马克思列宁主义为指导思想，拟定并颁布了《裁判部暂行组织及裁判条例》。其中第十条规定，在省、县、区"各级裁判部下可设立看守所，以监禁未审判的犯人，或判决短期监禁的犯人。县、省两级裁判部，除设立看守所外，还须设立劳动感化院，以备监闭判决长期监禁的犯人"②。1932 年 8 月 10 日，中央司法人民委员部颁布的《中华苏维埃共和国劳动感化院暂行章程》(简称《劳动感化院暂行章程》)首先在第一条明确指出："劳动感化院是裁判部下的一个附属机关，其目的是看守、教育及感化违犯苏维埃法令的一切犯人，使这些犯人在监禁期满之后，不再违犯苏维埃的法令。"接着具体规定了劳动感化院的组织机构、工作任务及各项管理制度。该章程的颁布"宣告了工农民主政权第一部监狱法的诞生"③，表明了中国监狱法制建设进入一个崭新的发展阶段。而第一批劳动感化院则在中央苏区管辖的瑞金、兴国、宁都、长汀、于都等县域得以相继组建，成为后来劳动改造机关的雏形。

---

① 余叔通主编：《劳动改造法学》，法律出版社 1987 年版，第 30 页。

② 韩延龙、常兆儒编：《中国新民主主义革命时期根据地法制文献选编》(第 3 卷)，中国社会科学出版社 1981 年版，第 307 页。

③ 施琦：《中国特殊监所源流研究》，中国政法大学出版社 2018 年版，第 160 页。

在中国共产党的引领下，一些根据地、解放区在不同时期结合自身具体情况，分别发布了诸如《鄂豫皖区苏维埃政府革命法庭组织规程》（1931 年 10 月）、《陕甘宁边区高等法院监狱组织规则》（1939 年 1 月）、《陕甘宁边区高等法院监狱管理规则》（1942 年）、《陕甘宁边区高等法院在押人犯服役奖惩办法》（1942 年 10 月）、《晋察冀边区行政委员会关于处理监押犯之决定》（1943 年 4 月）、《陕甘宁边区最高法院监狱守法规则》（1945 年 5 月）等政策法令，纷纷建立了兼具“惩罚、教育及感化”功能的监狱、管训队、训育队、劳改队、劳动感化院、自新学艺所等监禁机构，使制度化的狱政建设初具样态。

2. 规定人道主义的监狱法制原则

中国共产党在监狱法制建设过程中始终秉持人道主义的原则，最突出的表现在于许多相关条例、训令、指示一再申明“对于任何犯人，应坚决废止肉刑”①、“禁止一切不人道的待遇”②。例如，发布于 1930 年 5 月的《闽西苏维埃政府裁判条例》以“无产阶级利益”为出发点，规定了包括“监禁”“剥夺选举权及被选举权”“罚做苦工”在内的 8 种惩办罪犯方法，特别申明废止肉刑以及“刑罚只罪犯人本身，不得连累其家属”。③中央工农政府在 1931 年 12 月 13 日通过的《中华苏维埃共和国中央执行委员会训令第六号》（简称《第六号训令》）中明确提出了“必须坚决废除肉刑”，不准对在押罪犯进行肉体惩罚。④福建省苏维埃政府在 1932 年 8 月、9 月先后两次训令严申“要废除一切肉刑”⑤。对此，毛泽东同志在 1934 年 1 月 21 日中华苏维埃第二次全国代表大会上指出，“废止肉刑”“禁止一切不人道的待遇”是苏维埃监狱的一项“绝大的改革”，这与国民党监狱那种“纯粹的封建野蛮的虐杀，法西斯蒂的酷刑，劳动群众与革命者的人间地狱”，形成了天壤之别的差距。

中央苏区、各根据地和各解放区制度化狱政建设的基本原则是把罪犯当作人看待、尊重罪犯的人格。根据这一原则，中华苏维埃共和国司法人民委员部在 1933 年发布《对裁判机关工作的指示》中强调，要“注意监所及犯人的卫生，按时给犯人洗澡、放空气；不许挪用犯人的伙食费；要妥善安排犯人的劳动、学

---

① 《毛泽东选集》（第二卷），人民出版社 1952 年版，第 764 页。

② 邹亮辉主编：《伟大的预演　中央机关在瑞金》，知识出版社 2000 年版，第 44 页。

③ 蒋伯英主编：《邓子恢闽西文稿（1916—1956）》，中共党史出版社 2016 年版，第 213 页。

④ 田利军：《感悟红色政权　20 世纪前半期中共根据地政权研究》，四川人民出版社 2011 年版，第 97 页。

⑤ 李金华、毛晓燕主编：《中国监狱史》，金城出版社 2003 年版，第 226 页。

习、休息、娱乐时间”[①]。各根据地政府也三令五申强调这一原则，如《陕甘宁边区高等法院监狱管理规则》明确规定了“保护犯人”的法律地位，其中一个重要条款就是“尊重犯人人格”；《川陕省革命法庭条例（草案）》的第九条指出，“反对旧式监牢虐待犯人的办法，特别是对于犯罪的劳动者要有系统的进行教育，使他能很快的脱离犯罪的事情”[②]；《川陕省苏维埃政府肃反执行条例》要求各执行机关“未判死刑者，依其案情定罪或释放，仍在生活上受一般待遇，不得任意虐待贫农、中农，要好些待遇，并加紧其政治教育”[③]。这些规定把保障犯人的身心健康与合法权益作为监狱法制的重要原则，在某种程度上体现了革命人道主义的精神，有利于促进罪犯的思想改造和恶习矫治，从而帮助他们逐渐转变为遵纪守法、自食其力的新人。1941 年 5 月 1 日，陕甘宁边区主席林伯渠在政府工作报告会上总结发言，在提及监所管理工作经验时指出：“犯人之所以甘为犯人，主要是由于社会不把他当人，要恢复他的人格，必自尊重他是一个‘人’始。”[④]同年 10 月，陕甘宁边区高等法院院长雷经天在司法工作报告中提到，“犯人虽然犯了错误，既不是死刑，我们则希望他好好转变错误，将来成为一个完善的公民，因此，就要尊重他的人格，从逮捕一直到释放，我们随时都要注意这一点”[⑤]。由是观之，尊重罪犯的人格、依法保障罪犯的基本人权是中国共产党在监狱政策改革中一贯坚守的伦理立场与责任担当。

3. 确定感化主义的教育改造方针

中国共产党统管的苏维埃监狱作为人民民主专政的工具，既是“镇压敌人、惩罚犯罪”的场所，也是“教育改造犯人的特殊学校”[⑥]。这种新监狱与“报复主义”“惩办主义”思想盛行的国民党政府监狱相比，不仅在阶级属性上有着本质的区别，而且在工作方针、机构职能方面也有极大的差异。中华苏维埃共和国中央临时政府在 1934 年 1 月第二次工农兵代表大会上指出：“苏维埃的监狱对

---

① 韩延龙、常兆儒编：《中国新民主主义革命时期根据地法制文献选编》（第 3 卷），中国社会科学出版社 1981 年版，第 342—343 页。

② 西华师范大学历史文化学院、川陕革命根据地博物馆编：《川陕革命根据地历史文献资料集成》，四川大学出版社 2012 年版，第 199 页。

③ 四川省社会科学院、陕西省社会科学院编：《川陕革命根据地史料选辑》，人民出版社 1986 年版，第 202 页。

④ 薛梅卿主编：《中国监狱史》，群众出版社 1986 年版，第 338—339 页。

⑤ 韩延龙主编：《法律史论集》（第 5 卷），法律出版社 2004 年版，398 页。

⑥ 万安中主编：《中国监狱史》，中国政法大学出版社 2015 年版，第 338—339 页。

于死刑以外的罪犯是采取感化主义，即用共产主义的精神和劳动纪律去教育犯人，改变犯人犯罪的本质。”①《劳动感化院暂行章程》的第七条规定是“组织和管理犯人的教育事宜，如识字班、政治课、俱乐部、列宁室、图书馆、墙报编辑、游艺晚会、音乐、弈棋、编辑剧本等事宜”，并着重指出“各种文化工作，取材应以感化犯人为前提”。1944 年 7 月 15 日，晋绥边区高等法院在题为《晋绥边区司法工作概况》的总结报告中指出：“我们今天的监狱，是一所带强制性的生产教育学校，是感化教育积极改造犯人的场所。”②1946 年，陕甘宁边区政府把“感化主义”作为解放区的基本狱政指导方针写入《陕甘宁边区宪法原则》中。

尽管，苏维埃监狱所处的环境条件通常都比较艰苦，加之“因限于财力物力，多因陋就简，房屋配置不适当，设备复欠完善，管理卫生各项尤欠周到合宜”③，但依据《对裁判机关工作的指示》等相关规定，力求保障监狱的环境卫生以及罪犯个人卫生，在发展生产的基础上改善罪犯的生活条件。同时，苏维埃监狱由于秉持“镇压与宽大相结合”“惩办与教育相结合”④的刑事司法政策以及实行感化主义的教育改造方针，在动荡而艰苦的战争年代中取得了明显的效果。在刑满释放的人员中，绝大多数都能够洗心革面、重新做人，甚至有的参加了革命队伍，成为红军战士、革命民主政府干部、支前英雄；有的被选为边区参议会议员；有的被评为劳动模范；还有的利用在监狱里学到的知识、技能开办了工厂，等等。特别是在第三次国内革命战争时期，随着广大农村地区和许多城市的相继解放，中国共产党接管了国民党政府的一些监狱，并在彻底改造旧监狱的基础上，建立了以城市监狱为主体、以感化主义为教育改造方针的新型监狱体系，积累了监狱工作的宝贵经验，为创建新中国的监狱法制体系奠定了良好的实践基础。

二、探索推进时期（1949—1994 年）

1949 年 10 月 1 日中华人民共和国宣告成立，中国共产党领导全国各族人民完成了社会主义改造，成功地实现了由新民主主义革命向社会主义革命的转

① 陈少锋、朱文龙、谢志民编：《中央苏区法制建设研究》，江西高校出版社 2017 年版，第 196 页。
② 王耿心：《毛泽东劳动改造思想研究》，社会科学文献出版社 1993 年版，第 32—33 页。
③ 甘肃省地方史志编纂委员会编：《甘肃省志》（第 5 卷），甘肃文化出版社 1995 年版，第 335 页。
④ 侯成亚、李声禄：《毛泽东人权思想与实践研究》，四川人民出版社 2000 年版，第 429 页。

变，也开启了中国监狱法制建设的全新篇章。在社会百废待兴、经济严重落后、政治形势严峻的背景下，各类刑事犯罪率陡升，结果造成全国的罪犯数量剧增，以致原本破旧不堪、财政困难的监狱更加难堪重负。同时，大批在押罪犯既无劳动项目而坐吃闲饭，又好逸恶劳而难以得到有效改造。鉴于此，以毛泽东主席为核心的第一代党中央领导集体将马列主义的改造人学说与中国具体实际相结合，在继承新民主主义时期“把犯人当人看”狱制原则的基础上多次阐发“人是可以改造的”思想，形成了社会主义条件下改造罪犯并使他们成为新人的学说，为探索、推进新中国监狱法制建设指明了基本方向，提供了根本遵循。

1. 开展全国统一的劳动改造立法工作

新中国成立后的劳动改造立法与新民主主义革命时期的监狱立法有着一脉相承的关系。在20世纪50年代初，面对大批日本战犯、国民党战犯、伪满战犯、反革命敌对分子、旧社会遗留下来的惯犯以及新社会滋生出来的各类刑事罪犯亟须接受系统化、规范化改造等问题，公安部在毛泽东改造罪犯思想的指导下，开始组织有关学者认真总结革命根据地、解放区劳动改造罪犯的成功经验，以期颁布一部全国性法规来保障监狱工作的顺利进行。1951年5月10日至15日，在北京召开的第三次全国公安会议讨论并通过了《关于组织全国犯人劳动改造问题的决议》，要求“必须根据惩办与改造相结合的原则，并适应全国各项建设的需要，立即着手制定通盘计划，组织劳动改造工作”①。1952年6月召开的第一次全国劳动改造罪犯工作会议研究解决了“关于今后劳改生产进一步发展的指导方针以及劳改生产的性质问题和关于管教工作的任务以及实现这些任务的措施问题”②。第二次全国劳动改造罪犯工作会议于1953年12月在京举行，着重分析了“关于劳改生产的计划管理体制和生产方针问题、关于大力加强狱政、管教工作的业务建设问题和关于刑满释放人员安置就业问题”，确定了此后的劳改工作方针与任务。③两次劳改工作会议切实分析了新中国成立初期劳改工作的现状，为颁布相应的法规奠定了坚实的基础。

没有劳改立法，就没有劳改工作的落脚点。为保障新中国成立后劳改工作的有序进行，1954年9月7日，政务院发布了《中华人民共和国劳动改造条例》

---

① 中共中央文献研究室编：《建国以来重要文献选编》(第2册)，中国文献出版社2011年版，第253页。

②③ 舒鸿康、王西元、张滋生：《建国初期劳动改造立法与劳动改造工作的历史发展》，《法治论丛》1989年第3期。

（简称《劳动改造条例》）。该条例共九章77条，第一章"总则"规定了其制定的法律依据，劳动改造机关的性质和任务，惩罚管制与思想改造相结合、劳动生产与政治教育相结合的方针；第二章"劳动改造机关"规定了分别设置看守所、监狱、劳动改造管教队、少年犯管教所，分别监管和改造各类罪犯并实行分管分押；其他七章分别从"劳动改造和教育改造""劳动改造生产""管理犯人制度""监督管理委员会""奖惩""经费""附则"作了相应的规定。其中，教育与劳动相结合的方针在《劳动改造条例》得以着重强调。在绝大多数罪犯文化水平偏低甚至是文盲的境况下，单纯通过劳动改造罪犯是不彻底的，对其进行基础的科学文化教育也是非常必要的。唯有如此，罪犯才能既收获物质果实又收获精神粮食。事实也证明了这种改造方式既实用又有效。此外，依据第27条规定"在劳动改造中，应该注意充分利用他们的技术"，这就确保了罪犯在出狱后成为社会主义的建设者，而并非没有一技之长、游手好闲的无业游民。在狱政管理方面，人道主义精神得到了充分的体现。《劳动改造条例》不仅规定了严格的警戒制度、取保制度、释放制度、关押制度等，还具体规定了非常人性化的劳动时间和休息制度。《劳动改造条例》作为我国监狱法制史上第一部较为系统的、完整的监狱行政法规，开启了新中国劳改机关以专门法规为工作准绳的先河。它将从新民主主义时期到新中国成立初期的监狱实践中积累的成功经验和有益做法以法律的形式确立下来，在中国监狱法制发展史上具有里程碑式的意义。

2. 出台劳动改造方面的配套法律规范文件

《劳动改造条例》实施以后，劳动改造工作逐步走上了法治轨道，通过"两个结合"的改造方针重塑了罪犯的思想、矫正了罪犯的恶习。为了促进劳改工作的持续发展，《劳动改造管教队工作细则》（1962年12月）、《监狱、劳改队管教工作细则》（1982年2月）、《监管改造环境规范》（1990年11月）、《罪犯改造行为规范》（1990年11月）等一系列配套法规相继出台，逐步明确了监狱工作的任务、目的、原则、内容、方法和评价制度。例如，《监狱、劳改队管教工作细则》对罪犯劳动的方针政策、劳动时间、劳动安全、劳动奖惩等方面都进行了详尽的规定，为劳改工作在新时期的创新和发展奠定了制度基础。值得一提的是，1983年5月中共中央、国务院决定，劳动改造工作由司法行政机关领导管理。

从中华人民共和国成立至20世纪90年代初长达40多年的时间里，中国共产党引领的监狱法制与监狱劳改工作不断探索、不断前行，在探索中积累经验，在经验中尝试创新。无论是前期根据"感化主义"方针成功改造了一大批日本战犯、伪满战犯、国民党战犯，还是后期用探索创新的方法改造了不同类型的刑事罪犯，都始终尊重罪犯人格，致力于改善罪犯物质生活条件，从而积累了劳改工作的丰富经验。在监狱法制的探索推进过程中，中国共产党凭借自己的智慧，走出了符合我国国情的劳改工作道路，并在实践反思中越走越稳、越走越宽。

三、发展成型时期(1994—2012 年)

从 1954—1994 年的 40 年里，根据《劳动改造条例》等相关规定，我国监狱系统成功将一大批罪犯改造为守法的社会主义建设者，不仅保障了人民的利益，还从侧面促进了经济的发展。事实证明，《劳动改造条例》所规定的劳动改造法规是有效的、符合我国国情的。

1.《中华人民共和国监狱法》的颁布概况

随着时代的发展，我国的社会形势发生了巨大改变。首先，监狱的领导体制发生了变化；其次，我国罪犯构成也与以往大相径庭，从犯罪的性质上看，普通刑事案件相对增多，反革命案件大大减少；最后，为了扩大我国监狱工作的国际影响力，也需要我国监狱制度进一步国际化。1994 年第八届全国人大常委会第十一次会议通过的《中华人民共和国监狱法》(简称《监狱法》)，以《中华人民共和国宪法》为依据，不仅肯定了过去的监狱工作，而且还参考、借鉴了国外一些成熟的制度和先进的经验，在新中国监狱法制建设道路上成为又一个里程碑。从《监狱法》的立法特点，不仅可以感受到那段历史时期中国监狱的大致状况，而且还能看出中国共产党引领下监狱法制建设的发展成型。

2.《监狱法》的核心内容

第一，规定了监狱工作的宗旨。《监狱法》第 1 条指出:“为了正确执行刑罚，惩罚和改造罪犯，预防和减少犯罪。”这就强调了我国监狱工作的目的并不仅仅在于惩罚，而是在惩罚与改造相结合的基础上着重于改造。把罪犯改造成为守法公民，预防犯罪发生和减少犯罪数量，这是我国监狱法制的核心，是监狱一切工作的出发点，并贯彻于法制建设的始终。

第二，规定了监狱工作的原则。《监狱法》第 2 条规定:“监狱对罪犯实行惩罚与改造相结合、教育与劳动相结合的原则，将罪犯改造成为守法公民。”这就把党和国家有关改造罪犯的一系列方针、政策上升为法律，并概括为“两结合”

的原则，使之贯穿于《监狱法》的始终，并成为法律规定监狱工作的基本准则。

第三，规定了改造罪犯的三大手段——监管、劳动、教育。长期以来，我国在改造罪犯工作中不断探索、不断尝试诸如教育改造、考核奖惩、社会帮教等创新手段方法。《监狱法》第4条规定："监狱对罪犯应当依法监管，根据改造罪犯的需要，组织罪犯从事生产劳动，对罪犯进行思想教育、文化教育、技术教育。"这就从法律上明确了监管、劳动、教育是监狱改造罪犯的三项基本手段。

第四，规定了监狱民警的法律地位。监狱民警是监狱的工作者、刑罚的执行者、社会安全的守护者。中华人民共和国成立以来，在中国共产党的引领下，培养出一支思想觉悟高、业务能力强、秉公执法、无私奉献的监狱民警队伍。《监狱法》通过总结以往监狱干警队伍建设经验，在立法意义上赋予其执行刑罚、改造罪犯和管理监狱的专属职权，强调了监狱民警的法律地位——"监狱的管理人员是人民警察。"

第五，规定了罪犯的合法权益。把尊重罪犯人格和人道主义精神作为监狱工作的原则和底线，作为成功改造罪犯的必要条件。《监狱法》在总则中规定："罪犯的人格不受侮辱，其人身安全、合法财产和辩护、申诉、控告、检举以及其他未被依法剥夺或者限制的权利不受侵犯。"将罪犯的人格权等合法权益规定在总则中，不仅体现了中国共产党的革命人道主义精神，更体现出了中国共产党引领的监狱法制建设的创新性和务实性。

3. 颁行《监狱法》的意义

《监狱法》不仅明确了我国监狱工作的宗旨，还规定了改造罪犯的方针原则和监狱惩罚的方法手段，为监狱工作的有序开展提供了法律依据。它从我国几十年的监狱法制史中汲取经验和智慧，并在国际上寻求新型的、成熟的、可借鉴的监狱法规，将它们有机融合到一起，并使其符合中国的国情。总之，《监狱法》的颁布施行，不仅标志着我国刑事法律体系的初步建立，还见证了党坚定走依法治监道路的决心，在监狱法制建设中起到了承前启后的关键作用，推动了社会主义司法体制改革向纵深发展。

在此时期，司法部作为全国监狱工作的主管机关，先后颁布了《监狱提请减刑假释工作程序规定》(2003年4月)、《监狱教育改造工作规定》(2003年6月)、《监狱服刑人员行为规范》(2004年3月)、《教育改造罪犯纲要》(2007年7月)等部门规章，对于规范监狱工作发挥了重要作用。此外，最高人民法院关于《办理减刑、假释案件具体应用法律若干问题的规定》(2012年1月)等有关司法解释，也对监狱行刑工作具有指导意义。

四、成熟完善时期(2012 年至今)

中国监狱法制建设的成熟完善阶段是以 2012 年《监狱法》修订为时间节点，并随着中国特色社会主义事业的推进而逐步迈入新时代。从 2011 年到 2013 年，从“规范化管理年”活动的顺利开展到“教育改造质量年”活动的成功举行，监狱工作表现出了新时代应有的科学化、规范化、标准化、精细化以及智能化。《监狱法》颁布后的几十年间，监狱工作也有了长足的发展，首先是对改造罪犯的本质和目标有了更加科学和清晰的认知；其次是改造罪犯的方式方法更为高效和完善；再者是改造罪犯的形式与高科技相结合；最后是监狱工作更加注重对罪犯人权的尊重和保护。

1.《监狱法》的修订

法律并不是一成不变的，它需要随着时代的进步和社会状况的变化而改变。《监狱法》亦是如此。首先，从宏观上看，《监狱法》自颁布施行以来，人民物质生活条件有了极大提高，社会安全有了强大保障，监狱工作取得了很大成效；其次，在现实层面上，监狱工作者尤其是基层监狱民警发现《中华人民共和国监狱法》中需要修改的问题和弥补的漏洞还有很多，不少法规已经过时，难以符合当今社会环境和监狱状况，他们表示需要颁布更加明确、更加详尽的法律法规，以便为新时期乃至新时代的监狱工作提供法律保障；最后，随着时代的发展，对外开放的逐步推进，我国参与的国际司法合作和交流活动日益增多，不仅加强了对国际上不同类型的监狱工作的了解，也对我国监狱立法和驾驭工作状态有了更加清晰的认知。一些新型的司法工作模式比如“矫正教育”，在我国试行后获得了很大的成功和广泛的认可。我国有必要对其中一些有效的、实用的、贴合我国监狱现状的新型法规制度进行学习和借鉴。

《监狱法》颁布至今，《刑法》《刑事诉讼法》两大刑事基本法律都经历多次修正，涉及监狱行刑的某些制度，如死缓制度、减刑制度、假释制度、暂予监外执行制度，都有大的修改和变化。为了同《刑法》《刑事诉讼法》的相关内容保持协调，2012 年 10 月 26 日，第十一届全国人民代表大会常务委员会第二十九次会议通过了《关于修改监狱法的决定》，对减刑制度、暂予监外执行制度、假释制度、狱内侦查制度及看守所代为执行的罪犯的刑期期限等，做了相应的修改和完善。

2. 监狱法制体系建设的成熟与完善

以习近平同志为核心的党中央高度重视我国司法行政工作，按照习近平总书记的重要批示，中央政法委和司法部等部门加强了对监狱立法和监狱制度研究。2015 年司法部制定下发了《关于加强监狱生活卫生管理工作的若干规定》。司法部强调要将罪犯吃饱、吃得卫生作为监狱工作的底线任务，将保障罪犯的身体健康及合法权益作为监狱工作的方针之一。不仅加大食品安全监管力度，还要重视药品监管的严苛性；不仅要谨慎对待患病犯人的治疗，还要将预防犯人生病作为监狱工作的重中之重。

从 2012 年《监狱法》修订至今，最高人民法院和司法部等制定颁布了教育改造、狱政管理、监狱干警队伍建设、监狱卫生等诸多方面的监狱法律规范和规范性文件。到目前为止，我国监狱系统基本形成了以《监狱法》为核心，相关法规、规章、规范性文件相配套的监狱法律制度体系，监狱法制建设不断成熟、完善，依法治监水平不断提升。

纵观自 1921 年至今的百年监狱法制建设历程，党和国家的历代领导人都高度重视监狱工作状况，不仅重视监狱行刑，而且重视监狱立法。从《中华苏维埃共和国劳动感化院暂行章程》的执行到《劳动改造条例》的出台，从 1994 年《监狱法》的颁布到 2012 年《监狱法》的修订，充分体现了中国共产党把人民利益摆在至高无上的地位，也彰显了中国共产党全面推进依法治国的决心。2021 年是中国共产党成立一百周年，也是"十四五"规划的开局之年，更是全国监狱工作体系承前启后、继往开来的关键之年。在实现社会主义现代化的征途中，全国监狱系统将以高度的责任感和使命感，坚定不移的支持党对全面依法治国的领导，坚持以人民为中心，在监狱立法及监狱行刑领域中不断实现突破和发展，从而保障监狱工作的有效进行，为推进社会主义法制建设作出应有的贡献。

习近平法治思想的人民性引领浙江率先建设法治监狱的思考

浙江省第二监狱课题组*

2006年，浙江省委书记习近平视察省女子监狱以后，浙江监狱法治建设驶上快车道，安全治理长效机制日趋完善，罪犯修心教育持续深化，平安、文明、法治、智慧四位一体现代化监狱加速推进，执法为民、以人民为中心的法治思想愈加彰显。“法治”“数字”双轮驱动加快法治监狱建设步伐，推动浙江监狱工作走在前列。

一、浙江监狱法治建设历史实践契合习近平法治思想的人民性

1. 浙江监狱法治建设的早期摸索

改革开放前属于以规治监阶段，其本质特征是“法融于规”。监狱管理主要依靠实践经验总结而形成的规定、条例、政策等；权力总体上优越于法律，管理中随意性较多，更多呈现人治现象，领导人的指示讲话往往成为监狱的执法依据。①

1949—1950年浙江各地解放后，人民政权对旧政权时期的监狱、反省院、看守所进行了接管和改造。为贯彻毛泽东同志“三个为了”重要指示和三公会议决议，第一代监狱人押解反革命犯和刑事犯垦荒种地、开矿修路，筚路蓝缕开创劳改事业。1951年5月，省公安厅劳管处改为省公安厅劳改局。7月，省公安厅召开省第一次劳改工作会议，研究部署全省劳动改造工作。经过多年艰苦创业，浙江监狱基本解决了罪犯坐吃闲饭、场所拥挤、经费不足等问题。1954年《劳动改造条例》颁布实施，全省监狱按照条例，积极开展劳动改造制度创制工作，初步形成一套罪犯管理、教育、改造的规章制度，奠定了浙江监狱法制秩序的基础。

---

* 课题组组长：王振伟，浙江省第二监狱监狱长；课题组成员：李建森，浙江省第二监狱研究所所长；宗学煌，浙江省监狱工作研究所四级调研员；孙金睿，浙江省第二监狱二监区民警。

① 张庆斌、林通：《法治监狱初论》，《中国司法》2015年第5期。

2. 浙江依法治监的实践探索

改革开放至我省开始实施法治浙江属于依法治监阶段，其本质特征是“法制约权”。国家加强监狱立法，对监狱管理进行法制制约，强调法律至上，法律面前人人平等。这一阶段关注形式合理性，带有明显的形式主义特征。①

党的十一届三中全会拨乱反正，使我国各方面建设重新走上正确的道路。1994年12月《监狱法》颁布，监狱工作基本纳入法治化轨道。党的十五大将“依法治国”作为党领导国家建设的基本方略，推进依法治监成为我国监狱上下的一致共识。②1996年，浙江省八届人大常委会通过《关于实行依法治省的决议》。2000年，省委又作出了《关于进一步推进依法治省工作的决定》，把依法治省推向一个新高度。

全省监狱乘势而上，加快现代化文明监狱创建步伐，开展监狱工作法制化、科学化、社会化建设，推行狱务公开，从而迈入了“依法治监，探索发展”的历史时期。

一是推进依法治监。1995年省劳改局更名为省监狱管理局，鲜明地提出依法治监，分别在1998年12月、1999年3月、2000年3月三次召开推进依法治监会议，总结交流工作经验，推动依法治监研究，相继制定实施一系列配套的监管执法制度。2001年，省局在机关“三定方案”不能突破的情况下，利用省监狱工作研究所编制成立法制办公室，全面启动监狱法制工作。2003年省局专门设立法制办公室，其主要职责是规划、指导全省监狱法制工作。2004年5月，首次召开全省监狱法制工作会议，随后省属监狱全部设置法制办，市属监狱设置专职法制工作人员，监狱法制工作日益得到重视和加强。

二是推进现代化文明监狱创建。1997年司法部在全国第一个授予省第一监狱“部级现代化文明监狱”称号，至2003年我省共有七家单位获得“部级现代化文明监狱”称号。大力整治安防设施的突出隐患，使监狱的防逃能力逐年增强，罪犯脱逃人数日趋归零。

三是推动监狱工作“三化”建设。从20世纪90年代开始，浙江率先在全国探索狱务公开，尤其是减刑假释工作中实行“三公开两公示一监督”制度，公正执法水平不断提高。各监狱设立狱务公开热线，规范减刑、假释、暂予监外执行呈报工作，实行“三级评审四榜公示”制，细化罪犯考核奖惩制度，有力保障了罪

① 葛炳瑶：《依法治监论》，浙江人民出版社2004年版，第46—49页。

② 秦心福：《构建现代监狱安全治理新体系》，《安徽警官职业学院学报》2017年第5期。

犯合法权利。

四是加强监狱发展保障。随着社会主义市场经济体制的基本确立，传统制造业单位生存困难，监狱经费保障不到位，一定程度制约监狱职能发挥。全省监狱在继续大力发展工农业生产的基础上，对监狱布局和产业结构进行初步调整，通过节能降耗、开源节流等抓手，推进企业管理改革，在变革中寻求机遇，在发展中突破。

3. 浙江监狱法治建设的快速推进

2005 年以后属于法治监狱阶段，其本质特征是“良法善治”。随着中国特色社会主义法律体系的初步建立，法治的首要问题已从追求“良法”开始转向“善治”。从规范层面的“法律意识”和“法律观念”更多转向实践层面的“法治思维”和“法治方式”；从以“健全法制”为宗旨的“法的制定”转向以“法的信仰”为归宿的“法的实施”。

2005 年，省委把建设法治浙江作为重点调研课题。时任省委书记的习近平同志亲自主持，先后深入全省各地 40 多个乡村、社区和单位，就法治浙江建设开展专题调研，随后省委专门召开常委会议，第一次研究建设“法治浙江”。2006 年 2 月 8 日，习近平视察省女子监狱，详细询问罪犯伙食和权利保障，深入了解浙江监狱执法工作和教育改造情况，对省女监开展“平安监狱”和“文明监狱”建设表示肯定。2006 年，中共省委举行十一届十次全体(扩大)会议，审议通过《关于建设“法治浙江”的决定》，嗣后省十届人大常委会第二十五次会议通过《关于建设“法治浙江”的决议》。浙江地方治理从“依法治省”转变为“法治浙江”，主要表现在如下方面。

第一，强化党的领导，提高法治化建设水平。坚持党对监狱工作的绝对领导，推进领导班子和民警队伍建设，抓实“四强”党组织建设，强化科学发展组织保障，健全《监狱党委议事规则》和《监狱长办公会议规则》，落实“四重一大”制度，完善重大决策的调查研究、科学论证、风险评估机制。2007 年，省局出台《关于推进法治监狱建设的实施意见》。2012 年，浙江省第二监狱探索推出法治指数，对“法治监狱”建设所涉及的五个方面分别进行量化评估，开启了以法治量化评估为主线的“法治建设工程”，积累“以评估促建设”的监狱经验。①

① 胡方锐、李建森、宗学煌等:《“三位一体”新型监狱体系设计和建设标准研究》,《中国监狱学刊》2016 年第 6 期。

第二，牢筑安全屏障，打造全世界最安全监狱。强化人防、物防、技防、联防，完善“135”狱内快速反应机制，创新“板块移动”“零留置”安全监管措施，健全狱情“三预”机制，推进监地合作，构建“统一指挥、部门联动、地方配合、安全高效”的联动处置机制，应急处突由单一管理转向综合治理。①

第三，规范执法行为，推动监狱治理实践创新。法制部门开展规范性文件废、改、立、释工作，全面梳理各类执法规定和管理制度，制定《狱政管理工作标准实施细则》等近20个工作标准，缩减民警自行裁量权，从源头上保障规章制度的科学性和合理性。全省监狱扭住“重点岗位和重点环节”，持续推进执法规范化建设。深化执法体制改革，健全权力制约体系，完善业务部门、法制、纪检、警务督察等内部监督合力机制，常态化开展执法评议和执法责任追究。践行改造宗旨，开展罪犯危险性评估和心理评估，深化修心教育，改大水漫灌教育为精准滴灌式教育，努力消除罪犯“犯罪”人格和“监禁”人格。建立政法一体化办案平台，实现执法全程留痕。深入推进狱务公开、政务公开和党务公开，实行监狱长接待日、监狱开放日，创造互联网＋监狱法治的“浙江经验”。如罪犯资金银行化管理、罪犯购物电商化、网络远程会见、罪犯减刑假释执行网上公示等，让罪犯亲属和人民群众有更多的满意度。

第四，坚持数据为王思维，全力推进智慧监狱建设。2008年开始，省司法厅、省监狱管理局高度重视科技兴监战略，从人员、技术、资金等给予大力支持，实现“三大现场”视频监控全覆盖，持续推进“一综合平台八大系统”建设。2015年以来省局实施智能化现代文明监狱创建一期、二期工程。2018年根据司法部“数字法治、智慧司法”的部署全面创建智慧监狱，以智能化技术建立起先进的安防、办公、应急指挥和决策系统，信息化建设向集约化、智能化、高效化迈进。2019年，省第二监狱、乔司监狱等单位以高分通过司法部验收，被第一批命名为部级智慧监狱。目前所有省属监狱均通过智慧监狱考评，创造“浙江速度”。浙江监狱“数字”赋能“法治”，应用人工智能、区块链、大数据技术，有力提升了监狱法治化、智慧化水平。

浙江监狱法治建设的三个阶段是我国监狱发展的缩影。今天习近平法治思想在监狱的贯彻愈加深入人心，浙江监狱建设历史印证了人民性是浙江监狱

---

① 胡方锐、李建森、宗学煌等:《“三位一体”新型监狱体系设计和建设标准研究》,《中国监狱学刊》2016年第6期。

法治建设的根魂。习近平法治思想的形成和发展与包括监狱工作在内的国家政治、经济、社会、文化建设历史须臾不能分离，它是在国家建设实践的过程中逐步认识、清晰、深刻起来的。从“以规治监”“依法治监”到“法治监狱”的发展脉络具有一贯性，人民性主线从模糊到清晰。

二、习近平法治思想的人民性引领法治监狱的建设

1. 人民性是法治监狱建设的内在要求

习近平法治思想从其主要方面来讲，就是“十一个坚持”：坚持党对全面依法治国的领导；坚持以人民为中心；坚持中国特色社会主义法治道路；坚持依宪治国、依宪执政；坚持在法治轨道上推进国家治理体系和治理能力现代化；坚持建设中国特色社会主义法治体系；坚持依法治国、依法执政、依法行政共同推进，法治国家、法治政府、法治社会一体建设；坚持全面推进科学立法、严格执法、公正司法、全民守法；坚持统筹推进国内法治和涉外法治；坚持建设德才兼备的高素质法治工作队伍；坚持抓住领导干部这个“关键少数”。

这十一个坚持有机融合了人民性、实践性、真理性，把坚持人民主体地位作为全面依法治国的一项基本原则，深刻揭示了全面依法治国基本方略立足和坚持人民性的制度本源，深刻揭示了依法治国主体与动力的人民性，深刻揭示了依法治国根本目的和基本手段的人民性，还把以人民为中心的发展思想贯穿在立法、执法、司法、守法的全过程，强调民主立法、执法为民、司法为民、全民守法。监狱作为刑事司法的末端，社会治理的前端，必然要遵循这十一个坚持，并通过这十一个坚持来建设法治监狱。在这十一个坚持中，人民性始终贯彻法治思想的始终。

2. 人民性是法治监狱建设的正确指引

习近平法治思想人民性的观点点明了法治监狱建设的内核，那就是以人民为中心。“以人民为中心”理念不是简单地只看到罪犯作为专政的对象，也不是庸俗绥靖式理解改造，而是认清罪犯中的两种本质谁是主要本质，谁是次要本质。人民性意味着监狱作为刑事司法的末端、社会治理的前端，需要为人民服务，为绝大多数人服务，但是由于直接面对的罪犯有特殊性即两层类本质，无法像其他政府部门直接面对人民群众，因此在法治监狱下人民性更显得重要。法律由物质生活决定，体现了物质生产的社会关系，而人是一切社会关系的总和，

罪犯的社会危害性通过其社会关系表现出来，罪犯经过司法审判进入监狱服刑，本质上就是罪犯的社会关系危害到占据决定性地位的物质生产关系，从而受物质生产关系决定的同时也体现广大人民意志的法律对危害物质生产关系的罪犯进行审判。罪犯进入监狱后，须依法剥夺罪犯的一些社会关系，同时用改造其社会关系方式改造罪犯个人。当改造其社会关系时，就必然要符合物质生产关系既符合物质生产关系所决定的法律，也要符合广大人民群众的意志。

在全国依法治国和社会主要矛盾发生深刻变化的时代背景下，监狱作为政法机关具有的政治属性、人民属性、法治属性和社会属性，决定了监狱工作须提高政治站位，通过坚守安全底线，践行改造宗旨，依法履行好改造职能，将罪犯改造成为守法公民，进而有力推动法治国家建设进程。坚持习近平法治思想的人民性，全面梳理并有效解决监狱发展中存在的问题，将是推进法治监狱建设必须重视的重要环节和紧迫任务。

2018 年 1 月，习近平总书记就政法工作作出重要指示，要求全国政法战线切实“履行好维护国家政治安全、确保社会大局稳定、促进社会公平正义、保障人民安居乐业的主要任务，努力创造安全的政治环境、稳定的社会环境、公正的法治环境、优质的服务环境，增强人民群众获得感、幸福感、安全感”。监狱工作正是通过依法惩罚改造罪犯，依法对每一个罪犯执行刑罚，来实现党和国家赋予监狱的使命和任务，来体现和维护社会公平正义的。公平正义，是每一个真正的法律人包括新时代监狱民警的永恒追求。从服务大局的高度看，这又何尝不是监狱及民警在依法执法的任何时候、任何地方都必须把准的方向呢？

监狱是社会大系统的一个细胞，显然需要主动融入社会，积极协调社会各种力量改造罪犯。同时，监狱是法治社会的捍卫力量，有义务通过依法惩罚改造罪犯，维护一方平安，修复和融合社会关系，为建设法治社会作出贡献。监狱是国家法律的坚定捍卫者、忠实践行者、积极宣传者，依法惩罚改造罪犯是职责所在，实现“将罪犯改造成为守法公民”的法治目标也是时代担当。如果监狱没有对罪犯公正文明执法，贯彻习近平法治思想的人民性显然是一句空话；仅仅从改造罪犯的角度体现公平正义，要实现监狱稳定和社会长治久安恐怕也只是一厢情愿。如果只是固守一隅，但求监狱安全稳定而忽视社会大局稳定，但求刑罚的特殊预防而忽视一般预防，但求罪犯改造人性化而忽视惩罚性，不仅监狱安全稳定难以实现，甚至可能有悖于法治建设。

三、以习近平法治思想的人民性检视法治监狱建设中的问题

随着法治监狱建设进入深水区，出现了越来越多的结构性问题，特别是由于监狱封闭物理结构所导致的一些问题。

1. 监狱法位阶低，法条不够完善

《监狱法》存在立法位阶低，难以约束监狱以外的政府部门和社会团体；存在着监狱在刑罚执行中执法程序不统一、罪犯在监狱的法律关系不清晰、监狱民警的责任无限性且缺少相应的容错纠错机制等问题。

2. 难与社会建立起良性互动联系

虽然监狱依法剥夺了罪犯的社会联系，但是监狱作为刑事司法的末端必须融入社会治理当中。监狱与社会的联系大多存在于刑事司法链条的业务往来，这种联系是单方面的，是被动也是受制于对方的，人民群众对于监狱知之甚少。

3. 监狱自身的治理能力不足

监狱封闭现状一定程度是刑事司法的末端性造成的，但监内治理也存在自身能力局限。经济社会的发展，人们的法治意识、罪责意识等发生了明显的代际流动，罪犯也发生了代际变化，监狱管理手段、方法等均需要不断调整适应。

4. 相对保守的法治文化体系

封闭是监狱一大物理特征，但这个特征也导致创新动力不足。面对如今人民群众对公平公正日益强烈的要求，面对舆论监督，监狱存在着滞后、不适应的情况，难以达到治理能力现代化的要求。同时，封闭保守的法治文化体系也制约了监狱民警队伍能力的发展，创新动力不足，民警学习意愿低，即便是学习也存在着强烈的实用主义，不利于民警队伍发展和培养。

四、习近平法治思想的人民性引领浙江率先建设法治监狱

习近平法治思想的人民性引领浙江率先建设法治监狱，实现总体国家安全观的各项要求，满足社会公平正义，打造良法善治的社会主义现代化监狱。浙江监狱应以不断增加人民群众的获得感、幸福感、安全感为准则，全面构建防范严密、风险智控的安全治理体系，修心正行、精准改造的罪犯改造体系，标准严谨、实体公正的规范执法体系，凝心聚魂、素能优良的队伍建设体系，在实现监

狱治理体系和治理能力现代化上为全国监狱提供“浙江经验”和“浙江方案”。

1. 打造现代化监狱的法治民警队伍

法治人才是提升监狱法治能力的重要保障。打造现代化监狱的法治队伍，首先政治要过关。监狱不可能脱离政治而独立存在，只有在政治上过关，才能提高在法治监狱建设上的政治领悟力、判断力、执行力，辨清西方司法独立背后的资本力量，旗帜鲜明地为人民服务。要加强党的理论学习，将党支部建设与法治队伍建设有机结合起来，将法治队伍建设纳入日常工作考核中。要抓住领导干部关键少数，以党课、党史滋养党性，领导干部带头遵法普法。要建立法治人才选拔制度，把善于运用法治思维和法治方式的监狱民警选拔到领导岗位上来，将法治素养高的民警选任到重要执法岗位工作。同时还要完善民警执法考试制度，促进民警法治素质提升常态化，支持民警考取法律资格证书；加强以公职律师和社会律师为补充的监狱法治力量队伍，让他们参与决策论证、提供法律意见、办理各类案件。

2. 主动融入社会治理体系

浙江作为改革开放先行省和长三角一体化示范区，在推进监地融合、打造共建共治共享的监狱治理新格局同样承担着重要的历史使命。近年来，浙江监狱“进班入群”，扎实推进监地合作，尤其在疫情防控、医疗卫生、平安法治、土地整治、民生服务等方面工作紧密配合、相互协作，开创了监地融合发展的新局面。在构建服务型政府中，各监狱建立管理服务中心，打造一站式会见中心，让群众办事最多跑一次，彰显了监狱严格管理的法度、文明执法的温度和服务群众的热度。今后要进一步创新融合理念，拓宽合作领域，有效落实监狱管理主体责任和属地管理责任。

3. 数据赋能提升自身智治能力

全省监狱“法治”“数字”双轮驱动，以“法治”为轨道和主导，“数字”为动力和工具，按照“一切业务数字化、一切数字业务化”要求，通过数据流、业务流、管理流三流合一，深化智慧安防、数字执法、精准改造，精密智控，建立完善基于大数据人物画像技术的监狱智慧改造体系、数字管理标准体系，着力打造标准规范科学统一、数据信息全面准确、业务应用智能快捷、研判预警精准高效的智慧监狱升级版。重点推进以服务审判为中心的监狱执法机制改革，在不动体制动机制的原则下，明确刚性执法与柔性管理边界，扭转执法监督变服务趋向，强化执法分权制衡，科学固定执法证据，打造综合办案体系，推进包括交付执行、减刑假释、检察监督、评估入矫四大业务为重点的政法数字化协同工程，探索和提炼出适应新时代人民期盼的现代化监狱执法新机制。要深化分层分类狱务公开，强化内部监督合力，完善主动接受人大、检察、社会和舆论监督的执法制约监督机制。同时要提升信息化条件下监狱实战能力和指挥水平，完善集中统一高效指挥的联勤指挥部工作机制，进一步健全监狱信息化实战指挥体系，打造“最强大脑”。总之，通过现代科学技术实现强有力的监管改造手段，建立智慧型的现代监狱管理机制。

4. 呼吁推动《监狱法》修改

根据党的十八届四中全会决议提出的“健全刑罚执行制度，统一刑罚执行体制”的改革要求和目标，呼吁加快研究出台《刑事执法法典》，与《刑法》《刑事诉讼法》并列构成完整的刑事法律体系。明确监狱与其他政府部门的责权关系，有权获得相关机构和社会团体的支持帮助，强化对监狱民警的履职保障。

5. 打造积极的监狱法治文化体系

监狱机关既要通过严格执法、公正司法赢得公信力，更要通过自身行动向社会传递法治的理念和法治的信心。监狱民警要成为法治社会的建设者和社会道德楷模，更好发挥监狱法治教育基地功能，积极参与社会普法。坚持和发展新时代枫桥经验，精耕修心教育特色品牌，探索完善修心教育实现路径，形成以修心教育为特色的罪犯教育浙江学派。利用监狱陈列馆优势，设置开放型监狱，建设监地融合法治小镇等，形成若干文化组团，打造监狱文化治理金名片，成为展示中国监狱法治文化的重要窗口。

新时代监狱必须始终围绕“人民是阅卷人”，认真答好“践行改造宗旨”和建设法治监狱这张试卷。浙江监狱应扛起“三地一窗口”的使命担当，奋力打造浙江法治监狱建设高地，争取交出浙江监狱推进法治浙江的高分报表。

《劳动感化院章程》与《监狱法》比较分析

刘德金*

1931年11月7日，中华苏维埃共和国临时中央政府在江西瑞金成立，这是中国共产党人创建人民革命政权的宝贵探索与尝试。作为当时全国苏维埃革命的中枢，对统一领导与加强全国苏区和红军部队的斗争及发展，发挥了重要的作用。中华苏维埃共和国临时中央政府成立的同时，作为九部一局中的司法人民委员部相应成立。此后，在司法人民委员部裁判部下设有中国共产党最早的监狱——劳动感化院。1932年8月10日，司法人民委员部颁布了《中华苏维埃共和国劳动感化院暂行章程》(以下简称《劳动感化院章程》)，对劳动感化院的设立条件、隶属关系、任务和内部机构设置等作出具体而明确的规定。

中国共产党夺取全国政权之后，1949年10月1日成立了中华人民共和国。1954年9月7日，政务院颁布实行了新中国第一部综合性的监狱法规《中华人民共和国劳动改造条例》。1986年，国家将监狱立法列入立法计划，并开始组织调研、研讨和起草工作。经过8年多的努力，对草案进行了数十次的修改。1994年12月29日，第八届全国人民代表大会常务委员会第十一次会议通过了新中国历史上首部《中华人民共和国监狱法》(以下简称《监狱法》)。《监狱法》的颁布实施，使我国刑事法律体系的构建迈进了一步，形成了刑事实体法、刑事诉讼法和刑事执行法的雏形。

一、"两法"产生的历史背景比较分析

1. 政治需要不同

中华苏维埃共和国临时中央政府成立后，鉴于当时红色政权、革命根据地不够稳定，红军等革命力量不够壮大，中华苏维埃共和国建立看守所、劳动感化院等形式的监所，颁布《劳动感化院章程》等法律规范，对于镇压颠覆破坏活动、

---

* 刘德金，江西省赣州监狱宣传培训科科长。

维护革命法律秩序、促进政权稳定、巩固民主政权，发挥了重要的历史作用。

新中国成立后，在中国共产党的领导下，社会主义建设取得新进步，实行改革开放使国家富强、人民富裕。为了巩固中国特色社会主义建设和改革开放成果，推进社会主义法治国家建设，监狱工作法制化，实行依法治监，正是监狱机关贯彻依法治国方略的组成部分和具体运作。《监狱法》的颁行，正是从根本上保证了监狱的执法、管理和改造活动有据，运行有序。

2. 社会状况不同

“中国社会是一个两头小中间大的社会，无产阶级和地主及资产阶级都只占少数，最广大的人民是农民、城市小资产阶级以及其他的中间阶级。”这是毛泽东对新民主主义革命时期社会状况的论述。中华苏维埃共和国成立之初，有很多图谋推翻或破坏苏维埃政府及工农民主革命所得到的权利，意图保持或恢复豪绅地主资产阶级统治的反革命分子，还有内部的贪污分子，假借机关团体名义“欺诈讹索”“私自报复”“私打土豪”“乱捅乱杀”者，以及其他违法犯罪分子，这些都是惩处的对象。

20 世纪 80 年代初，数量庞大的知青返城，大批人成为待业青年，加剧了社会的不稳定因素，滋生了一大批打砸抢分子、抢劫犯、杀人犯、盗窃犯和流氓团伙犯罪分子。当时治安形势严峻，严重刑事犯罪活动甚为嚣张，社会影响极坏的恶性案件接连发生。1978 年，全国治安与刑事案件立案 53 万起，1981 年这个数字蹿升至 89 万起。①

1983 年 8 月 25 日，中共中央发出《关于严厉打击刑事犯罪活动的决定》，正式揭开了声势浩大的“83 严打”，运动持续了 3 年之久。作为国家刑罚执行机关的监狱，由于当时设施条件差、管理水平低，在粗放型的管理下，罪犯脱逃率居高不下，监狱刑罚执行工作显然跟不上新形势的要求，产生一定的社会影响。因此，提高监狱工作的法制化、规范化水平是当务之急，《监狱法》的制定、实施是法治建设的必然。

二、“两法”实施的法律价值比较分析

《劳动感化院章程》是在中华苏维埃共和国成立后的 1932 年制定颁布的，

① 高龙:《严打“双刃剑”》,《南方都市报》2013 年 12 月 11 日。

详细地规定了劳动感化院的职能、组织体系和管理制度，是劳动改造制度的第一部立法，是中国劳改制度的开端，给新中国的监所和劳动改造制度奠定了基础并提供了借鉴。

《监狱法》是新中国的首部监狱法典，在我国法律体系具有独立的法律地位，是我国刑事法律体系的重要组成部分。《监狱法》的实施，是我国社会主义法制建设史上的一件大事，是监狱发展史上的里程碑，标志着我国监狱工作进入了新的历史时期。

1. 组织人事的差别

在人员设置和职责方面，《劳动感化院章程》规定“设院长一人，副院长一人，科长若干人，由院长、副院长及各科科长组成管理委员会，以院长为该管理委员会的主任，管理委员会负劳动感化院的全责，随时要向裁判部做工作报告”。在人员的调任上要求“整理各地看守所及劳动感化院的组织，充实他们的工作人员”，“不经上级同意，不许将工作人员调换”；在技能培训方面规定“看守所与劳动感化院的工作人员，应该经常研究看守的技术，加紧工作人员的训练，提高他们的文化和政治水平，使他们懂得自己的任务”，“对新提拔的工作人员，多注意他们的训练，实行强迫教育”；“轮流调下级的工作人员到上级来受实际训练，以养成技术较高的专门人才”。[①]此外，对于玩忽职守、未尽职责的工作人员要予以惩戒。1931 年 10 月，寻乌县一名为何金妹的在押运过程中逃跑，苏维埃临时最高法庭对此事的批示强调“送护兵亦应加以追究和处罚”[②]。劳动感化院“设总务、劳动、管理、文化等科，每科设科长一人”，并明确了各科的职能。总务科是“管理劳动感化院的一切财产，器具，经费，生产品的出卖，原料的购置及制造劳动感化院的预算决算等事宜”；劳动管理科是“进行建设及管理各种工厂，监督和指导犯人的工作等事宜”；文化科是“组织和管理犯人的教育事宜，如识字班、政治课、俱乐部、列宁室、图书室、墙报编辑、游艺晚会、音乐、弈棋、编辑剧本等事宜”[③]。在 1933 年 3 月 11 日下发的《关于劳动感化院工作决议》中进一步明确了各科的具体工作，详细地阐述了各个部门须尽事宜。

《监狱法》第十二条规定：“监狱设监狱长一人、副监狱长若干人，并根据实

---

① 瑞金县人民法院编：《中华苏维埃共和国审判资料选编》，人民法院出版社 1991 年版，第 59—62 页。

② 《苏维埃法庭临时最高法庭到处寻邬县苏裁判部的信》，《红色中华》1932 年 10 月 16 日。

③ 韩延龙、常兆儒：《中国新民主主义革命时期根据地法制文献选编》（第 3 卷），中国社会科学出版社 1981 年版，第 306 页。

际需要设置必要的工作机构和配备其他监狱管理人员。监狱的管理人员是人民警察。”法律明确了监狱的组织人事，第一次明确规定了监狱人民警察的法律地位。人民警察法律地位的确立使监狱人民警察感到自己在新时代和现代文明社会中的角色得到法律的认可和社会的认同。《监狱法》第五条规定：“监狱的人民警察依法管理监狱、执行刑罚、对罪犯进行教育改造等活动，受法律保护。”这是对监狱人民警察在刑罚执行活动过程中的法律地位的进一步确认，肯定了监狱人民警察是监狱行刑活动的具体实施者。监狱人民警察依法行刑受到法律保护，体现了国家、社会对于监狱人民警察的理解、关心和支持。当然，《监狱法》第14条也规定了监狱人民警察不得有的9种行为，监狱人民警察构成犯罪的，依法追究刑事责任；尚未构成犯罪的，应当予以行政处分。

2. 管理制度的差异

第一，收押看守制度。为了防止非法关押、开释，维护监所秩序，苏维埃政府制定了严格的收押看守制度。在收押犯人时，裁判部或临时最高法院“必须把判决书抄录一份，随犯人送去，使劳动感化院可以根据该项判决书执行”①，各看守所收押犯人，必须持有有权逮捕和审判刑事案件的国家政治保卫局及各级裁判部的“送押条子”，并制定案犯登记表，登记案犯情节。劳动感化院收押及开释犯人，必须有严格的法律手续，要有裁判部的判决书及送押人犯的“条子”，劳动感化院据此进行核对、收押及执行，并进行犯人入院登记，建立犯人案卷编码保管制度，以备司法机关检查。劳动感化院还建立了严格的看守制度，以防串供、逃跑、暴动、自杀等意外事件发生。还规定监所的房屋必须坚固，看守人员必须日夜分班看守，对犯人必须每天早晚点名，每半个月内犯人应剃头一次，给犯人送来的东西和犯人寄出去的信件必须严格检查，同案犯人必须分房关押，防止串供等。

关于收押工作，《监狱法》第16条规定：“罪犯被交付执行刑罚时，交付执行的人民法院应当将人民检察院的起诉书副本、人民法院的判决书、执行通知书、结案登记表同时送达监狱。监狱没有收到上述文件的，不得收监；上述文件不齐全或者记载有误的，作出生效判决的人民法院应当及时补充齐全或者作出更正；对其中可能导致错误收监的，不予收监。”对于警戒、戒具和武器使用等，也作了明确规定：监狱的武装警戒由人民武装警察部队负责；监狱根据监管需要，

---

① 瑞金县人民法院编：《中华苏维埃共和国审判资料选编》，人民法院出版社1991年版，第19页。

设立警戒设施。监狱周围设警戒隔离带，未经准许，任何人不得进入；监区、作业区周围的机关、团体、企业事业单位和基层组织，应当协助监狱做好安全警戒工作。同时规定了戒具和武器使用的情形，使用武器的人员应当按照国家有关规定报告情况，等等。

第二，教育感化制度。《劳动感化院章程》指出，劳动感化院的目的是“看守、教育及感化违犯苏维埃法令的一切罪犯，使这些罪犯在监禁期满后，不再违犯苏维埃的法令”①，看守是监所的基本职能，而教育和感化则是更深层次的要求，是达到刑罚目的的重要手段。教育和感化在监所制度中是不可分割的两方面，两者相互包容相互渗透，教育以感化为形式，感化寓于教育之中。一是实行感化政策。中央苏区的监所反对封建专制主义和法西斯主义的狱政思想和监狱制度，废止肉刑，禁止侮辱、虐待和对犯人的一切非人道待遇，给予罪犯以革命人道主义的待遇。1931 年 12 月，中央工农政府发布了《第六号训令》，明令废止肉刑。此后，“废止肉刑”便成为革命根据地监所工作的一项重要原则。随后，在司法人民委员部和国家政治保卫局的检察督促下，各地进行了监所清理和整顿，坚决纠正刑讯逼供、体罚等虐待人犯的不良现象。1934 年 1 月，在全国第一次工农兵代表大会上，中央工农临时政府的工作报告指出：“苏维埃的监狱对于死刑以外的罪犯是采取感化主义，即用共产主义精神与劳动纪律去教育犯人，改变犯人犯罪的本质。”二是抓好政治教育。感化院普遍都设有列宁室、图书馆，并为罪犯上思想政治课，借以进行思想政治工作。在一些劳动感化院还吸纳了一批文化教员，由他们向罪犯评讲国际、国内的形势，痛斥国民党政府的黑暗腐败，宣传苏维埃政府的政策方针，并组织他们学习苏维埃政府的法令，教育他们成为遵纪守法的苏维埃公民。每晚感化院院长，或文化科长、感化部部长都要做一次简短的讲话，提高罪犯的思想政治觉悟，引导其改过自新。三是注重文化教育。由于当时劳动感化院关押的罪犯多是文盲或半文盲，感化院开设了识字课，安排教员每晚组织犯人学习，苏区还专门为开展扫盲工作编写了识字教材。同时感化院还建立了图书馆，订阅苏区办的各种书刊报纸，如《红色中华》《红色湘赣》《红旗报》《工农报》等，组织识字的罪犯读书看报。此外，感化院组织各种文娱活动，编写反映罪犯劳动感化、教育改造的剧本，由罪犯排演。还组织罪犯每周出一期墙报，发动罪犯投稿，让罪犯对在感化院的改造中

---

① 瑞金县人民法院编：《中华苏维埃共和国审判资料选编》，人民法院出版社 1991 年版，第 18 页。

的不良表现，如违犯院规、生产怠工、不注意环境卫生等作出反省，对好的现象和行为作出表扬。

《监狱法》第61条规定："教育改造罪犯，实行因人施教、分类教育、以理服人的原则，采取集体教育与个别教育相结合、狱内教育与社会教育相结合的方法。"同时还规定了监狱应当对罪犯进行法制、道德、形势、政策、前途等内容的思想教育；监狱应当根据不同情况，对罪犯进行扫盲教育、初等教育和初级中等教育，经考试合格的，由教育部门发给相应的学业证书；监狱应当根据监狱生产和罪犯释放后就业的需要，对罪犯进行职业技术教育，经考核合格的，由劳动部门发给相应的技术等级证书。一是大力开展思想政治教育。每年在罪犯中开展主题教育、普法教育为主的法制、道德和心理健康系列教育，如"弘扬抗震救灾精神""讲文明、树新风、促改造""向被害人忏悔""庆国庆、话改造、促新生""学民法典、塑新人生"等系列教育活动，进一步增强罪犯遵纪守法和公德意识，激发罪犯的爱国主义热情。同时，通过国学教育、个别教育、心理健康教育等，弘扬中华优秀传统文化，用心用情教育感化罪犯，促进罪犯健康服刑。二是重点抓好文化技术教育。监狱以文化教育、技术教育、高等教育自学考试、职业资格证书考试为重点，提升罪犯文化水平，以满足罪犯回归社会就业谋生的需要。三是有效开展监区文化建设，配置了体育场、篮球场、活动室、图书阅览室等场所，以及广播、电视、黑板报、宣传栏等各类的文体设施设备，在罪犯中开展各类的文体活动，如"纪念抗日战争胜利70周年"歌咏比赛、"喜迎共和国70华诞"爱国歌曲合唱比赛、"战疫情·迎国庆·促改造"主题书画创作比赛、"同心抗疫情，改造有方向"演讲比赛等，丰富罪犯改造生活，舒缓改造压力，锻炼意志，陶冶情操。开展"一区一品"文化品牌建设，鼓励监区结合自身实际创意发挥，打造具有本监区特色的文化品牌，充分发挥监区文化建设在教育改造罪犯中的作用，以"以文化人"的先进工作理念教育改造罪犯，为其重新回归社会提供坚实的基础。

第三，劳动改造制度。把劳动作为改造罪犯的重要手段，是中华苏维埃共和国劳动感化院的一大创举。中央司法人民委员部《关于看守所及劳动感化院问题的决议》指出："劳动感化院的每个罪犯必须每天使他们工作，以增加国民收入，最低限度做到劳动感化院在经济上能够自给，不要政府拿钱来供养罪犯。"①劳动感化院组织罪犯进行生产劳动，是对罪犯的一种惩罚和改造手段，

① 黄新明、钟美萍：《中央苏区的监所和劳动感化院记》，《犯罪与改造研究》2003年第12期。

通过生产劳动来增加收入，减轻政府负担，改善罪犯生活，支援前线。同时使罪犯掌握一定的生产技能，以便释放后谋生，自食其力，成为遵守苏维埃法律的新人。《劳动感化院章程》规定："罪犯每日的工作时间规定为 8 小时，上午 8 时至 12 时，下午 1 时至 5 时为工作时间"①，同时还规定须根据罪犯的专长来安排工作，如中央第一劳动感化院安排女犯从事室内生产，如织布、织袜子、编篮子等；中央第四劳动感化院组织罪犯做斗笠、雨伞、竹筒等日用品。感化院劳动管理科负责组织罪犯的生产劳动，并管好各种工场和监督指导罪犯的生产。中华苏维埃政府为了加强领导，进一步搞好劳动感化院的生产，1933 年 6 月 7 日，中央经济人民委员部通过了《关于瑞金、兴国、博生、长汀四县设立劳动感化院工厂的决定》，从劳动感化院工厂的管理机构、领导机构到具体的生产项目都有具体的规定，并把劳动感化院的生产纳入了国民经济计划。随后，劳动感化院企业管理委员会成立，由中央人民经济委员部和司法人民委员部共同管理，主要职能是组织罪犯的生产和产品的销售，企业管理委员会则由感化院所在地的国民经济部长、裁判部长、劳动感化院院长、工厂厂长、营业部经理等 5 人组成，下辖工厂和营业部，分别主管生产和销售。

《监狱法》第 69 条规定："有劳动能力的罪犯，必须参加劳动。"同时还规定监狱根据罪犯的个人情况，合理组织劳动，使其矫正恶习，养成劳动习惯，学会生产技能，并为释放后就业创造条件。监狱对罪犯的劳动时间，参照国家有关劳动工时的规定执行，在季节性生产等特殊情况下，可以调整劳动时间，罪犯有在法定节日和休息日休息的权利。监狱对参加劳动的罪犯，应当按照有关规定给予报酬并执行国家有关劳动保护的规定；罪犯在劳动中致伤、致残或者死亡的，由监狱参照国家劳动保险的有关规定处理。监狱坚持社会主义人道主义，切实保障罪犯权利，坚持教育与劳动相结合的原则，组织罪犯参加劳动。建立严格的罪犯劳动项目管理制度，从监狱的实际出发，选择恰当的技术类型和技术结构，建立一个以适应先进技术为主的、多层次的，由低级向高级发展的技术架构和技术体系。加强对罪犯劳动改造管理，充分发挥罪犯劳动的改造功能，提高罪犯劳动改造的积极性。根据罪犯的生理状况、技术水平、文化程度、刑期长短、改造表现等，合理分配罪犯劳动改造的不同工种和岗位，对具有劳动能力的罪犯，按照《监狱法》第 69 条的规定严格执行；对于完全丧失或部分丧失劳动

---

① 《劳动感化院暂行章程》，《红色中华》1932 年 9 月 20 日。

能力的罪犯分别对待，完全丧失劳动能力的可以不参加劳动，部分丧失劳动能力的参加一些力所能及的劳动即可。加强罪犯劳动的工效管理，严格执行罪犯劳动时间制度，合理安排劳动时间，即罪犯每周劳动时间为 6 天，每天劳动 8 小时，平均每周劳动时间不超过 48 小时，未成年犯的劳动时间减半。监狱除保证罪犯每周休息一天外，在元旦、春节、劳动节和国庆节时，按照相关的规定安排休息。监狱生产要延长罪犯劳动时间，必须提前拟订加班计划，经监狱狱政、劳动管理部门审核，得到监狱长的批准后方可实施。通过制定先进、合理的罪犯劳动定额方法，如工时足额、操作定额等，实行公平的罪犯劳动报酬和奖惩制度，提高罪犯劳动改造质量，提高监狱经济效益，弥补监狱经费不足。同时，通过劳动改造，使罪犯懂得劳动的艰辛，劳动成果来之不易，真正用劳动的汗水洗涤心灵的污垢，用劳动重塑人生，回归社会后做一名遵纪守法、自食其力的新人。

三、从“两法”比较分析中得出的重要启示

1. 惩罚和改造是中国共产党领导下监狱工作的主要方针

作为中国共产党领导下的司法人民委员部，在 1932 年 8 月 10 日颁发的第一部监所法规《劳动感化院章程》，规定了劳动感化院的性质、任务、组织机构和管理制度，明确了“教育和感化”的改造政策和工作原则，初步实现了监所制度实施的有法可依。充分体现实行惩罚与改造相结合的方针，强调对犯人实施感化改造，是当时苏维埃监狱的一个显著特点。1933 年 5 月 30 日，中央司法人民委员部在《对裁判机关工作的指示》中指出：“对于劳动感化院的工作，特别要注意生产与感化。”“苏维埃的监狱对于死刑以外的罪犯采取感化主义，即是用共产主义精神与劳动纪律教育犯人，改变人的本质，废除了司法范围内的一切野蛮封建遗迹。”[①]此后，在中国共产党领导下的抗日战争时期、解放战争时期对监所立法工作始终突出这一改造政策，贯彻这一工作方针。

中国共产党夺取全国政权之后，开始酝酿全国性的监狱立法工作。1954 年 9 月 7 日，政务院颁布实施了新中国第一部综合性的监狱法规《劳动改造条例》，对劳动改造机关的性质、任务、机构设置和工作方针，政策以及管理体制，对罪犯的教育改造、生产管理、生活卫生管理、奖惩以及释放等都作出了明确的

---

① 瑞金县人民法院编：《中华苏维埃共和国审判资料选编》，人民法院出版社 1991 年版，第 62 页。

规定。在当时党政高度合一的体制之下，凸显中国共产党对监狱法制的高度重视。1982 年，当时主管监狱工作的公安部制定了《监狱、劳改队管教工作细则》，明确了我国监狱、劳改队的性质、任务和管教工作的方针、政策，重申了劳改工作应当执行“改造第一，生产第二”的方针，“改造人”依然是劳改工作的重点。1994 年 12 月 29 日，第八届全国人民代表大会常务委员会第十一次会议通过了新中国历史上首部《监狱法》，明确提出实行惩罚和改造相结合、教育和劳动相结合的工作原则，从此，“惩罚与改造相结合，以改造人为宗旨”的监狱工作方针以法律的形式固定下来。

2. 分押和分管是中国共产党领导下监狱工作的重要制度

中华苏维埃共和国监所确立了分押分管制度，“法庭看守所案犯，要分轻重划开看守”①。根据罪犯的性别、罪行轻重、犯罪性质、籍贯的不同，实行简单的分房关押和分别管理，如将已决犯和未决犯分别关押，女犯与男犯分房关押，同案犯分房关押，本地犯和外地犯分开关押，苏区罪犯与白区罪犯分房关押，反革命犯与普通刑事犯分别关押，中共党内人士与党外人士罪犯分房关押，土豪、官僚、俘虏士兵和病犯分别关押，等等。同时视罪行轻重，劳动场所有所不同，罪行较轻的罪犯可在监外服劳役，而罪行较重又有逃跑危险的罪犯只能在监内劳动。在解放战争时期，东北解放区颁布的《暂行羁押规则》，提出了男犯与女犯、成年犯与未成年犯分监关押的制度。对犯人的收监、看守、财物保管、出入监、释放等狱政管理制度也作出了规定，而且还就犯人的生活卫生管理和考核等方面的内容作出了规定，对于构建新中国的监狱制度具有重要启示。

新中国的监狱工作，同样建立了对罪犯的分押分管制度。《监狱法》第 39 条规定：“监狱对成年男犯、女犯和未成年犯实行分开关押和管理，对未成年犯和女犯的改造，应当照顾其生理、心理特点。监狱根据罪犯的犯罪类型、刑罚种类、刑期、改造表现等情况，对罪犯实行分别关押，采取不同方式管理。”分押分管制度是我国监狱对罪犯按一定的标准进行分类关押，根据罪犯的特点实施分类、分级管理的监管方式和管理制度，是我国监狱一项基本的行刑管理制度，有利于对罪犯的管理，有利于对罪犯的改造工作个别化。

3. 继承和发展是中国共产党领导下监狱工作的应有之义

新中国监所制度的源流在中国监所的发展史上，中华苏维埃共和国时期和

---

① 瑞金县人民法院编：《中华苏维埃共和国审判资料选编》，人民法院出版社 1991 年版，第 20 页。

陕甘宁边区政府时期所取得的成就最为瞩目。中华苏维埃共和国所建立的监所制度，为后来的陕甘宁边区政府所沿用，经过后者更多的实践，得到了进一步完善和发展。监所制度日趋成熟，为新中国的监狱制度奠定了基础并提供了借鉴。中华苏维埃政府十分重视监所法制建设，先后制定了《中华苏维埃共和国政治保卫局组织纲要》《中华苏维埃共和国裁判部暂行组织及裁判条例》《中华苏维埃共和国劳动感化院暂行章程》和《革命法庭条例(草案)》等法律法规以保证监所制度的顺利运转。其后这一法制建设的理念得以沿袭，在陕甘宁边区，《陕甘宁边区司法纪要》《陕甘宁边区高等法院监狱管理规则》《高等法院监狱人犯保外服役暂行办法》等法规的制定对监所制度的革新与发展起到了积极的作用。

新中国成立以后，监狱工作吸取革命时期监所建设的经验，一直采用立法的形式确定监狱制度。1954 年 9 月 7 日，中央人民政府颁布了《中华人民共和国劳动改造条例》，它是新中国成立后的第一部劳动改造法规，直至 1994 年的 40 多年间，一直起着监狱法典的作用。1994 年 12 月 29 日，《监狱法》在第八届全国人大常委会第十一次会议中审议通过，它是新中国颁布的第一部社会主义监狱法典，标志着我国监狱工作已经进入了全面法制化的轨道。《监狱法》颁布实施以后，司法部又开始了《监狱法实施条例》的起草工作，也取得了很大的进展。为了保证监狱法的有效实施，司法部还颁布了一系列的规章。这些都丰富了目前尚不够完备的监狱法律体系，对于推动监狱公正、有效地执行刑罚起到了较好的作用。

总之，在中国共产党的领导下，我国的监狱法治从无到有、从以条例为主到以法规为主，经历了一个不断完善、不断丰富的过程。中国监狱法治工作的继承和发展，是中国共产党的领导下监狱工作的应有之义。在建设中国特色社会主义法治国家的征程中，以习近平新时代中国特色社会主义思想为指导，坚持依法治国基本方略，完善中国特色社会主义法律体系，在继承中发展，在改革中创新，进一步推进监狱法治建设，将迎来监狱法治建设的美好春天。

从建党百年视域看监狱法治规律、成就与启示

杨龙胜*

习近平总书记强调:“中国特色社会主义法治道路,是社会主义法治建设成就和经验的集中体现,是建设社会主义法治国家的唯一正确道路。”当前,国际安全形势动荡复杂,国家稳定大局面临诸多挑战,利益价值日益多元,风险矛盾碰头叠加,只有牢牢坚持中国共产党领导,坚定践行中国特色社会主义法治道路,才能有效保障中国社会安全稳定发展大局,才能最大限度凝聚中国特色社会主义法治共识,并内化为全体人民的观念自觉和行动自觉。监狱是国家机器的重要组成部分,同样要在惩罚罪犯、改造罪犯、维护安全、服务社会等实践中坚持党对监狱的全面领导,坚定走中国特色社会主义监狱法治道路。同时要牢记百年以来,党领导监狱法治不断创新发展、日益丰富的历史成绩、规律启示,进而不断推进中国监狱法治事业的全面进步和创新发展。

一、从建党百年了解和把握监狱法治的历史规律

2021 年是中国共产党建党 100 周年。习近平总书记在 2 月 28 日党史学习教育动员大会上指出:“我们党的一百年,是矢志践行初心使命的一百年,是筚路蓝缕奠基立业的一百年,是创造辉煌开辟未来的一百年。”中国共产党建党百年的历史波澜壮阔,不同学者对于建党百年历史阶段有着不同的划分。中央党史和文献研究院院长曲青山根据党的历史脉络将党的百年历史划分为四个历史时期。笔者根据曲青山院长百年党史分为四个历史时期观点,分析研究党领导下监狱发展的规律。

1. 第一个历史时期:监狱法治启蒙(1921—1949)

从 1921 年 7 月中国共产党建立至 1949 年 10 月中华人民共和国成立,是新民主主义革命时期。这段历史时期时间跨度为 28 年,这一时期党的历史最

---

* 杨龙胜,广东省阳春监狱党委委员、副监狱长。

鲜明的特征和显著标识是革命。早在新民主主义革命时期，人民民主政权领导下的监狱工作就走出了一条自力更生办监狱的成功之路。如1928年在赣东北革命根据地建立的“弋阳县劳动感化院”，1931年中华苏维埃共和国在瑞金叶坪创办的劳动感化院等。虽然这一时期的监狱工作规模较小，制度与管理也不够系统完善，但作为新中国监狱工作的先声，为新中国成立后监狱工作的开展，提供了可资借鉴的宝贵经验。特别是在民主、自由革命思潮下，监狱工作始终秉承党劳动感化犯人的方针政策，并上升为法律制度层面，这是苏维埃法制的一项创新，是毛泽东把马克思列宁主义的普遍原理与中国革命实践紧密结合的成果。这一时期的监狱，无论采用何种形式，如何命名，或者地点迁变，无一不强调犯人必须参加劳动生产，实现劳动感化，这是在硝烟弥漫、物资极度紧缺的困境中，中国共产党人白手起家，因地制宜创设监狱的制度和措施，是新中国监狱制度体系弥足珍贵的基础。[①]1934年1月，毛泽东在第二次全国苏维埃代表大会报告指出，苏维埃的监狱对于死刑以外的罪犯采取感化主义，即是用共产主义精神与劳动纪律去教育犯人，改变犯人犯罪的本质。因此，这一历史阶段党领导监狱工作的鲜明特征是教育感化。早在1929年红军第四军就发布废止肉刑通令。后来的《陕甘宁边区施政纲领》《宪法大纲》《苏维埃组织法》《中华苏维埃劳动感化院暂行章程》等，都要求尊重犯人的人格，严禁侮辱、刑讯、肉体折磨等不良行为。虽然这一历史时期监狱立法的形式和内容都比较简单，立法水平也相对不成熟、不完善，但是无不显著标志着党领导下监狱发展适应革命战争发展和人民群众需要的监狱法治启蒙。

2. 第二个历史时期：监狱法治探索（1949—1978）

从1949年10月至1978年12月党的十一届三中全会召开，是社会主义革命和建设时期。这段历史时期时间跨度29年，这一时期最鲜明的特征和显著标识是建设。新中国成立后，百废待兴，监狱法治建设也一样。党和国家为了推进监狱法治建设，建立了集中统一领导和分级管理相结合的监狱管理体制，并在法律法规方面进行探索性建设。如1949年9月中国人民政治协商会议颁布通过的《中国人民政治协商会议共同纲领》就明确规定了强迫罪犯“在劳动中改造自己，成为新人”，这也成为当时监狱工作的法律依据。这项法律规定总结继承了革命

---

① 参见中国监狱工作协会编：《新中国监狱工作五十年（1949.10—2000）》，法律出版社2019年版，第37页。

根据地民主政权监所的实践经验，开创了新中国劳动改造罪犯工作和具有中国特色的刑罚执行法律制度。根据党中央、毛泽东主席的指示，1951 年召开的第三次全国公安会议，针对罪犯猛增和国家财政经济又很困难的实际，作出了组织全国犯人进行劳动改造工作的决定。会议通过了《关于组织全国犯人劳动改造问题的决议》，对于管理体制、经费来源、武装看押、劳动项目等具体事项，也都做出了明确安排，我国大规模的罪犯改造工作至此开始。这是一个具有重大历史意义的会议，奠定了新中国监狱制度的基础。根据第一次全国劳改工作会议决定，全国监狱劳改生产从事大规模的水利、筑路、垦荒、开矿和建筑等生产建设事业，极大地支持了新中国成立初期的社会主义经济建设。1954 年新中国第一部劳动改造罪犯的法规《劳动改造条例》的颁布实施，1962 年着眼于全国监狱内部整顿的《劳动改造管教队工作细则》的颁发试行等，极大地丰富了中国共产党领导下的社会主义监狱法治探索的实践路径，这一历史时期的显著标志是监狱法治探索。

3. 第三个历史时期：监狱法治建设（1978—2012）

从 1978 年 12 月至 2012 年 11 月党的十八大召开，是改革开放和社会主义现代化建设新时期。这段历史时期时间跨度 34 年，这一时期最鲜明的特征和显著标识是改革。在十一届三中全会精神的指引下，监狱工作的拨乱反正、恢复整顿取得实质性进展。特别是 1981 年八劳会议召开，标志着监狱工作进入改革开放、全面发展的历史新阶段。随着 80 年代整个中国的思想文化启蒙，以“罪犯权利保障”为表征的法治思想开始在监狱萌生。1992 年国务院新闻办，以中国政府名义公开发表了《中国改造罪犯的状况》白皮书，昭示了中国罪犯改造中的罪犯权利保障和法治文明。为了加快监狱法制进程，司法部经过 8 年多的监狱立法起草、调研、修改、讨论、完善，完成了《监狱法》草案的提交。1994 年 12 月 29 日，第八届全国人大常委会第 11 次会议审议通过了《中华人民共和国监狱法》，这是继 1954 年 9 月《中华人民共和国劳动改造条例》颁布后，时隔 40 年后我国颁布的第一部社会主义监狱法典，标志着我国监狱工作进入了全面法制化、规范化的轨道。保护罪犯合法权益始终是这一历史时期法治建设的重点内容，随着司法部规章如《监狱教育改造工作规定》《监狱提请减刑假释工作程序规定》《教育改造罪犯纲要》《监狱人民警察六条禁令》等颁布实施，更是从执法、管理、教育等不同方面，依法保障罪犯的权利。[①]这些法律规章的颁布

① 李豫黔：《刑罚执行理念与实证：亲历中国监狱改革 30 年》，法律出版社 2012 年版，第 429 页。

实施充分表明这一历史时期监狱工作鲜明特征是法制保障。健全配套的法律法规和工作制度是保障罪犯权利的法律制度基础，但仅仅是法律制度还不足于切实有效保障罪犯权利，还必须坚持公正廉洁执法，不断强化监狱设施建设、经费保障，提高警察队伍素质能力。因此，这一时期党领导监狱工作的显著标志是监狱法治建设。

4. 第四个历史时期：监狱全面法治（2012 年至今）

按照曲青山院长的观点，从 2012 年 11 月党的十八大开始，中国特色社会主义进入新时代。这是建党百年历史的第四个时期，虽然到目前只有 9 年。这个时期如果划下限的话，可以划到本世纪中叶。这段历史 38 年左右，这一时期党领导中国人民实现了全面小康，进入了全面建设社会主义现代化强国、实现中华民族伟大复兴的新历史阶段，因此，这一阶段最鲜明的特征和显著标识是复兴，而监狱是实现中华民族伟大复兴法治保障的重要组成部分。在中国特色社会主义新时代，为配合《监狱法》的实施，司法部会同有关部门，先后制定了一系列涉及监狱工作的法规性文件，至 2019 年已完成 200 余件涉及罪犯改造的各类规范性文件，如《监狱服刑人员行为规范》《罪犯计分考核奖罚规定》《暂予监外执行规定》《监狱教育改造规定》《教育改造罪犯纲要》等法规制度，基本形成了以《监狱法》为主体的监狱法律法规制度体系。2014 年 5 月习近平总书记对监狱工作提出了明确的指示要求。在 2019 年 1 月召开的中央政法工作会议上，习近平总书记强调，要加快推进政法队伍革命化、正规化、专业化、职业化建设，旗帜鲜明把政治建设放在首位，努力打造一支党中央放心，人民群众满意的高素质政法队伍。随着习近平法治思想在新时代波澜壮阔的治国理政实践中应运而生，不断创新发展并日益成熟完备，为新时代全面依法治国、实现美好法治愿景提供根本遵循，注入不竭动力，引领法治中国建设在新发展阶段实现更大发展。因此，新时代党领导监狱工作鲜明特征是法治思维和法治方式，显著标志是中国特色社会主义监狱进入全面法治时代。

二、党领导监狱法治建设形成的历史成就

党领导中国人民百年的峥嵘岁月，创造了气势磅礴、壮丽雄辉的光辉业绩，在政治、经济、社会和国防等领域带领中国人民站起来、富起来、强起来，成为世界上最大的政党。在监狱法治建设领域也同样迎来了从形成到发展再到成熟

的历史性飞跃。回顾党领导监狱法治发展每一个阶段的奋斗历史与成就，都是一笔宝贵的精神财富，都是中国特色社会主义监狱法治发展成就的集中体现和生动概况。

1. 创造了成功改造战犯的“中国奇迹”

1964 年 3 月，随着最后一批日本战犯释放，千余名日本战犯全部释放回国，标志着长达 14 年之久的中国改造日本战犯工作胜利结束，开创了人类监狱史的先例。中国共产党领导下的监狱对战犯开展悔罪认罪教育，实行革命的人道主义精神，开展反对军国主义、世界发展前途和中国革命经验等多种形式的教育，成功改造了千余名日本战犯，这些日本战犯通过改造，反思了自己所犯罪行给中国人民造成的深重灾难，深感悔恨，决心改恶从善，这在人类历史上，在惩治改造战犯史上，创造了又一个“中国奇迹”。从 1931—1945 年的 14 年党领导中国人民在抗日战场上取得了历史性胜利，从 1950—1964 年的 14 年党领导中国监狱在改造日本战犯的战场上再次取得巨大胜利。“两个可歌可泣的 14 年，创造了抗战胜利和成功审判、改造战犯的奇迹，全面地构筑了中国抗日战争史的辉煌。”①党领导中国监狱开创了成功改造战犯的开拓性创举，是对人类监狱史的巨大贡献，而所凝聚、所彰显的“改造战犯精神”，极大地丰富和发展了中国特色社会主义监狱法治实践。

2. 开辟了劳动改造罪犯的中国道路

新中国成立初期，百废待兴的同时，又面临着反革命分子的猖狂破坏。为了稳固新生政权，在党的领导下，大大加大了对反革命和形势犯罪分子的打击力度。全国监狱押犯从 1949 年的 6 万余名，至 1952 年已激增至 100 万名以上。②1951 年基于当时的历史背景和现实状况，党中央作出了“三个为了”的决策：“大批应判徒刑的犯人，是一个很大的劳动力。为了改造他们，为了解决监狱的困难，为了不让判处徒刑的反革命分子坐吃闲饭，必须立即着手组织劳动改造的工作。”从此，组织劳动改造罪犯的工作迅速在全国展开。全国用较短的时间，完成了从中央到地方五级劳改机关管理体制的建立，较快地解决了监狱人满为患的困难，不少监狱、劳改队在经济上做到了自给自足，既减轻了国家负

---

① 祝春林：《大力弘扬中国改造战犯工作精神》，载《灵魂决战：中国改造日本战犯始末》，人民出版社 2010 年版，第 8 页。

② 参见中国监狱工作协会编：《新中国监狱工作五十年（1949.10—2000）》，法律出版社 2019 年版，第 46 页。

担，又解决了罪犯坐吃闲饭的问题，并通过劳动全面有效地开展了对罪犯的劳动改造和教育改造，为我国劳改事业创出了新路子。进入新时代，党领导中国监狱始终坚持劳动改造的刑罚执行功能，不断增强罪犯在劳动改造过程中的惩罚性、体验感、获得感、公平感、安全感，不断强调发挥监狱作为国家专政机关、“刀把子”的职能作用，同时不断丰富发展劳动改造罪犯的成功经验，从监狱法治文明进步上对劳动改造的运行、发展制定了统一的规划，开辟了劳动改造罪犯中国道路的新征程。

3. 形成了党领导监狱工作的中国智慧

新中国成立初期，时任公安部部长罗瑞卿就把毛泽东建军思想和解放军政治工作经验，运用到包括监所在内的全国公安系统建设，切实加强了党对监狱工作的领导。1952 年 7 月，“一劳”会议决议明确要求“建立劳改队的政治工作制度”，要求在劳改队（厂、场）建立党的组织领导机构，设立正副政治委员或政治教导员、政治指导员，负责干部的政治思想工作和罪犯的改造工作，确保监狱工作在党的绝对领导下。同样在中国改革开放和中国特色社会主义现代化建设时期，党的领导对中国监狱稳定、改革、发展起着制度性、思想性和政治性的重要作用。如 1981 年 8 月 18 日—9 月 9 日召开的八劳会议明确指出，劳动改造罪犯的工作，是我们党和国家改造人、改造社会的伟大、光荣事业的一部分。党的这一科学论断，对中国监狱法治建设产生了巨大的推动力量和深意的历史影响。再如 1994 年 12 月 29 日颁布实施的《监狱法》第 1 条开宗明义，确立监狱以改造人为宗旨。这一立法宗旨坚持了中国监狱制度特色，更体现了中国共产党人将改造罪犯纳入改造社会、改造人的伟大工程，突出表现党领导监狱法治的进取性和先进性。回顾党领导监狱法治建设的百年历程，最根本的一条就是，始终坚持党的绝对领导、全面领导。监狱机关始终在政治上、思想上、行动上同党中央保持高度一致，始终不折不扣地贯彻落实党的路线方针政策，这已成为中国监狱法治的一大法宝。回顾建党百年历史，正是因为坚持党的领导，坚持用马克思主义法律思想引领中国监狱法治启蒙、探索、建设和文明的各个阶段、全部过程，才形成了社会主义监狱法治建设的中国特色。也正是因为党领导监狱工作的中国智慧，使监狱始终成为中国特色社会主义事业成功的重要法治保障。

4. 形成了罪犯权益保障的中国方案

中国监狱法治进程的一个重要标志就是罪犯合法权益始终得到切实有效保障。因为法律是建立在尊重公民人格、人权、尊严、平等基础之上的，罪犯作为特殊公民同样享有法律规定的相关权利和义务。早在抗日战争时期，陕甘宁边区政府主席林伯渠就强调指出："犯人之所以甘为犯人，主要是由于社会不把他当人。要恢复他的人格，必自尊重他是一个人始。"时任边区高等法院代院长王子宜也明确指出："什么叫犯人？就是普通的人犯了法，因此说，犯人也是人。"①此后，尊重犯人人格就一直贯彻下来，成为中国监狱法治的重要指导思想。也可以说，新中国监狱之所以能取得改造罪犯特别是改造战犯的伟大成就，关键就在于坚持人道主义精神，在对待犯人的人格问题上有着清醒的认识。1982年修订的《宪法》规定："任何公民享有宪法和法律规定的权利，同时必须履行宪法和法律的义务。"由此赋予了罪犯公民的法律地位。罪犯作为公民，享有未被依法剥脱的一切公民权利。1988年9月5日全国人大常委会决定，批准中国代表李鹿野于1986年12月12日签署的《禁止酷刑和其他残忍、不人道或有辱人格的待遇或处罚公约》②；1994年《监狱法》第14条也明确规定了监狱人民警察执法的9种违法行为，并规定了相应的刑事责任和行政责任，根本目的就要确保罪犯权益不受侵犯、受到保护；1998年10月我国正式签署了《公民权利和政治权利国际公约》；2004年修订的《宪法》明确写入了"尊重和保障人权"，这为尊重和保障人权提供了宪法保障，也预示着监狱执法对罪犯人权保障意识和水平的更高要求。"罪犯的人权是一个国家人权状况的重要组成部分，是衡量一个国际文明、民主程度和法制是否健全的重要标志。"③进入新世纪，随着改革开放的不断深入，罪犯合法权益保障的内容和要求发生着深刻变化。监狱通过切实保障罪犯的健康权、政治权利、知识产权等合法权益，为罪犯改造提供公平、有序、文明的改造环境。党在领导监狱工作中，始终坚持以改造人为宗旨，在监管改造罪犯过程中始终确立法律至上和人民利益至上的法律意识和法治理念，做到依法保障罪犯合法权益，包括保障罪犯身心健康，培养罪犯就业谋生技能，彰显大墙内的人文关怀，使罪犯顺利回归社会，成为守法公民。

三、党领导监狱法治建设的历史启示

2021年是中国共产党建党100周年，中国共产党100年的历史，就是为中

---

① 杨殿升主编：《监狱法学》，北京大学出版社1997年版，第218—219页。

② 参见王秉中、高畅、张青编：《罪犯人权保障手册》，法律出版社2007年版，第47页。

③ 黄明健：《论我国罪犯人权及其保障》，《福建政法管理干部学院学报》2002年第2期。

华民族的独立富强、解放繁荣，为中国人民的自由幸福、民主法治而不懈奋斗的历史。党领导监狱工作的光辉历程，深刻启示我们只有坚持和坚信党的领导、坚持中国特色社会主义道路、坚持总体国家安全观、坚持改造人的宗旨和坚持法治队伍建设，全面推进中国监狱法治建设高质量发展，才能为中华民族复兴的光辉伟业提供有力的法治保障。

1. 坚持党的绝对领导是监狱法治的政治保障

中国共产党建党100年波澜壮阔的历史证明，中国共产党不愧是伟大、光荣、正确的党，不愧是中国革命和建设的坚强领导核心。新时代坚持党的领导，就是要在政治立场、政治方向、政治原则、政治道路上，同以习近平同志为核心的党中央保持高度一致。党的领导对中国监狱法治建设起着方向性、思想性和政治性的重要作用。

(1) 党的领导是监狱法治的方向保证

习近平法治思想深刻回答了法治中国建设由谁领导的问题，科学指明了推进全面依法治国的根本保证。习近平总书记指出："党的领导是中国特色社会主义法治之魂。"只有在党的领导下依法治监、监狱法治才能充分实现。新时代习近平总书记提出的"十一个坚持"中，首要的就是坚持党对全面依法治国的领导，充分表明党的领导在全面依法治国中的统领性、全局性、决定性地位。无论是新中国监狱创建伊始，法治建设启蒙运动时期，还是新时代中国监狱法治文明进步时期，中国监狱始终坚持党的方针路线政策。如2016年以来，为全面深化改革，落实习近平新时代中国特色社会主义政法思想，准确把握监狱工作的政治属性，中央政法委制定了《监狱系统从严治党规定》，组织开展党委书记、党支部书记党建工作述职，加强对党建工作的考核和基层党组织的考评工作，突出基层党组织规范化建设，为中国监狱法治建设提供了有力方向性保障。

(2) 党的理论是监狱法治的思想导航

2020年11月，中央全面依法治国工作会议上，习近平指出，推进全面依法治国是国家治理的一场深刻变革，必须以科学理论为指导，加强理论思维，不断从理论和实践的结合上取得新成果，总结好、运用好党关于新时代加强法治建设的思想理论成果，更好指导全面依法治国各项工作。从一定意义上来说党始终坚持将最新的科学理论指导监狱法治，牢牢把握中国监狱法治建设发展的正确政治方向，坚持不懈抓思想政治教育，从"三讲""保持党员先进性""深入学习实践科学发展观""创先争优"，到"群众路线教育""两学一做""不忘初心牢记使命”等，每一次学习教育活动都做到一丝不苟、人人过关，切实增强监狱民警政治意识、大局意识、核心意识、看齐意识。同时坚持用党建文化教育人、鼓舞人、塑造人，如开展“政法系统先进警察”“岗位成长之星”“最美法律服务人”等先进人物评选，使党组织的理念内化为党员群众的个人价值追求。

(3) 党的属性是监狱法治的政治核心

在庆祝中国共产党成立95周年大会上，习近平总书记指出：“先进性和纯洁性是马克思主义政党的本质属性。”因此，要增强“四个意识”、坚定“四个自信”、做到“两个维护”，把坚守党的政治属性转化为做好监狱法治建设各项工作的强大动力，转化为推进监狱法治建设的思路举措，转化为全面建设社会主义监狱法治的生动实践，不断开创法治监狱建设新局面。历史事实证明，监狱的改革只有在中国共产党领导下，才能准确把握改革的规律和趋势，制定正确的路线和步骤；也只有在党的领导下，才能化解矛盾、扫除障碍，使改革不断深化和前进。监狱维护党的政治核心首先是体现到执行党的路线方针政策上，把政治建设摆在党的建设的首位，坚决维护党中央的权威和集中统一领导，始终在思想上、政治上、行动上同党中央保持高度一致。其次是体现坚持党管干部原则和导向上。坚持好干部标准，着眼于党的事业发展需要，公正选人用人，公道对待干部，公平评价干部，公正使用干部，把好干部标准落到实处。

2. 坚持中国特色社会主义法治道路是监狱法治的核心要义

习近平总书记指出：“中国特色社会主义法治道路，是社会主义法治建设成就和经验的集中体现，是建设社会主义法治国家的唯一正确道路。”党领导的中国监狱百年发展，始终高举中国特色社会主义伟大旗帜，准确把握民主革命、社会主义革命和建设、改革开放等不同历史时期的时代内涵，始终把公平正义作为价值追求，自觉将监狱执法工作的每一个执法环节、每一项执法活动纳入法治轨道，不断提高监狱执法公信力。

(1) 从制度层面推进监狱法治

习近平总书记指出：“法治是国家治理体系和治理能力的重要依托。”“我国社会主义法治凝聚着我们党治国理政的理论成果和实践经验，是制度之治最基本最稳定最可靠的保障。”1994年12月24日《监狱法》的颁布实施，一方面标志着中国特色社会主义监狱建设进入了法治轨道，一方面象征着监狱法治的制度化建设也迎来了全新的历史时期。随着全国监狱改革开放的不断深入，监狱法治的制度化问题摆上了重要议事日程。罪犯的科学考核，是监狱法治的重中之重。只有规范考核工作，方能体现出实实在在的公正。为此，司法部从罪犯分级管理处遇、规范执法程序、强化科学考核、落实严格管理等入手，陆续出台了《监狱刑罚执行工作规范》《罪犯考核规定》《服刑人员行为规范》等一系列规章制度，使监狱执法有法可依、有章可循，进一步加快了监狱法治化建设的进程。进入新时代，全国监狱按照依法治监的要求，紧密结合监狱全面深化改革的实际，不断完善监狱法治建设的制度规范体系、制度实施体系、制度监督体系和制度保障体系，全面推动监狱法治建设。

（2）从程序公正规范监狱法治

习近平总书记强调指出，“全面推进依法治国，必须坚持严格执法”；“公正司法是维护社会公平正义的最后一道防线”。监狱作为刑罚执行机关，监狱民警作为执法者，必须做到严格、公正、文明、廉洁执法。要严格依照法定权限和程序履行职责、行使权力，严格规范办理罪犯的减刑、假释和暂予监外执行案件，协调做好财产刑执行、罪犯假释、保外就医等方面存在的一些疑难问题。尤其在罪犯考核奖惩、分级处遇、工种安排、特殊情况会见等重点执法环节必须坚决做到有法可依，有章可循，以程序规范保障执法公正，确保监狱各项工作能够始终沿着法治化的轨道运行。进入新时期以来，全国监狱对罪犯管理考核，从软件到硬件、从内容到形式都有具体而明确的规定，详细制定了《监狱执法工作规程》和《警察执勤工作流程》等规范性、法规性文件，以程序公正实现实体正义的目的。

（3）以狱务公开彰显监狱法治

阳光是最有效的防腐剂。长期以来，全国监狱系统通过深化狱务公开作为践行中国特色社会主义法治的重要举措，切实提升了监狱执法公信力，树立了监狱法治形象。通过严格落实分级处遇、考核奖惩、减刑、假释等狱刑罚执行活动的狱务公开制度，确保罪犯及其亲属对监狱执法的知情权、监督权，增强罪犯改造的主动性和自信心，提高监狱执法透明度。通过监狱开放日、罪犯会见、聘请社会执法监督员、媒体宣传等途径深化狱务公开，努力拓宽监狱和罪犯亲属、监狱与社会之间沟通桥梁和联系纽带，增强监狱执法透明度，加大社会监督力度，确实将监狱执法的全过程置于全方位的监督之下。为了彰显监狱法治精神，确保刑罚执行的公正和透明，全国监狱系统不断进行探索和实践，形成了各具特色又行之有效的行动方案。

3. 坚持总体国家安全观是监狱法治的目标统领

党领导监狱始终明确监狱机关的主业主责是改造罪犯和确保安全，特别是新时代以习近平同志为核心的新一代中央领导集体提出了总体国家安全观的战略决策，为监狱法治建设明确了目标统领。因为监狱安全涉及政治安全、社会安全、人民安全、经济安全等，对贯彻落实总体国家安全观具有特别重要意义。所以监狱机关必须提高政治站位和责任担当，通过强化安全保障基础、规范安全制度体系、形成全面安全理念，坚守监狱安全底线，努力确保经济社会长治久安，进而维护国家和社会总体安全稳定。

(1) 强化安全保障基础

为确保监狱安全稳定的基础和环境，2002 年 12 月 3 日，建设部、国家计委就批准发布了由司法部编制的《监狱建设标准》，努力实现监狱安全保障基础的科学化、规范化、标准化。进入新时期，通过紧密结合监狱安全保障基础工作，大力推进"四防一体化"和监狱指挥中心建设，加快 AB 门、围墙、电网、隔离网、哨楼等物防设施达标建设，提高安防现代化水平。特别是近年来，大力推进智慧监狱和武警"智慧磐石"项目建设，努力实现信息化全员应用、全岗位应用、全业务应用，着力打造全方位、现代化、强有力的安全保障基础设施。

(2) 规范安全制度体系

习近平总书记指出："制度是关系党和国家事业发展的根本性、全局性、稳定性、长期性问题。""要着力固根基、扬优势、补短板、强弱项，构建系统完备、科学规范、运行有效的制度体系。"党领导始终坚持立足现状、着眼长远，着力推进监狱安全制度体系的规范化建设，为中国特色社会主义法治建设提供示范。如监管安全的"防控、隐患排查、评估、应急处置、领导责任"等制度机制，有效建立起监管安全的"天罗地网"。同时还着力在规范安全管理流程上下功夫，制定《监管日工作流程》，详细规定各个岗位、各项业务、各个时段中人防、物防、技防的具体内容，提高整体防控水平；还有多层级立体化全方位的狱情排查流程制度、罪犯疾病预防控制流程制度、罪犯生活卫生安全管理流程制度，以及各种突发事件应急预案和工作流程，形成了一张横到边、纵到底的管理流程"安全网"。

(3) 形成全面安全理念

总体国家安全观涵盖领域由传统的"经济、领土、主权、军事"等领域拓展到了"文化、科技、信息、生态"等新领域①，实现了继承基础之上的超越。进入新

---

① 马建光:《全面安全才是真正的安全》,《光明日报》2018 年 5 月 8 日。

时代，确保监管安全、生产安全等传统的监狱安全已经远远不能适应发展需要，真正科学完整的“监狱安全”概念，指向的是监狱所有方面、所有部门、所有层级的安全，是监狱所有方面、所有部门、所有层级安全的总和，不仅仅是监管安全和生产安全，而是整体的安全、全面的安全，还必须包括政治安全、队伍安全、保密安全、环境安全、卫生安全、文化安全，以及监狱与周边社会稳定等方方面面的安全。要通过强化安全底线思维，完善安全制度体系，加强监狱安全管理，创建全世界最安全的监狱，彰显中国特色社会主义监狱法治进步和文明。要通过综合利用改造手段，致力培育罪犯健康人格，消除罪犯犯罪恶习，全面降低和消除罪犯人身危险性及社会危害性，真正将罪犯改造成守法公民，维护国家和社会总体安全稳定。

4. 坚持改造人的宗旨是监狱法治的价值遵循

建党百年历史的重大启示之一就是监狱法治建设必须认真贯彻“惩罚与改造相结合，以改造人为宗旨”的监狱工作方针，坚持依法、严格、公正、文明执法，建立更加公正、规范、高效、有序的法监狱治，确保罪犯改造质量的全面提升。因此，党领导监狱发展始终坚持聚焦改造人的主业不动摇，将各种资源和力量围绕改造人的中心任务来配置，坚持抓实改造主业、把握改造规律、推进改造创新，推动改造人的事业始终成为监狱法治建设的价值遵循。

(1) 抓实改造主业

尽管中国监狱法治建设经历了不同历史时期，但是始终坚持改造人的主业地位不动摇。通过不断完善改造工作制度，如“劳动感化”“双承包”和“双联考核”制度，创办特殊学校，开展职业资格培训，实行“5＋1＋1”，成年罪犯九年义务教育纳入地方教育统一规划，不断与中国经济社会改革发展的实践结合起来，探索适应中国特色社会主义监狱法治实际的改造新路子。如广东监狱还着力推进罪犯危险性评估和重新犯罪调查工作。目前，罪犯危险性评估系统初步建成并上线试运行，成为全国为数不多建立了罪犯危险性评估信息化系统的省份，为优化改进罪犯教育改造工作提供了科学依据。

(2) 把握改造规律

中国监狱法治建设坚持“惩罚和改造相结合，以改造人为宗旨”的监狱工作方针，科学准确把握罪犯改造工作规律，有效提升罪犯改造质量。通过依法监管科学改造，强制罪犯矫正恶习，消除再犯罪思想；通过依法严格管控，强制罪犯遵守监规纪律，养成规范行为；通过大力推进政治改造为统领的“五大改造”

新格局，坚持和发展中国特色社会主义监狱改造制度，形成指导新时代监狱工作新的理论成果，推动监狱治理能力和治理体系现代化。

（3）推进改造创新

切实把中国监狱法治建设现实问题与中国特色社会主义改革国情统一起来，统筹推进惩罚改造、教育改造、劳动改造，不断提高罪犯改造质量；创新改造方式方法和改造手段，加大罪犯心理干预、心理疏导力度，不断提高教育改造的针对性；推进罪犯改造社会化，积极利用社会资源开展帮教工作，提高教育改造工作实效。

5. 坚持法治队伍建设是监狱法治的组织保证

"国以人兴，政以才治"。人才是一个国家发展最重要的资源。同样，人才对党领导监狱发展也有着显而易见的现实意义。要着力推进政治建警、素质强警、从严治警的警务改革，努力建设一支政治过硬、业务过硬、责任过硬、纪律过硬、作风过硬的监狱民警队伍，为中国特色社会主义监狱法治建设提供强有力的组织保证。

（1）把政治建警摆在首位

把政治建警摆在监狱法治队伍建设的首位，在思想上、政治上、行动上同以习近平同志为核心的党中央保持高度一致。通过将政治建警与考评奖惩、支部党建、监督执纪等结合起来，真正做到虚功实做，达到现实化、痕迹化的效果，实现有比较、有规范、有目标、有奖惩的目的。同时全面加强组织制度、干部工作制度、基层党建工作制度和人才工作制度建设，提高监狱、监区党组织战斗力和凝聚力。通过完善监狱领导班子考核办法，切实肩负起领导监狱工作的政治责任，以高度的政治责任感和强烈的政治担当、责任担当，全力抓好监狱法治队伍建设，切实增强政治建警的科学性、针对性和有效性。

（2）把素质强警落到实处

通过加强教育，培育自觉学习习惯，使民警成为习近平法治思想的忠实信仰者、刻苦学习者、系统掌握者、深刻理解者、自觉践行者，促使警察队伍不断增加法治意识，养成法治习惯，提高警察公正文明执法的自觉性和主动性。通过政治轮训、线上课堂等，帮助民警努力掌握法学、心理学、伦理学、社会学、教育学等方面的知识，努力提高自身素质和业务能力；通过大力推进岗位练兵专业化、实战化，扎实开展科技练兵、业务竞赛等活动，培养业务领军人才、岗位能手，提高队伍业务技能和实战能力。

(3) 把从严治警扛在肩上

习近平总书记强调:“从严治警一刻都不能放松。”始终坚持全面从严管党治警,努力锻造一支让党中央放心、人民群众满意的高素质过硬监狱人民警察队伍。一手推进改革开放,一手推进反腐倡廉,坚持两手抓,两手都要硬。通过规范执法行为,强化执法监督,自觉将一切执法行为纳入监督视野,做到执法的每一个环节,都严格依法办事,让罪犯和广大人民群众在监狱民警的每一个执法环节和执法程序上都感受到公平正义。

教育改造

中国共产党对日本战犯改造历史经验与当代启示

杨习梅　于北辉　张润生　李浩源*

新中国成立后对日本战犯的惩办与改造是战胜国主权的体现，也是中国人民心愿的反映，中国共产党成功改造日本战犯的伟大成果举世瞩目。回顾新中国改造日本战犯的历程，总结历史经验，对于完善新时代监狱工作，创新罪犯教育改造方法，具有重大意义与价值。

一、日本战犯概念及特殊性

1. 日本战犯的概念

为惩处第二次世界大战中战犯罪行，各反法西斯同盟国积极筹备战后审判。1945年7月26日《波茨坦公告》中，首次明确战犯包括虐待俘虏者，并强调指出："一切战争罪犯及参与策划或推行纳粹暴行和战争罪行的人，应予逮捕并交付法庭审讯。"1948年东京审判中，又进一步将战犯概念扩大，正式确定违反人道罪，即将战时或战前对非武装人民的屠杀、种族灭绝、奴役、放逐及其他不人道的行为等规定为犯罪。这就使战争犯罪所不能包括的一切反人道罪行，都不能逃脱正义的裁判。

至此日本战犯的概念得以完善确立，即在日本发动的侵略战争中，战争犯罪的组织者、教唆者、领导者和共犯者，都称为日本战争罪犯或日本战争犯罪分子，简称日本战犯。其中战争犯罪是指参与策划、准备、发动或进行侵略战争，或犯有违反战争法规和惯例、违反人道原则等严重罪行者。

2. 日本战犯的特殊性

(1) 侵略传统

日本战犯是奉行侵略扩张政策的狂热分子，其继承了日本的侵略传统，渴

---

* 杨习梅，中央司法警官学院教授、硕士生导师，图书馆馆长；于北辉，中央司法警官学院2020级研究生；张润生，中央司法警官学院2019级研究生；李浩源，中央司法警官学院2020级研究生。

望成为帝国开疆扩土的身体力行者。在国家大环境以及传统文化氛围的熏陶下，刻在骨子里的侵略性让其认为自己所犯下的罪行是光荣的、伟大的，这就明显降低了其认罪伏法的可能性，改造难度大大提升。

(2) 掠夺财富

日本是一个物资匮乏、逼仄局促的岛国，被一望无际的太平洋包围，再加上频发的地震、海啸、火山爆发等自然灾害，使得日本民众长期被不安全感所包裹着。仅有的关东小平原更是无法满足经济、社会日益发展的基本需求，举国上下无不渴望肥沃的土地和宜人的地理环境，这些欲望积少成多，久而久之凝聚成贪婪的双眸，虎视隔海相望的中国、朝鲜等国家，伺机而动。

日本战犯来到地广物博的亚洲战场后，心中的贪婪更是被无限放大，从开始为了财富而杀人到最后为了杀人而杀人。日本战犯的贪婪不再局限于简单地掠夺物质财富，而开始觊觎他国更为宝贵的财富——人民，妄图以屠戮殆尽逐步瓦解他国民众心理防线，从而蚕食他国政权，掠夺最终财富。这样的战犯无疑是可怕的，手上无数的亡魂使得其精神上早已麻木不仁，对生命失去了敬畏之心，寻常的改造方法是难以战胜其心中扭曲的贪婪欲望的。

(3) 军国主义

作为日本军国主义思想渊源的武士道，以尚武主义、利己主义、弱肉强食和依赖军国主义的思维方式、价值取向及传统习惯，奠定了日本军国主义政策的思想基础，使日本军国主义思想文化得以盛行。鼓动日本军人在侵略战争中舍弃自己的生命，化作帝国锋利的武器，效忠天皇，这也是导致杀人无数、丧心病狂的日本战犯产生的直接因素。

二、对日战犯改造的必要性与可行性

1. 对日战犯改造的必要性

(1) 人民民主专政的本质要求

新中国作为由无产阶级(经过共产党)领导的、以工农联盟为基础的人民民主专政国家，为了实现无产阶级的最终奋斗目标——解放全人类，不仅要改造客观世界，还要主动改造人的主观世界。这就意味着人民民主专政下的监狱要同时具备惩罚镇压和改造教育两项职能。将剥削阶级成员改造转化为劳动者是人民民主专政的本质要求，而战争罪犯作为剥削阶级的一部分，在新中国初创时期对其进行改造，也是人民民主专政职能的根本体现。

（2）稳定国内局势的必要措施

新中国成立时期，新生的人民政权还不稳固，国内依然存在着封建地主阶级和官僚买办阶级残余，即使已经失去了土地、资本的依仗，丧失了统治地位，但是其反动思想并没有从根源处改变。对这些人的思想改造将是一段复杂漫长的过程，绝非一朝一夕能够解决的。被押的日本战犯与上述分子往往具有直接或间接的联系，同时会潜移默化影响着整个阶级。因此对战犯进行改造意义重大，不但直接决定战犯本身的转变，还影响着剥削阶级其他成员的思想变化，最终关系着国家政治的稳定大局。

（3）国际斗争的迫切需要

新中国成立初期，帝国主义国家对新中国污蔑攻击，并且对新中国加以孤立、封锁。对此，新中国应当毫不畏惧，勇于开展政治斗争，给予其强有力回击，以此巩固新生政权，树立起一个良好的国际形象。其中通过对日本战犯的改造，不仅能够起到宣传党和国家方针政策的效果，从实际行动上驳斥帝国主义国家对新中国的污蔑攻击，消除一些人的疑虑，而且有助于打破帝国主义国家对我国的封锁打压，扩大国际影响、提高国际地位。

2. 对日战犯改造的可行性

（1）中国共产党的领导是改造战犯的根本保证

从争取民族独立的革命斗争到对新中国完成社会主义改造的历程，中国共产党始终引领着人民向着共产主义的光明未来前进着。在面对战后遗留问题，世界对于如何开展对日战犯的改造问题一筹莫展时，中国共产党根据国内国际形势和政治需要及战犯本身的具体情况，制定了科学正确的战犯改造政策，并在实际中加以贯彻执行，从而确保了对日战犯改造的可行性。

（2）人民政权的巩固是改造战犯的政治基础

政权是对战犯改造的政治基础。新中国成立时期，一切还在摸索之中，政权不够稳固，这就直接导致许多日本战犯仍抱有不切实际的幻想，不认罪、不服从管理，不安心改造。例如在朝鲜战争爆发后，许多日本战犯暗自分析形势，希望自己能够有出头之日。然而随着志愿军节节胜利的消息，其思想开始转变，国内镇压反革命、土地改革等成功实践更是再添一把火，使得人民民主专政更加巩固。日本战犯们看清了形势，自愿接受改造。正如日本战犯自己所说的："在朝鲜战场上，美军的惨败是给我们的顽固观点打上了一记铁槌，那么，眼前的'三反''五反'运动,则是给我们对新中国认识上的旧观点又一记铁槌。这也是我们思想改造方面的很好的示范。"①

(3) 国民经济发展是改造战犯的重要条件

旧中国经济极端落后,经抗日战争、国内战争的摧残又遭到了严重的破坏。中国共产党刚刚取得全国政权时,能不能管理好社会和发展经济,许多人对此心存疑虑,很多日本战犯也有同样的想法。中华人民共和国政府在党的领导下用行动作出了回应,中国共产党领导全国各族人民仅用了三年的时间就恢复国民经济,各项指标达到或超过了新中国成立以前的最好水平,人民生活稳步提高。中国共产党领导人民所取得的这些举世瞩目的成就,震撼了战犯,并对其产生了巨大的吸引力,正如日本战犯自己所说:"这些中国社会的变化,把我们的心都震动了。"②

三、对日战犯改造的历史经验

1. 坚持党对战犯改造工作的领导

对日本战犯成功改造的根本原因,就是坚持党对战犯改造工作的领导。自1950年从苏联接收969名日本战犯开始,如何处置日本战犯成了党和国家的一个难题。中国共产党根据当时的国际新形势,从"改造人,反侵略,促和平"的高度出发,走出了一条与其他任何国家处置战犯都不同的具有鲜明中国特色的改造之路。这是一条日本战犯的新生之路,这条路注定是坎坷的,前进路上的每一步都离不开党的领导。

(1) 党对战犯改造工作的领导是系统的

为了能够顺利改造日本战犯,中国共产党做了全面系统的工作,从最初战犯管理所的选址,到科学改造的展开,到最后对日本战犯的审判、释放,循序渐进、环环相扣,充分体现了中国共产党的领导能力。

新中国成立初期,抚顺市是直辖市(先是由东北行政区直辖后由中央直辖),无论是大行政区管辖还是中央直辖,都能够保证将党的政策、方针第一时间传达到管理所,而且管理所的地理环境依山傍水、地形开阔、人烟稀少,适宜

①② 中国归还者联络会编:《我们在中国干了些什么》,中国人民公安大学出版社1989年版,第63—64页。

战犯改造。在管理所，中国共产党从不强迫战犯接受改造。科学、人道的改造方法成功改造了一批；细致、耐心的侦讯使得日本战犯了解宽大处理政策，最终放弃隐瞒罪行，自觉认罪悔罪，开始脚踏实地接受改造，进而又改造了一批；"一个都不判处死刑"的审判，让那些负隅顽抗的战犯流下了感激、悔恨的眼泪，最终又改造了一批。中国共产党领导的对日战犯改造是一个系统的工程，从开始到结束都有条不紊地进行着，这一切都离不开设计师——中国共产党。

(2) 党对战犯改造工作的领导是科学的

"党的领导是科学的"这一特点在改造原则和方法上体现得尤为明显。毛泽东改造罪犯理论是中国共产党集体智慧的结晶，也是改造日本战犯的行动指南。中国共产党善于以辩证唯物主义和历史唯物主义立场看待问题，认为事物是不断运动、发展的，运动、发展的过程也是新事物产生、旧事物灭亡的过程，那么绝大多数罪犯是可以改造的。这一科学论断为战犯改造提供了理论基础。

在具体改造工作中，革命人道主义为战犯提供了完美的改造条件。中国共产党作为胜利者对日本战犯并没有采取打压、报复的措施，而是以博大的胸怀震撼了战犯心灵，有力增强了其自觉接受改造的意识。思想教育与劳动改造相结合的改造方法，一方面帮助日本战犯从军国主义的思想牢笼里挣脱，进而思想得到改造；另一方面，参加劳动使得他们感受劳动的艰辛，养成了良好的习惯，更重要的是劳动的获得感促进了思想改造。用心的社会教育让日本战犯直观地看到了新中国翻天覆地的变化，增强了对中国共产党的认同感，同时也加速了其认罪悔罪的进度。事实证明，在改造日本战犯过程中所采取的改造原则和方法都是科学可行的，是中国共产党智慧的体现。

2. 坚持人道主义原则

人道主义原则贯穿对日战犯改造工作的始终。早在抗日战争时期，中国共产党就制定了优待俘虏的政策，这是我党对日战犯实行人道主义原则最早的体现。到了抚顺战犯管理所时期，中国共产党更是把人道主义原则细致化、制度化，并且将这一原则落实到战犯改造生活的方方面面。

(1) 坚持人道主义原则，保障战犯生活条件

一是伙食条件。关于日本战犯的伙食问题，周恩来总理曾特意作过指示，对待日本战犯和伪满战犯要尊重他们的人格，生活标准要按照国际惯例分级别管理。按照指示，战犯管理所根据战犯原来的级别不同，分为大灶、中灶、小灶三个等级，主要食物为细粮、肉类和蔬菜，只有大灶配有三分之一的粗粮。然而

新中国成立之初，百废待兴，全国人民的生活水平普遍较低，就连管理所的干部也是以粗粮为主，很少吃到肉类和蛋类。有学者做过研究，“小灶级别的战犯，每天的菜金伙食标准为 0.16 元(折现人民币)，每月仅菜金伙食费就要 4.8 元，每年 57.6 元，相当于全国居民消费水平的 72%，全国城镇居民消费水平的 37%，加上粮食和豆油的价格，战犯的伙食花费可想而知”[①]。这种超高水平的生活待遇充分体现了人道主义原则。

二是居住条件。在接收日本战犯之前，管理所进行了修缮，新建的理发室、浴室、礼堂等设施十分齐全。“将佐级战犯五六个人一间宿舍，尉官以下则 12 个人一间房子，是大通铺。”[②]战犯宿舍的窗户经过加大，便于采阳通风。一个星期晒两次被子，在放风时犯人自己带出。每间宿舍角落都有卫生间用于小便，并且全部宿舍都配有暖气。这种舒适的居住条件无疑有利于战犯改造。

三是医疗保障。医疗保障是人道主义原则的重要体现。考虑到日本战犯经过多年战争，加上在苏联关押期间生活条件较差，大多数战犯存在着不同程度的健康问题，战犯管理所在修缮之初就新建了医务所来保障战犯的医疗健康。对于病重的战犯还送到医疗水平较高的社会医院进行不余遗力的救治。除此之外，管理所还定期组织体检。经过一段时间的救治，日本战犯健康状态得到极大好转，身体素质有了明显提高。健康的体魄保证了战犯能够以最佳的状态去接受改造。

(2) 坚持人道主义原则，尊重战犯人格

一是开展文娱活动。战犯管理所为了丰富战犯的生活，充分给予战犯人格尊重，进行了多方面的尝试，组织文艺、体育活动就是其中的重要内容，取得了很好的教育改造效果。据原抚顺战犯管理所所长孙明斋回忆：“为了增强战犯们的体质，我们还组织他们开展各种体育活动……不久，举行了一次运动会，当由战犯组成的队伍经过主席台时，我们都为他们鼓掌，他们把手举得高高的，有的眼中噙着激动的泪花。运动会的召开给予战犯们很大的教育，也给他们增添了新生的希望。”[③]文娱方面，在管理所的帮助下，战犯组建了乐队、合唱队和舞

① 齐雪：《新中国政府改造日本战犯研究——以抚顺战犯管理所为例》，中共中央党校 2016 年博士学位论文。

② 王明迪、郭建安：《岁月铭记——新中国监狱工作 50 年》，法律出版社 2000 年版，第 71 页。

③ 全国政协和文史委员会编：《回忆改造战犯》(上册)，中国文史出版社 2013 年版，第 49 页。

蹈队。修缮管理所时修建的露天舞台为他们进行各种才艺展示提供了场所，在这里还可以观看电影及音乐会。除此之外，管理所还配有游艺室供战犯进行各种棋艺活动。由此可见，我们对战犯的人格尊重的同时，也取得了理想的改造效果。

二是亲情会见与通信。日本战犯在战争中罪孽深重，但他们也是人，对其亲人有着最朴素的情感。中国共产党把战犯当人看，尊重其人格，允许其与家属通信、会见。“为了更好地加速对罪犯的改造，1956 年 2 月 18 日，罗瑞卿批发了《公安部关于允许战犯和他们的家属、亲友通信的通知》，指出可以允许战犯主动给家属写信，如果其家属、亲友要求接见，也可以允许。”[①]自抗日战争结束，这些战犯先被关押在苏联，之后在中国改造，已经长时间未与亲人取得联系。亲情会见与通信的人道主义政策令他们感激，同时也促使其换位思考，理解了中国人民在战争中失去亲人的痛苦。在收到亲人来信后，许多战犯主动认罪悔罪。通信与会见一方面缓解了战犯的思念之情，有利于进一步改造；另一方面，战犯的家属与战犯取得了联系，了解了中国共产党的宽大政策，消除了误会，在国际社会上树立了新中国的光辉形象。

3. 思想教育与劳动改造相结合的改造方法

战犯管理所的管教人员还通过开展有针对性的思想教育工作重塑战犯的世界观、价值观及人生观，并让其参加力所能及的劳动，进行劳动改造，改变战犯们好逸恶劳、看不起劳动人民的错误思想。

(1) 对日战犯思想教育工作的针对性

“效忠天皇”与军国主义思想是日本战犯在侵华战争中的精神支柱，也是他们人生观的核心与基础。管教人员组织战犯学习《关于日本军国主义思想的批判》，使战犯们第一次知道天皇在日本拥有占全国总数 22.7％的土地和 15.8％的森林。在侵华战争期间天皇通过垄断财团大发战争财，其私人资产增加了 275％，但日本人民却因为战争生活在水深火热之中，侵华战争是一场日本统治阶级出卖日本民族利益的战争。通过对日本天皇以及军国主义丑恶本质的揭露，多数战犯认识到了其参加的“大东亚圣战”只不过是为以天皇为中心的统治阶级和垄断资本的利益服务，在了解到中国人民以及日本人民在这场战争中受到的苦难后，战犯们痛哭流涕，悔恨交加。

① 陶驷驹：《新中国第一任公安部长——罗瑞卿》，群众出版社 2002 年版，第 127 页。

争取多数，反对少数，利用矛盾，各个击破，这是党在领导人民进行革命斗争过程中总结的一条行之有效的策略，也是分化日本战犯团体的有力战斗武器。将校级战犯是日本战犯中改造难度较大的群体，他们在侵华战争中位高权重，且多数傲慢狡猾，企图将罪行推给属下，以不知情的理由脱罪；尉级以下战犯担心认罪之后会遭到报复，所以在初期并不敢揭发检举上级长官的罪行。管理所据此提出了“罪行分级”的定罪方法，并单独找尉级以下战犯进行心理疏导，明确告诉其罪行与战争主导者的将校级战犯是不同的，不会对其按照相同的刑罚处罚。原五十四旅团的少年旅团团长长岛勤，在面对管教人员时狡辩道：“我一贯廉洁奉公，从来没有做过坏事，也经常教育我的部下不准杀害和平居民，不准奸淫掠夺，遵守军纪，他们也从来没有非人道的罪行。”①当管教人员将五十四旅团的累累恶行摆在他的面前时，长岛勤又故作疑惑地说：“为什么我的大队长当年没向我报告呢！我从来相信我的部下不会做出那样的坏事，但是我想错了。”②长岛勤的部下听到其如此狡辩后全都震怒了，纷纷据实举报长岛勤在中国所犯罪行，在管教人员与部下的猛烈进攻下，长岛勤终于低头认罪。其老上司藤田茂，在见识了管理所的改造攻势以及长岛勤的窘迫境地之后，也丧失了继续顽固抵抗的信心。

毛泽东指出：“我们要把敌人营垒中间的一切争斗、缺口、矛盾，统统的收集起来，作为反对当前主要敌人之用。”③战犯管理所管教人员根据党中央“上层从宽，下层从严，少数从严，多数从宽，抗拒从严，认罪从宽”的指示精神，利用战犯之间原有的内部矛盾，区别对待不同级别、类型的战犯，树立认罪态度好的典型，孤立抗拒改造的顽固少数，有效分化动摇了上层分子，争取到了多数尉级以下战犯，最终瓦解了日本战犯企图抱团抗拒改造的局面。

(2) 对日战犯劳动改造工作的有效性

马克思列宁主义是中国共产党的指导思想。1875 年马克思在《哥达纲领批判》中提出“生产劳动是罪犯改过自新的唯一手段”。1931 年，由毛泽东任主席的中华苏维埃政府，即命令建立劳动感化院，当时的劳动感化院就已经开始组织犯人生产，实行感化教育与劳动改造相结合的方针。④

---

①② 金源、邵名正、岳茂华、许章润：《从战争狂人到朋友——改造日本战犯的成功之路》，群众出版社 1986 年版，第 67 页。

③ 辛国恩等：《毛泽东改造罪犯理论研究》，人民出版社 2006 年版，第 64 页。

④ 参见辛国恩等：《毛泽东改造罪犯理论研究》，人民出版社 2006 年版，第 180 页。

日本战犯在侵华战争中长期奴役剥削中国人民，肆意毁损中国人民的劳动成果，好逸恶劳，必须通过劳动改造，重塑其世界观。在接受日本战犯初期，管理所本着人道主义精神，并未给战犯安排生产劳动，但衣食无忧的生活使战犯们的体质逐渐下降，所以管理所决定在开展思想教育改造的同时安排一些适当的体力劳动，并始终将培养战犯劳动习惯、改造世界观和增强战犯体质作为改造劳动改造的主要目的。

战犯管理所参照思想改造的经验，同样采取了“先进”带动“后进”的方式，将在思想改造中表现较好、身体较健康的战犯集中在一起，组成“劳动班”。[①]鉴于战犯多为年老体弱的特点，管理所对其劳动的项目和强度也进行了合理的安排，一般从事管教人员辅助工作以及简单的体力劳动，例如打扫卫生，制作食物。日本战犯通过劳动，获得了食物原材料，并将其制作成日本特色小吃，使其感受到了劳动的收获感与喜悦感，增添了生活的乐趣，达到了重塑其世界观的目的。

4. 依靠群众力量开展社会实践教育

1956 年，中央公安部传达党中央的指示：“要组织战犯到社会参观，接受现实教育，让他们到曾经犯罪的地方看看新中国的变化。”[②]群众路线是党的根本工作路线，发动群众力量是党在领导人民革命过程中总结的一条宝贵经验。在对战犯进行的思想教育改造和劳动改造初见成效之后，又对其开展了社会教育。

根据党中央的指示，管理所计划分三批让战犯前往新中国各地参观。战犯们起初都很担心，他们在管理所内通过听广播或阅读报纸的方式了解到中国和过去相比已经发生了翻天覆地的变化，一方面想要走出管理所亲眼去看一看，另一方面又想到当初在这片土地上犯下的残忍罪行，担心在日本侵华战争遭受了巨大苦难的中国人民不会原谅他们。针对这种情况，管教人员在社会参观前对战犯们进行了心理疏导和思想教育，明确此次社会参观既不是“游街批斗”，也不是“游山玩水”，要端正参观时的心态，严肃参观纪律。

在每次参观前，管理所会提前与被参观单位进行沟通，让接待单位组织好人员与场地，禁止歧视甚至打骂战犯，给予其人格尊重。在参观抚顺露天矿时，

---

① 参见齐雪：《新中国政府改造日本战犯研究——以抚顺战犯管理所为例》，中共中央党校 2016 年博士学位论文。

② 纪敏：《生死轮回——改造战犯密档全公开》，中国文史出版社 2011 年版，第 89 页。

一名叫方素荣的平顶山惨案幸存者讲述了自己幼年时的经历。日本侵略者于1932年9月16日在抚顺煤矿附近的粟家沟、平顶山等村残忍屠杀了3 000余名村民，参观的战犯中大多是知道此事的，当受害人字字血、声声泪讲述惨痛的历史经历时，战犯们受到了深深的触动，很多战犯感到悔愧交加，无地自容。“年轻战犯们，顿时跪在讲台前，痛哭流涕地深表谢罪。”[①]社会参观教育使日本战犯们进一步认识到自己当年的反动思想与犯罪行为，有效促进了战犯真心悔罪与正确世界观、价值观的建立。

四、对日战犯改造工作的当代启示

1. 坚持党对监狱工作的领导

在全面依法治国的大背景下，坚持党的领导是我们做好监狱工作的根本保证。对日战犯的成功改造，证明了无产阶级可以完成改造旧世界、解放全人类的历史使命，有力地证明了中国共产党对监狱工作的领导能力。党的领导是全方位的，坚持党对监狱工作的领导，要求我们：认真学习党对监狱改造工作的指示，提高政治站位，时刻与党中央保持高度一致；严格贯彻落实党中央的决策部署，监狱各级党委要做好上传下达的任务，同时要从单位实际出发，敢于创新，开展切实可行的改造工作，各党员同志要发挥先锋模范的作用，不怕吃苦，无畏牺牲。从党委到党员要拧成一股绳，从组织到个人上下一条心，把党的领导坚持到底。

2. 坚持人道主义原则，尊重罪犯人格

人道主义原则是在监狱改造中非常重要的原则，特别是新时代的监狱，更要做好罪犯的人格保障工作。尊重罪犯人格能够消除罪犯的对抗情绪，缓解民警与罪犯的矛盾，树立民警的权威；受到人道主义对待的罪犯往往心怀感激，自觉认罪悔罪，自觉接受改造。坚持人道主义原则，尊重罪犯人格就要坚持绝大多数罪犯是可以改造的观点，把犯人当人看待，保障罪犯的正当权利。新时代的监狱在罪犯衣食住行方面得到了极大改善，基本生活权利得到了保障，在此基础上要进一步完善减刑、假释等制度，要给罪犯谋出路。监狱内职业技术教育要制度化、系统化，“让罪犯在希望中改造”是新时期坚持人道主义原则、尊重

---

① [日]岛村三郎：《中国归来的战犯》，金源译，群众出版社1985年版，第151页。

罪犯人格的应有之义。

3. 坚持思想教育与劳动改造相结合

《中华人民共和国监狱法》(以下简称《监狱法》)第三条规定:监狱对罪犯实行惩罚和改造相结合、教育和劳动相结合的原则,将罪犯改造成为守法公民。毛泽东同志也曾指出:“我们的监狱其实是学校。”社会主义监狱与旧时代的监狱有着本质的区别,在党中央领导下的监狱始终将“惩罚和改造罪犯,预防和减少犯罪”作为工作的目标。新时代罪犯改造工作中,仍必须坚持思想教育与劳动改造相结合的工作方针,进一步推进罪犯“分类、分押、分管、分教”工作,对不同类型的罪犯开展有针对性的思想教育改造,避免监狱内罪犯“交叉感染”以及“监狱人格”的形成。在新中国监狱工作发展历程中,曾出现个别监狱过度追求经济效益而忽略罪犯改造的情况,刘少奇同志针对该问题提出了“改造第一,生产第二”的劳改工作方针,该思想多次被党中央和毛主席所肯定。在组织罪犯进行生产劳动时,要将“改造”作为生产劳动的价值导向,以罪犯重返社会后不再犯罪作为生产劳动的主要目的。

4. 组织社会力量参与罪犯改造工作

依据法律规定,监狱关押的对象是被判处死刑缓期两年执行、无期徒刑、有期徒刑的罪犯。除了被人民法院决定终身监禁的,其他大部分罪犯都会重返社会,《监狱法》也把“将罪犯改造成守法公民”作为监狱工作的目标。若监狱长时间保持“孤岛”状态,罪犯被释放后将难以适应日新月异的社会生活,难以融入其他社会群体,最终导致再犯率上升。为此,应当树立“开门办监狱”的工作理念。在保证必要的安保措施情况下,引进社会力量参与罪犯改造工作,用好中国共产党的群众路线这一根本的工作路线,这一方面可以让罪犯了解其违法行为给被害人带来的伤痛,促使其认罪悔罪;另一方面可以让罪犯接触社会、了解社会,保证教育改造质量。

组织社会力量参与罪犯改造工作,也是进一步深化司法体制改革题中的应有之义。推进司法公正就要坚持司法公开,阳光是最好的防腐剂,要以公开促公正,以公开树公信,以公开保廉洁。狱务公开是推进司法公正的必然要求,也是新时代实现监狱治理能力现代化的重要举措,当监狱中发生一些重大事件时,民众往往会以自己对监狱的看法先入为主,将监狱置于对立面,并进行负面评价。让社会力量参与监狱罪犯改造工作,可以转变过去监狱在人民群众心中“神秘”“高压”“滋生腐败”的印象,有利于树立监狱正面形象,提升监狱人民警察职业荣誉感。

党的十八大以来,党中央高度重视学习党的历史,习近平总书记强调:“今天我们回顾历史,不是为了从成功中寻求慰藉,更不是为了躺在功劳簿上为回避今天面临的困难寻求借口,而是为了总结历史经验,把握历史规律,增强开拓前进的勇气和力量。”我们回顾总结中国共产党改造日本战犯的具体做法与经验,是为今天的监狱教育改造罪犯提供启示,期冀对新时代监狱工作创新与发展有所裨益。

中国共产党领导下的监狱教育矫治工作发展变迁与创新

河南司法警官职业学院课题组*

中国共产党的历史，是中国近现代史上最为可歌可泣的篇章。从新民主主义革命时期到新中国成立以来的监狱教育矫治工作的发展演变进程看，无论时代背景如何变迁，监狱对罪犯的教育矫治工作始终坚持中国共产党的坚强领导，以毛泽东思想改造罪犯理论体系为指导，创建新型教育改造思想，建立新型教育机制，并不断走向科学管理、法治管理，一步一个脚印，为取得革命胜利、稳定社会、服务大局作出了巨大贡献。历史是一面镜子，只有鉴往知来，反思得失，才能更好把握监狱教育矫治工作的未来趋向，更加理智地选择与发展。

一、从"历史使命"出发，创建新型教育矫治思想

马克思列宁主义关于国家、法律学说的产生与确立，是中国共产党领导下新型狱政思想产生的理论基础，也是社会主义狱政思想的渊源。这一思想是在漫长的革命斗争中不断发展和完善起来的。1937 年毛泽东在《实践论》中指出："无产阶级和革命人民改造世界的斗争，包括实现下述的任务：改造客观世界，也改造自己的主观世界。""所谓被改造的客观世界，其中包括了一切反对改造的人们，他们的被改造需要通过强制的阶段，然后才能进入自觉的阶段。"改造罪犯是由无产阶级的历史使命所决定的，是无产阶级改造世界、解放全人类的伟大历史任务的重要组成部分。

从"历史使命"出发，中国共产党领导的人民革命政权，在长期的革命战争中不断探索，创建了新型罪犯教育矫治思想，并随着历史的发展变迁不断成熟

* 课题组组长：毛晓燕，河南司法警官职业学院教授、二级调研员；课题组成员：李玉成，河南司法警官职业学院副院长、副教授；关峥，《河南司法警官职业学院学报》副主编、四级调研员；王潇，河南司法警官职业学院二级主任科员、讲师；郭文，河南司法警官职业学院一级主任科员、讲师；王守明，河南司法警官职业学院二级主任科员、讲师；崔婧，河南司法警官职业学院四级主任科员、讲师。

与完善。革命根据地时期的28年，是新型罪犯教育矫治思想的创建与发展阶段，孕育了新中国罪犯教育改造事业的雏形，概括起来有如下内容。

1. 教育感化思想的创立与发展

在工农民主政权创立初期，工农民主政府就把彻底清除旧的狱政思想和监狱制度作为根据地监狱建设的重要任务，从根本上改变一切野蛮的报复惩罚主义思想，从无产阶级改造世界、改造人类的历史使命出发，提出了对罪犯实行劳动教育感化的指导思想。其表现为，坚决废除肉刑，禁止侮辱、虐待和对罪犯一切非人道的待遇，实行革命的人道主义；通过思想教育和劳动教育，把罪犯改造成为守法的公民。

抗日战争和解放战争时期，根据地政权进一步承袭了这一思想，并不断丰富和完善，其核心就是始终强调监所宗旨是感化教育罪犯，是治病救人。1945年12月，根据这一指导思想，各民主政权在不同历史时期都采取了对罪犯进行教育感化、组织生产劳动等不同形式的改造方法，对于反对国民党统治、消灭剥削制度、镇压一切反革命活动、建立广泛抗日统一战线、巩固新民主主义政权都发挥了重要作用。

2. 尊重罪犯人格思想的形成与完善

尊重罪犯人格，是革命根据地政权狱政思想的一个基本内容。它是中国新型监狱文明与进步的重要标志，是与历史上各种类型的剥削阶级狱政思想的本质区别。这一思想主要表现在监狱对罪犯实行革命人道主义的待遇上，它是在革命斗争中逐步发展与完善起来的。由于中国封建社会十分漫长，旧监狱落后野蛮的管理方式和践踏罪犯人格的传统观念，在人们头脑中根深蒂固，特别是国民党监狱对罪犯各种非人道的做法，也通过各种方式影响着人们的认识。正因如此，监狱工作人员在实践中，也出现过侮辱、打骂、体罚罪犯，不尊重罪犯人格的现象，但很快得到了纠正。尤其是抗日战争时期，根据地专门制定了保障人权、保护财权的各种条例，“它对于民主政权的巩固，乃至中华人民共和国的建立起了巨大作用”①。

在抗日政权时期，林伯渠同志在总结监所管理工作的经验时指出：“犯人之所以甘为犯人，主要是由于社会不把他当人，要恢复他的人格，必自尊重他是一个‘人’始。”高等法院院长雷经天在司法工作报告中也说道：“犯人虽然犯了错

---

① 张晋藩：《中国法制史》，中国政法大学出版社2016年版，第395页。

误，既不是死刑，我们则希望他好好转变错误，将来成为一个完善的公民。因此，就要尊重他的人格。”王子宜同志在第二届司法工作会议总结中再次强调：“什么叫犯人？就是普通的人犯了法，但‘犯’字下面还有个‘人’字。”这些讲话充分论述了罪犯也是人的观点，提出了尊重罪犯人格的狱政思想。

在1941年11月陕甘宁边区《陕甘宁边区施政纲领》和《保障人权财权条例》中，确认了罪犯的法律地位，提出尊重罪犯的人格，依法保护他们未被剥夺的那部分人权。其主要措施有：第一，逮捕人犯必须依法进行；第二，不准侮辱犯人人格；第三，保护犯人的财权。有些解放区政府甚至把为人民服务的精神推广到监所工作中去，提出监所工作人员要“为犯人服务”。如1948年，陕甘宁边区高等法院在总结工作时明确指出：“今后，监所不管教员医生，都应加强负责态度，丝毫不能有所拘束，要认识清楚。对犯人服务，就是对群众的服务。”把为罪犯服务提高到“为人民服务”的认识高度来对待，凡是不利于罪犯改造（包括不尊重罪犯人格）的言行，一律禁止，这种思想认识是前所未有的。

事实证明，正是坚持了“尊重罪犯人格”这一正确思想，使革命根据地监狱工作取得了辉煌成就，为新中国社会主义狱政思想的法制化提供了宝贵经验。

3. 教育与生产劳动相结合，以教育为主思想的确立

新民主主义革命时期，监狱工作，是围绕怎样把罪犯改造成为守法公民来进行的，确立了监管、教育和生产三大改造任务，其中突出以教育为主的思想。马克思主义认为，劳动创造世界，劳动创造人类，在劳动中也改变着人类的主观世界。确立教育与生产劳动相结合，以教育为主的思想作为监狱工作的指导思想，正是对马克思主义的继承。

新民主主义革命时期监所自产生之日起，就把改造罪犯成为新人放在第一位，坚持贯彻“教育感化罪犯”“尊重罪犯人格”“生产和教育相结合，以教育为主”的指导思想，并通过生产劳动和教育感化的实践过程来具体执行刑罚，实现监所工作的目的，这些基本经验对新中国社会主义监狱制度的诞生和罪犯教育事业的发展有着极其重要的意义。

4. 以“改造人”为宗旨思想的形成

以改造人为宗旨是中国监狱制度最基本的特色。其基本含义是，我国对罪犯执行刑罚，其目的不是为了惩罚、报复和威慑，而是为了改造，将罪犯改造成为守法的公民，这是我国监狱工作的出发点和归宿。

1994年12月，《中华人民共和国监狱法》颁布和实施，标志着中国监狱制度走上法制化的轨道。1995年2月8日,《国务院关于进一步加强监狱管理和劳动教养工作的通知》指出,中国监狱是国家的刑罚执行机关,监狱执行刑罚要贯彻"惩罚与改造相结合,以改造人为宗旨"的工作方针。这个方针既是对新中国50年监狱工作的总结,又是今后监狱工作的目标和方向。惩罚和改造是我国监狱的两大基本职能和两大基本任务,两者之间既相互独立,又相互联系。监狱惩罚罪犯只是手段,改造人才是监狱工作的根本目的,必须两者结合,才能顺利完成惩罚和改造罪犯的两大基本任务。

二、以"服务国家大局"为己任,彰显时代价值

在中国共产党的引领下,监狱教育矫治工作始终坚持正确的政治方向,围绕党和国家各个时期的经济和政治发展的中心任务,不断调整、完善与创新途径,经历了一系列发展与变迁,彰显出监狱教育矫治(改造)工作的时代价值,积累了宝贵经验。

1. 服务于"巩固政权"时期(1949—1978年)

新中国伊始,百废待兴。在国内外敌对势力非常猖獗、经济基础非常薄弱的形势下,"保卫新政权"成为党和人民的主要任务。1954年9月第三次全国公安会议上明确"大批应判处徒刑的犯人,是一个很大的劳动力,为了改造他们,为了解决监狱的困难,为了不让判处徒刑的反革命犯坐吃闲饭,必须立即着手组织劳动改造工作","三个为了"监狱工作方针应运而生,也成为新中国初期的主要改造和教育矫治手段。

随后,又按照毛泽东提出的"要把反革命这一消极因素化为积极因素"指导思想,出台了"改造第一,生产第二"监狱工作方针和"阶级斗争与人道主义相结合"的教育改造政策。在监狱管理体制上,也在较短时间内完成了从中央到地方五级劳改机关管理体制的建立,为新中国初期的罪犯劳动改造与教育矫治模式,奠定了制度和体制上的坚实保障。这种"化消极因素为积极因素"改造罪犯新理念,以及组织罪犯参加社会主义建设劳动的新举措,为当时监狱工作服务于新生政权、稳定社会作出了重要贡献,其中所积累的宝贵经验也为以后监狱教育矫治发展奠定了坚实基础。

2. 服务于"改革开放"和"经济建设"时期(1979—1993年)

1978年12月党的十一届三中全会的召开,开启了改革开放的新征程,标

志着我国进入了一个以经济建设为中心新的历史发展时期，监狱工作也进入了服务于“改革开放”、服务于“经济建设”的快速发展时期。

1981年的八劳会议，全面总结了新中国成立以来劳动改造工作所取的成绩，明确了新时期劳动改造工作的任务，此后劳动改造工作进入一个全面改革的历史新阶段。1983年8月，劳动改造工作完成了由公安部门向司法行政部门的移交。在罪犯教育改造方面，“三个像”“六个字”“特殊学校”“三课教育”“百分考核”“三个延伸”“社会帮教”“监区文化建设”“规范化管理”等改革举措频频出台。经过十多年的改革创新，监狱各项基本制度得以建成，罪犯改造质量得以提升，给监狱立法积累了理论与实践的丰富经验，为监狱各项工作的法制化建设奠定了坚实的基础，为社会主义经济建设和社会的和谐稳定起到了保驾护航的重要作用。

3. 服务于从“法制”走向“法治”时期(1994—2011年)

1994年12月29日《监狱法》的颁布施行，“标志着新中国的监狱法制进入一个新时期，即整个监狱法律终于由分散到统一、由零星性单行法规转到正式法典”①。监狱工作实现了有法可依，开启了监狱“法制建设”的新征程。这一时期，在押犯构成发生了重大变化，特别是重刑犯、流窜犯以及涉黄、涉暴、涉毒案犯增多，罪犯思想行为更加复杂多变，难改性、抗改性、危险性不断增大，“平安与法制”成为监狱工作的主要任务。

为了适应国家改革开放、现代化进程的发展要求，贯彻《监狱法》，提高罪犯改造质量，推动监狱工作整体上水平、上台阶，1994年司法部提出了建设现代化文明监狱的战略目标。围绕“法制建设”要求，监狱积极探索教育改造新方法、新途径，或将传统方法赋予新内容，扎实有效地开展各种创新实践。一是立足于中国的实际情况，开展了省级和部级现代化文明监狱建设活动；二是不断创新教育矫治罪犯的新手段新方法，推行“文化＋技术”双证教育，开展法律援助，推行干警集体“周点评”、“以理服人”教育，实行全日制入监教育，创新服刑罪犯“评议会制度”等，紧跟时代步伐，展示了人类社会文明进步的罪犯教育改造新成果，凸显了监狱“教育人、改造人、造就人”的本质功能，较好践行了“以改造人为宗旨”的监狱工作方针。

法治与法制的区别在于：法制侧重于形式意义上的法律制度及其实施；法

① 王利荣主编：《中国监狱史》，法律出版社2002年版，第259页。

治则强调“法律至上”“制约权力”“保障权利”的价值、原则和精神。监狱法治要求监狱既要惩治犯罪、保护社会，又要充分保障罪犯的合法权益。监狱法治状况和水平是衡量一个国家和社会文明的重要标尺。这一时期，监狱对监狱教育矫治试行了更加人性化的管理探索，如开设亲情教育、亲情电话、亲情餐、未婚犯人允许结婚等，推行狱务公开、监狱长信箱等，表明新中国监狱法治日趋完善。

4. 服务于构建“和谐社会”时期(2012年至今)

党的十八大以来，监狱工作贯彻落实习近平新时代中国特色社会主义思想，在监狱教育矫治工作中，坚持以罪犯为中心，以干警为主导，不断拓展形式、深化内容，突出思想政治教育，普及九年义务教育，开展常态化的技术教育，探索对各类顽危犯的专项教育、社会帮教、心理矫治等教育矫治工作新方法，将罪犯改造成“自食其力的守法公民”，顺利“回归社会”。

习近平总书记指出：“今天，我们回顾历史，不是为了从成功中寻求慰藉，更不是为了躺在功劳簿上，为回避今天面临的困难和问题寻找借口，而是为了总结历史经验，把握历史规律，增强开拓前进的勇气和力量。”①历经70多年的监狱教育矫治工作，始终未变的是“把罪犯改造成守法公民和自食其力的劳动者”这个“内核”，发展演变的是针对不同时期、不同犯群，所采用的教育方式方法和工作载体。面对新时代监狱押犯新构成、教育矫治罪犯新任务，必须进一步创新理念、创新体制、创新方法、创新载体，既要传承教育矫治工作不变“内核”，更要探索符合新时代要求的监狱教育矫治新途径。

三、以“党建”为引领，探索新时代新途径

进入新时代，监狱教育矫治工作面对新形势、新任务和新要求，要发挥党建引领作用，突出政治建设，打造过硬的战斗堡垒。要始终坚持把政治建设放在首位，增强“四个意识”，坚定“四个自信”，做到“两个维护”，把握正确方向，开创性工作，担负起党和人民赋予我们的神圣使命。

1. 突出“政治改造”，创新工作理念

所谓政治改造，就是监狱在改造罪犯过程中要凸显政治改造统领作用，切

① 《增强开拓前进的勇气和力量》，《人民日报》2018年6月25日。

实实现政治、法律与社会效果的有机统一。

首先，要把人民的意志贯彻在教育矫治罪犯的过程中。党的十九大报告指出:“人民是历史的创造者，是决定党和国家前途命运的根本力量。”新时代“必须坚持人民主体地位，践行全心全意为人民服务的根本宗旨”，任何违背民族、国家意志的行为，都将受到国家制定的法律所惩罚。

新中国监狱70多年历史，从以劳动改造为主的初创时期，到新时代政治改造为统领、统筹推进“五大改造”格局的发展时期，整个过程经历了曲折与变迁，“一切为了人民”的思想得到了本质的提升。一是没有被剥夺政治权利的罪犯都是公民，但罪犯不是人民。罪犯改造好了，就既是公民又是人民。二是监狱的职能向外延伸，既是改造罪犯，使其刑满释放后成为守法的社会公民，更是积极维护社会稳定，让人民生活更安全。

其次，要把罪犯教育矫治摆在国家总体安全的位置中。“多进宫”服刑人员是国家总体安全的隐患，也是教育矫治工作的难点之一，对此必须进行专项研究，有针对性地提出教育矫治对策。通过甄别重点罪犯、查阅档案、心理测量、个别谈话等方式，准确及时认定危险性质、危险程度，制定科学的转化措施。同时，做好社会衔接工作，突破高墙限制，让社会资源走进高墙，让更多社会人士了解监狱，帮助服刑人员回归社会，为国家总体安全贡献力量。

第三，要把“弘扬伟大抗疫精神”融入罪犯教育矫治中。新冠疫情暴发以来，全国人民团结一心，认真落实贯彻习近平总书记关于坚决打赢疫情防控阻击战的重要指示精神，同舟共济克时艰，众志成城战疫魔，积极投身打赢疫情防控人民战争。在疫情防控中，凝聚点滴爱心，弘扬“一方有难，八方支援”的传统美德，体现了中国共产党不畏艰险、时刻把人民利益放在首位的精神，彰显了社会主义制度强大的优势，这也是对监狱罪犯进行教育矫治的一部生动教材。

2.“统筹推进”，创新工作机制

“五大改造”新理念的核心就是坚持以政治改造为统领，这是评判监狱工作、评价罪犯改造质量成效的重要标准。监管改造是基础，重在惩罚和约束；教育改造是根本，重在攻心治本；文化改造是灵魂，重在价值观的重塑；劳动改造是手段，重在矫正恶习和技能提升。“五大改造”有方向、有路径、有载体、有标准，既相对独立，又相辅相成，体现了总体国家安全观和全面推进依法治国进程中，对监狱工作的整体把握和战略思考。由传统“三大改造”升华为“五大改造”，是监狱改造模式的转型升级。必须深入开展“五大改造”的理论研究和实践创新，切实提高罪犯改造质量。

3. “攻心治本”，优化教育矫治内容

一是突出思想政治教育。加强意识形态教育、认同教育、爱党爱国教育、法治教育；加强认罪悔罪教育，实施心理矫治，个别教育。通过各种形式的教育提升改造效果，达到“教化润魂，正心治本”的目的。

二是采取科学矫正的办法。提高教育矫治的科技含量，通过科学理念指导教育管理，推广“一人一策”“分级教育”等科学教育措施，对传统教育、罪犯入出监教育等进行改革创新，促使对罪犯的教育改造更加符合科学的性质或者状态，进而达到提高教育改造工作效果和效率的目的。

三是在教育矫治手段上，要与现代信息技术接轨。建立教育改造信息管理系统和罪犯内部网络教育平台，突出个别教育网格化、三课教学社会化和亲情帮教全面化；采用多种教育改造形式，如文本、动画、声音、视频、图像等，增强其内容的直观性、趣味性、可操作性，让服刑人员在高墙之内同样享受科技发展新成果，与社会保持发展保持同步。

四是创新社会帮教形式，实现教育矫治信息化。利用现代信息技术手段，将网络视频交流系统运用于社会帮教方面。社会帮教者通过网络视频与罪犯交流，一则可大大减少帮教的成本，二则有助于提高帮教的效果。同时，可重视运用大数据技术来服务教育矫治工作，如通过大数据技术，建立罪犯危险性识别的数学模型，为罪犯提供更有针对性的矫治、习艺和司法援助。还可以通过在罪犯离监探亲、狱外帮教、狱外劳动等活动中采取电子监控手段，既有助于保证行刑的安全，也有助于更广泛地开展狱外处遇，推动行刑改造工作的人道化、社会化。

4. “文化浸润”，丰富教育矫治载体

文化改造是灵魂。运用社会主义先进文化、核心价值观、中华文明、红色文化去改造、教育、熏陶、引导罪犯，使其重塑正确的人生价值观和思想道德观，将传统文化融入日常改造生活中，提高文化修养，积聚改造正能量。

总之，面对不断升级的押犯形势和新时代更高的工作要求，监狱教育矫治工作也面临巨大挑战和机遇，我们必须增强政治意识，坚定理想信念，坚持正确的政治方向，面对世界局势变化的日新月异，善于从政治上观察问题和处理问题，善于在“危机中遇先机，变局中开新局”，始终同党中央保持高度一致，始终与党同心同德、同心同向、同心同行，增强“四个意识”，坚定“四个自信”，做到“两个维护”，与时俱进做好新时代监狱工作，全面提升罪犯教育矫治工作质量。

新中国监狱罪犯刑释安置帮教工作政策的发展与启示

葛礼斌　曹　慧　赵双骏*

新中国成立以来,在中国共产党的正确领导下,国家的政治、经济、社会和文化等得到了全方位的长足发展,特别是党的十八大以来,党的执政能力和国家综合国力不断提升和增强,人民群众的生活水平不断提高和改善。然而,由于我国长期以来的基础国情以及改革发展进程遭遇国内外各类不利因素,社会的发展呈现了不充分、不平衡的态势,营造一个持续安全、和谐稳定的环境一直以来备受党和国家的高度重视。罪犯刑释安置帮教工作与国家和社会的安全稳定密不可分。新中国成立以来,党和国家将罪犯刑释安置帮教工作纳入国家治理范畴,关于罪犯刑释安置帮教工作的政策多次变更调整,参与其中的力量越来越广泛和充足,为的就是站在维护国家安全和社会治安的角度,更好地延续和巩固监狱机关对罪犯监管改造作用,同时坚持以人为本、使大量刑满释放人员尽快融入并适应社会,降低重新违法犯罪率,积极推动国家和社会向着更加安全稳定、和谐健康的方向不断发展。

一、罪犯刑释安置帮教工作概述

1. 罪犯刑释安置帮教工作的性质

"罪犯刑释安置帮教",从字面理解就是对罪犯在刑满释放后进行安排处置和帮助教育。新中国成立以来,罪犯刑释安置帮教工作最早可见的政策法律制度是1954年8月政务院颁布的《劳动改造条例》(以下简称《改造条例》)和《劳动改造罪犯刑满释放及安置就业暂行办法》(以下简称《暂行办法》),其中对罪犯刑释安置帮教工作的条件和程序作出了规定,但安置帮教性质的描述不够明

* 葛礼斌,上海市四岔河监狱党委副书记、政治委员、二级高级警长;曹慧,上海市四岔河监狱教育改造科科长、一级警长;赵双骏,上海市四岔河监狱办公室副主任、二级警长。

确。1994 年 2 月，中央社会治安综合治理委员会、公安部、司法部、劳动部、民政部、国家工商行政管理局联合发出《关于进一步加强对刑满释放、解除劳教人员安置和帮教工作的意见》(以下简称《安置帮教意见》)，其中关于“安置帮教”性质的规定较为详细：“安置、帮教工作是在党委、政府的统一领导下，依靠各有关部门和社会力量对特定对象进行的一种非强制性的引导、扶助、教育、管理活动。”由此可见，我国的安置帮教工作是一种具备了行政性、社会性、福利性和灵活性等多重性质特点的政府主导行为。

2. 罪犯刑释安置帮教工作的主体

根据《改造条例》和《暂行办法》的规定，罪犯刑释安置帮教工作最早的实施主体是劳动改造机关(劳改农场或监狱)。随着社会的发展，直到 20 世纪 90 年代初，罪犯刑释安置帮教工作除了由该罪犯服刑时所在的劳改农场或监狱承担，还出现了罪犯服刑前原企业安置①、原单位安置以及由司法行政部门和劳动部门共同开办以第三产业为主体的经济实体予以就业前的过渡性安置。②1994 年 12 月，第八届全国人大常委会审议通过《中华人民共和国监狱法》(以下简称《监狱法》)，其第 37 条明确规定：“对刑满释放人员，当地人民政府帮助其安置生活。”这是“罪犯刑释安置帮教”问题在新中国成立以来乃至中国历史上首次以国家法律形式明文作出的规定，“政府”是“罪犯刑释安置”的主体。《监狱法》第 68 条还规定：“国家机关、社会团体、部队、企业事业单位和社会各界人士以及罪犯的亲属，应当协助监狱做好对罪犯的教育改造工作。”受此条文和此前《安置帮教意见》影响，安置帮教的主体机构由监狱扩大到了社会治安综合治理的工作范围，罪犯刑释后可能涉及的政府各个部门以及各种社会力量都积极参与了其中。1997 年安置帮教的主体机构由监狱调整到司法部基层工作指导司，1998 年国务院明确基层工作指导司负责安置帮教工作职责。时至今日，罪犯刑释安置帮教工作呈现出了在党和政府的统一领导下，以司法行政机关为主，其他政府部门、群团组织、社会组织、公益团体、志愿群体等为辅的“主辅结合，共同负责”的实施主体。

---

① 1992 年 7 月，国务院颁布《全民所有制工业转换经营机制条例》第 17 条规定：“刑满释放人员，同其它社会待业人员一样，经企业考核合格，可录用。在服刑期间保留职工身份的刑满释放人员，原企业应当予以安置。”

② 1992 年 7 月，中央政治局会议通过的《中共中央关于加强政法工作，更好地为改革开放和经济建设服务的意见》规定：“对刑满释放、解除劳教人员，一是提倡尽可能由原单位接受安置；二是鼓励和帮助自谋职业；三是暂时无业可就的，由司法行政部门和劳动部门共同开办以第三产业为主体的经济实体，予以就业前的过渡性安置，并积极帮助其就业，防止流落社会重新犯罪。”

3. 罪犯刑释安置帮教工作的对象

根据《监狱法》规定，刑满释放人员是安置帮教工作的对象。《安置帮教意见》中明确安置帮教工作的主要对象是"刑满释放和解除劳教三年之内，没有生活出路和有重新犯罪倾向的人员"。随着劳动教养制度的废止，国家社区矫正法律法规和工作机制的日益健全完善，除了"刑满释放人员"之外，各地在安置帮教工作法规制度中还将"解除社区矫正人员"作为了安置帮教对象，因此对安置帮教工作对象的界定存在一定的条件限制。首先是"刑罚期满"，以有限定期限的刑罚执行为前提，既包括在监狱和看守所内服刑期满，也包括管制、假释和暂予监外执行等在社会或社区服刑期满。其次是"释后时间"，目前各地安置帮教工作法规制度作了明确规定，如上海市规定了"监所刑满释放五年内、社区矫正期满三年内的人员"。第三是"生活出路"，通常指的是无家可归、无亲可投、无业可就的没有生活来源的"三无人员"。第四是"重新犯罪"，社会危险性高、重新犯罪可能性大的刑满释放人员或解除社区矫正人员也是安置帮教工作的对象。

4. 罪犯刑释安置帮教工作的内容

新中国成立初期，罪犯刑释安置帮教工作的内容主要体现在安排留场劳动就业上。改革开放以后，在建立社会主义市场经济体制的新形势下，罪犯刑释之后逐步回归社会，不再留场就业，并且《监狱法》规定"刑满释放人员依法享有其它公民平等的权利"，安置帮教工作已非"劳动就业"即可满足需要。尽管目前有关罪犯刑释安置帮教工作的范围和内容在法律中还较为零散，只在《安置帮教意见》中可见较为明确的规定，大致包括开展回归思想教育和就业技能培训、向公安机关和接收单位提供情况介绍和档案材料、解决生活出路问题、预防重新违法犯罪以及从重惩处重新违法犯罪行为等五个方面内容。这表明，安置帮教工作就是为了让刑满释放人员能够尽快适应社会而帮助解决最基础的生活困难，提供最基本的生活需要，从而预防重新犯罪、维护社会稳定，这既体现了保障性、教育性，也体现了过渡性、有限性。

二、新中国成立以前国内外罪犯刑释安置帮教工作政策情况

1. 国内罪犯刑释安置帮教工作情况

(1) 清末政府时期

受西方资产阶级的监狱改良思想、制度和经验的影响，在许多有识之士的

推动下，晚清政府对监狱制度实施了改良。宣统二年（1910 年），清政府颁布《大清监狱律（草案）》，这是中国监狱发展史上第一部完整的监狱法典，其中出现了类似目前安置帮教工作要求的规定，如“斟酌将来生计课之”的作业制度，“充保护出狱人事业补助费”的作业赏与金制度，“给与衣类或旅费”“送至车站或船中”和“知照本人之家属及居住地之警察官署”的释放制度等。由于清王朝的覆灭，该法典并没有得到实施。

（2）北洋政府时期

在袁世凯“民国法律未认定和颁布时，前清朝的法律除与民国国体抵触各条应失效外，均暂予以援用”①指令下，1913 年北洋政府在《大清监狱律（草案）》的基础上，制定颁布了《中华民国监狱规则》。这是中国历史上正式颁布和实行的第一部比较完备的监狱法规，但是依然保留着封建旧狱制的基本内容，并大量抄袭当时西方资产阶级国家的监狱原则和监狱法律条文，许多改良计划和内容并没有付诸实施。

（3）国民政府时期

1928 年国民党司法行政部颁布《监狱规则》，但内容基本上是对北洋政府时期的《中华民国监狱规则》原文照搬。其后针对出狱人保护，1930 年、1932 年又相继制定了《出狱人保护事务奖励规则》《出狱人保护会组织大纲》，鼓励并规范社会各界组织建立出狱人保护会。然而当时的社会事业尚处在萌芽时期，出狱人保护事业难以发展。1946 年国民党政府出台《监狱行刑法》，第 84 条明确规定：“关于出狱人职业之介绍、辅导、资送回籍及衣食、住所之维持等有关事项，当地更生保护团体应负责办理之。”尽管如此，法律法规表面上看起来很人道，事实上，很多被折磨得奄奄一息的犯人，出了监狱就被饿死或冻死。②

（4）革命根据地时期

为清除旧的封建痕迹，区别于国民党黑暗统治，中国共产党领导下的革命根据地一直把“劳动生产”和“教育感化”作为监狱工作指导思想和根本原则。1932 年司法人民委员部制定并实行《中华苏维埃共和国劳动感化院暂行章程》，1942 年陕甘宁《边区司法纪要》明确指出“边区监所生产教育的目的是改正轻视劳动观念，锻炼思想意识，消除犯罪邪念，提高生产技能，获得谋生手

---

① 王志亮：《中国监狱史——从待审待刑羁押到行刑监禁的蜕变》，中国政法大学出版社 2020 年 9 月版，第 271 页。

② 杨习梅主编：《中国监狱史》，法律出版社 2016 年 8 月版，第 240 页。

段”。许多犯人掌握了劳动技能，在释放后能够很快地融入社会，成为对边区建设有用的人，避免了因为没有谋生手段而重新犯罪。陕甘宁边区监狱典狱长党鸿魁同志贯彻执行党的边区监所工作方针，在工作实践中形成了独具边区特色的“党鸿魁经验”，“妥善安置刑满获释人员”就是主要内容之一。党鸿魁同志不仅关心犯人在服刑期间的生活，而且还关心犯人在释放以后的出路，帮助他们制订生活计划，在监所附近安家立业，还竭尽所能设法给失去依靠的犯人家属提供帮助和住所，并组织他们参加生产，保障其基本生活需求。①

2. 国外罪犯刑释安置帮教工作情况

（1）树立保护出狱人的理念

罪犯刑释安置帮教工作制度在国外通常被称为“出狱人社会保护制度”或“更生制度”，是一项对出狱人进行保护、救济和监督的活动。一般认为，出狱人保护工作源于18世纪后半期，具有代表性的是1776年美国费城慈善家理查德·怀斯特所创办“费城出狱人保护会”和1772年英国约翰·霍华德与伊丽莎白·弗莱创办出狱人保护团体。两百多年来，出狱人保护工作不仅没有消失，而且影响到了国际。1945年签署的《联合国宪章》序言中规定“重申基本人权，人格尊严与价值，以及男女与大小各国平等权利之信念”。1955年在日内瓦召开的第一届联合国犯罪预防与罪犯处遇大会通过《联合国囚犯处遇最低限度标准规则》，其中第80条规定：“从囚犯被判刑开始便要考虑他出狱后的前途，应该鼓励和协助他，维系并且建立同监所以外的个人或者机构的关系，从而促进他家庭的最大利益和他自己恢复正常社会生活的最大利益。”虽然该规则产生于新中国成立以后，但不可否认的是，对出狱人实施保护、消除不平等待遇、帮助其重新适应社会生活、预防其再犯罪已经成为全世界各国的共识。

（2）颁布保护出狱人的法律

1862年英国颁布了《出狱人保护法》，规定政府或者非政府机构均有帮助出狱的刑满释放人员的义务，同时也规定了政府对保护团体的监督及费用补助等事项。日本在1939年颁布《司法事业保护法》，随后颁布了《更生紧急保护法》《更生保护事业法》《恩赦法》等专门法，规定了保护出狱人的社会组织的经费来源由国库拨款补助。2007年又颁布了《更生保护法》，以出狱人改造保护为主要内容，进行了系统规定。美国在1956年颁布《在监人重返社会法》，对出

① 参见孙洋：《陕甘宁边区监所教育制度研究》，西北大学2012年硕士学位论文。

狱人保护制度做出了立法规定。还有一些国家对刑满释放人员融入社会的帮扶方式做了立法规定，法国的《刑事诉讼法典》、意大利的《监狱法》、阿根廷的《监所法》、西班牙的《监狱组织法》等，都专门规定了对出狱人的救助和保护条例。①尽管其中有的国家关于出狱人保护的法律法规颁布于新中国成立之后，但其法律法规颁布之前的对出狱人保护的理念和实践还是远远早于新中国。

（3）建立保护出狱人的机构

尽管国外出狱人保护制度经历了一个从理念到实践、从自发组织到立法保护的过程，但各国组织开展出狱人保护的形式却不尽相同。具有代表性的是英美等国和日本，区别在于政府的作用。英国有"罪犯关心与重新定居全国协会""新桥"和"安配克斯基金"等，美国有中途训练所、提前释放中心、居住中心、过渡中心、临释避难所等，加拿大有"犯罪人援助和释放后关心协会"等。出狱人保护工作的实施基本上是以私人或者民间团体的非政府组织为主，政府所起的作用仅限于通过立法对这些非政府组织进行引导、监督和适当经费资助。②与英美国家的出狱人保护制度不同，日本的更生保护制度主要由国家设立专门保护机构承担出狱人的管理和保护责任，同时吸纳符合资格的民间人士和民间组织进行专业性的保护，如日本法务省（属于国家行政事务机关）设立保护局，中央更生保护审查会、矫正保护审议会及保护司选考会三个附属机构，还在全国部分高等法院所在地设更生保护委员会，地方法院所在地设保护观察所。③

三、新中国成立以来罪犯刑释安置帮教工作政策的发展沿革

1. 新中国成立初期

新中国成立初期，在中国共产党的领导下，新中国政府对国民政府时期的旧监狱进行了接管、清理和改造，为落实镇压一切叛国和反革命的活动，惩办一切卖国贼和反革命分子的主要任务，新中国的劳动改造机关对罪犯实行了大规模劳动改造，据统计，全国各地羁押的反革命犯和普通犯，已超过百万。④然而，

---

① 参见李静：《女性刑满释放人员的安置帮教现状及对策研究》，内蒙古农业大学 2020 年硕士学位论文。

② 参见邵雷主编：《中英监狱管理交流手册》，吉林人民出版社 2014 年版，第 75 页。

③ 参见谭观秀、汤丽芳：《中外刑释解教人员管理比较研究》，《求索》2010 年第 4 期。

④ 据统计，1949 年全国在押罪犯仅 60 999 人，1950 年增加到 151 441 人，1951 年猛增至 872 951 人。参见中国监狱工作协会编：《新中国监狱工作五十年（1949.10—2000）》，法律出版社 2019 年版，第 45 页。

大量罪犯刑满后回归社会，如果解决不好安置问题，生活无出路，将会再次成为党的执政、国家和社会发展的不稳定因素。因此在新中国成立初期，党和国家对罪犯刑释安置先后有过四个主要政策，包括“多留少放”①、附条件安置②、劳动教养③、“四留四不留”④。值得肯定的是，这些政策都充分体现了党的“给出路”思想。妥善安置刑释人员不仅较好地解决了罪犯释放后的生存生计问题，缓解了社会就业压力，而且对预防和减少重新犯罪、维护社会治安发挥了十分重要的作用。

2. “文化大革命”时期

“文化大革命”期间，伴随着“砸烂公检法”口号的提出，劳动改造罪犯工作遭到了严重破坏，大批劳改场所被撤销或移交，监所的监管改造工作和罪犯的刑释安置工作受到了严重干扰，部分不符合条件的刑满人员一度被实行强制留场。⑤留场就业人员连同在押罪犯、劳教人员被统称为“三类分子”，一律视为专政对象，刑满释放人员还一律被戴上类似“劳改释放犯”的帽子，破坏了党的区别对待、给出路的政策。⑥在全国上下批斗造反成风的年代，很多刑满释放人员回归社会后遭受到不同程度的迫害，有的连人身安全都无法得到保障，更谈不上接受安置和帮教了。

3. 改革开放初启阶段

1978 年 12 月召开的党的十一届三中全会，开启了改革开放和社会主义现代化建设的新时期，在此过程中，监狱制度得到了拨乱反正，罪犯刑释安置帮教

---

① 1953 年 12 月，公安部第二次全国劳动改造罪犯工作会议提出“罪犯刑满释放后多留一些在劳改范围就业，少数到社会就业”。参见司法部监狱管理局编：《中国监狱百科辞书》，法律出版社 2015 年版，第 9 页。

② 1954 年 8 月，政务院颁布的《中华人民共和国劳动改造条例》第 62 条规定：“凡是犯人在刑期满了临释放的时候，自愿留队就业，或者无家可归无业可就，或者在地广人稀地区可能就地安置的，劳动改造机关就应当组织他们劳动就业。”参见中国监狱工作协会编：《新中国监狱工作五十年(1949.10—2000)》，法律出版社 2019 年版，第 99 页。

③ 1957 年 8 月，国务院《关于劳动教养问题的决定》中指出：“劳动教养，是对于被劳动教养的人实行强制性教育改造的一种措施，也是对他们安置就业的一种办法。”http://www.npc.gov.cn/wxzl/gongbao/2000-12/10/content_5009559.htm，访问日期：2021 年 4 月 8 日。

④ 1964 年 7 月，公安部第六次全国劳动改造罪犯工作会议规定：“今后犯人服刑期满，凡是重大的反革命犯和重大刑事犯、惯犯，除了少数确实改造好的以外，仍然应当留场(厂)就业，继续改造；劳动人民出身的人民内部犯法分子和一般刑事犯，刑满后原则上应当释放回家”。参见中国监狱工作协会编：《新中国监狱工作五十年(1949.10—2000)》，法律出版社 2019 年版，第 151 页。

⑤ 司法部监狱管理局编：《中国监狱百科辞书》，法律出版社 2015 年版，第 10 页。

⑥ 参见贾洛川主编：《新中国监狱制度 70 年》，中国法制出版社 2019 年版，第 130 页。

工作政策在短期内也出现了反复多次调整，前后大致出现了四种主要政策。

一是“少数强留”。1981 年公安部八劳会议提出了新的留放政策，明确“除对极少数屡教不改、释放后有可能重新危害社会的刑满释放人员采取强制留场外，其余刑满人员一律释放回捕前所在地”①。1983 年公安部、劳动人事部、农牧渔业部、教育部、商业部联合制发《关于犯人刑满释放后落户和安置的联合通知》，对刑满释放就业人员的落户、留场（厂）就业人员清理遣返落户、刑满释放人员和清理遣返人员的口粮供应、安置就业和青少年就学 5 个问题又作了比较明确的规定，较好地体现了“给以出路”的政策。②

二是“暂时不放”。1983 年 8 月全国“严打”，考虑刑满释放和解除劳教人员的重新违法与犯罪率大幅上升，对社会治安是一个不安定的因素，司法部、公安部、最高检、最高院联合发出《关于对犯人刑满和劳教期满的人员暂停放回社会的紧急通知》，③对犯人刑满和劳教期满的人员，均暂不放回，暂按留场就业人员对待。

三是“限制放回”。“严打”过后的一段时期，出于对社会治安影响的慎重考虑，对于刑满释放而暂留人员，国家作出了“部分强留、限制放回”的政策调整，主要表现在明确了优先放回情形，实行分期分批放回，对确实没有改造好的坚决留场就业，以及对释放回京津沪三大市的、累犯、惯犯或重大反革命犯从严掌握等，同时继续贯彻“给以出路”的政策，要求在党委和政府的统一领导下，会同有关部门，切实解决好释放人员的就业、就学等问题。④

四是“全部放回”。80 年代中后期，受罪犯改造工作“三个延伸”⑤的政策影响，妥善安置刑满释放人员的职能逐步从监狱转向了政府，对刑满释放人员全部放回社会，由原单位安置、原企业安置或者由政府主导开展过渡性安置，不再

---

①② 参见中国监狱工作协会编：《新中国监狱工作五十年（1949.10—2000）》，法律出版社 2019 年版，第 198 页。

③ 参见贾洛川主编：《新中国监狱制度 70 年》，中国法制出版社 2019 年版，第 384 页。

④ 1983 年 12 月司法部、公安部、最高检、最高院发出《关于将一部分刑满和解除劳教暂留人员放回社会的通知》，1984 年 7 月国务院办公厅发出《关于做好犯人刑满释放后落户和安置工作的通知》，1984 年 11 月公安部、司法部发出《关于加强对刑满释放和解除劳教人员教育管理工作的通知》。参见贾洛川主编：《新中国监狱制度 70 年》，中国法制出版社 2019 年版，第 384—386 页。

⑤ “三个延伸”是指劳动改造罪犯工作不仅在劳动改造场所内进行，还要向前延伸、向外延伸、向后延伸。这是 1987 年 3 月全国政法工作座谈会为改革和加强罪犯改造工作提出的新目标、新举措，其实质是整合政法机关职能，充分调动社会资源，共同为提高改造质量服务。参见司法部监狱管理局编：《中国监狱百科辞书》，法律出版社 2015 年版，第 15—16 页。

实行强制留场或限制放回的政策。

4. 法治建设推进以来

1994年12月《监狱法》颁布实施，标志着新中国成立以来监狱工作自此进入了有法可依的法治建设轨道，刑满释放人员的安置帮教工作也有了明确的法律规定，其内容要求基本沿用了1994年2月《安置帮教意见》的政策导向，即“党委政府领导、社会共同参与”。尽管2012年10月《监狱法》经过修订，但时至今日，安置帮教工作政策的贯彻推进是比较稳固的，对于普通罪犯，安置帮教工作政策始终呈现的是一种“非强制性”的特征。然而，为严厉打击恐怖主义犯罪，2015年12月国家颁布了《中华人民共和国反恐怖主义法》，针对“恐怖活动罪犯和极端主义罪犯”，再次制定了“强制性”的安置教育的个别特殊规定，明确了对于经评估具有社会危险性的刑满释放人员应当接受安置教育，建立了由监狱或看守所提出建议、中级人民法院作出决定、省级人民政府组织实施、人民检察院实行监督的法律机制。

四、新中国罪犯刑释安置帮教工作政策发展的主要特点

1. 体现了毛泽东关于改造人的思想

区别于封建旧社会的狱制，新中国监狱制度在中国共产党的领导下，能够长期以来较为稳定的改革发展，尤其是解放后能够迅速妥善处理解决战犯问题、安定国内环境、恢复经济生产、稳定社会秩序等，取得了为世人所瞩目的成功，很重要的一点就是监狱工作得益于毛泽东改造罪犯思想的正确指导。毛泽东改造罪犯思想是以毛泽东同志为主要代表的中国共产党人，根据马列主义基本原理，结合中国的具体实际，在总结新中国成立前后改造罪犯经验的基础上形成的，其主要内容集中体现在“人是可以改造的”“实行人道主义”“思想教育与劳动改造相结合”“自由刑体制”等一系列改造罪犯的论断和政策上。[①]毛泽东强调：“改造罪犯不决定于罪犯，而决定于我们。”对刑满释放的人员，创造一定的条件，从起初的“留场就业”、单纯的安置发展到如今“安置”与“帮教”结合，体现的都是毛泽东改造人的思想以及中国共产党“惩前毖后、治病救人”的“给出路”政策，对发挥和鼓励罪犯积极自我改造起到了非常大的促进作用。

① 参见贾洛川主编：《新中国监狱制度70年》，中国法制出版社2019年版，第98页、第110页。

2. 体现了社会主要矛盾的解决

社会主要矛盾密切影响着国家和社会在一段时期的安定和发展。新中国成立初期、社会主义建设时期、改革开放后的社会主义初级阶段和中国特色社会主义新时代，中国共产党对社会主要矛盾及时进行了深刻的分析和总结。从满足人民对于生存生活基本需要，到经济文化和物质文化需要，再到日益增长的美好生活需要；从镇压和惩办一切叛国和反革命活动，到从重从快严厉打击违法犯罪行为、维护社会治安，再到全面深化依法治国、保障国家安全，党和国家惩罚和改造罪犯的指导思想都服从服务于国家改革发展大局和社会主要矛盾解决。对刑满释放人员实施安置帮教，从生存就业、社会治安问题，到经济、物质和文化建设问题，再到减少和预防重新违法犯罪问题，都体现了对国家和社会新的发展形势的顺应和新的主要矛盾的解决。

3. 体现了党为人民服务的宗旨

自古以来，惩罚是古今中外几乎所有监狱的共同属性，然而或许只有中国共产党领导下的社会主义监狱的刑罚实践才将惩罚与改造有机结合起来，这是社会主义刑罚执行制度区别于其他任何社会制度下的刑罚执行制度的本质所在。①罪犯的服刑和改造的过程其实就是一个从“不合格”公民到“合格”公民的再社会化的过程，绝大多数罪犯最终还是要回归到社会当中去，成为合法社会公众的一员，从某种意义上讲，刑满释放人员尽管存在一定的不稳定因素，却是广大人民群众的一员。然而，罪犯的犯罪行为是在社会中产生，并不是由监狱造成的，罪犯改造不能简单认为是监狱一家的事情，更应该体现在通过广泛社会资源的帮助解决上，因此对刑满释放人员实施以政府和社会力量为主导的安置帮教，使他们由破坏者转变为建设者，由消极因素转变为积极因素，最大限度地降低重新犯罪率，从而为广大人民群众提供一个安全的工作、学习、生活社会治安环境，这是包括刑满释放人员自身及其家属和社会大众的共同愿望，也是中国共产党为人民服务、满足人民对美好生活的向往的充分体现。

4. 体现了善于经验总结的作风

纵观中国共产党百年的发展历程，不难发现中国共产党是一个善于总结、敢于纠正、不断前进的政党。在中国共产党领导下的新中国，刑满释放人员安

---

① 张晶：《从国家治理现代化的视角论〈监狱法〉修改的基点和导向》，《犯罪与改造研究》2020 年第 2 期。

置帮教工作的政策规定，呈现了由不稳定逐步趋于稳定的状态，尤其在新中国成立至改革开放的近40年的时间里，刑满释放人员安置帮教工作政策出现了反复多次调整，在“留”与“放”的问题决定上没有一个长期的、固定的标准，甚至在“文化大革命”期间还出现了严重干扰、破坏和滥用。之所以反复多次调整，是因为新中国成立初期中国共产党的治国理政经验不足，政策调整很大程度上受当时的基本国情和社会形势影响，为了妥善解决好一些突出问题，许多工作的推进和制度机制的建立经历了一个持续不断的摸索尝试和调整调适过程，例如新中国成立初期，国家曾把“劳动教养”作为安置就业的一种办法，后来又去除了“劳动教养具有安置就业性质”的内容。对于政策调整，应该要充分结合当时的基本国情和社会形势，用历史的眼光来衡量和评判。值得肯定的是，正是由于中国共产党的这种善于总结、敢于纠正、不断前进的作风，使得安置帮教工作政策规定逐步由不健全、不完善不断走向更健全、更完善。

5. 体现了法治国家建设的走向

新中国建立以来，涉及刑满释放人员安置帮教工作的规范性制度，从《改造条例》《暂行办法》到《安置帮教意见》，再到《监狱法》《反恐怖主义法》等，粗略统计有30多件。安置帮教工作的主体从单一的监狱机关到党委政府领导、社会共同参与，内容从单纯的就业安置到“安置”与“帮教”结合，方式从绝大多数“强制性”到绝大多数“非强制性”，并且强制性的执行从政策制度规定到必须法律明确规定，等等，展现出的是一个由命令化、政策化逐步向规范化、法制化转变，进而向现代化、法治化方向发展的历史进步演变过程。刑满释放人员安置帮教工作很大程度上改变了过去依赖政策、行政调整、多次反复的特征，一定程度上杜绝了随意性，增强了稳定性，突出了长效性。尽管目前法律体系和机制建设还不够健全完善，但至少初步实现了立法、有法和依法，这充分体现了在中国共产党的领导下，全面深化依法治国，建设中国特色社会主义法治国家这一伟大目标任务的必然趋势。

五、新时代中国共产党的全面依法治国理念对罪犯刑释安置帮教工作的启示

党的十九大报告中指出：“中国特色社会主义进入了新时代。”在迈进新时代的征程中，以习近平总书记为核心的党中央提出了许多科学先进有效的治国

理政方针政策，对罪犯刑释安置帮教工作的推进和发展也具有十分明显的指导意义和启示作用。

1. 加强党的领导，发挥引领作用

中国共产党是中国特色社会主义事业的领导核心，坚持党的全面领导是做好党和国家各项工作的根本保证，罪犯刑释安置帮教工作的理所当然离不开党的领导，这在《监狱法》《安置帮教意见》以及各地安置帮教工作实施细则中均有着明显的体现。罪犯刑释安置帮教工作聚焦刑满释放人员的基本生活保障和管理教育监督，内容落实涉及社会工作的方方面面，责任部门除了司法行政机关之外，还包括其他重要的政府部门、群团组织、企业事业单位、公益团体、志愿群体等，没有一个事权统一的组织领导，责任就会分散、工作就会紊乱。因此稳步推进罪犯刑释安置帮教工作，必须要进一步加强党的集中统一领导，切实发挥党在罪犯刑释安置帮教工作中的总揽全局、协调各方的领导和引领作用，只有这样才能统一思想、凝聚共识、统筹协调、增强合力，集中优势力量办大事，充分调动各方积极性，使各领域、各层级、各单位各司其职、各展其长，切实构建起罪犯刑释安置帮教工作整体“一盘棋”的局面，实现心往一处想、劲往一处使、同干一件事、干好一件事。

2. 坚持人民中心，保障回归生活

“以人民为中心”的发展思想是习近平新时代中国特色社会主义思想的重要内容，是新时代中国共产党治国理政全部理论和实践的立足点、出发点和落脚点，也是中国共产党的根本宗旨、初心使命和奋斗目标的集中体现。罪犯是人民群众之中产生的不和谐因素，然而罪犯在接受惩罚改造、刑满释放回归社会之后又回到了人民群众之中。“以人民为中心”的发展思想要求做好罪犯刑释安置帮教工作，前提就是要在思想上把刑满释放人员作为普通人民群众一员来对待，一方面要着眼于“安置”，切实妥善解决好刑满释放人员的安顿问题和生存困难，在户口、住房、医疗等方面做好政策和物质上的援助救助，保障回归社会后的最低基本生活；另一方面要着力于“帮教”，积极开展法治道德教育、心理健康教育、社会适应性指导，切实做好刑释衔接、就学扶助、技能培训、创业扶持，消除歧视偏见，在出路上给予一定的机会，鼓励自力更生，谋求长久之计。除此之外，坚持“以人民为中心”发展思想还要体现在依靠人民群众、推进共建共治共享上，罪犯刑释安置帮教工作离不开社会和人民群众的支持，要充分动员社会和民间各方面的力量，共同参与罪犯刑释安置帮教工作，这既有利于其本人，也有利于其家庭乃至整个社会的稳定。

3. 完善体制机制，推进法治建设

法治是政治走向成熟的重要标志。中国特色社会主义法治凝聚着中国共产党治国理政的理论成果和实践经验，是制度之治最基本最稳定最可靠的保障。[①]全面依法治国作为中国共产党领导全国各族人民治理国家的基本方略，其本质在于崇尚宪法和法律在国家政治、经济和社会生活中的权威，其方针在于“科学立法、严格执法、公正司法、全民守法”，其要求在于运用法治思维和法治方式而非单纯或过度依靠人治、政策或群众运动来实施治国理政。新中国成立以来，罪犯刑释安置帮教工作的依据主要见于零星法律条文和零散的条例规定，受阶段性时期的社会形势影响较大，主要依赖政府政策管理和协调，法律和制度体系建设不够完备。罪犯刑释安置帮教工作涉及多个政府部门和社会组织，在多方协作、多头管理下没有一部专门法律规定和一套完备的制度体系进行规范约束，工作衔接、财政支持、人员配置等方面容易出现问题，许多工作很难落到实处、见到实效。西方国家关于出狱人保护工作制定过一些法律规范，这对我国进一步加强法治建设、推进罪犯刑释安置帮教工作具有一定的启示和借鉴意义。在全面实行依法治国、依法行政的中国特色社会主义新时代，制定一部关于罪犯刑释安置帮教工作的法律法规，通过立法这一顶层设计，进一步健全完善相应的制度体系，从而确保罪犯刑释安置帮教工作的系统性和稳定性，显得十分重要和必要。

4. 强化基层治理，防范化解矛盾

治理现代化是一个国家的制度和制度执行能力的集中体现，加强国家治理体系和治理能力现代化建设，是防范化解重大风险的重要途径，是建设社会主义现代化强国的重要标志，也是中国共产党不断提高执政能力的必然要求。基层是国家和社会的基础和重心，推进国家治理现代化首先必须着眼于抓好基层治理，努力将风险矛盾治理和化解在基层。新中国成立以来，罪犯刑释安置帮教工作的主体由监狱逐步转向了地方党委和政府领导下的司法行政部门，特别是具体承担安置帮教日常工作的基层街道或乡镇司法所，因此推进罪犯刑释安置帮教工作必须要牢牢抓住基层治理这一关键，切实把罪犯刑释安置帮教工作作为衡量基层治理现代化的一项重要内容。要加强司法所建设，建立安置帮教

---

① 参见习近平:《论坚持全面依法治国》，中央文献出版社2021年版，第272页。

工作责任网络，提升安置帮教工作队伍素质，强化安置帮教工作职能履行。要增强力量融合，沟通协调其他政府部门、群团组织、社会组织、公益团体和志愿群体，共同推进安置帮教工作。要加大资金投入，将安置帮教工作经费纳入财政预算，保障资金专款专用、依规合理。要创新工作模式，广泛宣传动员，不断推进安置帮教工作市场化、社会化和信息化运行。要把好衔接关口，明确重点对象，充分运用大数据、智能化手段，确保安置帮教工作衔接覆盖100%，做到一个不漏、落实到位。要瞄准基础困难，帮助刑满释放人员解决好就业、就医、就读、居住等困难，帮助其家庭度过困难期，有效化解家庭和社会的矛盾，进入平稳期或上升期。

5. 突出改造功能，减少重新犯罪

新中国成立以来，随着国家政治、经济、文化和社会的发展，中国共产党对监狱工作的指导方针内容几经变更，包括“三个为了”“两个结合”“改造第一，生产第二”以及“惩罚与改造相结合，以改造人为宗旨”，表述虽有不同，但以“改造”为主的核心思想始终没有改变，主要体现的是对毛泽东改造罪犯思想的继承和发展。罪犯刑释安置帮教工作要始终坚持把“改造人的宗旨”和“预防重新犯罪”作为目标导向。监狱机关作为罪犯刑释安置帮教工作的起点单位，要不断提高改造质量，尽可能把更多的罪犯改造成为守法公民。同时还要把罪犯刑释安置帮教工作作为监狱改造工作的重要组成部分，积极开展出监教育、加强职业技能培训、强化重新违法犯罪的风险评估等，积极为罪犯刑满释放后的安置帮教工作做好最前沿、最充分的各项准备工作。司法行政机关作为罪犯刑释安置帮教工作的主责单位，要积极与监狱进行工作联系和配合，切实把安置帮教工作“向前延伸”，提前介入监狱对接，开展安置帮教工作，确保罪犯刑满释放后安置帮教工作的无缝衔接。同时，要把“改造人的宗旨”贯穿安置帮教工作的始终，充分调动各单位，各部门，各社会组织、团体以及志愿者、社工乃至家庭成员等的参与度，通过一系列的安置帮教措施，帮助刑满释放人员解决实际困难、打消抵触情绪，尽快适应和融入社会开始正常生活，最大限度地降低重新违法犯罪率，消除影响社会安定和谐的不稳定因素。

中国共产党在监狱工作中的教育矫治引领作用

李　新*

自新中国成立以来，坚持和强调教育矫治工作一直是中国共产党对新中国监狱（劳改）工作的重要要求，中国共产党的先进理论在监狱工作中的教育矫治一直发挥着引领作用。纵观新中国监狱史，在中国共产党的领导下，我国监狱改造模式经历了从成立初大规模劳动改造漠视思想转化，到 80 年代组建特殊学校强化思想教育，再到 90 年代引入心理矫治全面教育改矫治罪犯，从漠视到重视的时代性演变，始终都没有离开中国共产党先进理论的指导和引领，"政治改造"在整个新中国监狱史都发挥着重要的教育矫治作用。

一、中国共产党对新中国监狱工作教育方针的变化

中国共产党对监狱罪犯的改造，经历了由效仿苏联模式到强调人性化管理，到向社会输出合格"产品"的"治本安全观"，再到不断完善以"五大改造"为根本的罪犯教育改造体系的阶段。

1. 苏联模式是新中国成立之前乃至成立之初我国监狱的运行模式

在中华苏维埃政权时期，就设立了"目的是看守、教育及感化违反苏维埃法令的一切犯人，使这些犯人在监禁期满之后，不再违犯苏维埃的法令"①的劳动感化院。新中国成立后，坚持强调在消灭剥削阶级的同时要"用适当的方法改造他们，使他们成为新人"②。刘少奇在 1950 年第一届全国司法会议报告中也强调了新中国的劳改应坚持"惩罚与教育相结合"。新中国成立初期，成功地改造了大批战犯及普通刑事犯。凭借着如此大量的实践基础，我国监狱工作的相

*　李新，山东省菏泽监狱四级警长。

①　薛梅卿主编：《中国监狱史》，群众出版社 1986 年版，第 15—16 页。

②　司法部劳改局编：《毛泽东等老一辈革命家论罪犯改造工作》，法律出版社 1993 年版，第 34—35 页。

关法律体系也在逐步进步和完善，相当于是新中国监狱学理论“萌芽期”①。

2. 劳动是中国共产党对中国监狱教育矫治工作的初始方针

新中国成立伊始，百废待兴，中国共产党充分贯彻马克思“劳动是实现人类价值的唯一途径”理念，勇于批判和改变新中国成立前监狱纯属惩罚的无人权监管本质，通过组织罪犯参加社会主义建设劳动，全面有效地开展了对罪犯的劳动改造，在劳动中潜移默化地教育矫治罪犯，把罪犯转化为社会主义服务的建设者，这不仅仅带动了经济社会的发展，也为以后监狱教育矫治发展奠定了基础。具体表现：新中国在接管旧监狱后，首先是对旧监狱进行清理改造。依据 1949 年 9 月，中国人民政治协商会议第一届全体会议通过颁布的《中国人民政治协商会议共同纲领》关于“强迫他们在劳动中改造自己，成为新人”的规定为法律依据，总结继承了革命根据地民主政权监所的实践经验，开创了新中国劳动改造罪犯工作和具有中国特色的刑罚执行制度。1954 年 9 月，第三次全国公安会议上明确了“大批应判处徒刑的犯人，是一个很大的劳动力，为了改造他们，为了解决监狱的困难，为了不让判处徒刑的反革命犯坐吃闲饭，必须立即着手组织劳动改造工作”。体制上，新中国成立之初也在较短时间内完成了从中央到地方五级劳改机关管理体制的建立，为新中国初期的劳动主流教育矫治模式做好了制度和体制上的坚实保障。

3. 政治教育初显中国共产党对中国监狱教育矫治工作的引领

为防止和纠正忽视实施政治思想教育的错误倾向，中国共产党对中国监狱教育矫治工作提出的。“惩罚管制与思想改造相结合，劳动生产与政治教育相结合”的“两个结合”方针，从根本上解决了前期为了劳动而劳动的单纯劳动的监狱管理问题，将劳动生产、惩罚管制和思想政治教育并列为监狱管理的三大手段，缺一不可。对监狱教育矫治工作来说，“两个结合”才是新中国监狱罪犯教育矫治的初始，开创了新中国劳改工作新局面。具体表现：1952 年 6 月，在第一次全国劳改工作会议提出的“政治改造与劳动改造相结合、惩罚与改造相结合”的管教工作方针。1954 年《中华人民共和国劳动改造条例》明文规定了“劳动改造机关对于一切反革命犯和其他刑事犯所实施的劳动改造，应当贯彻惩罚管制与思想改造相结合，劳动生产与政治教育相结合的方针”，明确了对罪

---

① 胡圣东：《罪犯改造的现状、问题及改进研究——以江苏省 S 监狱为例》，苏州大学 2017 年硕士学位论文，第 10—11 页。

犯惩罚管制和劳动生产的思想改造与政治教育的意义,教育矫治也从依附于劳动改造提升到单列的巨大跃升。

4. "改造第一,生产第二"是中国共产党先进理论的对监狱教育矫治的直观体现

随着监狱的不断发展,因为教育手段缺乏、不规范等问题,中国监狱工作也逐渐暴露出片面追求经济效益、重生产轻改造等问题,部分监狱(劳改)工作者因为没有明确的教育手段和矫治模式而出现本领恐慌,导致弱化罪犯教育矫治,片面的追求劳动生产效益的问题。"改造第一"的位置,是中国共产党先进理论的对监狱教育矫治的直观体现,彰显了教育矫治的重要意义,也为教育改造工作的发展奠定了基础,教育矫治模式和手段也随之不断创新和发展。虽然经历十年动乱,但监狱人一直不忘初心,顶住了压力和破坏,甚至在这种毁灭性打击下仍然不断推进教育矫治工作的发展和进步,始终做到了"改造第一"。具体表现:从 20 世纪 50 年代中叶至 80 年代初期,"改造第一,生产第二"的声音就没有中断。1956 年 5 月,刘少奇便提出:"劳改工作的方针是应是改造第一,生产第二。"1964 年的《关于第六次全国劳改工作会议精神的报告》中指出:"要做好这项工作,必须坚决执行中央的既定方针,即改造与生产相结合,改造第一,生产第二的方针。"明确了"改造第一,生产第二"监狱(劳改)改造罪犯的工作方针。1982 年初的《关于加强政法工作的指示》更明确地强调:"现在劳动改造对象的情况,已经发生了很大的变化,大多数罪犯是劳动人民家庭出身的青年,是职工子弟,面对这个新情况,劳改工作更要强调坚持改造第一,生产第二的方针,注重改造"。

5. 将监狱打造为教育改造罪犯的特殊学校是中国共产党先进理论的重要实践

20 世纪 80 年代始,将监狱(劳改)打造为教育改造罪犯的特殊学校的教育矫治模式开始出现。将监狱打造为特殊学校是中国共产党区别于其他政党对罪犯教育的重要体现。监狱根据改造的需要,对罪犯进行系统的法制、道德、人生观、时事政策、监规纪律教育,促进他们认罪服法,积极改造,认清形势,争取光明前途。特殊学校的持续开展,促使大多数罪犯在服刑改造期间遵守监规纪律,积极接受改造,把刑期变学期。不少人刑满释放回到社会后顺利就业。具体体现:1981 年 12 月《第八次全国劳改工作会议纪要》提出:"要加强对罪犯的教育改造工作,把劳改场所办成改造罪犯的学校。要设置教育机构,配备专职教员，增加教育的设备和经费，健全教学制度，进行系统的教育，罪犯文化学习考试合格的，技术学习考工合格的，由劳改单位发给证书。”1982年1月《关于加强政法工作的指示》进一步明确：“劳改场所是教育改造违法犯罪分子的学校。它不是单纯的惩罚机关，也不是专搞生产的一般企业、事业单位。”1982年2月发布的《关于对罪犯教育改造工作的三年规划》中提出：“须始终如一地坚持下去，真正当做学校来办，对罪犯进行政治教育、文化教育和技术教育，应当以政治教育为重点，三者密切结合，不可偏废。”

6. “惩罚与改造相结合，以改造人为宗旨”是中国共产党对监狱教育矫治工作重要要求

“惩罚与改造相结合，以改造人为宗旨”工作方针直接表达了监狱对罪犯实施惩罚与改造的根本任务。中国共产党先进理论决定了监狱在对罪犯实施惩罚的同时，必须着重对罪犯进行改造，二者是相互联系、相辅相成、密不可分的，贯穿于整个刑罚执行全过程，最终目的是把罪犯改造成为守法公民。新的方针充分反映了新时期监狱工作的基本特征，体现了时代性和科学性。把“改造人”提到监狱工作宗旨的高度，要求监狱必须围绕“改造人”这一首要任务和最终目标开展工作。具体表现：1994年12月发布的《中华人民共和国监狱法》明确规定：“监狱对罪犯实行惩罚与改造相结合，教育与劳动相结合的原则，将罪犯改造成为守法公民。”1995年2月的《关于进一步加强监狱和劳动教养工作的通知》再次明确了监狱要坚持“惩罚与改造相结合，以改造人为宗旨”的监狱工作方针。这一方针，把“改造人”作为监狱工作的根本任务，突出改造工作。2019年4月的《关于加强监狱工作意见》再次强调“监狱工作要坚持惩罚与改造相结合，以改造人为宗旨的监狱工作方针”，为新时代的改造罪犯工作指明了发展方向，提出了明确的要求。

二、新时代下中国共产党对监狱教育矫治工作的引领

1. 建构以“五大改造”罪犯教育改造体系

随着社会的不断发展变化，监狱工作面临着新任务新要求新挑战。在2018年6月28日召开的全国监狱工作会议中要求，构建“以政治改造为统领，统筹推进监管改造、教育改造、文化改造、劳动改造”的“五大改造”新格局。因此，在构建和谐社会的新语境下，在“五大改造”的新视角下，我们必须对提高监

狱罪犯教育效能的重要意义予以重新审视。2019 年 7 月 21 日全国监狱工作会议明确要求“要夯实监狱事业发展基石，完善以确保安全为底线的安全治理体系，完善以‘五大改造’为根本的罪犯教育改造体系，完善以严格规范公正文明执法为导向的监狱执法体系，完善以提升战斗力为重点的队伍建设体系，完善以保障有力为目标的监狱综合保障体系”。

2. “政治改造”是中国共产党对监狱教育矫治工作的重要体现

“东西南北中，党政军民学，党是领导一切的。”[①]讲政治是我们党作为马克思主义政党的根本要求，是中国的社会主义国情对全体人民的根本要求，也是新时代监狱改造体系发展赋予的新特点和优势所在。监狱是国家机器，是专政机关，是国家权力意志的重要体现。政治属性是监狱的根本属性。在监狱工作中，必须旗帜鲜明讲政治，坚持党的绝对领导，确保“刀把子”始终牢牢掌握在党和人民手中，切实履行好监狱维护国家安全和社会稳定的重大政治责任。“五大改造”新理念的提出，是贯彻落实习近平新时代中国特色社会主义思想、践行总体国家安全观的具体体现，是新形势下做好监狱工作的理念引领和重要遵循。[②]讲政治是对监狱干警的根本要求，也是对罪犯开展教育的根本要求。

所谓政治改造，就是监狱在改造罪犯过程中要凸显政治改造统领作用，切实实现政治、法律与社会效果的有机统一。政治改造是监狱罪犯改造工作的首要任务，要把政治效果作为做好监狱罪犯改造工作的首要标准和要求，以监狱罪犯改造的政治效果引领法律效果、社会效果，用监狱罪犯改造的政治效果检验法律效果、社会效果，最终实现最大合力，确保监狱改造罪犯的效果。

“五大改造”的关键在于“改造”二字，其最终目的在于通过合理的改造手段，深化教育矫治功效，培育和践行社会主义核心价值观，真正地将监狱罪犯转化为社会主义现代化建设服务的工作者。

3. 新时代监狱教育矫治离不开政治改造统领

政治改造就是改造罪犯的人生观、世界观、价值观，着力于将监狱罪犯改造成拥护党、爱祖国、爱社会的守法公民。各项改造手段的内容安排、方法选择、

① 习近平：《在第十三届全国人民代表大会第一次会议上的讲话》，人民出版社 2018 年版，第 9—10 页。

② 参见李景言：《以治本安全观引领广东监狱创新发展》，《中国司法》2018 年第 2 期。

路径推进都要符合这一既定目标。监狱机关首先是政治机关，改造工作既是政治性很强的业务工作，也是业务性很强的政治工作，[①]因此必须坚持政治改造的统领地位。

一是明确监狱罪犯教育的首要任务。在思想上、情感上认同中国共产党的领导、认同伟大祖国、认同中华民族、认同中华文化、认同中国特色社会主义道路和树立正确的国家观、民族观、历史观、文化观、宗教观。

二是明确监狱罪犯政治改造的基本内容。组织罪犯深入学习政治理论、法律法规和时事政治，把政治效果作为做好改造工作的首要质量要求。监狱要有组织有计划组织开展爱国、爱社会主义制度、爱中国共产党专题教育，定时开设政治改造大讲堂，整合资源搭建政治改造教育平台，丰富政治改造形式，促进罪犯对党和国家路线方针政策的了解、认识和拥护。[②]

4. 学习北京监狱的“一四八”政治改造模式

自全国监狱系统构建“五大改造”新格局以来，北京市作为国家首都，立足自身实际，率先推出了监狱罪犯政治改造的“北京模式”，即“一四八”政治改造模式。其中，“一”指一个目标，即将罪犯改造成拥护党、爱祖国、爱社会的守法公民的目标不变；“四”指即四大体系，即构建高效的实施体系、完善的保障体系、科学的教育体系、健全的考核体系；“八”指八项措施，即“听、看、诵、唱、讲、写、考、行”八个方向的具体落实。该模式的运行对全国监狱系统政治改造的落地落实都起着较好的借鉴作用。

首先，坚持“一个目标”，即坚持将罪犯改造成为拥护党、爱祖国、爱社会的守法公民总方向。通过对罪犯系统开展党的历史、党的理论，特别是习近平新时代中国特色社会主义思想教育，大力开展爱国主义、集体主义和民族团结教育，引导罪犯从思想上、情感上认同党的领导、认同伟大祖国、认同中华民族、认同中华文化、认同中国特色社会主义道路，促使罪犯树立正确的历史观、民族观、国家观、文化观、宗教观，成为拥护党、爱祖国、爱社会的守法公民。

其次，完善“四大体系”，即全面构建高效的实施体系、完善的保障体系、科学的教育体系、健全的考核体系。一是构建高效的实施体系。北京监狱在“市局—监所”两个层面分别成立了政治改造工作领导小组、教研督导组和师资研

---

① 参见贾洛川：《新时代中国监狱发展的新判断、新特征和新使命》，《河南司法警官职业学院学报》2019 年第 17 期。

② 参见刘保民：《全面推进五大改造新格局在江苏监狱落地见效》，《中国司法》2018 年第 8 期。

培督导组，并在监区成立政治改造工作专班，有序推进和构建了高效的政治改造实施体系。二是构建完善的保障体系。持续推进监狱"一馆、一厅、一站、一庭、一团、七个分中心"罪犯教育中心和监区"一线、三室、两组"建设，强化政治改造环境文化的整体规划，组织专人积极探索政治改造品牌课程和教材开发项目，强化和完善政治改造保障体系。三是构建科学的教育体系。采取课堂教育、宣讲教育、基地教育、仪式教育、讲评教育、媒体教育、辅助教育和自我教育等多项手段，加大政治改造教学力度，持续推进科学的政治改造教育体系。四是构建健全的考核体系。强化政治改造的地位，加大政治改造推进情况在示范监狱、优胜监所、示范监区、优秀大队、优秀管班民警考核中的指标权重，将罪犯政治改造学习情况纳入计分考核，构建健全的政治改造考核体系。

第三，落实"八项措施"，即强化罪犯政治教育的"听、看、诵、唱、讲、写、考、行"。坚持每天组织罪犯在教育时间内收听新闻时事、爱国歌曲，实时举办先进典型报告会、监所大讲堂和监区微课堂，提升罪犯政治觉悟；坚持每日在收听收看新闻联播前、就餐前、行进途中以及监狱集体活动前，组织罪犯集体合唱爱国歌曲，潜移默化实现政治改造目标；坚持每周组织开展一次罪犯班组会，每月组织一次思想汇报，让罪犯讲感恩、讲体会、讲努力方向，提升罪犯改造动力；坚持每周组织一次应知应会内容的抄写学习活动，强化学习效果；坚持定期对罪犯学习情况开展考试考核，明确奖惩，激励罪犯学习积极性；坚持严格执行罪犯一日生活制度，强化规训教育，发挥政治改造对罪犯规训的指导效果。

5. 菏泽监狱的"13434"政治改造模式

山东省菏泽监狱采取了"13434"政治改造模式，即一个目标定位"五个认同，五个树立"；三级主体任务"监狱—监区—罪犯"；四维主题教育"爱国、爱党、爱社会主义、爱家"；三项教育内容"政治教育、法治教育和仪式教育"；强化罪犯树立四种意识"悔罪意识、身份意识、改造意识和守法意识"，把"五个认同"即认同伟大祖国、认同中华民族、认同中华文化、认同中国共产党、认同中国特色社会主义，"五个树立"即树立正确的历史观、民族观、国家观、文化观、宗教观，作为罪犯改造合格的基本评判标准，这充分凸显了政治改造作为罪犯改造的核心目标，牢牢把握罪犯世界观改造根本，政治改造成为整个改造体系的灵魂和指挥棒，贯穿罪犯改造全过程，是"慧心型"监狱建设的重要举措和方向。

一是抓实日常政治改造要求。严格落实日常政治改造要求，将政治改造融入罪犯的日常改造之中。建立每日晨读、每周小结、每月汇报的政治学习制度，充分发挥《干警与罪犯联系手册》桥梁纽带作用，将罪犯交流心得和监狱干警专题点评教育相结合，建立监狱领导季讲评、监区月总结、小组周评议的分层分级学习模式。监狱、监区定期开展罪犯现身说法、学习心得交流等活动。根据押犯文化程度，学习情况，建立月度考试制度，将考试成绩与计分考核挂钩，激发罪犯自我学习意识，让罪犯在“戒”律中改造修炼。①

二是丰富重要节日主题教育活动。坚持以政治改造为统领，结合国庆节、国家公祭日、元旦、春节等全年重要节日开展各类主题教育活动，通过主题演讲、集体忏悔等形式，督促罪犯自省、自强，强化罪犯悔罪意识、身份意识、改造意识和守法意识，通过不断反省自我以致内心安“定”。②

三是强化政治改造仪式教育。监狱将政治改造仪式落实罪犯全员化、贯穿改造全过程、覆盖改造全领域。制定政治改造仪式规范，常态化开展每周一升国旗、唱爱国歌曲活动，在重要节日举行改造誓词宣誓活动；固化开展爱国歌曲传唱活动，将 10 首爱国歌曲作为入监学习的重要组成部分，纳入结业考试；规范入监誓词、出监宣誓。在罪犯日常奖励、重大惩处等各项活动中，以规定的形式进行教育，全面提升罪犯政治改造的参与感、仪式感，促使罪犯真正萌生“智慧之心”。

三、笃定“阳光”方向，打造“阳光监狱”

坚持中国共产党对监狱教育矫治工作的引领地位，将中国共产党管理社会的良好先进经验引进到监狱教育矫治上，坚持“开放、共治”，将阳光城市理念引入进监狱管理，打造“阳光监狱”，以阳光心态，传播阳光心法——“人人传播阳光，事事体现阳光、处处充满阳光”，发掘和发挥积极心理学的积极向上作用，将社会主义核心价值观真正地融入进监狱罪犯改造，促进监狱罪犯教育效能有效提高。

一是借鉴“阳光党建”，将党的阳光铺洒至罪犯的心上。不断推进监狱罪犯政治改造落深落实，不仅要充分发挥监狱干警党员“领头雁效应”，也要积极发挥犯罪情节较轻的“原党员”罪犯的积极带头作用，让其成为小太阳，照耀自我，

①② 参见彭瑜：《基于智能化的监狱信息化建设研究——以山东省女子监狱为例》，国家行政学院 2019 年硕士学位论文。

照耀监舍，照耀车间，照耀监狱，构建积极的政治改造大环境，有效促进监狱罪犯在思想上、情感上认同中国共产党的领导、认同伟大祖国、认同中华民族、认同中华文化、认同中国特色社会主义道路和树立正确的国家观、民族观、历史观、文化观、宗教观。

二是借鉴“阳光政务”，让监狱发展生机勃勃。成立监狱管理公开融媒体视听工作室，实施“阳光发布”。这不仅仅是对外，要更多针对监狱罪犯的信息公开。用平台思维做发展乘法，推进阳光监管，创新从“监管问题”加速向“转化成果”转型的“阳光＋监狱管理”新模式。同时，加大与社会教育机构和部门的交流合作，形成双向共建模式，将教育资源运用到监狱改造罪犯上的同时，也为社会提供来狱学习的机会，促进监狱与社会进一步共治。

三是借鉴“阳光司法”，促进监狱更加公平正义。针对监狱罪犯法治思维和知识缺失严重，加大“阳光普法”力度，打造“阳光＋监管改造”模式，让执行过程成为罪犯“看得见的公正”；打造“阳光律师”品牌，让公平正义的阳光照射监狱的每一个角落。

四是借鉴“阳光社会”，保障监狱大环境和谐安定。树立“阳光”思维，积极探索社会协同治理模式，打造“阳光招生”“阳光招聘”，将社会教育资源积极引入到监狱罪犯教育上。将社会岗位为监狱罪犯开放，促进罪犯成功回归社会。积极探索监狱罪犯的基础医疗和养老保险与社会医疗、劳动保险衔接制度，为其营造良好的就业条件。

中国共产党成立初期对监狱教育刑理念的实践与创新

戴正乔*

狱制改良先驱沈家本说："监狱者，感化人而非苦人、辱人者也。"这与教育刑理念不谋而合。该理念认为刑罚的使命，在于使犯罪人再为社会一分子。其理论依据是，犯罪是个人原因和社会原因的产物，犯罪人是社会创造出来的病人，社会负有责任去治疗这些犯罪人。中国监狱自清末狱制改良运动以来，刑罚开始了漫长的近代化过程，监狱在教育刑理念影响下，开启了狱制改良新篇章。百年来的中国监狱史表明，始于近代狱制变革的监狱现代化进程从来都未曾中断，它一直是试图将中国监狱逐渐向世界靠拢与接轨的动力。一代代有识之士，以开眼看世界、观过去的通达，努力推动中国监狱向现代化迈进。特别是中国共产党成立后，在其领导新民主主义革命的过程中，也未曾忘记监狱这一隅，先在红色革命根据地，后至全国，对教育刑理念既有继承发展，又有引领创新，推动中国监狱事业与时俱进。

一、教育刑理念概述

19世纪中叶以来，理论界逐渐意识到，犯罪是综合因素的结果。犯罪是个人因素与周围环境共同作用的结果。因此应追溯犯罪原因，并从犯罪根源着手来预防未来的犯罪。主张刑罚应当是对所有的犯罪人进行改善、教育，使之适应正常的社会生活而复归社会。由此"目的刑论"进一步发展为"教育刑论"。①

1. 教育刑理念的基本内涵

"任何一个具体犯罪的产生均是由两个方面的因素共同使然，一个是犯罪

---

* 戴正乔，江苏省监狱管理局办公室二级主任科员。

① 马克昌：《刑罚的本质》，《法学评论》1995年第5期。

者的个人因素，另一个是犯罪者的外界的、社会的，尤其是经济的因素。”①在刑罚本质上，教育刑论者更多提倡刑罚应当有利于犯罪者的再社会化，从而实现对社会的防卫。李斯特认为：“无论是对个人还是对社会，预防犯罪行为的发生要比处罚已经发生的犯罪行为更有价值，更重要。”②教育刑论者把目光从行为转向行为人，认为刑罚的根据不是行为的客观危害性，而是行为人实施犯罪行为的人身危险性以及由此体现出来的再犯可能性，因此应受惩罚的是行为人，而非行为。在刑罚方式上，教育刑认为刑罚应当分层次进行犯罪的预防。

2. 教育刑理念产生背景

教育刑理念产生的背景包括以下几点。一是人道化运动的推动。自然法的个人本位价值观在 18 世纪西方各国的法律实践中得到认可。③受人本主义思想的影响，人们更加理性地对待犯罪人，尊重犯罪人自由意志，重刑传统不断受到挑战与质疑。二是宪法化思潮的影响。民主、自由、人权、平等、正义等宪法精髓逐渐深入人心，这使得人们对受刑人的认识提高到新的层次，并寻求刑罚价值和受刑人自我价值的重新定位。三是刑罚自身变革的及时跟进。正是伴随刑罚变革而出现的以自由刑为中心的刑罚体系的确立，才为教育刑的时空条件奠定了基础。四是市场经济价值理念的影响。用身体刑的惩罚与用教育刑的改造是等值的，这完全符合价值规律等价交换的原则。五是科技知识与教育普及的促进。个人素养的提高，使行为人可以提前预防潜在犯罪动机和排解外在因素的干扰，通过自主消减主观恶性或强化规范意识，来使自己的行为符合教育规范。六是监狱与学校相比，在开放程度、施受关系运作模式等方面有极大的相似性，教育刑可以参照执行。

3. 传统教育刑理念与现代教育刑理念

现代教育刑的基本内核来自传统教育刑，是在一般预防刑和传统教育刑的批判继承之上发展而来，是对传统教育刑的完善。它强调将惩罚所体现的强制教育与教育改造相结合。首先，在犯罪原因上，现代教育刑反对传统教育刑所持的社会决定论，而是肯定犯罪是行为人自由意志选择的结果，但这种自由意志不是绝对的，而是相对的。其次，在刑罚本质论上，现代教育刑不同于传统教

①② ［德］李斯特：《德国刑法教科书》（修订译本），［德］施密特修订，徐久生译，法律出版社 2006 年版，第 12 页。

③ 徐岱：《中国刑法近现代化论纲》，人民法院出版社 2003 版，第 13 页。

育刑一味的排斥报应刑主义，它肯定刑罚的惩罚性，但强调位于首位的应当是内在报应与外在教育相结合下对犯罪者的再社会化及对犯罪的预防。第三，在刑罚的正当性上，现代教育刑吸收了传统教育刑的合理性，认为刑罚的实施存在一种具体目标，该目标不仅包括对受害者及一般人的人权保护，也包括对犯罪者的人权保护。必须使其受到报应的限制，将刑罚限于罪犯是构成刑法之正当性的无条件的前提。第四，在刑罚具体方式上，现代教育刑理论认为实现犯罪者的再社会化要经历四个层次：改变犯罪依存的外部环境；发挥刑罚的教育功能；重建犯罪者内心的道德感和荣誉感；传授社会知识和职业技能。第五，在刑罚功能上，强调在对犯罪者进行惩罚的基础上，注重刑罚的教育功能，以期实现犯罪者的再社会化，使犯罪者在重返社会时能够告别过去，带着一颗真诚悔过的心积极地融入社会，成为社会发展的积极促进者。

二、清末民初监狱行刑概述

在中国共产党成立前的清末民初时期，狱制改良成为监狱管理的主题。随着狱制改良的推进，中国监狱改革取得了很大进展，取得不少成绩了，很大程度上推动了司法文明进步。但由于清末民初时期一直处于列强侵略、军阀混战、改朝换代时期，整个社会环境处于动乱与失序的时期。狱制改良在很多区域依然停留在口号上，未能得到真正的落实。在部分地区，特别是经济社会落后区域，传统的监狱管理模式或习惯依然大行其道。若要了解中国共产党领导下的红色政权地区监狱管理的文明程度，应当先知晓清末民初监狱管理的落后状况。

1. 教育刑引入前监狱管理状况

首先，从主要治狱理念看。总体支配这一时期的治狱思想基础并没有改变，仍然是中国传统的儒家礼制：幽闭思衍，刑以弼教。自夏朝设立监狱以来，监狱的本来宗旨就是通过对罪犯的幽闭，使其思衍，从而改恶为善。这种行刑感化思想一直延续到清朝。恤狱悯下，讼系录囚，此制度成为历朝历代体现仁恕与悲悯的常态制度。统治者的恤囚政策，一方面固然出于传统文化中的悲悯情怀，另一方面在很大程度上也出于“若待之太薄，难免不滋生事端”的安全防范方面的考虑。实行录囚制度，也是体现“钦恤”精神。优礼长吏，分级处遇。注重上下卑尊，原社会角色中的上者、尊者与下者、卑者给予不同对待。由于罪责不同，刑罚施行也不同。而对于女犯和老幼废疾的囚犯，则有在监禁时免戴械具的规定。统治者所属的民族享受优待，如清代专门形成了一整套的满族贵族的优待制度：明德慎罚，外仁内苛，注重德刑并用、惩教结合。但在德政与仁义的外表之下，封建监狱弊病丛生，牢房狭窄，衣被破碎，卫生糟糕，无异于地狱。

其次，从监狱体制机制建设看。在立法上，1910 年颁布了《大清新刑律》，才算有了第一次现代意义上的监狱立法。但在朝廷颁布的行政规章、皇帝发布的谕令中，可看到有关监狱法规的一鳞半爪。这些规定相对零散，不成体系，多为具体的关于监狱的管理规定。在制度体系上，到清朝末年，我国传统监狱制度体系已经逐步发展完备。在刑罚执行上，古代监狱在性质上主要是拘禁羁押场所，而非自由刑行刑机构。在刑罚报复和威慑主义下，古代行刑基调表现为严刑峻法，其主要功能是苦辱和惩戒，以监禁防范为主的刑罚特点。

第三，从狱政管理状况看。在监牢建设方面，很多旧监采取混居制，几十个不同罪名的罪囚同住一间破旧监房，且管理不良、缺乏教化。监狱物质层面黑暗或简陋，管理层面混乱与随意。在罪犯教育方面，在清末监狱改良之前，罪犯教育几乎是空白。在囚犯待遇方面，《提牢备考》中有很多关于清朝监狱囚犯待遇的描述。可见罪犯居住环境很恶劣，连基本的居住与衣着都无法得到有效的保障，至于其他方面的待遇，其满足程度就可想而知了。

2. 在宏观层面积极引入国际先进经验

一是开展思想启蒙教育。晚清当权派大规模派员游历异国，广泛考察西方国家监狱的行刑制度与理念。通过这些最早外出接触国外监狱的人士，国人渐渐地了解到国外先进国家的监狱状况。这也使得晚清修律派更加坚定了观摩与效仿西制监狱的立场。客观上，思想启蒙不知不觉间被完成。

二是吸收借鉴国外成熟的教育刑实践模式。伴随着“以日为师”方针的确立，一大批朝野志士纷纷来到日本，或留学，或考察，并带回了日本监狱的改良经验。在具体行刑政策方面，将日本的很多做法加以引进和改造。同时，引进国外现行法律，博采各国最新规则，聘请外国监狱专家起草法规，编定监狱章程颁行各省。

三是开展局部试点。清末的习艺所建设就是从旧监向新监的一个过渡过程。筹建习艺所，开展局部试点，是实践教育刑理念的有益探索，收到了一定社会效果。

3. 在微观制度层面着力完善监狱建设与行刑制度

第一，建设新式监狱。率先从组织层面完成监狱管理体制的变革。随即，在全国范围内，特别是各省会及通商口岸，建模范监狱，渐成潮流。①在渐进的、分层的筹办原则下，各省各地的模范监狱相继开办，监狱种类也在不断丰富和完善，在监狱内部也力争做到在男监中区划出女监区。在建筑格局方面，清末狱制改良时建设的各新监形状也较多。清末监狱已改变了未决犯和已决犯混同关押的情况，出现分类管理、分管分押的狱政管理方法，将轻罪囚、重罪囚分别关押，男、女分监。

第二，创新监狱管理制度。在对以往传统监狱制度加以扬弃的基础上，不断建立健全与教育刑理念相适应的监狱管理制度体系。清末中国监狱的制度转型逐步拉开大幕并走向定型。意识到监狱职业的特殊性，主张培养监狱专官，储备监狱管理人才，狱吏人才培养走向制度化。

第三，形成了较为完善的行刑模式。近代教育刑既是一种理念，更是一个体系，包括监禁制、累进制、假释制等各种行刑制度。清末狱制改良以后，教育刑理念渐居主导地位，监狱当局也大力倡导行刑感化主义。尤其是在南京国民政府时期，以人格矫正为基础的教育刑运用更为娴熟，刑罚功能也开始着眼于社会防卫与罪犯感化。这些比较完善的行刑模式基本奠定了未来中国监狱行刑的基本方向。相比清末而言，南京国民政府时期的治狱理念受西方行刑学影响更深远、更持久。

三、中国共产党对教育刑理念的吸收借鉴

中国共产党对监狱的管理与推动发展是基于清末民初监狱管理的现实基础，对教育刑理念加以继承和创新，在马克思主义的指导下，结合红色政权区域发展实际，推动监狱发展与改革。总的说来，教育刑理念引入中国后，为清末民初的狱制改良贡献颇多，到新民主主义革命时期，中国共产党将教育刑理念加以吸收和借鉴，成为建设和管理红色政权地区监狱的重要思想依据。

1. 坚持以人为本

在狱制改良中，清朝及民国政府大力推行改建新式监狱，从立法和实践层

---

① 参见《前修律大臣大理院正卿沈家本奏请实行改良监狱折》，《东方杂谈》1907 年第 7 期。

面努力改善囚犯待遇，推行监狱行刑的感化主义。在中国共产党的红色政权区域，则将马克思主义群众史观运用到监狱管理中，坚持罪犯改造是为了人民群众的观点。对待罪犯，能够坚持以人为本，保障其基本人权。

2. 注重感化教育

中国传统文化推崇教化的力量，认为教化足以变化人心，促使人性向善。清末狱制改良在吸收借鉴教育刑理念的过程中，在对中华传统教化义理继承的基础上有所发挥，由此提出了独具本土特色的犯罪预防观。沈家本有言："盖犯罪之人歉于教化者为多，严刑厉法可惩肃于既往，难望湔祓于将来，故藉监狱之地，施教诲之方，亦即明刑弼教之本义也。"①注重罪犯感化教育，对后世犯罪矫治产生了直接影响。在中国共产党领导的红色政权地区，将教育作为罪犯改造的手段之一，结合不同时期的革命任务，开展革命教育，动员罪犯服务革命工作。

3. 强调罪犯复归社会

强调或者重视罪犯复归社会的可能性，无论是推行教育教诲制度，还是组织罪犯开展作业劳动，不仅仅是为了满足狱制改良的需要，也在客观上起到了助力罪犯复归社会的作用，顺应了时代进步的潮流。在狱制改良时期，罪犯改造社会化的思想逐渐被监狱管理者认同，也得到了社会公众的普遍认可。但清末民初对社会化行刑处于一种认识到但不够重视，在改良过程中，诸多方面均表现出一种"应景"。中国共产党领导下的红色政权监狱则明确提出了加强行刑社会化思路，并基于马克思历史唯物主义的观点，从历史视角、社会价值层面去看待行刑社会化。它不仅延续了清末民初时期出现行刑社会化的趋势，顺应了这一趋势，还积极深化认识，推进行刑社会化在实践层面更加高效。如在红色政权地区，普遍广泛地将罪犯组织到监狱外开展劳动。

四、中国共产党对教育刑理念的具体实践与创新

20 世纪三四十年代，在中国共产党建立的红色革命根据地，新生的红色政权接管了一批国民党的旧监狱。当时的关押对象除了革命内部的犯罪分子之外，主要是俘获的战争罪犯以及红色区域的反革命分子和刑事犯罪者。对这些

① 《前修律大臣大理院正卿沈家本奏请实行改良监狱折》，《东方杂谈》1907 年第 7 期。

人实行什么样的政策是当时亟待解决的问题。从最初，中国共产党就坚持从改革旧有监狱弊端的高度出发，通过实行教育刑，来推动国家的司法文明进步。以毛泽东为首的中国共产党人以马克思主义为指导，积极借鉴苏联罪犯劳动改造模式的实践经验，大胆创新提出用劳动改造解决犯罪问题的基本思想，逐步建立起一批以劳动改造为中心的新型刑事执行机关，先后设立了监所、劳动感化院、罪犯自新学艺所和监狱等，积极推行教育刑理念，推行了一系列新的举措，主要做法如下：

1. 变革行刑方式

一是改善监禁条件。虽然根据地条件艰苦，但依然确保罪犯能够享受最基本的监禁物质条件，在部分地区还对监禁设施进行了修缮。

二是实施分类关押。根据犯罪人的性别、年龄、罪责等不同情况，将罪犯分为男监、女监和少年监，对他们采取不同的方式进行教育。

三是改变死刑执行方式。在死刑执行方法上，彻底摒弃了封建时代的残酷刑罚，而是多数采用枪决的形式。执行地点也在规定的相对隔离的环境中，避免示众，维护死刑犯的尊严，体现人道主义精神，同时维护社会安定，人心的平稳，具有一种具有历史意义的革命性进步。

2. 提升罪犯权利待遇保障水平

罪犯通常被允许与外人接见，但一般仅限于亲属，且时间以半小时为限。这形成了制度化的安排。囚犯也被允许发收书信，但一般也不得与其亲属之外的人通信，且发收书信均要经过看守检阅。

关于罪犯财产权利，清末刑罚改革在古代监狱既有财产制度基础上，完善了财产刑并使之更加规范化、法定化。专门规定了两种财产刑：罚金和没收财产。改良后的监狱将没收作为一种刑罚手段，但只针对特定之物进行没收，而不是随意无范围无限制的没收；没收的内容限于物而不是权利，不再是那种“抄家”式的没收。红色政权监狱则普遍重视尊重罪犯的人格尊严，保护罪犯的财产权利。

3. 创造性开展劳动改造

在国共合作时期、土地革命时期、抗日战争时期和解放战争时期，为了适应革命和生产的需要，在共产党统治的红色政权地区组织罪犯编成苦工队，从事一些生产性劳动。此举既是为了适应抗战困难，不让罪犯白吃牢饭从而成为人们的负担，也是为了通过劳动，改造罪犯，使之在劳动中认识到自身的错误。在严密看管之下，罪犯普遍参加了生产劳动。这些劳动主要进行开荒种地，从事简单的手工业生产，搞短途运输，组织劳工队等。如 1949 年 1 月，关东高等法院制定了《犯人劳动改造委员会组织条例》，成为新中国最早组织和建立罪犯劳动改造的地方性法规。这表明，劳动是惩罚和改造罪犯的主要手段和基本途径，并实行劳动和教育相结合的政策。①

五、对中国共产党践行教育刑理念的评析

总体来看，教育刑理念的产生契合了时代进步的节奏，具有必然的历史进步性。教育刑理念的出现及其对实践的启发，具有划时代的进步性，对监狱行刑变革提供了强大的指导。该理念寄希望于通过对犯罪者的再社会化，使其以一个正常人的身份复归社会并融入其中，体现出强烈的人道精神；注重刑罚对犯罪者反社会人格和病态心理的修复功能，促进了刑法制度的现代化；主张应当根据犯罪者的人身危险性的强弱，适用不同的刑罚处遇措施，这种对具体犯罪者进行区别对待的刑罚个别化原则被理论界和实务界广泛接受，成为刑罚制度和量刑原则中不可或缺的重要原则。该理念将刑罚的目光投向未然之罪，摒弃了报应刑理论对已然之罪以恶制恶的报应观，主张刑罚应当勇敢地面向未来而非流连于过去。同时把刑罚的研究对象由犯罪行为转向犯罪者，实现了刑罚理论上的伟大跨越，对刑罚乃至整个刑法理论的发展都有划时代的意义。在教育刑理念的指导下，清末民初狱制改革有了强而有力的价值、理论和方向指导。当然，教育刑理念自身也存在一定的理论与实践的缺陷，比如它在否定犯罪是人理性选择的同时，却又肯定罪犯自由意志，实践中需要耗费较多的行刑成本等。

在共产党成立初期，肇始于清末的狱制改良运动已快接近尾声了。在红色政权地区，监狱管理沿袭了民国时期的管理状况。但中国共产党以破旧立新的姿态，对原有的管理理念及举措中合理的部分予以保留，同时，创新性运用马克思主义相关理论原理，结合红色政权地区革命及建设实际情况，对教育刑理念予以辩证性的认可，并对其进行了创新发展，特别是从理论和实践层面探索出劳动改造罪犯的新模式，为中国监狱革新发展，为监狱罪犯改造开辟了新的理

① 周雨臣：《新中国罪犯劳动改造工作的发展历程及其思考》，《犯罪与改造研究》2020 年第 7 期。

论境界，打开了新的实践路径，为新中国成立后的监狱事业发展积累了有益探索经验和播种了变革的萌芽。中国共产党在成立初期对监狱工作的探索具有理论上的科学性、实践上的深刻性和历史的进步性。

但由于教育刑理念的缺陷，又由于红色政权区域长期处于不稳定的社会状态，面临着各方势力的侵扰，战争频仍，监狱及罪犯工作不可能成为党的工作重点，因此，在对教育刑理念的认识和实践层面，秉持着为我所用、去其糟粕的态度，将罪犯改造放在维护红色政权、推动革命事业、夺取全国胜利的大局中考虑和推动，对教育刑理念指导下的行刑模式也不可能有深入细致的探索或实践。直至如今，教育刑理念也从未断绝，而是转化为了“惩罚与改造相结合，以改造为宗旨”的党的监狱工作方针，仿佛是对百年前的历史回应。

浅析党的领导对监狱政治改造的引领作用

张虹伟　张竞赛*

习近平总书记在党的十九大报告中指出，要坚持党对一切工作的领导。半个世纪以来，我们始终坚持党对监狱工作的绝对领导，这是新中国监狱工作的特点，也是最大的政治优势。在 2018 年 6 月 28 日召开的全国监狱工作会议上，司法部提出要“统筹推进以政治改造为统领的监管改造、教育改造、文化改造、劳动改造新格局”。在新时代监狱工作“五大改造”新格局中，政治改造处于统领地位，是保证罪犯改造工作始终沿着正确方向发展的根本所在。这是监狱机关强化“四个意识”，贯彻落实总体国家安全观的政治责任，坚持党对监狱工作绝对领导的根本体现，也是做好新时代监狱工作的关键和前提。

一、突出监狱政治属性，发挥党的领导在“政治改造”工作中的引领作用

习近平总书记强调，党政军民学，东西南北中，党是领导一切的。监狱是国家机器的重要组成部分，是国家政权的象征。我国的监狱是人民民主专政的工具，是国家的刑罚执行机关，是惩罚、改造罪犯的场所。“五大改造”新格局，最核心的就是坚持以政治改造为统领，把政治改造作为根本性改造，强调监狱机关坚持政治引领是落实政治改造的根本前提和基础。监狱的政治属性决定了监狱的工作和建设，在任何时候、任何情况下都不能迷失自己的政治定位，必须始终坚守政治本色，坚持党对监狱工作的绝对领导。

政治改造是适应监狱政治属性的内在要求。作为监狱工作的主线，发挥着引领作用。我国监狱罪犯政治改造起源于党在土地革命时期所创建监狱的行刑实践活动。随着人们认识的不断变化，在不同时期其名称、目标、内容、手段虽略有差异(诸如“政治教育”“思想教育”“政治思想教育”“思想政治教育”等)，

---

*　张虹伟，甘肃省兰州监狱四级高级警长；张竞赛，甘肃省兰州监狱一级警长。

但一直贯穿于罪犯改造工作的全过程和全领域，且内容和形式随着经济社会形势的不断丰富和完善。新中国成立后，我国监狱注重发挥政治改造的作用，成功改造了包括末代皇帝和大批日本战犯、国民党战犯在内的一大批罪犯。当前，中国特色社会主义进入新时代，监狱工作正面临新形势、新挑战和新任务。在这一时代背景下，政治改造也体现出了鲜明的时代特色，它是适应监狱政治属性的内在要求，是强化罪犯守法意识客观需要，是提升监狱治理能力的重要手段，是激发罪犯积极改造的重要动力。它是多层次、多角度让罪犯从思想上、情感上认同中国共产党、认同伟大祖国、认同中华民族、认同中华文化、认同中国特色社会主义道路（以下简称"五个认同"），促使罪犯树立正确历史观、民族观、国家观、文化观、宗教观（以下简称"五个树立"）和认识、理解、拥护党的路线方针政策（以下简称"一个拥护"）。①"五大改造"新格局，最核心的内涵就是坚持以政治改造为统领，把政治改造作为根本性改造，把政治改造作为检验评价总体改造效果的核心指标，把政治改造贯穿于监狱安全稳定、刑罚执行、教育改造等监狱工作的始终，使监狱自觉坚持党的领导，把好方向，牢牢遵循"惩罚与改造相结合，以改造人为宗旨"的监狱工作方针，全面提升监狱治理能力和治理体系现代化水平。

二、做好统筹谋篇布局，发挥党的领导在"政治改造"格局中的主导作用

统筹推进以政治改造为统领的五大改造新格局，发挥党的领导是管全局、管根本、管长远的战略指挥棒，统领着贯彻国家总体安全观，维护监狱安全稳定这个监狱最大的政治责任和政治任务。在监狱工作中，五大改造既统领于政治改造，又自成体系，相互贯通，相互促进，目标指向一致。政治改造处于统领地位，是其他改造成效的评判重要标准和基本遵循。②监管改造侧重于惩罚和规则的约束，教育改造侧重于思想认知提升，文化改造侧重于价值观的重塑，劳动改造侧重于恶习矫正。做好监狱各项工作，这就要进一步坚持将政治改造的统领贯穿罪犯改造全过程、监狱工作各领域。要谋好篇，布好局，坚持党的领导在

① 黄勇峰：《论政治改造的统领地位与作用发挥》，http://jyglj.hlj.gov.cn/system/202106/107437.html，访问日期：2021年4月12日。

② 姚建龙、刘悦：《监狱工作"五大改造"的学理分析》，《犯罪与改造研究》2019年第4期。

格局中的主导作用，运用学习认知、思想武装、活动带动、实践提升等方法，深入贯彻习近平新时代中国特色社会主义思想，使坚持中国共产党的领导、中国特色社会主义道路理论、制度、文化及中华优秀传统文化和社会主义核心价值观成为改造罪犯的精神动力和改造利器。

三、落实政治改造功能，发挥党的领导在“政治改造”过程中的核心作用

发挥党的领导的核心作用是落实政治改造功能的集中体现。政治改造功能，只有通过发挥党的领导核心作用才能焕发出强大的战斗力、凝聚力和号召力。发挥党的领导在“政治改造”过程中的核心作用，是监狱改造工作保持正确方向和阶级属性的本质体现。对罪犯实施政治改造，要进行时事政治教育，深入开展以党的历史、党的理论，特别是习近平新时代中国特色社会主义思想等为核心的思想政治教育，深入开展以国家改革开放和现代化建设取得的巨大成就为重点的形势教育，使罪犯充分认识国家经济社会发展、社会和谐稳定的大好形势，消除思想疑虑，增强改造信心。

四、完善改造评估体系，发挥党的领导在“政治改造”评价中的导向作用

监狱作为国家机器的重要组成部分，在维护社会稳定、构建社会主义和谐社会的过程中具有不可替代的重要作用。当前，在构建社会主义和谐社会的过程中，监狱的工作定位为：不断提高罪犯的认罪率与改好率，把罪犯由社会的“不合格”产品改造为社会的“合格”产品，使其刑满释放后不再危害社会和人民，从而降低重新犯罪率。向社会输出“合格产品”可以说是一个系统工程，要实现“监狱人向社会人”的顺利过渡，就必须逐步缩短监狱与社会、罪犯与社会的差距，使罪犯的生存和改造都置于监狱与社会的融洽结合之中。应建立科学合理、易于操作的政治改造指标体系和评估系统，定期对罪犯的情况进行评估。把政治改造工作的绩效单位、个人的荣誉与利益结合起来进行严格考核，使政治改造工作获得与其功能相适应的地位。要建构起静态评估与动态评估相结合以动态评估为主、定量分析与定性判断相结合以定量分析为主的客观评价体

系。要牢牢抓住考核评价体系建设这个“牛鼻子”，建立体现新时代、新思想、新理念要求的目标体系、考核办法、奖惩机制。考核评价是保证工作落实的重要环节，没有刚性的考核，罪犯政治改造就有可能流于形式。要把推行政治改造体系作为考核监狱领导班子和主要负责人的重要指标，作为评价监狱工作政绩的刚性指标，以高质量的“标尺”引领监狱工作高质量发展。

五、打造监狱警察铁军，发挥党的领导在“政治改造”实践中的保障作用

《监狱法》第5条规定：“监狱的人民警察依法管理监狱、执行刑罚、对罪犯进行教育改造等活动，受法律保护。”这一规定明确了监狱警察的执法活动受法律保护的同时，也指出了监狱警察是监狱具体执行刑罚的主体地位，是践行改造宗旨落实者，是坚持党领导一切的践行者。由于监狱是人民民主专政统治的重要工具，也是国家暴力机器的重要组成部分，监狱的这一特殊性便从根本上决定了监狱警察必须具备较强的政治素养。

1. 筑牢政治忠诚，打造政治坚定和理论清醒的民警队伍

监狱警察一定要有“功成不必在我”的胸怀和担当，坚持用中国特色社会主义理论体系武装头脑，切实强化政治意识、大局意识和责任意识，领导好、组织好监狱政治改造工作，一步一个脚印，扎扎实实地把监狱事业做下去，为监狱各项工作顺利开展提供保障。

2. 锤炼政治能力，打造精通监狱业务工作的民警队伍

要改变传统的对人民警察教育培训只注重政治文化、法律常识等内容的做法，不断探索和研究监狱人民警察的职能化和专业化问题，积极培养政治改造工作专家，大力探索非领导职务晋升、专业聘任等激励机制，调动民警开展政治改造工作、探索政治改造规律的积极性。全面了解掌握教育改造、维护稳定、执法和内部正规管理等监狱各项业务，增强政治改造的针对性、说服力。

3. 坚定政治观念，打造创新意识强烈的民警队伍

不断创新政治改造理念、内容和方式方法，以提高“向社会输出合格产品”为中心目标，使监狱政治改造随着时代的发展和实践的深化不断丰富，以承担起新时期监狱工作的历史重任。

4. 提升政治担当，打造以身作则、率先垂范的民警队伍

教育民警时刻牢记从警誓言，紧跟时代步伐，坚定监狱警察职业追求，自觉做中国特色社会主义事业的捍卫者、党和人民利益守护者、法治维护者、道德风尚引领者，争做"对党忠诚、服务人民、执法公正、纪律严明"表率，树立监狱人民警察的形象。

5. 强化政治自律，打造为警清廉执法公正的民警队伍

新时代带下，民警更要强化政治自律，把讲政治作为自己的生命线始终坚守，牢固树立"四个意识"，严格落实"六个一律"等各项铁规禁令，准确运用监督执纪"四种形态"，推动形成不想腐不敢腐不能腐的长效机制。

六、丰富政治改造内容，发挥党的领导在"政治改造"实施中的创新作用

在监狱对罪犯的改造中，坚持党的领导要把政治改造放到更高的位置，将政治改造作为教育改造工作的核心和灵魂，构建以社会主义核心价值观为主要内容的罪犯思想政治改造体系。除了进行政治思想、道德品质、世界观人生观价值观、爱国主义、集体主义等教育外，更要对他们加强国家学说、专政意识教育，还要规范政治改造的内容、形式和标准，推进内容、载体、方法的丰富和创新，建立系统科学、全面覆盖的政治改造实施路径。要充分发挥信息技术在丰富罪犯改造手段中的桥梁作用，大力推进信息化条件下教育改造工作的手段、内容和方式、方法创新，努力实现教育改造工作从传统型、经验型、粗放型向现代化、科学化、规范化转变。要充分利用监控全覆盖和视频教学系统，打造政治改造云平台，着力培养服刑人员树立正确的历史观、民族观、国家观、文化观、宗教观和认识、理解、拥护党的路线、方针政策，使其敬畏法律、敬畏国家机器，切实增强身份意识、悔罪意识，自觉接受惩罚和改造。

1. 将"社会主义法制教育"作为政治改造的基石

高度重视罪犯宪法教育，将宪法教育确定为罪犯政治改造的重要抓手，开展形式多样的宪法学习教育活动，在高墙内形成社会主义法制教育的良好氛围。如可规定每周"学习日"为罪犯宪法教育时间，制订教学计划，将宪法知识学习作为法制教育主要内容。

2. 将“爱国主义思想教育”作为政治改造的常态

要认真把党的历史、党的理论，特别是习近平新时代中国特色社会主义思想作为核心内容，组织服刑人员学习。可组织开展系列主题活动，如升国旗仪式，观看爱国主义影片，爱国主义歌曲歌咏比赛，“我与国旗”演讲活动，等等，促使罪犯在潜移默化中感恩党、感恩祖国、感恩时代、感恩家庭，引导罪犯增强爱党爱国的热情。

3. 将“社会主义核心价值观”教育作为政治改造的核心

要切实把社会主义核心价值体系融入罪犯政治教育全过程，通过不断培育和践行社会主义核心价值观，使罪犯了解人生观、价值观和世界观的形成过程，以及在此过程中人为什么会发生“三观”的偏离从而走上违背道德和违法犯罪道路的原因，矫正不良思想根源，形成健康有益的人格。

4. 将“认罪悔罪教育”作为政治改造的根本

正确认识犯罪的危害，认罪悔罪，必须让罪犯重温并深刻认识“你是什么人？这是什么地方？你来这里干什么？”，切实增强身份意识、悔罪意识；彻底纠正“罪犯得志，民警受气”“罪犯嚣张，民警无奈”的不正常现象，并通过强大的政治导向、政策导向、舆论导向和立法导向，让民警挺直腰杆，理直气壮，坚决维护法律的尊严和监狱作为国家机器应有的地位和权威，为维护监狱的长治久安、打造世界最安全监狱不懈奋斗。

5. 将时事政策教育作为政治改造的希望

党的十九大以来，随着国家的富强，人民生活水平不断提高，党的政策像阳光一样洒向东西南北，照耀着每一个城市，惠及每一个乡村，让老有所依、壮有所用、幼有所长，温暖着每一寸土地，惠及着每一个公民。要通过时政教育，让罪犯认清国家的进步，改革开放带来的巨大好处，让他们清楚地看到人民日益变得更加幸福，生活更加美好。要将党和政府、监狱乃至社会的温暖带给他们，让他们在改造中憧憬未来，充满希望。

七、搭建多样载体平台，发挥党的领导在“政治改造”宣传中的孵化作用

监狱政治改造要焕发生机，发挥统揽作用，就不能拘泥于旧的形式和内容，要勇于创新，要立足实际，顺应监狱工作及监狱工作中主客体内在需要。在监

狱工作实践中，要坚持高标准、高投入、高品位，以硬件、环境等基础设施建设为平台，为监狱政治改造提供有力支撑。

1. 搭建多样载体

可通过开通多媒体视频网络、数字平台、多媒体及其他设施设备的运用，将中国优秀文化、各类专题教育活动和贴近罪犯改造生活的改造故事以直播手段直观地呈现在罪犯的面前，构筑多渠道、多层面、立体式的活动载体，营造浓厚的学习与文化氛围。[①]通过播放正能量的红色电影，结合警察教员专业化、多视角的解读，引导罪犯深刻认识党的奋斗历史、优良传统，促进服刑人员认识、理解、拥护党的路线方针政策。

2. 创建灵活平台

实施政治改造内容的多样性和对象的复杂性决定了落实平台也应当是灵活多样的。

一是坚持正向灌输。建议成立政治改造讲师团，以中共党史为突破口，介绍新时代中国特色社会主义思想，讲中国共产党治国理政、中国人民奋斗圆梦的故事，等等。可在各监区开展巡回授课，还可利用监狱黑板报、罪犯集体大会等多种渠道向罪犯灌输正确的政治思想理论、良好的道德风尚和科学文化知识。

二是促进形式多样。通过以案析法、以案学法、专题讲座和法律咨询等形式，让罪犯知法、懂法，树立遵纪守法意识，养成守法守规习惯。

三是运用传播媒体。目前报刊、电视已成为罪犯了解党的方针政策、学习科学文化知识、掌握各方面信息的主要渠道。充分发挥这些大众传媒传递快、形象直观、信息量大、覆盖面广的优势，是做好监狱政治改造工作的必然要求。

四是加大环境熏陶。实施环境教育的关键在于环境的塑造，不仅要塑造美观、适宜的硬环境，还要塑造适合罪犯改造和养成良好行为的软环境。在环境布置中，要让每一个空间都成为体现人文精神的阵地，让罪犯们随处都能受到政治文化的熏陶。

3. 整合社会资源

改造罪犯是社会化的系统工程，运用社会力量综合治理改造罪犯，是罪犯

---

① 冯钺，《信息化技术与罪犯的教育矫正研究》，http://jyglj.guizhou.gov.cn/ztzl/llyj/202004/t20200408_55840630.html，访问日期：2021 年 4 月 12 日。

改造工作的一个基本走向。要不断探索政治改造社会化的途径和方式方法，不断完善对罪犯社会帮教格局，努力构建改造对象的社会支持系统，充分发挥企事业单位、人民团体、罪犯亲属、社会帮教志愿者、爱国主义教育基地等在改造中的作用，推进政治改造社会化。要把民警的积极工作和动员社会力量广泛参与结合起来，从社会需要的实践出发，以更加开放的姿态，主动与社会各界互动，让罪犯了解日新月异的社会发展形势，促使罪犯刑满释放后能够有效适应和融入社会，减少重新犯罪率。

政治建设

“党代表”制度在上海监狱系统的传承与发展

冯立章*

上海监狱系统设置政治工作制度由来已久。政治工作制度的前身是中国军队的“党代表”制度，政治工作岗位包括政治委员、政治教导员、政治指导员等。上海监狱系统的政治工作制度和政治工作岗位从设立以来发生过数次重大变革，在监狱管理中发挥了举足轻重的作用。回顾其历程，对当今的监狱管理具有一定的借鉴意义。

一、“党代表”制度及其演变

1. 中国军队的“党代表”制度

中国军队的“党代表”制度，始于广州黄埔的国民党中央陆军军官学校，这是大革命时期国共合作共同创办黄埔军校的具体成果。国民党蒋介石、汪精卫集团背叛革命后，中国工农红军把这一制度继承下来，并且发扬光大，使之成为人民军队克敌制胜的法宝。1927 年 8 月 1 日，在以周恩来为首的中共前敌委员会领导的南昌起义中，起义部队虽然沿用国民革命军的番号，但分别委任共产党人聂荣臻为第 11 军党代表，廖乾吾为第 20 军党代表，朱克靖为第 9 军党代表，以方维夏、陈慕、徐特立、颜昌颐和李硕勋等为各军所属师的党代表。8 月 23 日，中共中央在《中国共产党的政治任务与策略的决议案》中明确提出：“建立工农的革命军”，“这种军队之中要有极广泛的政治工作及党代表制度”。9 月，毛泽东领导秋收起义，成立工农革命军第 1 军第 1 师，在连队建立了共产党支部，连以上各级设置了共产党党代表。1928 年六七月间红四军制定了《红军党代表大纲》，各师、团、营、连分别设立了党代表。将党代表的性质、工作职责、工作方法固定下来，明确规定“党代表是代表中国共产党在军队中工作的；是所属部队士兵与官长的领导，是负责部队管理与教育的首长”。毛泽东在总

* 冯立章，上海市监狱管理局办公室四级调研员。

结红四军在井冈山斗争的历史经验时指出:“党代表制度,经验证明不能废除,特别是在连一级,因党支部建在连上,党代表更为重要。”“事实证明哪一个连党代表较好,哪一个连就比较健全,而连长却不易有这样大的作用。”1929 年,中国工农红军中的党代表根据中共六大决议精神,分别改称政治委员。1931 年起,营、连政治委员分别改称政治教导员和政治指导员。从此,红军的党代表制改为政治委员制。虽然称谓改变了,但原有的中国共产党代表的性质并没有改变。此后,政治委员制度始终为红军、八路军、新四军和人民解放军所沿用。这一制度,对于保证中国共产党对军队的绝对领导,加强部队的政治工作,保证完成党和国家赋予军队的各项任务,发挥了重要作用。①

2. 解放战争时期监所“党代表”制度

解放战争时期,解放区人民政府着手对旧监狱进行改造,创建新的监狱管理机构,以承担惩罚和改造罪犯的繁重任务,设典狱长负责全面工作,下设若干科室,尚未设置政治工作岗位。1948 年以后,随着解放战争形势的快速发展,大批国民党党、政、军、警、宪、特各系统的反革命分子陆续被俘,为了转化这些人员,摧毁国民党反动势力,巩固人民政权,公安机关设置了“管训队”这一监所形式。管训队设队长、指导员,全面负责管训队的管理、教育和预审工作。②“管训队”的指导员是中国共产党领导的监狱系统首次设立的“党代表”。

3. 新中国成立后监狱系统的政治工作制度

新中国成立后,全国监狱系统设立政治工作制度来源于监狱系统归属公安管理时期。1952 年 6 月 30 日,公安部《第一次全国劳改工作会议决议》指出,“建立劳改队的政治工作制度。必须在农场、劳改工程队、工厂、矿场中,分别按需要设立政治委员、政治教导员、政治指导员及其他必要的政治工作人员”。政治工作人员的工作任务要求是:“在党委的领导下,通过组织、宣传、教育等工作,实现党的政治思想的领导,发挥工作人员的积极性和创造性,保证方针政策的贯彻和执行,保证各个时期生产和管教任务的完成。”1952 年 10 月,经党中央批准的《关于建设公安部门政治工作的决议》进一步明确:“劳改单位应视其生产性质及规模大小设立与之相适应的政治机构和政治工作人员。”从 1952 年下半年起,全国各地劳改单位先后根据各自规模大小,干部多少,分别选配了政

① 崔利民:《中国军队党代表的历史演变及其作用》,《军事历史》2001 年第 1 期。

② 杨习梅主编:《中国监狱史》,中国民主法制出版社 2009 年版,第 208 页。

治委员、政治教导员，设立政治处、政治委员办公室、政工科等政治工作机构。政工机构的建立和政工干部的配备，从上至下初步形成了劳改机关政治工作系统，有力地保证了党对劳改机关的领导，保障了各项工作的顺利完成。①

1954年9月，公安部召开的全国劳改工作部门政治工作会议通过了《关于建设劳改工作部门政治工作的意见》；11月，公安部发布《关于劳动改造工作部门政治工作的若干问题的规定》，对劳改工作部门的政治工作的基本任务、组织机构和领导关系等项问题作出规定，其第1条规定："劳改工作部门均须设立与之相适应的政治工作机关或政治工作人员。政治工作机关是党派在劳改工作部门的工作机关，政治工作的对象是全体劳改工作人员。政治工作的基本任务是：对劳动改造工作实行党的政治思想领导和政治监督，保证党在政治上、思想上的绝对领导，保证党的政策、方针在劳改工作部门正确地贯彻执行，并通过思想教育和组织工作，发挥全体工作人员的积极性和创造性，保证各个时期的劳改工作任务的顺利完成。"其第2条规定："应根据工作需要和劳改生产性质、规模大小、工作人员多少，集中或分散等情况，分别设立政治工作机关或专职政治工作人员。"还规定："各劳改管教队皆设政治副职专管政治工作"，"其已设立政治委员、政治教导员或政治指导员者，均可保持此领导形式，不必再设政治副职"。

二、上海监狱系统政治工作岗位的设立

1. 新中国成立初期(1952—1965年)

(1) 相关制度依据

新中国成立初期至20世纪60年代初，上海监狱系统尚无有关政治工作岗位的相关制度。至1961年6月7日，上海市公安局制定《劳改、劳教单位政治教导员(指导员)的工作试行细则》，其第1条明确设立政治教导员(指导员)的目的意义：根据全国第十一次公安会议，关于加强公安政治工作决议的精神，为了加强劳改、劳教单位的政治思想工作，决定在劳改队、监、所、院、站、厂、矿设立专职政治教导员或政治指导员；第2条阐述政治教导员(指导员)的工作性质：政治教导员(指导员)是党派在劳动改造管教队实行党的政治领导和政治监督，推行党的政治工作的干部，政治教导员(指导员)应在党委、公安机关党组和

① 杨习梅主编：《中国监狱史》，中国民主法制出版社2009年版，第228页。

上级公安政治机关领导下，进行本单位的政治工作和党的工作，政治工作的对象主要是全体工作人员。第四条明确政治教导员（指导员）的主要任务是做好本单位的政治思想工作，通过党、团支部工作和自己的模范行动，保证全体工作人员不断提高政治觉悟，团结一致，认真执行党的方针政策，自觉遵守纪律，保持高度的政治警惕和旺盛的革命热情，确保劳改、劳教任务的胜利完成；第5条明确政治教导员（指导员）的具体职责：①对劳改、劳教工作实行党的政治思想领导和政治监督、保证党在政治上、思想上的绝对领导，保证党的各项方针政策和上级指示、决议在劳改、劳教单位正确贯彻执行。②与行政领导共同做好对三类人员的政治改造工作，以及财务工作实行政治监督。③随时了解和掌握全体工作人员的政治思想情况，定期开展分析研究，开展政治思想教育工作。④教育全体工作人员模范遵守党的政策和国家法令，自觉遵守党的干部的“三大纪律八项注意”和公安人员的“八大纪律十项注意”。⑤组织全体工作人员学习马克思列宁主义理论和毛泽东著作，组织进行文化学习。⑥加强时事政策和各项业务学习。⑦加强敌情观念和保密教育。⑧在党委和上级政治机关的领导下，遵照中国共产党党章领导与做好支部工作，加强对共青团的领导。⑨正确贯彻党的干部政策，经常熟悉了解干部，有计划地培养、训练、审查干部和进行选拔、调整、考核、奖惩、福利等项工作。⑩经常关心全体工作人员的生活。⑪教育全体工作人员与监护武装民警紧密配合，加强团结，加强三道防线，共同完成改造任务。第八条明确政治教导员（指导员）与劳改队、监所、院、站、厂、矿都是本单位的主要负责人，其关系是：共同负起全面领导的责任，如有分歧意见不能取得一致时，提交党支部委员会讨论或请示上级解决。

1962年12月，公安部颁布的《劳动改造管教队工作细则》对劳改单位的领导体制进一步作了统一的规定，指出：“劳改队实行党委领导下的队长、政治委员分工负责制，支队、总队和独立大队设置政治委员，大队设置政治教导员，中队设置政治指导员。政治委员、政治教导员、政治指导员主要掌握干部的思想政治工作和对犯人的改造工作，队长主要掌握生产和行政管理工作。支队、总队和独立大队设政治处，作为政治委员的办事机构，政治处下设若干科（股）分管干部、党团工作。”

（2）政治工作岗位的设置

上海监狱系统，最早设置政治教导员、政治指导员的时间可以追溯到公安管理的1953年。1953年9月28日，少教所设立政治指导员一名；1953年，营造厂设立副政治教导员一名；1953 年 12 月 7 日，南市看守所、思南路看守所分别设立一名副政治指导员。

1961 年 8 月 9 日，上海农场报送了《关于我场各分场设立政治教导员和各生产队设立政治教导员的请示报告》，请求为各分场（川东、元华、时丰、庆丰四个分场和加工厂）设立专职政治指导员。各生产队和加工厂各车间等大多数基层工作单位设立专职的政治指导员，是为了加强农场政治工作，更好地实行党的政治领导和政治监督，有利于贯彻执行党的各项方针政策，顺利完成改造与生产任务。1962 年 8 月 26 日，上海市公安局政治部下发《关于同意倪道荣等十八名同志任政治教导员、指导员的通知》，任命 4 人为政治教导员，14 人为政治指导员。

1965 年 6 月，上海市公安局党委批复同意设立上海市西宁劳改支队和组织编制，任命肖作霖担任代支队长、赵振良担任政治委员、周灿如担任副政治委员兼政治处主任，这是首次任命上海监狱系统的政治委员职务。1965 年 9 月，市劳改局请示市公安局配备中队政治指导员，拟为 10 个中队配备政治指导员。1965 年 10 月，市公安局政治部下达批复，同意任命 10 人分别担任 10 个中队的政治指导员。

2. “文化大革命”时期（1966—1976 年）

“文化大革命”时期，先是实施军管，中断设置政治工作岗位。1967 年 3 月 2 日，解放军上海警备区对上海市公安局劳改局实行军管。1968 年 1 月 28 日，随着上海市公检法的全面军管，劳改局由空军组成军管组实行全面军管。劳改局全面军管后，各基层单位由军代表主持工作。各单位不再设立政治工作部门，取消了政治教导员、政治指导员职务。在结束军管后，又恢复了设置政治工作岗位。1971 年 11 月 3 日，上海市公检法劳改局临时领导小组接替军管组领导全面工作，军管人员大部撤离。1972 年 12 月 20 日，成立中共上海市公检法劳改局核心小组，全面领导党政工作。1972 年劳改局核心小组逐步恢复所属市内单位行政领导体制，任命各单位领导成员，并在各单位设立政治委员、政治教导员等政治领导职务。1973 年 9 月，上海市监狱设立了政治委员、副政治委员；1972 年 11 月，青东农场设立副政治委员；其他单位仍设立政治教导员、副政治教导员。

3. 改革开放初期（1977—1996 年）

（1）相关制度依据

1977 年 5 月，上海市劳改局政治处先后印发《上海市劳改局政治教导员工作条例（试行意见）》和《上海市劳改局政治指导员工作条例（试行意见）》。其第

1条都明确政治教导员(政治指导员)的工作性质,是上级党组织和政治机关派到各单位(中队)的工作人员,是在上级党委和所在单位党组织(中队党支部)的领导下负责本单位(中队)党的工作和政治工作,并实施对三类人员的思想改造工作;第3条明确政治教导员(政治指导员)的主要职责分别有7个和9个方面:基本相同的方面有6条。其中政治教导员特有的职责是:熟悉本单位干警、职工政历状况和现实思想表现,搞好干部的培养、选拔、配备、考核和奖惩工作。政治指导员特有的职责是:做好党员发展、动员干警积极工作、做好保密保卫工作等;第5条界定了政治教导员(政治指导员)和同级行政领导(中队长)的关系,都是该单位的主要领导,在工作中都要充分发扬党的民主集中制的优良传统,实施党领导下的分工负责制。凡是重大问题一定要集体讨论决定。

(2) 政治工作岗位的设置和取消

"文化大革命"结束后,上海监狱系统在规模较大、级别较高的单位,逐渐设置了政治委员。1979年5月起,白茅岭农场、军天湖农场及其他农场单位均设置政治委员。1983年8月起,其他市内单位因级别升格为支队,开始设立政治委员职务。

1985年起,为探索"两劳"单位体制改革,上海市劳改局开展党政分开、支队长(场长、监狱长)负责制试点。1985年1月,在试点的上海市第七劳改管教队,将原来党委领导下的支队长、政治委员分工负责制改为支队长负责制,不设政治委员,改造、生产等行政工作由支队长全面负责。支队党委转变职能,对支队行政工作进行监督、保证,加强干警、工人的思想政治工作和自身建设。支队以下实行大队长负责制,不设政治教导员,大队党支部工作实行兼职。设有中队的单位,也取消了政治指导员职位,实行中队长负责制。1988年下半年开始,局属各单位和局机关各处室,贯彻改革精神,陆续推行行政首长聘任制,实行支队长(厂长、场长、监狱长、所长)、处长(主任)负责制,即行政首长对所在单位全面负责,党委保证监督,职代会民主管理,各按所定细则,完成任期目标。上海市劳改局所属单位的领导体制从1985年开始,至1988年11月,有16个单位先后实行了党政分开、行政首长负责制,占所属22个单位的73%。从单位性质上讲,12个劳改、劳教单位已全部实行,其余4个是无"两劳"任务的企事业单位。具体情况如下:1985年1月,七支队实行队长(厂长)负责制,重新任命正、副支队长。政治委员、副政治委员任职时间到1985年1月5日截止。1988年2月,白茅岭农场实行场长负责制,政治委员任职时间到1988年2月5日截止。1988年4月,一支队实行队长(厂长)负责制,政治委员、副政治委员任职时间到 1988 年 4 月 4 日截止。1988 年 6 月，第三劳改总队实行总队长负责制，政治委员任职时间到 1988 年 3 月截止。1988 年 9 月，二支队实行队长（厂长）负责制，政治委员、副政治委员任职时间到 1988 年 8 月 5 日截止。

（3）全国监狱系统政治工作岗位的变革

1989 年，司法部研究所监狱、劳改队领导体制课题组的调研报告《对监狱、劳改队领导体制的研究探讨》中写道：为了适应我国经济体制改革和政治体制改革的新形势，近一两年来，许多省份开始试点，实行狱（队）长负责制。步子迈得较快，范围比较广的是上海、河北和辽宁的劳改单位。大多数省份只是选二三个单位搞试点，辽宁、河北和上海的情况又有所不同。辽宁实行三种体制并存，在省直 27 个劳改单位中，12 个单位实行党委领导下的狱（队）长负责制，11 个单位仍保留党委领导下的政治委员、狱（队）长分工负责制，4 个单位搞党政分开、支队长负责制试点。辽宁一年多的实践，多数人倾向于党委领导下的狱（队）长负责制或党委领导下的狱（队）长、政治委员分工负责制。河北和上海多数单位推行党政分开、狱（所、队）长负责制。上海分两种形式：一种是党政完全分开，党政领导互不兼职；一种是双交叉式，党政领导互兼副职。因领导体制改革后，存在一些弊端，所以时任司法部长蔡诚指出："党政分开、监狱长负责制的试点不再扩大。"①

4. 重新设立政治工作岗位阶段（1996 年至今）

1996 年 10 月 15 日，司法部颁布《监狱劳教工作人民警察政治工作条例》。第八条明确监狱、劳教所实行党委集体领导下的监狱长、所长负责制。第九条明确政治工作岗位的设立：中华人民共和国司法部监狱管理局、劳教管理局，省、自治区、直辖市司法厅（局）监狱管理局、劳教管理局设政治部；监狱、劳教所、警察院校、医院、研究所设政治处；监狱管理局、劳教管理局及监狱、劳教所设政治委员；监狱的监区和劳教所的大队设政治教导员；监狱的分监区和劳教所的中队设政治指导员。

1996 年 10 月 28 日，司法部发布《司法部关于加强监狱监区、分监区和劳教所大队、中队建设的若干规定》，其第 1 条机构设置及警力配备，明确监狱的监区设正、副监区长和正、副政治教导员。

1997 年 6 月 3 日，上海市监狱管理局向市司法局报送《关于在监狱大队、

① 司法部研究所监狱、劳改队领导体制课题组：《对监狱、劳改队领导体制的研究探讨》，《犯罪与改造研究》1989 年第 6 期。

中队设置政治教导员和政治指导员职务的请示》:“根据司法部《监狱劳教工作人民警察政治工作条例》的有关精神,我局拟在监狱大队和中队设置政治教导员和政治指导员职务。实行大队政治教导员和中队政治指导员,旨在加强大队党支部建设和党员、干部队伍建设,加强基层的思想政治工作。政治教导员和政治指导员主要负责大、中队的政治工作,其主要职责是:贯彻执行党的路线、方针、政策,国家的法律、法规和上级决议;加强党组织的作风建设,组织实施对干警、工人的日常考核、奖惩和管理;积极开展深入细致的思想政治工作,广泛开展宣传教育活动,充分发挥群众的积极性和创造性,努力提高执法水平,为完成大队各项任务起保证和服务作用。设置大队政治教导员和中队政治指导员后,不搞‘三驾马车’,不多设职位,党支部书记由大队长或政治教导员兼任,谁任书记,谁负主职,中队政治指导员由党小组长兼任。”此请示未获得批复。

1999 年 3 月 31 日,上海市司法局党委向市委政法委报送的《市司法局党委关于在监狱劳教系统设置在政治工作领导职务的报告》中说:“为进一步加强上海监狱、劳教系统政治工作,确保监狱劳教各项工作任务的完成,根据司法部关于《监狱劳教工作人民警察政治工作条例》的精神和当前监狱、劳教所面临的形势任务,经局党委研究,决定:一是,从实际出发,逐步在各监狱、劳教所设置政治委员;监狱的监区、分监区和劳教所的大中队分别设置政治教导员和政治指导员职务。二是,监狱、劳教所实行党委集体领导下的监狱长(所长)、政治委员分工负责制;党委书记对监狱(劳教所)的全面工作负责。三是,各监狱、劳教所政治委员设置后,不增加领导干部人数。监狱(劳教所)长、政治委员为行政领导职务,分别由两人担任,党委书记可以由监狱(劳教所)长或政治委员担任。”

1999 年 4 月 7 日,上海市监狱管理局党委印发《关于在监狱、监区设置政治教导员和政治指导员的实施意见》,其中提出:为保证党对监狱工作的绝对领导,充分发挥基层党支部和党员的政治优势,加强监狱警察政治思想工作,确保监区各项工作任务的完成,根据《监狱劳教工作人民警察政治工作条例》的精神和监狱面临的形势和任务,经局党委研究决定:在监狱的监区、分监区分别设置政治教导员和政治指导员职务。政治教导员有 7 个方面主要职责:贯彻执行党的路线、方针、政策和国家的法律、法规以及上级决议;做好党的支部工作;负责思想政治工作;做好宣传鼓动工作,为完成监管改造各项任务起保证和服务作用;密切联系群众;组织对干警的日常考核、奖惩和队伍管理工作;领导共青团、工会工作。政治指导员有 4 个方面主要职责:组织分监区全体干警学习政治;有针对性地做好干警思想工作；做好党小组工作；做好宣传发动工作，保证分监区各项任务的完成。

此后，上海监狱系统按照计划配备了政治工作领导岗位。截至 1999 年年底，上海监狱系统设置了正副政治委员、正副政治教导员、正副政治指导员若干人。

5. 政治指导员的自然取消

上海监狱系统于 2009 年推行扁平化管理模式，将监狱由三级管理变为二级管理，逐步取消分监区管理层级。2010 年 6 月，上海市监狱管理局印发《关于推进实施监狱二级管理的指导意见》，在 6 个监狱进行二级管理试点上，开始全局推广。监区层面上设监区长、政治教导员和副监区长岗位。各监狱每个监区可设监区长、政治教导员各 1 人，副监区长 2 人。监狱根据工作需要和岗位职能，可在监区下设警务组。警务组主要从事监区安全警戒、教育改造、狱政管理和劳动改造等专项职能。一般设四个警务组，各警务组之间根据工作需要建立相应的工作职责，做到工作全覆盖、职责不交叉。警务组按照职责分工开展条线工作。每个警务组设警长 1 人，警长总数不超过 4 名。2011 年 6 月，上海监狱全面推行两级管理，撤销分监区这一层级，警力下沉，一线民警比例上升。至此，上海监狱系统全面取消了分监区，相应的分监区设立的分监区长、政治指导员岗位也自然取消。政治指导员在上海监狱系统退出了历史舞台。

由于二级管理取消了分监区管理层级，政治指导员岗位自然取消。这样基层政治工作就缺少一个层级，为此上海监狱系统注重抓好党小组建设，弥补政治指导员职务空缺。2018 年 9 月，上海市监狱管理局政治部印发《关于推进基层党支部建设若干标准的实施意见》，按照“便于党员活动、便于加强管理、便于发挥作用”的原则，党支部合理划分党小组。基层监区、警卫队党支部可根据党员人数、工作分工划分 2 至 3 个党小组。

三、监狱系统的“党代表”制度评价

1. 坚持了党对监狱工作的绝对领导

监狱是国家机器，是党和人民手中的“刀把子”，是人民民主专政的工具，具有极强的政治属性。监狱工作必须置于中国共产党的绝对领导之下，自觉服从党的领导，听从党的指挥，全心全意为人民服务。监狱系统的政治工作是“党代表”制度的传承与发展，是党的政治工作的在监狱机关的具体化，践行了“坚持党对一切工作的领导”。监狱政治工作就是从根本上保证党在监狱机关的政治思想和组织领导，就是监狱机关党的思想工作和组织工作。多年来，监狱政治工作用马列主义、毛泽东思想武装干警，建设队伍，培养、选拔、使用人才，调动干警的积极性与创造性，保证和推动了监狱工作顺利进行。

2. 促进了监狱的科学文明管理

事实证明，时刻不能放松党对监狱工作的领导。在20世纪80年代末的监狱领导体制改革初期实行的党政分开，行政领导负责制，客观上促进了监狱经济的发展，但在一定程度上放松了党对监狱的领导。存在问题主要是：一是实行行政领导负责制，行政领导经济负担过重，投入监管改造的精力薄弱。当时监狱系统经济压力很大，在激烈的商品经济竞争中优势不多，甚至在处于劣势的情况下，不得不将主要精力用于抓生产经营，不可避免地形成“一手硬，一手软”的现象。二是党政分开，没有理顺党政的关系。由于思想政治工作纳入了行政序列，党委不管干部了，试点单位把政治委员、政治教导员、指导员撤销了，党委保留一个办公室，只是保证监督，不再是领导核心了。党的政治思想工作领导事实上削弱了。取消了政治委员、政治教导员、政治指导员这一条线，自然削弱了思想政治工作和改造工作的力量。特别是在基层大队和中队，这个问题更显得突出。为此，这段时间监狱管理缺乏政治的引领和纪律监督，发生了罪犯权利得不到保障以及干警违法违纪情况等问题。为此，监狱工作时刻不能放松政治工作，必须继续发挥党对监狱工作的指导和监督作用。

3. 引领了监狱人民警察队伍正规化发展

监狱人民警察是一支维护国家安全和社会稳定的重要力量，肩负着打击各类犯罪、服务经济建设、推进依法治国的重要职责。只有建设一支政治坚定、业务精通、作风优良、执法公正，肯吃苦、能战斗的监狱人民警察队伍，才能为切实履行党和人民赋予的神圣职责，圆满完成“守土有责”的庄严承诺。监狱系统实行政治工作岗位的必要性，是监狱机关专政工具的性质和在创建初期确立的半军事化的组织原则，以及建立政治工作的原则，不仅不能淡化、减弱，在新的形势下更需要强化和坚持。在人民军队的历史上，政治委员、政治教导员、政治指导员就是“党代表”，享有崇高的威望。因此监狱系统，不仅不能弱化政治工作制度，而且好继续弘扬、发展和深化这项工作制度。要坚持以习近平新时代中国特色社会主义思想为指导，抓深抓实监狱、监区的党建工作和思想政治工作，充分发挥党支部的战斗堡垒和党员的先锋模范作用，努力建设一支高素质的干警队伍，为确保监狱各项工作任务的完成提供坚强的组织和思想保证。

监狱基层党支部工作效能及对策研究

王志成　张　森　王　康*

监狱的性质决定了其首先是政治机关，因此，坚持和加强党对监狱工作的绝对领导是监狱工作的根本原则。监狱各项工作的开展要通过各级党组织得以贯彻实施，而监区党支部作为监狱中的基层党组织，其工作效能的有效运转和发挥，决定了监狱工作在新形势下能否更好地贯彻落实上级各项决策部署，遂行好使命任务。

一、监狱系统中基层党支部工作的时代要求和实践价值

1. 提升基层党支部工作效能是坚持党对监狱工作绝对领导的必然要求

监区作为监狱的基层组织，是履行刑罚执行和公正执法的基础单元。监区党支部是监狱党委的下属基层组织，直接承担着监狱党委和上级党组织部署的各项任务。提升监区党支部工作效能，有利于党的路线方针政策更好地在监狱的贯彻落实，有利于切实发挥监区党支部战斗堡垒作用和党员先锋模范作用，有利于深入践行人民警察训词精神，同时也是党对监狱工作的绝对领导在实践中的生动体现。

2. 提升基层党支部工作效能是推动监狱党建基础工作的应有之义

习近平总书记在全国组织工作会议上强调："党的执政使命要靠千千万万党员卓有成效的工作来完成，党要管党、从严治党必须落实到党员队伍的管理中去。"以上海监狱系统为例，截至 2020 年 10 月底，全局民警 6 389 人，党员 3 952 名，党员已经占到所有民警总数的 61.9%，因此，党员的素质、党员的作用的发挥、党员自身的工作质量，对监狱系统整体工作质量和效益产生决定性的作用。在监狱系统，监区是监狱基层的实战单位，监区党支部既是基层堡垒，又

* 王志成，上海市军天湖监狱组织宣传科科长；张森，上海市军天湖监狱四级警长；王康，上海市军天湖监狱四级警长。

是业务实战团队的核心。要通过抓实党员教育管理和监督，切实把政治纪律和政治规矩放在第一位，不断增强党性修养，自觉做到对党忠诚，贯彻好党的方针政策，贯彻好上级党组织的决策部署。要引导党员，以强烈的责任感、使命感，在实际工作中发挥模范带头作用，切实提升监狱基层工作实效。

3. 提升基层党支部工作效能是确保监区遂行好使命任务、落实好严格公正执法的重要举措

近年来，由于受社会大环境的影响，监狱党员队伍中出现了一些问题苗头，如部分党员民警的思想觉悟有所下滑，模范带头作用发挥不明显。因此，提升监区党支部工作效能是切实履行好监狱政治功能、进一步发挥好党支部和党员两个作用的基本动作，也是在监狱系统做实党建引领、推进队伍建设、增强业务质量、确保公正执法的重要途径。

二、当前监狱系统基层党支部工作中存在的若干短板和问题

1. 有的基层党支部政治运行"少数化"，存在强调"工作能力大于政治能力"的认识和行为偏差

党支部政治运行"少数化"的现象，主要表现在监区的日常党务工作在少数党员层面进行运作，主要由支部书记或支委成员等人员说了算。客观原因是监区日常工作繁重，监区党支部的基础工作薄弱，处于勉强维持和应付状态。监区党支部书记（一般兼任监区长）的工作精力主要投入到具体业务工作中，对党员队伍的管理也主要表现在过于看重工作能力的高低，弱化了对党员的政治能力的关注和培养。比如在监区党员发展过程中，工作表现突出的民警更加容易获得党支部的认可，但是在政治教育引导上跟进不够，对入党积极分子甚至预备党员的政治素质的考察、鉴定等存在不足，对正式党员的教育管理监督更是存在形式化倾向。通过调研和走访一些基层监区党支部的实际运转，发现在党员民警评价中，对工作业绩的评价一般多于政治素养的点评，对具体业务能力的关注多于政治能力的考察。工作能力固然重要，但相比工作能力，政治过硬、思想过硬、忠诚担当更加重要，政治能力是"内生源泉"，工作能力是"外在表现"，忽视源头的管理最终外在表象也只会是昙花一现，不可持久。

2. 有的基层党支部凝聚力上"松散化"，存在"目标不清晰、管理无差异"的现象

繁重的值班执勤、执法管理工作，大量的迎接检查考核，以及始终压在头顶

的监管安全防范和压力，使得一些监区支部大量精力聚焦在的主业上面，在谋划增强党支部的凝聚力、向心力等方面的具体思考和做法甚少。调研发现，在相当一部分基层监区党支部日常运转中，对党员民警和普通民警的管理教育经常会出现“目标不清晰、管理无差异”的现象，基层党支部的凝聚力弱、离心化现象突出。一是管理考核目标定位不清晰。监区日常考核对党员民警和非党员民警没有区分开，使得党员干部身份意识难以凸显，责任感、使命感、荣誉感不能很好地体现。①二是管理考核标准无差异。监区日常考核分值设置主要体现在对具体业务执行层面，对党员民警和普通民警的考核标准一样，使得党员难以在群众中凸显出来，同一绩效考核标准下显现的只是工作成效的不同，并不能真实展现思想认识、责任担当的不同，党员的先锋模范难以彰显。三是学习内容不区分。调研发现，一些监区在组织日常政治学习时，通常将党员民警和非党员民警放在一起，使得党员干部教育与一般群众教育侧重点得不到区分，在学习任务日益繁多的当下，无差别对待必然导致对党的理论知识学得不深不透，最终导致难以入脑入心。

3. 有的基层党支部政治功能履行“平淡化”，存在“身份意识弱、先进意识弱”的倾向

在党支部层面“一视同仁”管理的大环境下，党员民警主动凸显身份的行为较少，相比警察的身份意识认可度，党员的身份意识往往不够强。这就导致在日常工作中，党员民警把自己等同了一名普通群众，甚至自视为“群众”，有的在业务工作表现上甚至不如群众，存在党员身份“平淡化”的现象。同时，由于监区监管业务任务多、值班警力分散搭配等情况使得支部党员难以全部集中，支部活动的集中开展时断时续。调研发现，由于种种原因，有的监区党支部较少开展专门性的政治活动，多数是文件传达学习，且大多数文件传达缺少深刻的分析和解读。监区支部也多数满足于完成上级组织安排的规定动作，对基层党建活动的创新性和党员的实际需求相对忽视，导致党员教育管理监督的政治功能存在缺失，部分党员政治敏锐性下降，理想信念发生动摇。

4. 部分基层党支部组织生活“程式化”，存在“形式内容单一、效能不佳”的状况

一些基层监区党支部在开展组织生活、履行教育管理监督党员的政治功能

① 参见厉有国:《中国共产党执政资源建设动力问题探论》,《理论导刊》2015 年第 7 期。

中，形式单一，内容匮乏，处于应付或完成任务的状态。以J监狱2016—2020年五年间党务工作开展情况为例，数据呈现一边倒情形，即单一的理论学习占比过大。从主题党日活动的类型来看，主题学习年均占比85%以上，并且呈逐年上升趋势；其他类型活动只占百分之十几，主要是座谈交流类、观看影视资料类、知识竞答测试类、参观学习类、户外拓展类、志愿服务类，等等。其中，大多数以室内组织活动为主，优点是便于操作，缺点是枯燥乏味、互动性差，而且学习的形式一般是“一人念大家听，一人写大家抄”，难以形成积极有效的互动交流氛围。

5. 有的基层党支部在党建引领辐射业务的理念和实施上“脱节化”，存在“两张皮、融合差”的情况

通过综合调研、访谈和检查情况看，部分监区党支部在党建业务融合发展上思考不多、举措不实、章法混乱，无从下手，或干脆放任党建、业务两张皮现象的存在。主要体现在以下几个方面：

一是监管业务与理论学习融合上存在脱节。理论学习和业务没有紧密结合。一些监区党支部学习理论知识大都放在监区晨会时间，认为此时人数较集中，方便学习，而且学习往往也是支部教导员提纲挈领把文件要点读一遍，会后要求再去深入学习。但由于会后亟须立即开展工作，待具体业务工作完工后，难以再抽出时间精力进行深入的学习，或者又有新的学习内容布置，此前的学习大多荒废，不了了之。

二是党员教育监督管理重视程度不够。实践过程中有的监区党支部没有把对党员的教育监督管理放在和监管业务一样的突出位置。党员教育归党员教育，一般由教导员来负责和直接操作，党支部书记（一般兼任监区长）的精力主要放在监管改造主业上，对党员民警的教育管理重视不够。监管业务往往有评判指标创先争优，支部党建不容易明显突出成效，往往采取最低要求达标即可，这些也都导致对党员的教育引导和管理监督难以有实际成效。

三是党支部自转运行发挥作用不足。其中，突出的根源是由于监区支委发挥作用不明显。分管副监区长既是分管业务的负责人，同时也是监区的支委成员，往往业务职能较突出，但在支部委员作用发挥上较薄弱，具体体现在“三会一课”中很少结合罪犯管理展开，党务与业务的融合不够。

三、制约监狱基层党支部工作效能发挥的原因分析

对基层监区党支部日常运转和工作效能发挥中存在短板、问题及原因分析来看，既有基层党务基础工作层面客观原因，也有党支部书记和党员自身层面原因。

1. 部分监区党支部书记和党务工作者业务能力不强，少数党员自身素质参差不齐

党支部书记对于党建引领理念的理解贯彻不到位，党建意识不强，抓党建和方法手段不足，有的不愿花费大量的精力，有的有热情但不得要领，存在不会干的问题。作为监狱监管改造和刑罚执行的实战单位，一些监区支部书记“监管安全大于天”的理念根深蒂固，万事以监管改造为总体布局开展工作。对于监管安全是一切工作的出发点本没有错，但如果单纯只注重一个方面往往达不到最好的效果。要做好做优做细做精，则需要抓实党建引领，促进齐同发展，打造一支素质过硬的民警队伍。调研和检查发现，一些支部书记对党组织生活“三会一课”制度了解得并不透彻，亲自动手处理具体党务工作的能力较差。同时，一些党员素质参差不齐，宗旨意识有所淡化模糊，使得党员的模范作用发挥不明显，在一些急难险重任务面前奋勇争先意识不强、主动担当欠缺。同时在学习方面停留在支部的督促上，内生动力难以持续增长，对党支部的教育管理监督存在心理上的抵制，游离于党组织之外，有的甚至出现违纪违法现象。

2. 在实践中，受工作环境和条件的局限，一些监区党支部管理教育党员的形式比较单一

一是受经费限制和出行安全考虑，一些监区党支部组织政治学习大多以书面学习为主、座谈交流形式为辅，主题党日活动中极少有外出参观学习和户外拓展等活动，形式较单一。二是知识理论学习的层级较浅，不容易凸显重点。近年来，政治理论等学习要求的层级和范围广泛，对学习的考核排名力度不断加大，日排名、月排名的频次越来越多，浮光掠影式学习、完成任务式学习，成为基层党支部日常教育学习的重要内容和形式，而且学习的内容过于宽泛，除政治理论、形势政策外，还涉及防疫知识、心理知识、科技知识、监管业务等，长此以往，基层监区党支部难以厘定和凸显学习重点，容易形成走过场等现象。同时，一些基层党员的先进性体现程度欠缺，有的监区党支部对“三会一课”、组织

生活重视程度不够，党员的组织观念体现不明显，对党支部向心力下降，甚至有的和党支部的决定唱起对台戏。

四、对策思考

党的十九大报告指出："党支部要担负好直接教育党员、管理党员、监督党员的职责，引导广大党员发挥先锋模范作用。"习近平总书记多次强调，要扎实做好抓基层、打基础的工作，树立党的一切工作到支部的鲜明导向，严格党员日常教育管理和监督。监区党支部作为监狱系统基层党组织，肩负着直接教育管理监督党员的责任，通过树立党员优良形象，锻造党员过硬素质，影响和带动全体民警，扎实做好监管改造工作，落实严格公正执法，不断提升改造质量。监狱系统监区党支部要切实贯彻落实好党内法规制度，补足实践中的短板和不足，切实担负起教育管理监督党员职责。

1. 严格党内制度履行，落实支部工作职能，防止自转运行空转

《中国共产党支部工作条例（试行）》对基层党支部运行和教育管理监督职责有明确规定，要严格落实相关党内法规制度，通过制度的严格落实来保障基层党支部有关职责的履行。要配齐配强党支部班子特别是党支部书记人选，加强党务工作培训，提高党支部班子思想政治素质和工作水平。要健全和完善党建工作机制，严格按照相关制度扎实推进党组织的规范化建设。要建立健全议事规则，定期专题研究党建和党风廉政建设工作，切实解决工作中的有关问题。要强化党建监督检查，以党建述职考评为抓手，不断强化全面从严治党的责任落实和制度执行，实现责任链条的全覆盖，促进党建工作的贯彻落实。要深化学习教育，不断提高党性修养，认真落实"三会一课"制度。要创新性的开展理论学习，不断激发党员学习热情，提升理论学习的效果，促进党员整体素质提高。

2. 搭建和创新各类平台，切实增强党内政治生活政治性、时代性、战斗性、创新性

习近平总书记指出："党内生活松一寸，党员队伍就散一尺。党员、干部只有在严格的党内生活中反复锻炼，才能坚强党性、百炼成钢。"要结合基层监区的实际工作情况，落实好党内政治生活的各项要求。一方面依赖于坚持落实制度要求，另一方面要注重形式丰富和创新，切实提高成效。要不断激发党员的主体意识、身份意识，激发党员的动力活力，解决好组织生活不经常、不规范、不严肃和形式化、表面化甚至庸俗化的问题。[①]要注重提升仪式感，在“七一”、人民警察节等关键时间节点开展党支部活动，在整体的氛围营造上增强党员民警的自豪感、荣誉感。要发挥好基层党支部党建阵地的作用，定期完善更新党建阵地，不断创新党建活动载体，广泛开展诸如党员示范岗、典型教育、警示教育、竞赛比武、素质拓展等特色鲜明、富有成效的活动。要重视发挥党员在群众中的先锋模范作用，针对群众开展有针对性的结对活动，突出党员＋群众的结对属性，选择品行优、作风好、能力强的党员代表与积极向党组织靠拢的群众进行结对互助，在双向活动中宣传好、展现好党员风采，通过党员带群众作用的发挥，激发党员身份意识，突出先进性。

3. 教育管理监督和激励措施并重，提升党员岗位建功的内生动力

一方面，要贯彻执行好党支部教育管理监督党员的政治职责；另一方面，要充分重视激发党员的主体意识和身份意识，加大对党员服务和关心关爱的力度，使“有困难找组织”在党员群体中形成共识。上级党委要加强对基层党支部工作的指导和帮助，对相关工作任务不应局限于简单的布置、检查、验收三个环节，而是要切实分析各基层党支部的具体情况、党员队伍的具体情况，围绕基层党支部政治功能发挥、基层党支部履行职责现状、基层党支部需要上级解决的困难问题等方面，为基层党支部提供有力支持。[②]基层党支部要建立党员教育管理监督的工作机制，形成闭环管理，防止链条脱节，注重引导党员自觉加强党性修养，履行党员义务，激励党员立足岗位建功的内生动力。要通过创建“党员示范岗”“党员亮身份”等途径设岗定责，教育引导党员民警立足岗位作贡献、攻坚克难展风采。要加强对党员的关心关爱，积极开展结对帮扶、开展慰问走访，重视关注老党员老同志、生活有困难的党员，以及长期封闭执勤、到域外农场挂职锻炼、支援边疆工作的党员民警，使党员时刻感受到组织温暖、时刻感受到组织激励，强化新时代先锋模范作用的发挥。

---

① 参见李彦垒：《组织生活与党内政治生活：重要形式》，《中国井冈山干部学院学报》2016 年第 6 期。

② 参见任献策：《全面从严治党视角下党支部的新职责》，《中共云南省委党校学报》2018 年第 6 期。

我国监狱政治工作沿革及当代思考

孙双华*

监狱政治工作是中国特色社会主义监狱制度的重要组成部分,是我国监狱工作的优良传统。新时代背景下,如何继承和发扬监狱政治工作优良传统并结合当前监狱工作特点做好政治工作,是贯彻落实习近平新时代中国特色社会主义思想,践行改造宗旨,推动监狱发展的关键环节。梳理我国监狱政治工作建立发展脉络及历史作用,对加强当代监狱政治工作具有承前启后的借鉴意义。

一、我国监狱政治工作沿革及历史作用

1. 溯源阶段:毛泽东政治建军思想的指导运用

新中国成立初期,作为国家机器重要组成部分的监狱,承担起了接管旧监狱、创建新监狱、改造大量反革命犯和刑事犯的重任。面对艰苦的工作环境和改造对象的激烈对抗甚至敌对状态,监狱的创建举步维艰。如何确保干警队伍具有高度的政治觉悟、高昂的革命斗争精神和高强的斗争本领显得尤为重要,因此迫切需要建立坚强高效的政治工作体系。在这样的背景下,全国监所单位将毛泽东建军思想和解放军政治工作经验运用到队伍建设上,以保证党的绝对领导,巩固新生的人民民主专政政权。毛泽东政治建军思想是马克思主义与中国革命相结合的产物,是指引人民军队不断取得胜利的制胜法宝,其中有不少思想原则对监狱政治工作具有重要的指导意义,比如坚持党的绝对领导、加强革命政治工作、实行民主制度、依法从严治军(治警)等。

2. 创建阶段:新中国监狱政治工作制度的初创与完善

监狱系统将毛泽东政治建军思想与监狱工作实际相结合,逐步建立起了政治工作机构和政治工作制度。1952 年 7 月,"一劳"会议提出要建立劳改政治工作制度,指出政治工作的任务是"在党委领导下,通过组织、宣传教育等工作,

---

* 孙双华,福建省司法警察训练总队二级警长。

实现党的政治思想的领导，发挥工作人员的积极性和创造性，保证政策、方针的贯彻和执行，保证各个时期生产和管教任务的完成”①。按照决议规定，各劳改场所按需要设立了政治委员、政治教导员、政治指导员及其他必要的政治工作人员。1953年底，全国劳改机关从上到下都成立了政治工作机构，配备了相应的政工干部，政治工作体系初步形成。1954年5月，二劳会议要求“应在保证劳改任务完成的前提下，加强党、团工作，有计划地对劳改工作干部进行政治思想教育和文化教育，组织他们学习业务，建立正规的学习制度，并加强对干部的管理和考核工作”②。同年11月，结合劳改机关政治工作实际，制定了《关于劳动改造工作部门政治工作的若干问题的规定》对政治工作机关的性质、对象和基本任务，政治工作机关及专职政治工作人员的设立等方面作出了明确规定，为确保党对劳改工作的绝对领导、确保党和国家的劳改工作方针政策和法律法规的贯彻执行提供了制度基础。这时期逐步探索出一套行之有效的工作方式，包括组织学习讨论、总结工作、开展批评与自我批评等教育方法以及将对干部的审查、使用和培养有机结合起来的组织建设方法。至此，我国监狱逐渐探索总结出了一套适应新形势需要、切合监狱工作实际的政治工作形式、内容和方法，监狱政治工作体系也逐步建立完善。

监狱政治工作体系的建立完善有力加强了劳改工作干部队伍的思想建设、组织建设和作风建设，有效增强了队伍的政治觉悟和战斗力，从而保证了党和国家的监狱工作方针、政策的贯彻实施，创造了社会主义建设初期的改造成绩和生产贡献。即使在“文化大革命”期间，全国劳改单位监管秩序虽受到不同程度的冲击，但总体上较为稳定。实践证明，加强监狱政治工作，坚持党对监狱工作的绝对领导，是新中国改造罪犯工作取得重大成就的根本保证。

3. 发展阶段：改革开放以来监狱政治工作的与时俱进

党的十一届三中全会以后，由于国家政治经济形势发展和押犯结构变化，监狱工作重心转移到以改造一般刑事罪犯、青少年罪犯为主要对象的目标上来，提出依法治监，把罪犯改造成为拥护社会主义制度的守法公民和社会主义建设的有用之材。由此，党和国家对监狱干警队伍提出新的更高要求，尤其是《监狱法》《人民警察法》的施行以法律的形式进一步规范了监狱干警队伍的革

①② 中国监狱工作协会编：《新中国监狱工作五十年(1949.10—2000)》，法律出版社2019年版，第96页。

命化、正规化、专业化建设。同时，随着改革开放发展深入和市场经济体制的建立，监狱干警队伍出现了新动态。面对新情况和新要求，监狱政治工作始终坚持党的绝对领导，与时俱进，着重抓好组织领导、干部培训、教育整顿、激励保障等方面工作。

一是加强对政治工作的领导管理。“文化大革命”结束后，监狱工作在思想路线上迅速拨乱反正，党组织和政治机构逐步恢复，包括恢复政委制、恢复建立党委和纪律检察委员会、健全监狱党委与上级政治工作机关双重领导的政治工作指挥系统。监狱政治工作的恢复加强，及时解决了干警思想路线和政策法规观念问题，加强了队伍组织建设，有力推动了监所恢复整顿工作。监狱工作移交司法行政部门管理后，进一步加强对队伍建设和思想政治工作的领导和监督。司法部 1996 年 10 月发布的《监狱劳教工作人民警察政治工作条例》以及 1998 年 3 月下发的《司法部关于加强监狱劳教人民警察队伍建设的决定》，对监狱政治工作和队伍建设都作出了符合时代要求的规定。

二是加强队伍整顿教育。加强反腐倡廉工作，针对监狱工作容易出现的违纪违法风险点提出“十不准”“七个严禁”，严肃惩处违法乱纪的干部，并将惩治、监督和预防并重。开展纪律整风运动，加强干警队伍的思想政治教育和法制教育。司法部于 2011 年下发《监狱劳教人民警察职业道德准则》和《监狱劳教人民警察职业行为规范》，不断健全完善监狱人民警察职业规范。创办劳改工作干部学校，规定“凡晋必训”，通过多层次、多渠道、多种形式的培训提高干警整体素质。

三是提高监狱民警的社会地位和法律地位。八劳会议对劳改工作的社会地位和历史作用给予了充分肯定，对监狱干警进行了高度评价，习仲勋赞扬其是“攀登十八盘的勇士”“真正的灵魂工程师”和“无名英雄”。中共中央、国务院在批转八劳会议《纪要》中也指出：“广大劳改工作干部为劳改作出了很大贡献，应当受到全党、全社会的尊重。”随着《监狱法》《人民警察法》颁布，监狱人民警察的法律地位得以明确。《监狱法》规定“监狱的管理人员是人民警察”，“监狱人民警察依法管理监狱执行刑罚，对罪犯进行教育改造等活动，受法律保护”。

四是进一步关注从优待警。八劳会议决定劳改工作干警与公安干警一样着民警服装，增发岗位津贴；劳改工作干警居住在农村的配偶或直系亲属，可按规定条件迁到干警所在单位落户，解决两地分居和家属“农转非”问题等。

20 世纪 90 年代以后还进一步解决了干警的人身保险、养老保险、医疗保健、超时工作补贴、岗位津贴等问题。从优待警措施切实解决了监狱干警工作的后顾之忧，对稳定队伍、提高战斗力起到了重大作用。

党的十八大以来，中国特色社会主义进入新时代，中国监狱改革持续深入。监狱政治工作始终坚持党对监狱工作的绝对领导，把思想政治建设放在首位。坚持用中国特色社会主义理论体系武装头脑，开展“两学一做”学习教育和“不忘初心，牢记使命”等主题教育活动，持续开展岗位大练兵活动，队伍建设进一步向科学化、法制化、制度化方向发展，更好地为监狱工作服务。

二、新时期加强政治工作的现实背景

1. 由监狱的政治属性决定

监狱是人民民主专政的国家机器，是在党的领导下维护国家安全和社会稳定，预防和惩治犯罪的政治机关，政治属性是其根本属性。监狱机关的性质和任务决定了监狱民警必备的首要素质是政治素质，必须保持坚定的政治立场和高度的政治觉悟。当今国内外形势复杂多变，意识形态领域斗争尖锐复杂，国家层面提出了以政治安全为根本的国家总体安全观。监狱作为国家政治机关，要提高政治站位，坚守监狱安全底线，践行改造宗旨，肩负起确保监狱安全、维护社会稳定的政治责任。只有加强政治工作，才能切实把握新时代监狱工作正确的政治方向，更好地坚持中国特色社会主义监狱制度。习近平总书记在 2019 年 1 月召开的中央政法工作会议上，强调要旗帜鲜明地把政治建设放在首位，要努力打造一支党中央放心、人民群众满意的高素质政法队伍。这无疑是对新时期政治工作提出了明确指示和更高的要求。

2. 践行改造宗旨的必然要求

将罪犯改造成为守法公民、成为社会有用之人是中国特色监狱制度的体现。其中政治改造是转化罪犯思想、矫正罪犯恶习最基本、最核心的内容，要求民警根据党的指导思想、路线方针政策、法律法规等，用马克思主义的立场、观点、方法破除罪犯的错误思想观念，对其进行世界观、人生观和价值观的重塑。政治改造对罪犯的思想冲击是激烈的甚至是颠覆性的，必然遭到罪犯的防范、抵制甚至敌对。打铁还需自身硬，对罪犯的政治改造，需要民警自身具有很强的政治敏感度和政治素养，使得民警既能够在与罪犯的错误思想较量中保持自我，又能够有效地破除罪犯错误思想，引导他们走上正确道路。而提高监狱民警素质，增强民警政治意识需要在加强政治工作上下功夫。

3. 为推进监狱治理的现代化提供队伍保障

党的十九届四中全会明确了坚持和完善中国特色社会主义制度、推进国家治理体系和治理能力现代化的总体目标、重大任务。监狱制度是中国特色社会主义制度的重要组成部分，监狱治理是国家治理体系的重要力量。作为监狱治理工作的主体，监狱民警队伍的政治素质、业务能力如何，将直接影响监狱治理体系和治理能力现代化成效。就现有监狱治理水平而言，民警队伍素质不足已经成为制约治理能力现代化向前推进的一个关键因素，比如部分民警对监狱工作政策方针把握不深、贯彻不实，思想上墨守成规缺乏创新；部分民警对工作不够积极主动，仅停留于带班和应付事务性工作；过于依赖物防技防，人防作用发挥不到位；少数民警职业价值观错位，功利思想滋长，组织原则淡化；个别民警法纪意识松懈，违纪违法问题时有发生；队伍能力素质与当前监管改造工作要求还不相适应等。民警队伍在监管安全、教育改造等不同方面存在的不同程度的短板和不足，需要通过加强队伍建设、强化理想信念、提升政治素养、提高执法能力来改善。

4. 解决当前政治工作存在不足的迫切要求

新时期监狱民警队伍中出现工作热情不高、“三观”认知偏差现象乃至个别违法违纪现象，既有监狱工作性质和社会大环境等客观因素的影响，也有政治建设存在的问题。主要体现为：(1)思想上存在误区。有些单位因为“以阶级斗争为纲”时代背景淡化，放松政治工作，导致思想政治工作形式主义色彩较浓，教育方法和手段不够接地气，教育内容不入心，教育效果不明显。(2)基层党组织战斗堡垒作用发挥不够。有的监狱基层党支部班子凝聚力不强、教育引导不够有力、组织保障不够凸显等。(3)一些民警缺乏良好的心理调适能力。如果监狱给予的人文关怀不够，人文氛围不浓，将导致部分民警出现归属感不强、人际关系紧张、工作成就感低等身心亚健康状态。

三、我国监狱政治工作的启示与思考

1. 在任何时候都必须坚持党对监狱工作的绝对领导

坚持党对监狱工作的绝对领导是监狱工作必须坚持和一以贯之的根本原

则。只有坚持党的绝对领导，才能保证监狱的无产阶级专政性质和全心全意为人民服务宗旨。监狱工作从创建之初艰苦奋斗、白手起家，巩固新生政权、维护社会稳定，到改革开放以来坚持“惩罚与改造相结合，以改造人为宗旨”监狱工作方针，为维护监管安全和社会稳定作出了重大贡献。做好新时代监狱工作，依然要确保在政治立场、政治方向、政治原则和政治道路上同以习近平同志为核心的党中央保持高度一致，坚决贯彻执行党的路线、方针、政策，确保监狱工作始终沿着正确的政治方向前进。

2. 要强化监狱基层党组织的政治功能和组织力

监狱基层党组织是坚持党的绝对领导的基本单位，是推动监狱各项工作的基石，是党与广大民警连接的纽带和桥梁。新中国监狱之所以历经风雨仍保有强大生命力和战斗力，离不开基层党组织政治工作的有效开展。当前，在推动监狱治理体系和治理能力现代化的过程中，对发挥基层党组织的战斗堡垒作用提出了新要求。一是要强化政治引领，选优配强支部班子，注重党员队伍建设，把政治标准放在首位，严把党员入口关，同时加强党员教育培训、实践锻炼和管理监督，真正发挥党员先锋模范作用。二是要创新工作理念，工作更加贴合基层、贴合广大民警需求，将政治工作单向渗透转变为与基层民警的双向互动，比如可以通过警情沟通平台、微信工作群、监狱长信箱等方式征求民警意见建议，将合理性意见吸纳到政策制定当中。三是要提升服务能力，发挥整合监狱乃至社会各类资源和各方力量的综合协调功能，为刑罚执行、狱政管理、教育改造、后勤保障等监狱工作整合力量、畅通渠道。四是要建立学习制度，学习内容既要涉及提升党性思想觉悟的政治理论，也要涉及监狱工作业务、法律、信息等职业和专业知识。

3. 顺势而为创新思政工作是政治工作见成效的关键

思想政治工作一直是新中国监狱工作不断发展前进的制胜法宝之一。监狱思想政治工作既要以马克思主义基本原理、中国特色社会主义理论体系、习近平总书记系列讲话精神等先进理念作为引领，也要把握新形势下思想政治教育特点规律，创新教育内容、模式、方法，积极探索适合当前监狱工作行之有效的思想政治工作体系。需要注重考虑以下三个方面问题。

首先，要凸显职业特点和时代特征。一是紧扣监狱工作特点，增强民警职业认同感、使命感和荣誉感。可以结合监狱传统文化培育职业精神，做好职业发展引导以及先进典型培树和宣传工作，增强民警爱岗敬业的内驱力。二是紧贴监狱民警思想实际，与时俱进、顺势而为，不断增强思想教育针对性和亲和力。要善于用现实生活实例，用通俗易懂的语言，用民警喜闻乐见的形式开展思想政治工作，将实现社会价值引领与关注个体价值整合协调，达到教育的实效性。

其次，要处理好传承与创新的融合。在传承和发扬好的经验做法的同时，要根据时代发展和民警思想特点，转变思路，创新工作方法，从而增强思想政治工作的生命力和影响力。比如在教育方式上，针对青年民警交流意识强、参与热情高的特点，搭建平台让其表达观点见解、相互交流，将“满堂灌”“独角戏”的传统方式转变为互动式、自主式教育。在教育载体上，主动搭建网络平台如微信工作群、单位局域网、微信公众号等进行宣传引导。在激励方式上，以往做法主要以精神激励为主。研究表明现代社会中“过度依赖精神激励而忽视动员客体的物质利益，则将会极大地制约和阻碍政治动员的目标达成”①，针对监狱民警的调查研究也显示青年民警更倾向于物质利益的诉求，这也提示思想政治工作要充分将物质利益和精神激励结合起来。

第三，要抓好思想政治工作的常规性与应时性。思想政治工作先行，功夫要下在平时，思想政治工作只有常抓不懈、持之以恒，才能保证队伍的纯洁性、凝聚力和战斗力。新冠肺炎疫情的突如其来，对监狱系统的安全稳定是一次挑战，同时也是对政治思想工作成效的一次检验。在疫情防控严峻斗争中，党支部战斗堡垒作用和党员先锋模范作用得到了充分发挥，监狱系统广大民警在党组织的感召下，有召必回，勇担使命，舍小家、顾大家，用行动践行了初心使命。事实证明，持续规范化开展思想政治工作是队伍建设的有力保障。在做好常规性工作的基础上，面对突发事件，思想政治工作又必须因时而动，抢占先机。现代社会事物联系紧、信息传播渠道多、思想变化快，置身于社会大环境中的监狱工作及监狱民警都不可能独善其身。因此，应对突发事件，监狱思想政治工作也不能故步自封、因循守旧，要打破常规，做好预判、预案，快速反应、有效应对。

---

① 郑智航：《当代中国国家治理能力现代化的提升路径》，《甘肃社会科学》2019年第3期。

图书在版编目(CIP)数据

我所知道的新中国监狱工作．第七辑 / 中国监狱工作协会监狱史学专业委员会编．— 上海：上海社会科学院出版社，2022

ISBN 978-7-5520-4010-4

Ⅰ.①我… Ⅱ.①中… Ⅲ.①监狱—工作—中国—文集 Ⅳ.①D926.7-53

中国版本图书馆 CIP 数据核字(2022)第 213962 号

我所知道的新中国监狱工作(第七辑)

编　　者：中国监狱工作协会监狱史学专业委员会
出 品 人：佘　凌
责任编辑：陈如江
封面设计：黄婧昉
出版发行：上海社会科学院出版社
上海顺昌路 622 号　邮编 200025
电话总机 021-63315947　销售热线 021-53063735
http://www.sassp.cn　E-mail:sassp@sassp.cn
照　　排：南京理工出版信息技术有限公司
印　　刷：上海天地海设计印刷有限公司
开　　本：710 毫米×1010 毫米　1/16
印　　张：20.5
插　　页：1
字　　数：340 千
版　　次：2022 年 12 月第 1 版　2022 年 12 月第 1 次印刷

ISBN 978-7-5520-4010-4/D·668　　定价：98.00 元